近世中国

再造文明之梦

THE DREAM OF
CHINESE RENAISSANCE

A Critical Biography of *Suh Hu*

胡适传

[修订本]

罗志田 著

社会科学文献出版社
SOCIAL SCIENCES ACADEMIC PRESS (CHINA)

目　录
CONTENTS

新　序

在近代中国历史上，对同时代读书人影响最大的有三位，分别是曾国藩（1811—1872）、梁启超（1873—1929）和胡适（1891—1962）。能有幸写其中一人的传记，是非常荣幸的事。而其缘起，却非常偶然。

一　写作缘起

那是 1994 年，我回母校四川大学任教不久，在一次向隗瀛涛老师请教时，得知他受四川人民出版社的委托，正主编一套"强国之梦"丛书。

出版社方面，是想以这套丛书去争取获奖，希望主编和作者的层次能比别的通俗读物高一些。基于这样的设想，策划者先确定了十位有教授、副教授职称的中青年作者，然后敦请隗老师担任主编。那时隗老师正主持着一个重点项目的研究，本无余力他顾。但出版社促请甚殷，而隗老师更多出于支持年轻人之意（相当一部分丛书的作者或直接出自隗老师门下，或长期追随请教，有些人或也盼望有书出版可有助于升等），终于同意出山。

据我后来所知，出版社的立意是本着学术为现实服务的精神，想以这套书去争取"五个一工程"奖，故定位为普及性的"通俗读物"。策划者原计划在"强国之梦"之后续出一套"强国之路"丛书，以两套书来共同表述"只有社会主义才能救中国也才能强国"这一主题，以弘扬主旋律。据此设想，前一套书的撰写对象即"做梦"者，而后者则为"走路"者（以中共革命家为主）。前者包括一些不那么"先进"的人物，借以凸显后来"走路"者的高明。

这一设想后来证明有些书生气，至少两套书没有一起推出，使策划者的想法未能清晰地表露出来。其后正因丛书包括了像胡适这样不"先进"的人物，而又未对其做出有力的批判，引起一些社科奖评委的强烈反对，直接影响了全套书获任何奖的可能性。对此我个人负有直接的责任，因为胡适其人的"入选"，就是我提议的。

那时丛书似已"启动"，隗老师把策划者拟定的十位研究对象告诉我，并征询我的看法。记得其中包括洪秀全，而没有曾国藩、梁启超和胡适。我因少小失学，修养差而性鲁直，即冒昧提出：论历史作用，太平天国诚不可谓不大；但就对当时人的影响言，洪秀全恐怕还不如曾国藩（暂不论其"革命"与"反动"）。而近代最能影响其同时代人的，还推梁启超和胡适，这几人最适合古人"知人"以"论世"的取径，应列入研究对象。

我原不过顺便说说而已，没想到隗老师立刻予以鼓励，后来洪秀全与另一人果被删去，虽未曾加入曾国藩，却增添了梁启超和胡适。隗老师知道我写过有关胡适的论文，即命我担任胡适一书的撰者。我虽读过与胡适相关的多数材料，却从无为其写传的思想准备，自然不敢受命。但隗老师以胡适的"尝试"精神勉励我一试，并指出胡适列入这套书本由我提出，因此我也有"义务"担任此书的写作。就这样，我成了该丛书作者队伍中唯一由隗老师"提名"的作者（现在回想，原已约定的十位作者，有一两位或只能转写他书，是有些遗憾的）。

隗老师既出任丛书主编，立刻强调丛书的学术性（实际上，希望以著作升等的学人也只有写出"学术著作"才有用）。但新的问题很快就产生出来了：一方面丛书主编与一些作者希望强调丛书的学术性，我自己便深知写"通俗读物"需要特定的才能，并非人人能做（中年学人特别忙是今日的共相，我不仅不具备写普及作品的能力，也确实没有这么多时间；若非学术丛书，自然不敢参加）。但在另一方面，学术水准似非"五个一工程"的首要要求，若以获奖为目的，显然需要优先考虑其他的方面。编撰方的一部分人与出版方对此丛书的认知，其实已有较大的不同，而这一点不幸始终未予正式澄清。

　　我是后加入者，所以只出席了最后一次编作者与出版方的讨论会。在那次会上隗老师仍强调这是一套学术丛书，而出版社则再次提出希望尽量"通俗"的意见；部分作者则以为，学术著作写得好，也未必就影响销路。对这套丛书的定位，各方其实都在各自表述，不过都比较婉转。对各书"体例"（包括是否使用注释及使用多少注释）是否要一致，也出现了不同意见。后经主编裁定，研究取向和"体例"由各书作者自定。

　　这是一个颇具今日中国文化特色的妥协结局：各方都觉得自己的观点已说明白，并据此操作。结果是主编者按其所理解的编（包括写序言），作者按其各自的理解写，而出版社也按其所设想的那样出。后来其中某书曾引起一些争议，大概即因不同的作者依其自己对丛书的认知和定位去撰写，有的可能是在提高与普及之间走钢丝，有的也许根本就按"通俗读物"的方式在写。实际的情形是，这既非一套学术丛书，也不是一套通俗读物（拙作即尚未达到通俗读物应有的一些要求），大概也只能就各书论各书。

　　因为出版社以通俗读物的要求操作，所以给各书撰写的时间相当短（出版社对学术研究所需的时间当然了解，若全无积累和前期研究，通常也只有通俗读物才可能在他们要求的短期内完成）。丛书交稿时，隗老师因其主持的重点项目已占去大部分时间，实无余力在短期内全部审阅各书，乃采取抽查方式。由于我是他唯一提名的参与者，且所居较近，就抽看了我那一本。拙作当然也尽量考虑了所谓"可读性"，仍基本是按照"学术著作"的要求写作的，尚能得到他的首肯（我想拙作也可能使他确认了自己所编的就是一套学术著作）。

　　丛书很快就出版了，由于各书体例不一，遵照隗老师的指示，这套书以单本的形式申请省社科奖。《胡适传》被四川省历史学会作为唯一的一等奖候选者上报，但在上一级评审时引起了争议。据说有人提出，研究胡适这样"落后"的人物，应对其做出有力的批判；而该书不仅未批判，甚至没有与胡适"划清界限"。结果讨论时从一等奖降到二等奖，再降到三等奖。此时隗老师拍案而起，代作者表示拒绝接受。

　　那情形，是另一位参与的前辈评委告诉我的，并绘声绘色地描述了隗老师的"拍案而起"。那位评委自己也很诧异，以隗老师向不与上级作对的一贯风格，何以能有那样的表现！的确，对那个年龄的学者来说，为一个刚出道的学者而冒与上级不保持一致的风险，并不是很容易的事。而且，隗老师的作为虽然维持了学者和省历史学会的尊严，但也直接断送了那套丛书获"五个一工程"奖的可能性（有此前科，恐怕连申报都难，遑论获奖）。我想，出版社和策划者一定都非常失望。

后有内部人士告诉我，其实先已内定，就是三等奖也不可能。据说隗老师拍案之后，有人念了一张纸条，表扬该书如何具有探索精神，甚至文笔也异常好；同时申明学术研究本无禁区，但这样研究胡适，不宜由政府来承认云云（因为那是政府奖）。结果，那一年的省社科奖，历史学科的一等奖竟然空缺，这在当年是相当罕见的。以今日的后见之明看，参与各方，从不同评委到主事者，其实也都尽量以其觉得合适的方式，表述了对学术的不同态度。

现在的年轻人可能体会不到，也不过就在十多年前，中国近代史的研究，还有那样多的禁忌。很多人可能也没注意到，像我这样连杨奎松兄都以为属于"另类"（在奎松兄那里并非贬义）的学者，其实屡屡获得隗老师的指导和支持。如今隗老师已驾归道山，不同人的心目中，隗老师或有不同的形象。我不知上面所说与一般人心目中隗老师的形象是否一致，这却是我的亲身经历，也是我记忆中的隗老师。

就我个人而言，如果没有隗瀛涛老师的鼓励，要将我对胡适的一些看法较为系统地整理并表述出来就教于学界，恐怕还会是相当久远的事。当时勉强成书，或有辱师教，现在也只能自己承担责任了。

二 人物与时代

尽管中国史书以纪传体著称于世，本书的传主胡适却一则说他"深深的感觉中国缺乏传记的文学"，再则说"中国的传记文学太不发达了"，甚至"可歌可泣的传记，可说是绝对没有"。①他的意思或许是中国过去的传记

---

① 胡适：《四十自述》（1931—1932年）、《领袖人才的来源》（1932年8月），《胡适全集》（18），第5页；（4），第536页。本书所引《胡适全集》为安徽教育出版社2003年出版。

不够"文学"，曾自撰《四十自述》以为文学性传记的尝试。却不十分成功——仅其中第一章类似"小说式的文字"，从第二章起，就因其"史学训练深于文学训练"，遂"不知不觉的抛弃了小说的体裁，回到了谨严的历史叙述的老路上去"。略带讽刺意味的是，"还有许多朋友写信"给他，说后写的"比前一章更动人"。①

其实文史本"不分家"，曾为法王路易九世作传的勒高夫就认为，传记比其他史学手段更能产生"真实效果"，故"与小说家所采用的手段比较接近"。史家"凭借其对于资料和传主所生活的时代的熟悉"对史料进行"剪接"，实即"剥掉这些文献的外壳，让带动历史现实的理念显露出来"，从而展现"真实"。②且文笔的感人，往往以生活为基础，并因经历的可分享而使读者生"同情"。若叙事本以能"仿生"而生动感人，便无所谓文学与史学。历史叙述的生动，或即以史学的思想逻辑为后盾，通过表述的严谨而展现。

然而传记确实不容易写，勒高夫便视历史传记为"历史研究最困难的方式之一"。③若写已成"人物"之人，又比一般传记更难。按梁启超的界定，所谓"真人物"，必"其人未出现以前与既出现以后，而社会之面目为之一变"。这类人的"生平、言论、行事，皆影响于全社会"；其"一举一动，一笔一舌，而全国之人皆注目焉"。④胡适就是这样一个改变了历史的"人物"——我们现在日常表述皆用所谓"白话文"，这一几千年的巨变，便与胡适有着不可分的关联。

不仅如此，子贡早就说过，君子之过，就像"日月之食"，其"过也，人皆见之；更也，人皆仰之"（《论语·子张》）。20世纪50年代中国大陆对胡适的全面批判，遍及哲学、史学、文学、教育、政治等众多领域，足见其在近代影响的广泛。从他二十多岁"暴得大名"开始，胡适一生都是新闻媒体注意的对象。他完全符合梁启超界定的"真人物"，亦即子贡所说的

---

① 胡适：《四十自述》，第7页。
② 雅克·勒高夫：《圣路易》，许明龙译，商务印书馆，2002，第13页。
③ 勒高夫：《圣路易》，第11页。
④ 梁启超：《南海康先生传》（1901年），《饮冰室合集·文集之六》，中华书局，1989年影印本，第58页。

"君子"。

但正因此，胡适也是学术界一个久有争议而很难处理的题目：前些年是贬多于褒，后来则褒多于贬。趋势虽然明显，但仍存歧义。20 世纪 90 年代后，胡适研究在大陆渐成热点，论著日多，海外亦不少。①各家虽仍有争议，关于胡适的许多具体的方方面面，却又已渐有论定的意味，这就更增加了写胡适的困难。

历史表述与历史事实之间的关系，本无限曲折。胡适一生讲话写文章，都有意要清楚浅显，也以此著称于世。然而这位最希望为人理解的思想家，恰又是最不容易理解的。他自己就曾叹谓，许多他细心用力的文章，却不为世人所注意；而随意为之的作品，常多得喝彩。到 1961 年，他看了别人选的《胡适文选》后说："你们都不读我的书，你们不知道应该怎样选，还是让我自己想想看。"②选他文章的人当然是愿意并认真读他文章的人，但在胡适看来，仍不能算知音。可知他与读者的关系，到老也还是有心栽花花不开。

这当然有读者一面的原因，从前述胡适写《自述》的尝试便可知，他本以为读者会喜欢"小说式的文字"，却有"许多朋友"认为，他按照"谨严的历史叙述"方法所写的，反"更动人"。而胡适自身的一个重要原因，即如胡适研究者周明之先生所说，他"在不同的场合，对不同的听众，说不同的话"。③与晚年胡适过从较多的唐德刚先生以为，胡适说话"有高度技

---

① 耿云志、闻黎明所编的《现代学术史上的胡适》（三联书店，1993）一书附有较详细的"胡适研究论著要目"，可以参考。此外，截至本书上次修订时，我所见的专书又有章清：《胡适评传》（百花洲文艺出版社，1992）；易竹贤：《胡适与现代中国文化》（武汉大学出版社，1993）、《胡适传》（湖北人民出版社，2005）；胡晓：《胡适思想与现代中国》（安徽人民出版社，1993）；欧阳哲生：《自由主义之累——胡适思想的现代诠释》（上海人民出版社，1993）；周质平：《胡适与韦莲司：深情五十年》（台北：联经出版公司，1998）、《胡适与中国现代思潮》（南京大学出版社，2002）；耿云志编《胡适评传》（上海古籍出版社，1999）；朱洪：《胡适大传》（安徽人民出版社，2001）；徐雁平：《胡适与整理国故考论——以中国文学史研究为中心》（安徽教育出版社，2003）；沈卫威：《无地自由——胡适传》（安徽教育出版社，2005）；胡明：《胡适思想与中国文化》（广西师范大学出版社，2005）。

② 胡颂平编《胡适之先生晚年谈话录》（以下简作《谈话录》），中国友谊出版公司，1993，第 231 页。

③ 周明之：《胡适与中国现代知识分子的选择》，雷颐译，四川人民出版社，1991，"中译本自序"，第 3 页。

巧"，在此范围内，他又是"有啥说啥"。①

这是唐先生积多年与胡适接触经验的甘苦之言。正因此，对胡适所说的话，就不能全从字面看，而必须仔细分析，才可以从其"高度技巧"之中，求得其"有啥说啥"的真意。胡适一生都非常重视"一致"，主张一个人应言行一致、今昔一致，为此而不惜调整一些与个人相关的记录（详后）。但人是生活在社会之中的，尤其成为"人物"的人，很少能不受时代和周围环境的影响，真正做到今昔的"一致"。中国古人早就主张"多闻阙疑"，或许历史传记与文学传记不同之处，就是能够"懂得尊重因资料匮乏而留下的缺损和空白"，不去"设法填补打碎了一个人一生之中表面的统一性和完整性的那些中断和不连贯之处"。②

而且，如勒高夫所说，在历史传记这个"极端困难的领域里"，恰隐伏着"变动中的历史的研究方法"，因为"历史的变动在传记中也许比在别的地方更加清晰"。人能弘道，道亦弘人。一个时代可能因为某个杰出人物而得到表述，某一个人也可能因为时代的重要而引人注目，并在时代被弘扬的过程中表述自己。孟子早就提出"论世"以"知人"的方法，③反过来，也可"知人"以"论世"（对任何人物的研究，必对其所处的时代有更深一层的认识）。双向处理孟子的"知人论世"方法，有助于对历史人物及其时代的共同了解。

马克思和恩格斯以为，"不是意识决定生活，而是生活决定意识"。这代表着一种观察方法，即"从现实的、有生命的个人本身出发，把意识仅仅看作是他们的意识"。这种观察方法的前提是人，"但不是处在某种幻想的离群索居和固定状态中的人，而是处在现实的、可以通过经验观察到的、在一定条件下进行的发展过程中的人"。④故陶孟和强调，"一个人生在世上，必定与他生存的环境有相互的影响，有无限的关系"。要了解一个历史人物，"万不可以把他所处的时势并他所处的环境抛开"。而且这时势

① 唐德刚：《胡适杂忆》，华文出版社，1992，第42页。
② 本段与下段，勒高夫：《圣路易》，第12—13页。
③ 《孟子·万章下》："尚论古之人，颂其诗，读其书，不知其人，可乎？是以论其世也。"
④ 马克思、恩格斯：《德意志意识形态》，《马克思恩格斯选集》第1卷，人民出版社，1995，第73页。

环境是立体的，是"过去的生活积久的结果"，要"追溯既往才可以了解"。①

今日若要研究胡适的时代，自然要多注意那些得到喝彩的文章；如果要理解胡适本人，则不得不去揣摩那些用了心力却为人冷落的篇章。且两者就像"知人"与"论世"的关系一样，本是互补的。只有在理解了胡适本人及其不为世所注意的一面，明了其为世所知和不为世所知的诸多原因，才能更深入地理解胡适那个时代；同时，也只有在尽可能深入地理解了胡适所处时代之后，才能进一步领会胡适身处特定时代那"不得不如是之苦心孤诣"（陈寅恪语），以期"还他一个本来面目"（胡适语）。

这中间文本（胡适自己）和语境（胡适所处时代）的微妙互动关系，是本书试图着力之处。本书初版后，很多读者都注意到其与很多传记的写法不同，如一开始就专辟一章来讨论传主所处的"语境"，便曾使一些评论者感到不习惯。其实，为已成历史"人物"者写传，常不得不如是。勒高夫为路易九世作传，便"经常中断对他生平的叙述"，以交代"他在不同时期中所遇到的那些问题"。他谦称"这些不同时期各有其标志，它们令历史学家感到困难"，而自己"试图把这些困难的性质交代清楚"。②实际就是他对这些时代"标志"的理解与其他史家不同，故不能不"中断"对传主的叙述以说明其时代。

三 写实与写意

研究人物者自然都想还原其本相，但究竟何为本相或真相，其实不太说得清楚。有的研究者自信甚强，以为通过所谓"科学"的研究可以了解研究对象到超过其本人的程度。对此我有些存疑。盖不论什么外在内在的因素增添了身在山中而不识真面目的可能，每个人大概还是自己最了解本人。正因为其了解自我，所以或有不欲人知的主观努力（或谓遮掩）。研

---

① 参见（陶）孟和《随感录二十六》，《新青年》第 5 卷第 3 号，1918 年 9 月，人民出版社，1954 年影印本，第 292 页。

② 勒高夫：《圣路易》，第 15 页。

究者能从其立身行事之中探索到一些其不欲人知的部分，已甚难得；进而能对研究对象有所谓"同情之了解"，尤大不易。若云认识其人超过本人，多少有些"以不知为不有"（傅斯年语）的倾向，或不过凸显研究者的大胆敢言而已。

进而言之，对历史人物"真相"的把握捕捉，还有一个"形似"还是"神似"的问题。两者之中，后者更难，即王安石所谓"丹青难写是精神"也。然而不论"形似"还是"神似"，都仅到"似"的程度；能似，就不简单。对史学来说，重建出的人物究竟是否"似"尚难判断，遑论所谓"真"。在这一前提下，或不妨尝试先寻求呈现历史人物的丰富面相，即尽量重建传主已确立形象之余的部分；若能于固定的典型"象征"之外，"旁采史实人情，以为参证"，①以"见之于行事"的方式写实亦兼写意，重构出传主人生经历的丰富，说不定反因此而趋于接近其"本相"。

闻一多在写杜甫时曾说：

> 数千年来的祖宗，我们听见过他们的名字；他们生平的梗概，我们仿佛也知道一点；但是他们的容貌、声音，他们的性情、思想，他们心灵中的种种隐秘——欢乐和悲哀，神圣的企望，庄严的愤慨，以及可笑亦复可爱的弱点或怪癖……我们全是茫然。我们要追念，追念的对象在哪里？要仰慕，仰慕的目标是什么？要崇拜，向谁施礼？

由于"看不见祖宗的肖像，便将梦魂中迷离恍惚的，捕风捉影，摹拟出来，聊当瞻拜的对象——那也是没有办法的慰情的办法"。所以，他所描绘的诗人杜甫，虽不敢说"这是真正的杜甫"，却可以说是他"个人想象中的'诗圣'"。②

这是一个重要的见解。一方面，往昔的追忆需要一个可知可见的具象，否则难以寄托；另一方面，很多时候我们仰慕和崇拜的凭借，其实只是一个

---

① 陈寅恪：《"蓟丘之植，植于汶湟"之最简易解释》，《金明馆丛稿二编》（《陈寅恪集》），三联书店，2000，第 299 页。

② 闻一多：《杜甫》（1928 年），《闻一多全集》（6），湖北人民出版社，1993，第 72—73 页。

想象的摹拟物。中国古人对此有很深入的思考，所以不重偶像（此用其本义），而多以牌位表出，是很典型的"写意"。但后来终抵挡不住人情的需索（或也受外来文化的影响），渐出现画像雕塑一类"写实"之物，现已基本取牌位而代之了。然而恰因"写实"物品多系晚出，反蕴涵着较多的想象，未必就比"写意"的牌位更接近实在。

有时候，"写实"之物甚至真如闻先生所说，不过是捕捉梦魂中迷离恍惚的影子而已。《梦溪笔谈》曾记唐明皇梦钟馗捉鬼，命画工吴道子图之，道子"恍若有睹，立笔图讫以进"，居然极肖明皇梦中所见，"上大悦，劳之百金"。这就是一个捕梦捉影的"实例"，其作品究竟算是"写实"还是"写意"，还真需要费心斟酌。惟梦不易说，说即难免痴人之讥。偏向科学者如胡适，就以为做梦都有生活的经验作底子;[①]则明皇所谓"卿与朕同梦"，或其作底子的"生活经验"相近乎？

过去的思想史研究或受哲学史影响，似偏于理智，而相对忽略情和感的部分。思想家的传记也相类。其实人的苦与乐，人对自然和他人的感知、感受甚至感应，都是古人特别重视的，在既存研究中却显薄弱；或因"研究"须严谨，而将研究对象"纳入"一种理智体系，遂"被"理性化了。其实我们思想史中很多人物的情感都很丰富，其感性的表现往往被压抑而不显，似还有伸展的余地。

今日科技的力量给史家以极大的帮助，胡适的容貌、声音都有记录而可亲近，但是他的性情、思想和"心灵中的种种隐秘"，仍不能不据史料和想象以重建。本书无意全面地重新诠释胡适及其时代，不过重建一些过去较少为人注意的史实，希望能为认识和诠释胡适其人及其时代，做些微的补充。

胡适自己曾提出，写人物传不能细大不捐，"当着重'剪裁'，当抓住'传主'的最大事业、最要主张、最热闹或最有代表性的事件"来书写。其余的细碎琐事，必须有"可以描写或渲染'传主'的功用"，才能存留。[②]

---

① 原话是"做梦尚且要经验作底子，何况作诗"。胡适：《梦与诗》，胡明编《胡适诗存》（以下径引书名），人民文学出版社，1989，第230页。

② 胡适：《黄谷仙论文审查报告》（1936年6月21日），《胡适全集》（12），第335页。个别文字错讹已据耿云志编《胡适遗稿及秘藏书信》（黄山书社，1994）第5册原稿更正。

本书即以此为目标，虽不能至，心向往之；并为了接近传主想要清楚浅显的风格，尽量写得流畅些。一些繁杂的分析和史事考证，或已另文陈述，或当独立探索，在本书中就适当简化了。[①] 至于再现了多少他的"欢乐和悲哀，神圣的企望，庄严的愤慨，以及可笑亦复可爱的弱点"，就要请读者诸君看了下文后予以指教了。

修订说明

这是本书的第三版了。第一版是四川人民出版社的《再造文明之梦——胡适传》（1995 年）。第二版是中华书局的修订本《再造文明的尝试：胡适传》（2006 年）。征询了一些年轻人的意见后，这一版恢复初版的书名。

第二版售罄后，据说网上已出现"议价"本。而不少旧雨新知前来索书，皆无以应，也觉歉然。社会科学文献出版社提出再版，二十年前的小书尚有人记得，使我感动。然而对于再版，与出第二版时一样有些踌躇。原因也相同——即使个人学无进展，他人的研究又已出了不少，似不能不做修订；而课业以外，文债积压甚多，若进行全面修订，至少要几个月的时间。以目前的工作状况，那样的时间实在无法挤出。不得已，仍只能出个简易修订本。

初版的叙述实际只到北伐前，且 20 年代有许多重要内容也未曾包括在内，连"整理国故"都语焉不详。当初的"引言"曾说："因了丛书的体例、篇幅、和时间的限制，有许多思考不到成熟的层面，此次没有写入本书，也只能俟之以未来。"从那以后，我曾写过数篇相关的文章，然因他事繁多，始终没有时间来续写全书。二版的修订，原来的 1—8 章内容基本未

---

① 如新文化运动时期的"问题与主义之争"以及胡适与中共的早期关系，我另有专文详论，已收入《激变时代的文化与政治——从新文化运动到北伐》（北京大学出版社，2006）一书中，故本书的相关部分便仅简略述及。其中有关胡适访苏的几段文字，对两书所论都关联紧密，故两皆纳入。关于胡适的整理国故，也当另文专论。

动。第 9 章完全打破重写，增改为两章，所处理的时段也延续了数年，基本止于 20 年代末。再以后二十多年的胡适，希望将来能续写以成全传，或单独写一本"后传"。

与二版的修订相比，这一版的引言是整合旧说重新撰写的，最后一章是从第 11 章中切割出来改写的，其余各章内容基本未动，仅做了些纠谬的处理。初版所属丛书的立意，是希望能面对较多的读者，故注释西书的出版信息，皆模仿外国某派，仅注明出版地和年代。待出第二版时，已尽量增补为更详尽的模式，然有些西书一时难觅，不能不仍依其旧。其余所引各书，当年也都是找到什么版本就用什么版本，连胡适自己的著作也是如此，这次也没能统一，仅新写部分尽量使用后出的通行版本。

初版时曾说：本书的写作取向，是希望言人所未言，写出一些胡适较少为人注意的层面。故凡有已发表的研究，且个人能基本同意的，除极少数必不可少者（如余英时师的研究）大量采入而注明之外，一般均不多着墨，只略述及以维持全书的连贯性。当时余师关于胡适的宏文，大陆少有人能看到，所以较多引用，也是希望让更多人得以分享。今既未能全面修订，亦暂不删略，以顺文气。

自本书初版以来，与胡适相关的资料又出版了不少，①有些在第二版新增章节中已使用，还有很多当在今后全面修订或重撰时参考。由于近年胡适研究偏热，论著甚多，而现行图书发行方式使穷尽已发表刊出的研究成果成为一非常困难之事。个人虽已尽力搜求，难保不无缺漏。另外，因论著多而参阅时间不一，有时看了别人的作品，实受影响而自以为是己出者，恐亦难免。故凡属观点相近相同，而别处有论著先提及者，其"专利"自属发表在前者，均请视为是本书利用他人成果而未及注明，还请读者和同人见谅。

---

① 特别重要的资料有耿云志所编的 42 巨册《胡适遗稿及秘藏书信》；周质平主编《胡适早年文存》和《胡适英文文存》，两皆台北远流出版公司，1995；胡适纪念馆编《论学谈诗二十年——胡适杨联陞往来书札》，台北：联经出版公司，1998；周质平编译《不思量自难忘：胡适给韦莲司的信》，台北：联经出版公司，1999；周质平《胡适未刊英文遗稿》，台北：联经出版公司，2001；万丽鹃编注《万山不许一溪奔——胡适雷震来往书信选集》，台北：中研院近代史研究所，2001；北京大学图书馆编《北京大学图书馆藏胡适未刊书信日记》，清华大学出版社，2003；等等。

鸣 谢

尽管本书尚不成熟，恐有辱师教，但我仍愿意在此衷心感谢成都地质学院子弟小学、成都五中（烈五中学）、四川大学、新墨西哥大学、普林斯顿大学各位传道授业解惑的老师以及这些年来我所私淑的各位老师。他们在我修业问学的各个阶段中都曾给我以热诚的关怀和第一流的教诲，在我毕业之后继续为我师表，诲我不倦，这或许是我比一些同辈学人更为幸运之处吧！本书若幸有所获，悉来自各师的教导。

本书是在许多师友的热心鼎助下完成的，从勉励敦促、指点迷津到代为搜求资料，涉及海内外老中青学人甚多，全体列名则名单太长，且其中不乏声名极盛者，若点名似有"借力"之嫌，谨向他们深表感激之意！不过我仍要提到几位先生：素不相识的武汉大学易竹贤教授，当年慨然允借十八巨册之《胡适的日记（手稿本）》，使本书初版得以完成；耿云志先生和周质平先生，这些年来编辑了众多与胡适相关的资料，皆蒙赐赠，大大便利我对胡适的研究；久居美国未曾到过四川的同乡李天一兄，抱负至高，人如其名，本习史学，屈尊以写电脑程式为生，却不忘有故人曾写胡适，在远不遗，不时惠我以相关剪报。皆深感而难忘！

另外，第二版时，蔡军剑先生曾代为将全文细心校阅一过，苏州大学的鲁萍老师曾代为核对全部胡适日记的引文，减少了若干错讹之处，也要在此致谢！仍存的错误，自然由我自己负责。年来身体的调理维护，在成都每依靠老友孙锦泉教授，在京则常亲近胡有衡大夫，故能继续秉笔，精力不衰，是要特别致谢的！

2014 年 12 月 16 日于旅京寓所

第一章

引言：胡适的梦想与尝试

1919 年 6 月的北京，五十二岁的国学大师章太炎在少年中国学会演说。太炎以长者的立场，针对青少年的弱点做了几点告诫。二十八岁的归国留学生胡适接着登台演讲。他一开始就宣布，太炎先生所说"都是消极的忠告，我现在且从积极的方面提出几个观念"。话虽然婉转，反其道而行之的意思是明显的。更具象征意义的是，胡适在讲完他的积极观念后，用英文念了一句荷马的诗："You shall see the difference now that we are back again"（现在我们回来了，你们请看，便不同了）。①

　　上面这句话，胡适早几年在自己的日记中译为"如今我们已回来，你们请看分晓罢"（后来他心态渐趋平和，乃将此语更浅白也更谦和地翻译为"现在我们回来了，你们请看，便不同了"）。他认为此语"可作吾辈留学生之先锋旗"。② 如今在这个场合念出来，既是对听众讲，恐怕也是说给太炎先生听的。而且他特别用章太炎不长的英文念出，刻意体现新回来的"我们"与既存之"你们"的区别。

　　这位青年留学生胡适，就是本书的传主。他的归国，将会带来什么样的"不同"呢？

　　我们先看看胡适自己的定位和认知。在考虑归国问题时，胡适对自己将要在祖国扮演的社会角色已有了清楚的自我意识。他在留学时写的《非留

　　① 两人的演说都收入《少年中国学会会务报告》第 1 期，1919 年 3 月 1 日，出版地未标出，大约是北京。
　　② 两次翻译分别见胡适日记，1917 年 2 月 8 日、1921 年 4 月 30 日。本书所用胡适日记为亚东图书馆 1939 年版《藏晖室札记》4 册，中华书局 1985 年版《胡适的日记》上下册，和台北远流出版公司 1991 年版《胡适的日记（手稿本）》18 册，以下简作胡适日记，加年月日。

学篇》中曾说："吾国今日所处，为旧文明与新文明过渡之时代。"而中西新旧两文明，相隔如汪洋大海，留学即"过渡之舟楫也"。① 则作为留学生的胡适，此一"过渡"即为他当然的志业。

这样看来，胡适要扮演的角色是颇具宗教使命感。他在论述传教士在华机会时曾说："传教士的真正价值，在于外国传教士就像一个归国留学生一样，他总是带回一种新的观点，一种批判的精神。这样的观点和精神，是一个对事物之既存秩序逐渐习以为常、漠然无动于衷的民族所缺乏的，也是任何改革运动所绝对必须的。"② 这是典型的夫子自道。

胡适后来也曾把儒家描绘为"从一个亡国民族的教士阶级，变到调和三代文化的师儒；用'吾从周'的博大精神，担起了'仁以为己任'的绝大使命——这是孔子的新儒教"。他自己解释说，"吾从周"的"周"，就是"几千年的古文化逐渐积聚演变的总成绩"；而"仁以为己任"就是"把整个人类看作自己的责任"。③ 这看起来更像胡适自己，而不那么像先秦的儒家，这里的使命感当然也更多是胡适自己的。

胡适的另一次夫子自道，仍是个"传教士"，就是他眼中的禅宗七祖："神会和尚成其革命大业，便是公开的直接的向这声威显赫的北派禅宗挑战。最后终于战胜北派而受封为'七祖'，并把他的师傅也连带升为'六祖'。所以神会实在是个大毁灭者，他推翻了北派禅宗；他也是个大奠基者，他奠立了南派禅宗，并作了该宗的真正的开山之祖。"④ 胡适曾在《荷泽大师神会传》中说，"神会的教义，在当日只是一种革命的武器"，是有"绝大的解放作用"的"革命思想"。⑤ 这样干革命求解放的，实在不像是不争的佛家弟子，所以更多仍是胡适投射进去的自己。

---

① 胡适的《非留学篇》刊于 1914 年的《留美学生季报》第 3 期，原报难觅，本书所用，是王汎森先生所赠之手抄本，特此致谢。《非留学篇》现已收入周质平主编的《胡适早年文存》，第 349—377 页。

② 胡适日记，1915 年 3 月 22 日。

③ 胡适：《说儒》，《胡适论学近著》第 1 集（上），商务印书馆，1935，第 57、54 页。

④ 唐德刚译注《胡适口述自传》（以下简作《口述自传》），华东师范大学出版社，1993，第 214 页。

⑤ 胡适：《荷泽大师神会传》，《胡适论学近著》第 1 集（上），第 273—274 页。

　　这位以传教士自居的留学生，又是一位怀揣着梦想的年轻人。批判精神、改革运动、调和文化、革命武器和解放作用，正像一个个关键词，在在反映出他的意愿——他想要改变祖国的现状，为中国再造文明。这，就是他的梦想。

一

　　胡适在留学美国时曾说："梦想作大事业，人或笑之，以为无益。其实不然。天下多少事业，皆起于一二人之梦想。"所谓梦想，也可以说是乌托邦式的理想。西哲和中国先秦诸子的长处，就在敢于作乌托邦式的理想。实际上，"天下无不可为之事，无不可见诸实际之理想"。很多人早年的乌托邦式理想，后来都不同程度地实现了。[①] 对于相信"自古成功在尝试"的胡适来说，他一辈子都在"梦想作大事业"，他也的确做到了。

　　至少从留学时代开始，胡适梦寐以求的就是为祖国造新文明，后来他在《新思潮的意义》中表述为"再造文明"（包括物质与精神），此即他毕生一以贯之的志业。胡适希望"折衷新旧，贯通东西"，[②] 对内实行半自由主义半社会主义的新型计划政治，以解决社会民生的基本问题；复因内政的改良而使列强同意修订不平等条约；进而解决对外问题，达到与欧美国家平等的地位；最后通过"物质上的满意，使人生观改变一新"，将中国建成一个"治安的、普遍繁荣的、文明的、现代的统一国家"（详后）。[③]

　　这样的大目标，到他撒手仙去之时，恐怕自己也不会相信是很成功的。

　　不过，胡适一向提倡"尝试"，也常以"但开风气不为师"自诩。从思想史的角度看，他当年的开风气之功，已足名留青史；其实际的成就，也有目共睹。以他爱引的那句话"现在我们回来了，你们请看，便不同了"来

---

①　胡适日记，1915 年 3 月 8 日。
②　《胡适归国后之言论》，《晨报》1927 年 6 月 30 日。
③　胡适：《非留学篇》；《我们走那条路》（1930 年），《胡适全集》（4），第 461 页。

说，自从胡适回到中国，这"不同"是明显而实在的。

从长远看，胡适最持久的成绩，或在于大力提倡和推动我们今日正在使用的白话文。在可预见到的将来，白话文大概也不会被取代。书写和口语的差异，或使当代人的沟通产生困难；变动不大的文言，却能弥合异代间的鸿沟。文言被迫淡出书写领域的功过，也许还要较长时段的检验才更清晰。但无论如何，以白话"统一"书写和口语，可说是近于"书同文"的"三代以下一大举动"了。①

而胡适遗存下来的更多贡献，似乎还是在当下的推动，不论思想还是学术，政治还是文化。

吴稚晖曾论历史人物的贡献说："如以司马迁、司马光为譬，一是全靠一部《史记》，一是全不在乎什么《通鉴》不《通鉴》；又以苏轼、王安石为譬，一则有诗文集大见轻重，一则有同样的诗文集丝毫在其人是非不加轻重。"② 吴氏显然同意立功胜于立言的传统观念，主要从事功一面看人物的历史地位，并似将事功定义为参与和影响实际政治。不过，如果把事功的界定放宽到对整个社会的影响，③ 在"苏文熟，吃羊肉"的时段，东坡的社会影响虽表现为诗文，又何止于诗文。

基本上，在皇帝也希望作之君作之师的时代，士人想要立功与立言兼具，是很自然的。这样的思路显然一直传承到民初，胡适在留学时即预备以后要"讲学复议政"，④ 就是这一思路的明确表述。从个人的自定位和世人的期许看，胡适大概是个介于苏轼和王安石之间的人物。他那震动一时的《中国哲学史大纲（卷上）》的出版，如余英时师所说，提供了"一整套关

---

① 梁启超曾说王安石当年"议建学校，变贡举，罢诗赋，问大义，此三代以下一大举动也"。梁启超：《变法通议·论科举》（1896 年 10 月），《饮冰室合集·文集之一》，第 24 页。
② 《吴稚晖先生来信》，《晨报副刊》1923 年 10 月 15 日，第 2 页（合订本期页，下同）。
③ 按吴稚晖此说意在讽梁启超放弃整理国故，而致力于提高中国的物质文明，所以他的实际指谓，仍不过是希望梁氏多"议政"而已。
④ 此语出自 1917 年胡适归国前所赋诗《别叔永、杏佛》，最足见其从农学转为文哲学的思想转变："我初来此邦，所志在耕种。文章真小技，救国不中用。带来千卷书，一一尽分送。种菜与种树，往往来入梦。匆匆复几时，忽大笑吾痴。救国千万事，何一不当为？而吾性所适，仅有一二宜。逆天而拂性，所得终希微。从此改所业，讲学复议政。故国方新造，纷争久未定。学以济时艰，要与时相应。"录在胡适日记，1917 年 6 月 1 日。

于国故整理的信仰、价值、和技术系统"，建立起近代中国史学革命"一个全新的典范"。且那本书开风气的作用还不止于中国，罗素就认为其英文本在西方汉学界也起着典范转移的作用。①

然而此书出版不过数年，在多数人还在追摹仿效之时，对西学有了较深认识的傅斯年很直率地做出了与他人不同的判断。傅斯年对老师胡适直言："先生这一部书，在一时刺动的效力上论，自是大不能比的；而在这书本身的长久价值论，反而要让你先生的小说评居先。何以呢？在中国古代哲学上，已经有不少汉学家的工作者在先，不为空前；先生所用的方法，不少可以损益之处，更难得绝后。"② 这话很多人未必同意，但傅先生所谓"一时刺动的效力"超过其"长久价值"，大致也说出了这本书树典范开风气的作用。

有意思的是，胡适在 1952 年说，"我的玩意儿对国家贡献最大的便是文学的'玩意儿'，我所没有学过的东西"，似乎他也接受了傅斯年的看法。他接着说："我已经六十二岁了，还不知道我究竟学什么？都在东摸摸，西摸摸。"到 1958 年他更说："有时我自称为历史家；有时又称为思想史家。但我从未自称我是哲学家，或其他各行的什么专家。今天我几乎是六十六岁半的人了，我仍然不知道我主修何科。但是我也从来没有认为这是一件憾事！"③

这样一种对自己专业认同的含糊，或暗示着在具体专业特别是哲学史方面贡献不是特别大，然而其涉猎的广博，却又少有人能及。从 20 世纪 50 年代中国大陆对胡适的全面批判看，他在近代中国的影响遍及哲学、史学、文学、教育、政治等各领域。实际上，自从青年时"暴得大名"以后，胡适在几十年间"始终是学术思想界的一个注意的焦点"，无论是誉是谤，不管是追随、发挥、商榷、批评或反对，在如此众多的领域里，"几乎没有人可以完全忽视他的存在"。④

---

① 参见罗素为此书写的书评，载 *The Nation*（Sept. 23，1923），胡适 1923 年 11 月 4 日的日记中剪贴有全文。

② 《傅斯年致胡适》（1926 年 8 月 18 日），《胡适遗稿及秘藏书信》第 37 册，第 357 页。

③ 《口述自传》，第 48、40 页。

④ 余英时：《中国近代思想史上的胡适》（以下径引文名），收在胡颂平编《胡适之先生年谱长编初稿》（以下简作《年谱长编》）第 1 册，台北：联经出版公司，1990 年校订版，第 4 页。

这是怎样的一个"存在"呢？我想，有没有他的哲学史、文学史和小说研究等"诗文集"固然大见轻重，即使没有这些，胡适仍然是那个"胡适"。

胡适一生不忘做一个觇国之士，终其生为在中国实现自由主义政治而努力。他认为"没有不在政治史上发生影响的文化"，故反对"把政治划出文化之外"。① 胡适不仅在北洋时期鼓吹"好人政治"，也曾试图以其具有特定含义的"中国文艺复兴"包容新当权的国民党，长期徘徊于诤友和诤臣之间（详后）。

尽管其事功远不及王安石和司马光，在心态上却相当接近他们。② 他那"为国人导师"③ 的自定位及其始终从世界看中国的眼光，使他常能从大处着眼。其一言一行，往往反映时代的声音，说出时人想说而未曾出口的话，故能对社会产生"一时刺动的效力"，实际也就创造了历史。

不过，所有开拓者恐怕都不无遗憾。胡适晚年的自我认识，似乎不甚乐观。他在1961年说：有一位叫曼铿（H. L. Menken）的美国记者，"真是一位了不得的人"，因为他能"对美国的种种都来批判"；而"他在美国的影响，正如中国的胡适之"。④ 则胡适自认他是自觉地对中国的种种都要批判，而他的主要所为也在这方面。就像他在1936年对汤尔和所说，"打破枷锁，吐弃国渣"是他在国中事业的"最大功绩"。这里当然有"故意说"的意思，或不无自谦（清季民初人特别愿意强调其破坏批判的一面，也是那时的一个倾向或一种风格）。⑤

唐德刚先生说，胡适的一生，可以说就是"一部近代中国文化史"。但

---

① 胡适：《我的歧路》（1922年6月）、《与一涵等四位的信》（1923年10月9日），《胡适文存》（本书所用《胡适文存》初集和二、三集，均为上海亚东版，以下均作《胡适文存》加集、卷数）二集卷三，第92—94、100、143页。

② 然而在吴稚晖眼里，胡适基本是个纯粹的"文章士"，不像梁启超还可能有事功方面的贡献。吴氏曾明确指出，国学书目一类事便"止许胡适之做，不许梁卓如做"。参见《吴稚晖先生来信》，《晨报副刊》1923年10月15日，第1—2页。

③ 胡适留学之初，即"反观国势"，立志要"周知博览，以为他日为国人导师之预备"。见胡适日记，1915年5月28日。

④ 《谈话录》，第156页。

⑤ 如梁启超也曾自谓其对于晚清思想界"破坏力确不小，而建设则未有闻"。梁启超：《清代学术概论》，朱维铮校订，上海古籍出版社，1998，第89页。

中国在"文化"上的进步，恐怕也曾令他失望。胡适七十岁那年，向记者抄赠他二十五岁生日词，里面说他的"葫芦里也有些微物，试与君猜"，并解释说，他葫芦里的"些微物"就是"要为中国文化、思想、教育建立新的基础"。虽然"四十五年来的成效并不大，但我至今还相信葫芦里的药是有效的"。四十五年前的药还有效，则其病仍未除，岂非他建立新基础的"成效不大"之注脚。

早在留学时期，胡适就发愿说："吾他日能生见中国有一国家的大学，可比此邦的哈佛，英国之康桥、牛津，德之柏林，法之巴黎，吾死瞑目矣。"这个愿望，可惜并未实现。他早年在《非留学篇》中就强调出国留学是以不留学为目的："留学乃一时缓急之计，而振兴国内高等教育，乃万世久远之图。"如果后者不能成功，则学子不得不长期留学，将"永永北面受学称弟子国"。而"神州新文明之梦，终成虚愿耳"。今日两岸留学仍是正途，此岸尤趋之若鹜。则至少在这一层面，"神州新文明之梦"，的确也还是梦。

胡适在他 1962 年最后一次讲话中，说到中研院本想建立数理、生物、人文三个大中心，"不幸的是几十年的政治变动，八年抗战，十年戡乱，使我们的好多梦想未能实现"。[①] 尽管胡适向以"乐观"著称，好梦未能成真，似乎是他晚年心境的常态。

1949 年初，胡适在南京书宋人陈简斋《临江仙》词赠故乡好友胡乐丰，词中有"二十余年如一梦，此身虽在堪惊"，[②] 或即是其本人心境的写照。1960 年底，台北的中广公司请胡适谈过去五十年，他谢绝说："我不能随便谈的。过去四十九年来，不愉快的事情多，愉快的事情少，五十年来的事情是不容易谈的。"这是公开的言论。在私下，胡适的悲观还更盛。他在同月11 日致张佛泉的信中说："回想四五十年的工作，好像被无数管制不住的努力打销了，毁灭了。"[③] 其失望的心情是明显的。[④]

---

① 唐德刚：《胡适杂忆》，第 268 页；胡适日记，1915 年 2 月 20 日；《谈话录》，第 299 页。

② 原件照片已影印在颜振吾编《胡适研究丛录》，三联书店，1989，插页。

③ 《谈话录》，第 96 页；《年谱长编》第 9 册，第 3398 页。

④ 另一位曾开风气者严复在去世前不久也说："且暮入地，睹兹世运，惟有伤心无穷而已。"严复：《与熊纯如书》（1920 年 7 月 10 日），王栻编《严复集》第 3 册，中华书局，1986，第 708 页。开拓者的遗憾，或也是共同的？

为什么胡适的很多努力，到头来都好像一场空梦呢？这个问题，还要从他所处的时代和他立身行事的风格去理解。

二

胡适作为开拓者的遗憾，部分因为他处在一个新旧中西杂处交错的时代，他自己也是一个由传统的士蜕变出的第一代现代知识人。而胡适又惯于对不同的人说不同的话。所以，他论学论政的文章讲话，是在对中外老少新旧各种人"说法"，但别人却未必知道他具体的言论是对哪一具体的听众说法。由于收发者心态不是同时，视点不相接近，则说者自说自话，听者各取所爱，就发展成有意栽花花不开，无心插柳柳成荫的结果。

而且，胡适自己说过，他身上有着"中国的我"和"西洋廿世纪的我"两个新旧中西不同的"我"同时存在。① 在小至家庭爱情和大至民族国家走向这样一些问题上，究竟是取中国的还是西洋现代的态度，恐怕他自己也常常犹疑踌躇吧。被视为"西化派"代表的胡适，到底是一位激烈反传统的世界主义者，还是一位具有深切民族主义关怀的人物？这两种有着明显反差的胡适形象就像一座冰山，那水平线下面更广阔的民族主义关怀甚少为人所注意，而其水面反传统的形象却长留在人们记忆之中。

当命运真的把胡适推向"世界公民"的定位时，不仅他所向往的"世界"（即西方）并不真诚地想接纳他，他自己在世界主义面具下潜藏的民族主义真情也就暴露无遗——他在安身立命的大关节处仍是中国的，他也并不真要做世界公民。

再加上胡适不仅向往特立独行，又好与各方面周旋。他那过人的"修养"工夫体现出非常明显的"超我"对"本我"的抑制，后天对先天的约束。然而他虽一心想"作圣"，又不时要"率性"，甚或试图在"率性"的

① 《胡适致陶孟和》（1918 年 5 月 8 日），引自耿云志《胡适年谱》（以下简作《年谱》），四川人民出版社，1989，第 62—63 页。

方向上"作圣"，以走出一条鱼与熊掌兼得之路。观其一生，正是依据父亲胡传总结出的做人道理，在"率其性"和谨勉以学为人之间游移，以知其不可而为之的真孔子的态度，虽不能至，仍始终向着"作圣"的方向努力。结果，胡适与其所处的时代，有意无意间保持着一种若即若离的状态；前者是有意的，后者是无意的。

而近代中国又以"变"著称：变得大，变得快，且变化的发生特别频繁。用朱自清的话说："这是一个动乱时代。一切都在摇荡不定之中，一切都在随时变化之中。"① 胡适很早就认识到近代中国"时势变得太快，生者偶一不上劲，就要落后赶不上了，不久就成了'背时'的人"。② 所以他一向注意随时调整自己与所处时代社会的位置，不愿给人以落伍的印象。

胡适晚年还记得康有为曾对他说："我的东西都是二十六岁以前写的。卓如以后继续有进步，我不如他。"③ 或许胡适自己是介于康梁之间的：他总想继续进步，处处像梁；而其主要的"东西"，亦皆早年所成，又更近于康；其所著常是半部未完之书，正凸显其亦梁亦康的一面。

胡适还有一点像康有为，即他有着比大多数人更强的宗教使命感，他喜欢将自己愿意担任的社会角色投射到其他人身上。前述胡适关于儒家的定义及其对神会和尚的想象性描述，都是非常明显的夫子自道。更有提示意义的是前引他对传教士价值的界定——"他总是带回一种新的见解，一种批判的精神。"

这种使命感使胡适有意无意中不得不抑制他自己持有的许多观念。当他有意识地在中国扮演"外国传教士"这一社会角色，努力要提供新观点和批判精神时，他会发现，有时他不得不牺牲那些与"新观点"冲突的自己

① 朱自清：《动乱时代》（1946年7月），朱乔森编《朱自清全集》（3），江苏教育出版社，1996，第115页。
② 《胡适致高一涵等（稿）》（1919年10月8日），《胡适来往书信选》（以下简作《书信选》）上册，中华书局，1979，第72页。
③ 《谈话录》，第31页。可参阅梁启超自己的比较："启超与康有为最相反之一点，有为太有成见，启超太无成见。其应事也有然，其治学也亦有然。有为常言：'吾学三十岁已成，此后不复有进，亦不必求进。'启超不然，常自觉其学未成，且忧其不成，数十年日在旁皇求索中。"梁启超：《清代学术概论》，第89—90页。

原有的观点；他批判精神的锋芒所向，有时会直指他本来想保存的事物。为了维持心理和个人形象的完整一致，胡适不得不时时做出调整。如他本想昌明国学，在其文学革命的"誓诗"中，原是要"收他臭腐，还我神奇"，却不得不以"整理国故"出之，更诠释为"打鬼"，要"化神奇为臭腐"（详后）。

结果，胡适每给自己找到一个新的社会角色，都增强了他"超我"一面对"本我"的压力，也就加剧了他内心的紧张。胡适承认其"好名"，所以能爱惜羽毛。对他这样的人来说，"超我"的压力虽无形却甚大。正如陈源所说，他给自己创造出了"一个特殊的地位"。[①] 胡适既然已成了特定的"胡适"，他就不得不说那个"胡适"应该说的话，做那个"胡适"应该做的事。

同时，带着使命感返国的胡适会发现，他在中国社会扮演"外国传教士"这一角色越充分，他自己在这社会中就越像一个"外国的"传教士：他带来的"新"，是对立于既存之"旧"的；他提倡的"批判精神"所针对的"漠然无动于衷"，也是本土的。他引进的观点和精神可能逐渐为国人所接受，但他本人却会因为太像外国人而疏离于他的祖国和同胞。正像在华传教士一力传播西学而终被渐成势力的西学大潮驱赶到边缘一样，如果一个启蒙者同时也是外来者，则启蒙见效之日，通常也就是其历史使命完结之时。

但是一个归国留学生却比传教士多一层悲壮的色彩：传教士可以带着无论多少遗憾离开中国而回归自己的本土。留学生则不然，他所"批判"的正是他所热爱的，因他的激烈批判而排拒他的，正是他想要归宿的本土——他本身毕竟不是"外国的"。

胡适晚年再申"宁愿不自由，也就自由了"，其实就是孔子"七十而从心所欲"的现代诠释。倘能宁愿不自由，又有何事不从心所欲呢，自然也就不会逾越什么规矩了。不论台湾的自由有多少，胡适是把它视为"自由中国"并作为归宿之地的。胡适一向是"不知老之将至"的，

---

① 参见陈源为胡适的《整理国故与"打鬼"》写的《西滢跋语》（1927年3月），收入《胡适文存》三集卷一，第213—218页。

他还想对增进中国的自由做贡献。但不论台北当局还是胡适的朋友和追随者，都更希望胡适仅做一个偶像。别人拿他当偶像，他却还想干实事，故胡适虽与各方面都肯周旋，仍然是哪一边都不能十分讨好。他晚年的境遇，也只有以"宁愿不自由"的心境，过"也就自由了"的生活。

或可以说，胡适处于一个新旧中西杂陈的时代，他既因适应时代的需要而开了风气，又因种种原因与时代疏离，他的理想大半都成梦想，这大约是一个重要原因。

不过，如鲁迅所说："希望本是无所谓有，无所谓无的。这正如地上的路；其实地上本没有路，走的人多了，也便成了路。"① 希望与梦，相去不远。没有梦想，何来努力？

鲁迅是听过章太炎讲《说文》的，而《说文》对"道"的界定，即"所行也"。胡适历来主张一种"实验的精神"，他给"中国文艺复兴"下的定义，即"一种自觉的尝试"。② 就像他在"尝试歌"中所说的："有时试到千百回，始知前功尽抛弃。即使如此已无愧。"③ 毕竟，他已经实践了其所提倡的"实验的精神"，何况还留下那么多他人难望其项背的成功，以及一条可能通向希望的道路。

胡适说过："今天人类的现状是我们先人的智慧和愚昧所造成的。但是后人怎样来评判我们，那就要看我们尽了自己的本分之后，人类将会变成什么样子了。"余英时师在引用了胡适这段话后说："胡适毫无疑问地已尽了他的本分。无论我们怎样评判他，今天中国学术与思想的现状是和他的一生工作分不开的。但是我们希望中国未来的学术与思想变成什么样子，那就要看我们究竟决定怎样尽我们的本分了。"④

余先生虽然只说了学术与思想，但他的话完全可以推而广之。谨以此与读者诸君共勉。

---

① 鲁迅：《故乡》（1921年1月），《鲁迅全集》第1卷，人民文学出版社，1981，第485页。
② 出自1927年2月26日胡适在纽约对外政策协会的演讲，由 Peking Leader 社刊在该社1927年出版的 *Forward or backward in China*? 一书中，pp. 5 – 12.
③ 胡适：《尝试篇》（1917年），《尝试集》，《胡适全集》（10），第48页。
④ 余英时：《中国近代思想史上的胡适》，第62页。

第二章

语境：从西学为用到中学不能为体

西潮 / 谁改变谁的思想方式 / 西学为用 /
中学不能为体

新文化运动时期，胡适以一个没有什么身世凭借的二十多岁的青年，回国两年间，即"暴得大名"，一举成为士林之首，真是中国近代史上绝无仅有之事。这个极有意思的事例，几十年来吸引了无数学者。有人或以为，那一定是时无英雄，遂使竖子成名。其实，那时候中国近代思想史上影响极大的几位人物如严复、康有为、章炳麟、梁启超等均还健在，其中年龄最小而影响最大的梁启超不过四十多岁，决不可说是时无英雄。但是，正如余英时师指出的，"以思想影响而言，他们显然都已进入'功成身退'的阶段，不再活跃在第一线了。"故此，余先生以为，胡适的"暴得大名"，就是因为"中国思想界有一段空白而恰好被他填上了"。①

胡适自己在回国的第二年，也就是1918年，写了一篇《归国杂感》，以上海大舞台为"中国的一个绝妙的缩本模型"，指出：在台上支撑场面的"没有一个不是二十年前的旧古董！"换言之，这么多年中国并没有造出什么"新角色"。②但是，1918年前的一二十年是中国变化最大的一段时间：政治舞台上的新角色层出不穷，正是典型的"你方唱罢我登场"的局面；思想界其实也是新人辈出，但新人中确实没有能像梁启超那样一呼百应的时代人物。特别是民国建立之后的那几年，可以说政治变化的高潮恰伴随着思想变化的低潮。用胡适的话说，就是"政治走到文化前头去了"。这样一种政治发展与思想发展的时段错位，应该引起学人的进一步重视。新人辈出而又不能一呼百应，提示着一种存在问题又尚未解答的时代需要。

过去欧阳竟无读佛教俱舍，三年而不能通。后得沈曾植指点，寻找俱舍

---

① 本段全据余英时《中国近代思想史上的胡适》，第7—8页。
② 胡适：《归国杂感》（1918年1月），《胡适文存》卷四，第2页。

前后左右之书读之，三月乃灿然明俱舍之意。蒙文通曾以此为例，强调读书当"自前后左右之书比较研读，则异同自见，大义顿显"。① 西人近些年也提倡这种读书方法，且发展出各种系统的理论，专讲文本（text）和语境（context）的互动关系。② 前后左右之书即在一定程度上构成语境；语境一明，文本的理解就容易得多了。广义地看，胡适的一生也可视为一文本。要了解胡适，必须将其放入其时代语境之中参照考察。而且，只有弄明白胡适得名之前中国思想界处于何种状态，才能了解胡适何以能一举成为士林之首。故我们要观察和理解胡适及其时代，又不可不先对产生那些"二十年前的旧角色"的语境认真检讨。

近代中国思想学术之发展，自有其内在理路。有关学术发展演变的一面，将在后文中专门讨论。本章所关心的，是近代几个大主题中的一个，即中国士人在西潮荡击之下被迫做出反应的进程。而中西之间的文化竞争又是中外矛盾的关键。西方在文化竞争方面是有备而来，中方则是在竞争过程中才逐步认识到学战的重要，故在不知不觉中被西方改变了思想方式。中国士人沿着"西学为用"的方向走上了"中学不能为体"的不归路。在失去立足点后更因多层次的心态紧张步入激进化的轨道。到民国初年，中国思想界已是一种群龙无首、不知所趋的局面。一场思想革命呼之欲出，时势造英雄的条件已经形成。以下即对这一大环境略做考察。

一　西潮

1848 年，马克思和恩格斯在《共产党宣言》中说："资产阶级……把一切民族，甚至最野蛮的民族，都卷到文明中来了。它的商品的低廉价格，是它用来摧毁一切万里长城、征服野蛮人最顽强的仇外心理的重炮。它迫使一切民族——假如他们不想灭亡的话——采用资产阶级的生活方式；它迫使他们在自己那里推行所谓文明制度，即变成资产者。一句话，它按照自己的面

---

① 蒙文通：《治学杂语》，收入蒙默编《蒙文通学记》，三联书店，1993，第 3 页。

② 这方面理论甚多，但从史学的角度讲得最好的，大概还是剑桥大学的 Quentin Skinner。其主要论述均收在 James Tully, ed., *Meaning and Context*: *Quentin Skinner and his Critics* (Princeton, N. J.: Princeton University Press, 1988).

貌为自己创造出一个世界。"约半个世纪之后（1903 年），万里长城之内的青年鲁迅在"自题小像"的诗中以一句"灵台无计逃神矢"沉痛地应和了马恩的话。王汎森先生说：鲁迅的诗"充分道出清末民初知识分子在西方势力覆压之下的困境"。同样，鲁迅在此诗中发出的誓言："我以我血荐轩辕"，也道出了许多知识人爱国救国和拯救中国文化的共同心愿。①

如果把近代中西文化交往视作两大文化体系之竞争的话，则中国一方正如罗荣渠先生指出的，是"打了大败仗，发生了大崩溃"。② 清季中国士人本来是以文野分华夷，自视为世界文化中心，而视洋人为野而不文的"夷狄"的，到后来则主动承认西方为文明。几十年间，从降节学习"夷狄"之"长技"，到倾慕"泰西"的学问、蜂拥出洋游学，更进而自认野蛮，退居世界文化的边缘。由此可知中国文化在这场竞争中的失败有多彻底。

胡适在 1914 年写的《非留学篇》中形象地指出：当中国酣睡之时，西人已为世界造一新文明。"此新文明之势力，方挟风鼓浪，蔽天而来，叩吾关而窥吾室。以吾数千年之旧文明当之，乃如败叶之遇疾风，无往而不败衄。"很明显，胡适正是将近代中西之争视为两个文明之争。中国一方既然失败，就只有"忍辱蒙耻，派遣学子，留学异邦"。今人早已视留学为正途，但对有血气的近代中国士人来说，"以数千年之古国，东亚文明之领袖，曾几何时，乃一变而北面受学，称弟子国。天下之大耻，孰有过于此者乎！"！③

有美国汉学家以为，西力东渐以前，中国的发展基本上是遵循了一种"在传统中变"（change within the tradition）的模式。④ 由于西潮的冲击，这样一种变化模式在近代中国实已难以维持。因为西方要迫使全世界跟着它变。尽管西方自身在 19、20 世纪也充满变化，有时甚至是剧烈的变化，但对西方来说，即使是与传统决裂，仍可以是在传统中变。在中国则反是。对中国而言，仅仅是要生存，用当时人的话说，就是要保存中国的种姓和国

① 王汎森：《古史辨运动的兴起：一个思想史的分析》，台北：允晨出版公司，1987，第 1 页。
② 罗荣渠：《论美国与西方资产阶级新文化输入中国》，《近代史研究》1986 年 2 期，第 78 页。
③ 胡适：《非留学篇》。
④ 参见 E. A. Kracke, Jr., "Song Society: Change within Tradition," *Far Eastern Quarterly*, 14: 4 (Aug. 1955), pp. 479 – 488.

粹，也不得不至少学习造成西方强大的那些秘诀。虽然各人的具体理解并不一样，"向西方学习"的确是清季以来中国士人的共识。在西人的引导之下，中国士人且逐渐认识到，西方之所以强大，并非只是靠其科技和工艺，在器物之后尚有更重要的观念和制度。而中国人一旦接受这样一种西方思维，其所寻求的改变就只有遵循一个向西走的方向，也就只能是在传统之外变（change beyond the tradition）了。

自19世纪末以来，中国知识人对中国传统从全面肯定到全面否定的都有，对西方思想主张全面引进或部分借鉴的也都有，唯独没有全面反对的。他们之间的差距不过在到底接受多少西方思想。钱穆曾观察到，近现代中国人不论是信仰还是反对孙中山的，都是比附或援据西洋思想来信仰或反对。① 我们或可说，20世纪中国知识人不论是维护还是反对中国传统，基本都是以西方观念为思想武器的。假如我们可以把马恩话中的"资产阶级"换为"西方"的话，从鲁迅写前引一诗之时起，虽然"商品的低廉价格"尚在长城之外徘徊，可以说西方已用其他的方式迫使中国人在文化上按照西方的面貌来改变中国的世界。

失败之余，中国文化思想界就成了外来观念的天下，给他人作了战场。我们如果细查当时知识人提出的各种救国救文化的路径，大多与西方有关。之所以如此，正是因为20世纪上半叶在中国风行竞争的各种思想体系，即各种"主义"，就极少有不是西来者。② 中国政治思想言说（discourse）中最具标帜性的关键词语（keywords）如"平等""民主（民治）""科学""自由"等，也几乎无一不来自西方。从民初的"问题与主义"论战，到20年代的"科学与玄学"论战，再到30年代的"中国社会性质"论战，在在均是西与西战。

五四新文化运动时期西向知识人攻击传统最多的，不外小脚、小老婆、鸦片和人力车。其中后两样便是西人带来的。鸦片是不用说了。人力车虽不是纯西洋货，本由日本人创造。但其流入中国，却是由先在日本的西方传教

① 钱穆：《中国思想史》，香港新亚书院，1962，第175页。
② 即使是最具中国特色的孙中山的三民主义，虽然也确实结合了一些中国文化因素，但以孙本人常用林肯的"民有、民治、民享"来概括其主义，即可见其渊源之一斑。

士带到中国来的。其最初的乘坐者，也多是租界里的西洋人。舶来品竟然成了中国传统——即使是坏传统——的象征，最能体现此时西潮已渐成"中国"之一部。而西向知识人把舶来品当作自己的传统来批判，其实也是受西人的影响。盖鸦片和人力车曾被晚一点来华的西人视为中国的特征，并成为西方之"中国形象"的一个负面组成部分，在转了数圈之后又由阅读西方书籍的中国知识人带回来作攻击传统之用。近代中西胶着之复杂早已是"层累堆积"且循环往复了好几次了。

中西胶着的复杂有时也造成一种角色的倒置。民初的一个诡论性现象是中国人拼命反传统，有些外国人反而在提倡保存中国的文化传统。从溥仪的老师庄士敦到哲学大师罗素，在这一点上都相通。提倡西化的胡适在1926年就尖锐地批评西方"既要我们现代化，又要我们不放弃［传统的］美妙事物"。胡适本人也认为中国传统有可取处，他反对的主要是由西人来提倡保护中国传统。但是这样一种角色的倒置确实表现了民初中国思想界的混乱和中西之间那种扯不清的纠葛。①

更具提示性的是，即使是清季以维护国粹为目的所谓"国粹学派"（以《国粹学报》为主要喉舌）和稍后出现的"学衡派"（即常在《学衡》上刊发文字之人，其目的与"国粹学派"颇类似），虽然都被视为"文化保守主义者"，实际上也都在西潮的影响之下。余英时师已指出，"国粹学派"的刘师培等人，"直以中国文化史上与西方现代文化价值相符合的成份为中国的'国粹'"。② 特别是"学衡派"，其主要人物的西化程度，恐怕还超过大多数鼓吹"全盘西化"者。如《学衡》主将吴宓，就自认他本人不是在传接中国文化的传统，而是"间接承继西洋之道统，而吸收其中心精神"。③ 这是近代中国"在传统之外变"的典型例证。这两个所谓的"学派"是否

---

① 胡适日记，1926年11月26日。

② 余英时：《中国知识分子的边缘化》，《二十一世纪》1991年8月第6期，第23页。

③ 《吴宓诗及其诗话·空轩诗话·二十一》，陕西人民出版社，1992，第250—251页。即使这样的吴宓，在东南大学还算不够尊西的。他注意到，该校得一从美国学教育获硕士而仅"并及历史"的徐则陵归，即任命为历史系主任，取外间视为旧学象征的柳诒徵而代之。同样，一般认为是"文化保守主义者"的梅光迪也并未将柳氏放在眼里。可知以"守旧"著称的东南大学，其实际的尊西倾向并不弱于他校。参见《吴宓自编年谱》，三联书店，1995，第228—229页。

是文化保守主义者其实还可商榷，这里无法详论。但这类人也受西潮影响如此之深，更进一步揭示了中国在近代中西文化竞争中的失败。

如果说"国粹学派"以中国文化史上与西方现代文化价值相符合的成分为中国的"国粹"是一种时人对西方自觉或不自觉的主动认同，对民国以后的人来说，这样的认同或者已无必要，或者意义已不相同。从广义的权势观看，西方文化优越观在中国的确立即意味着此时"西方"已成为中国权势结构的一个既定组成部分。这一权势虽然不如不平等条约那样明显，但以对中国人思想的发展演变而言，其影响的深远恐怕还在不平等条约之上。君不见在不平等条约已经废除半个世纪后的今天，有些人在讲到中国的人文传统时，所说的仍然几乎全是西洋的东西，就可见此影响有多么深远了。①

从某种意义上说，20世纪西向知识人将舶来品当作自己的传统，和今人将某些西方观念当作中国人文精神这些现象，未必就体现了他们对国情的误解。对于生在鸦片和人力车随处可见的时代而又不是事事都要考证的人来说，这些东西确实是他们所见的"中国"的一部分。吴宓之所以感到有必要强调他是在"继承西洋之道统"而不是中国文化的传统，就是因为彼时两者已经有些难于区别了。对于更晚的中国人来说，那些由西向知识人所传播的半中半西的"新学"以及由吴宓这样的"文化保守主义者"保存下来的"中国文化"，又何尝不是传统的一部分呢。概言之，19世纪的"西潮"其实已成为20世纪的"中国"之一部分。因此，今日言"中国传统"，实应把西潮（但不是西方）包括在内。

这也说明，我们对西潮冲击中国的研究还远不够深入。以费正清为代表的"西潮冲击－中国反应"这一研究近代中国的典范（paradigm）在美国早已被费氏的弟子或再传弟子视为过时。前些年新兴的取向是要"在中国发现历史"，亦即重视中国的内在发展。② 这是美国汉学界的一大进步，当然是很不错的。的确，像西方、中国、思想这一类词汇的涵盖面实在是太广。即使限定在近代思想史的范围内，近代西方和中国各自都是变化万千，而思

---

① 参见张汝伦等《人文精神寻思录》，《读书》1994年3月号，第3—13页；葛佳渊、罗厚立《谁的人文精神？》，《读书》1994年8月号，第58—64页。

② 参见柯文（Paul Cohen）《在中国发现历史》，林同奇译，中华书局，1987。

想的演变是与文化、社会、经济、政治等的变化密切相关的；中西双方之思想亦有其各自发展的内在理路。倘若把视点集中到中国，也应记住冲击中国的西方是个变量；而西潮入侵中国之时，中国本身的传统也在变（当然双方也都有许多——或者是更多——不变的层面）。如果仅注意西潮冲击带来的变化，而忽视不变的一面，或忽视西方和中国文化传统自身演变的内在理路，必然是片面的。

但是，不可否认，"西潮冲击－中国反应"确实是一个重要的历史现象，是中国近代历史研究不可回避的一大主题。用这一典范去囊括一切固然是不可取的，但因为这一典范被用得太滥就转而以为它已可功成身退，恐怕也未必就恰当。特别是在"西潮"已成"中国"之一部以后，所谓近代中国的内在发展，也就包含了一定程度的西方在。则近代中国士人对许多"中国内在问题"（且不说西潮造成的中国问题）的反应多少也可说是对"西潮冲击"的某种"中国反应"。故费正清的"西潮冲击－中国反应"这一研究典范仍未完成其使命，尚有待深入发展。

当然，强调西潮冲击的影响，并不是说中国本身没有问题。中国文化"历数千载之演进，造极于赵宋之世，后渐衰微"，[①] 到晚清早已是问题重重了。17世纪以来中国人口激增。中国传统政治文化本来重分配的调整甚于生产的发展，较难处理因人口增长带来的社会问题。另外，龚自珍在西潮入侵之前已提到中国文化的重心已由京师转移到山林（龚自珍《尊隐篇》）。而文化重心的倾移显然为外来文化的入据正统提供了条件。经学家俞樾是主张以兴教化、劝农桑为中国自强之路的。他以为，照此做上数年，则"官之与民，若父兄子弟然"。即使有外患，也不怕守之不固。但俞氏也指出，当时的现象，恰是"官与民漠不相习"。[②] 这正是清廷的一大难题，而且绝非数年可以解决。除了传统的"上下之隔"，清廷尚面临满汉矛盾这一更难处理的问题。这些都在19世纪西潮入侵之前或同时。

西潮冲击与中国的问题两者之间的关系是非常复杂的。首先，西潮冲击下中国抵抗的无力恰有助于使中国士人认识到中国自身既存的问题和不足；

① 陈寅恪：《金明馆丛稿二编》，第245页。
② 俞樾：《自强论》第3册，《春在堂全书》，凤凰出版社，2010，第852—853页。

其次，西潮入侵也给中国带来不少新问题；再次，因西潮入侵引起的新问题常常也起到掩盖中国自身既存问题的作用；最后，西潮本身确也给中国带来许多可借鉴的思想资源以解决中国自身的问题。也就是说，西潮的冲击既暴露了也掩盖了中国自身的问题，既给中国增添了新问题也提供了一些解决中国问题的资源。① 但是，西潮进入中国既采取了入侵的方式，这个方式本身就又在很大程度上阻碍了中国士人接受这些新来的思想资源。蒋梦麟说："如来佛是骑着白象来到中国的，耶稣基督却是骑在炮弹上飞过来的。"② 这个形象的表达正提示了中国士人在接受西方思想资源时何以总有一种自觉或不自觉的踌躇。

一般的看法，中国在近代因落后而挨打，故思变求变，向西方寻求真理。这基本是不错的。但寻求真理必往西方而不在本国，就很值得研究了。这显然是中国士人在西潮冲击下信心大失的明证。林毓生先生曾提出，中国士人有一种从先秦即存在的传统，即"藉思想、文化以解决问题的方法"。③ 但这恰不能解释一般所谓中国士人对西方的认识是从器物到政制，最后才到思想文化这一过程。实际上，"器物－政制－文化"这一递进关系并不符合中国传统的认识方式。中国人固然有社会习俗反映甚或代表特定文化认同的看法（如"被发左衽"说），但元、清两朝异族入主，其失败之惨烈远在清季之上，却无人主张蒙古人或满人的政制、文化要高于汉人。而士人对中国文化的信心仍能保持。何以在清季不过在沿海被打败，就对中国文化信心大失？这里面一个重要原因，就是西人的诱导。盖器物与政制与文化分不开正是西人的思想，并被其用来说服了中国人。故西人能改变中国人的思想方式这一点尤其值得探讨。

二 谁改变谁的思想方式

19 世纪之前，不仅中国士人自认中国为世界文化中心，就是 17、18 世纪

---

① 罗志田：《胡适与社会主义的合离》，《学人》第 4 辑，1993，第 18—19 页。

② 蒋梦麟：《西潮》，台北：中华日报社，1961 年 4 版，第 4 页。

③ 参见林毓生《五四式反传统思想与中国意识之危机》，收入其《中国传统的创造性转化》，三联书店，1988，第 147—159 页。

来华之天主教耶稣会士在欧洲造成的印象，也认可中国人是"世界上最文明的民族"。① 但是科技革命和工业革命带来的发展使西人的自信心与日俱增，故 19 世纪来华之新教传教士对中国文化的看法就远没有耶稣会士那样高，而且随着其自信心的增强，可以说是与日俱减。在 19 世纪 30 年代，他们尚认为中国文化典籍至少在量上不仅超过任何非开化民族，而且超过希腊和罗马。到 19 世纪 50 年代，他们只承认中国文化优于周边国家许多，却已远逊于任何基督教国家了。② 到 19 世纪中叶，中西双方已都认为自己的文化优于对方。

英国传教士杨格菲（Griffith John）于 1869 年指出：

> 难道我们不比他们［按指中国人］优越许多吗？难道我们不是更具男子气，更有智慧，更有技艺，更通人情，更加文明，不，难道我们不是在每一方面都比他们更高贵吗？根据我们的思想方式，答案是肯定的。但根据他们的思想方式，答案是断然否定的。而且，要我们改变对此事的看法与要他们改变看法几乎是同样困难的。③

因此，问题最终还是在于到底是谁能使对方改变其思想方式。

但中西之间有一个根本的文化差异：处于中西文化之争前沿的西方传教士的最终目的是在精神上征服全世界，故对于异教徒始终有传播福音以使其皈依基督教的强烈使命感。但中国儒生对非华夏文化的"夷狄"，则主要是采取"修文德以来之"的方式。若"夷狄"本身无"变夏"的愿望，中国儒生一般并不觉得有努力使其"变夏"的责任感，更不用说使命感了。

中国传统行为准则的一个要点即《礼记》所谓"礼闻来学，不闻往教"。要别人先表示了"向学"的愿望且肯拜师，然后才鼓励教诲之。主动向人输出知识，即是"好为人师"，这样的行为是不被提倡的。这一准则同样适用于

---

① 参见 Arthur O. Lovejoy, "The Chinese Origins of a Romantism", in idem, *Essays in the History of Ideas* (New York: Putnam, 1960), pp. 99 - 135, particularly 102 - 110.

② *Chinese Repository*, III: 8 (Dec. 1834), p. 379; Eliza G. Bridgman, ed., *The Life and Labors of Elijah Coleman Bridgman* (New York: Anson DF Randolph, 1864), p. 216.

③ "Griffith John to the London Missionary Society," ca. 1869, in R. Wardlaw Thompson, ed., *Griffith John: The Story of Fifty Years in China* (New York: A. C. Armstrong, 1906), p. 254.

中外关系。中国对于倾慕华夏文化的"四夷"固表欣赏且予鼓励，亦可向之传播中国学问。但"夷狄"若不行夏礼而用夷礼，通常亦听任之。至于对不友善的"夷狄"，更禁止向其输出中国文化。西方传教士既然是骑在炮弹上飞到中国来，则中国人之不欲让其了解中国文化正在情理之中。19世纪中西接触之初，不仅中国书籍严禁出口给西人，就是中国语言文字也是不准教授给西人的。因此，西方传教士远比中国儒生更热衷于使对方改变其思想方式。中西文化之争是以自觉而带进攻性的西方向防御性的中国挑战为开端的。中国士人自觉地认识到这是一场文化竞争，已是在西方发动一系列进攻之后了。

中西文化竞争的第一步就是要证明自身的文化优于对方。中国士人既然是竞争中被动的一方，一开始并未感到有必要证明其文化的优越。且中国人视经典文献为华夏文化的核心，而文化典籍的优劣是很难靠自身证明的。但有备而来的西人在声称其文化优越的同时，尚携有近代工艺技术为证明的手段。早期的中西冲突多在沿海，航海和海防恰又是中国工艺技术最为薄弱之处，乃进一步加强了西强中弱的认知。[1]

的确，强势本身也是一种说服的手段。船坚炮利的力量不仅在于其军事的效率，而且在于其体现船炮制造者本身的优越性。英国在鸦片战争中有意识地使用当时最先进，也是英国第一艘铁甲舰"复仇神"号（the Nemesis），就是要向中国人显示其最新的近代技术。这一着显然达到了目的。"船坚炮利"给中国人的印象极深，在很长一段时间里基本上成为中国思想言说中西方"长技"的代名词。[2]

但是，对尚武轻文的中国士人来说，船坚炮利虽然能够证明西人有"长技"，尚不足以证明西方文化的优越。许多西方人，特别是传教士，的确也更愿意采取和平的直接说服的方式。盖强制只会造成口服心不服，说服才可导致真正的心服。一般而言，传教士虽然以征服为目的，其出发点通常是善意的。因为大多数传教士的确相信基督教和西方文化的传播对中国有好

---

[1] 参见詹森（Marius B. Jansen）为罗兹曼（Gilbert Rozman）主编的《中国的现代化》（中译本，江苏人民出版社，1988）所写的第二章"国际环境"，特别是第41—57页。

[2] 关于 the Nemesis，参见 Daniel R. Headrick, *The Tools of Empire: Technology and European Imperialism in the Nineteenth Century*, New York & Oxford: Oxford University Press, 1981, pp. 43 – 54.

处。当其采用和平的说服方式时，这种善意就容易体现出来，也就可能缓解中国士人对西方文化的抵触。可以说，西方对中国的文化侵略之所以远比政治、军事和经济的侵略更成功，正是因为传教士不完全认同于炮舰政策和不平等条约体系。而且其成功的程度基本上与其疏离于炮舰和条约的程度成正比。

当然，传教士最后选择和平说服为主要手段也是有个过程的。在中西交往初期，许多传教士也曾在不同程度上支持过对中国人使用武力或使用武力为威胁手段以迫使中国"开放"。这种明显违背基督教义的行为在一定程度上是受中世纪西方尚武心态之无意识传承的影响。故传教士本身也经历了一个近代化的过程。传教士自己在19世纪末变得近代化亦即更加尚文之后，他们曾选择了以传播西方科学这个手段来证明西方文化的优越。这一点只取得了部分的成功。但他们毕竟播下了种子。当传教士最后集中于利用出版物来影响中国读书人时，由于适应了中国士人的行为习惯，其效果即开始凸显出来。①

正如胡适在1926年对英国人所说："中国人不能在胁迫下接受一个与其信念相左的新文明。必须有一个说服的过程。"② 胡适自己是提倡或赞同某种程度的西化的，但他却不能接受压服。反过来看，和平的说服有时确能造成中国士人对西方文化输入的主动配合，尽管配合者自己通常并未意识到他们所起的作用；其动机和目的，即要使中国富强并最终凌驾于西方之上，也与传教士的动机和目的相反。到西学获得了"新学"这一超越中西认同的普世性名称后，很快在中国成为显学，士人竞相趋从。一旦不存在认同问题，西学在中国的传播便如翻江倒海，形成一股巨澜。

但屡受西方欺凌的中国人竟会主动向敌人学习，特别是甲午中日战争失败以后，大量的中国学生涌入敌国日本而转手学习西方，这个现象终究有些不合人之常情。有学者以为，只有文化失败才可能造成对征服者同时既憎恨又模仿，不仅自认不如人，而且为了自救而忍受向敌人学习的屈辱。③ 中国在近代中西文化竞争中的失败是明显的，但是中国向敌人学习的情形似乎不能完全以文化失败来诠释。在某种程度上，这恐怕也是信心尚存，即确信中

---

① 说详罗志田《传教士与近代东西文化竞争》，《历史研究》1996年第6期。
② 胡适日记，1926年10月8日。
③ Jean-Francois Revel, *Without Marx or Jesus* (Garden City, N. Y. : Dell, 1971), p. 139.

学可以为体这一观念使然。

　　近代中国除一些割地和少量租界外，领土基本得以保持完整。不平等条约固然侵犯了部分中国主权，但基本的主权仍在中国人手中。这样，西方虽然力图在中国取得文化控制，却不能像在殖民地那样直接地破除中国的本土文化，只能采取间接的渗透方式。因此，中国士人对西方文化的仇视和抵制通常较殖民地人为轻。领土主权的基本完整，应该是士人确信中学可以为体的根本基础。由于不存在殖民地政府的直接压迫，中国人在面对西方压力时显然有更大的回旋余地，更多的选择自由，同时也更能主动地接受和采纳外来的思想资源。故中国知识人学习西方的愿望和实际行动都远比殖民地人要主动得多。

　　不过，中国士人未能认识到，在中国，对文化控制的竞争既是手段也是目的。中国的幅员辽阔、人口众多、文化悠久、中国朝野对外国入侵的持续抵制，以及帝国主义列强之间相互竞争造成的均势等因素，使得全面的领土掠夺对列强来说既不合算也不可能。故列强退而采取一种间接的侵略方式，即以条约体系巩固其非正式控制，同时寄希望于以文化渗透来为以后实质上的经济利益铺路。这就使西方需要不仅在物质上，而且恐怕更多是在文化上表现其权势和优越性。换言之，西人是有备而来的。然而，也许正是领土主权的基本完整带来的潜存信心，使中国士人轻视了文化竞争的严重性。故"西学为用"渐成士林共识，传播和推广西学的角色，也逐渐更多由中国士人自己承担起来。传教士要改变中国人思想方式的目标很快得以实现。①

三　西学为用

　　冯桂芬大约可以说是"中学为体，西学为用"的始作俑者。冯主张为了攘夷，不妨先降格师事西人。为此，冯将西方文化区分为礼和器两种不同类型。器可用而礼不必学。其要在"以中国之伦常名教为原本，辅以诸国富强之术"。② 故冯实开了后来的"中学为体，西学为用"之先河。不过，冯

---

① 具有诡论意味的是，一旦中国士人自己承担起输入西方文化的任务，传教士的影响立刻式微。西学在中国能形成大潮，传教士起了最主要的作用。但这股大潮却反过来把始作俑者推到边缘的地位，这个结局大约是传教士未能始所料及的。

② 冯桂芬：《校邠庐抗议》之《采西学议》《制洋器议》。

氏一书所作虽早，流传却晚，早年仅以抄本传，至 19 世纪 80 年代始有刻本。
到 19 世纪 90 年代，"中学为体，西学为用"基本已成时人共识。1891 年，康
有为即主张"必有宋学义理之体，而讲西学政义之用，然后收其用也"。①
次年，郑观应也明言"中学其本也，西学其末也"。到 1896 年，梁启超指出：
"舍西学而言中学者，其中学必为无用；舍中学而言西学者，其西学必为无
本。无用无本，皆不足以治天下。"两年之后，张之洞在《劝学篇》中整合诸
家之说，系统表述了"旧学为体，新学为用，不使偏废"的观念。②

过去讲到"中学为体，西学为用"时，通常倾向于将其说成是为了维
护纲常名教。其实若细察时人之意，恐怕其目的和重心都在"西学为用"
之上。而且，不仅梁启超、张之洞等人是如此，就是那些以西学比附中学之
人，许多也是为了"投合吾国好古之心，而翼其说之行"。③ 盖主张变法之
人，不过要学习西方，并无废弃中学之意。惟守旧之人对此不甚了解。张之
洞将体用之关系讲明，正可释反对派之心结。实际上，如果没有学习西方的
时代需要，中学为体恐怕根本就不会成为士人所考虑的问题。也就是说，在
"中体西用"这一体系之中，"中体"虽置于"西用"之前；但从其产生的
历史看，"中体"实在"西用"之后。

具体言之，《劝学篇》中讲"西学为用"的篇幅即多于讲"中学为体"
者。张氏并在序中明言，中学也以"致用为要"。可知全篇都重在一个"用"
字上。再参之以 1902 年张之洞与刘坤一合奏的"变法三疏"，其目的和重心
就昭然若揭了。言用而必言西，实已暗示中学至少在当下已无多大用处。更重
要的是，张氏又发挥其旨意说，如今言西学，"西艺非要，西政为要。"在往西
走的路上又进了一大步。中学既以致用为要，西学复以西政为要，则"中体西
用"这一体系之中的"中体"实已被"西用"挖了墙脚。张氏所欲坚持者，唯
中国文化之基本价值观念也。其余一切，大约均可不同程度地"西化"。

---

① 转引自王汎森《古史辨运动的兴起》，第 177 页。
② 各家说法皆转引自余英时《中国思想传统的现代诠释》，台北：联经出版公司，1987，第
  522 页。
③ 攻法子：《敬告我乡人》，原载《浙江潮》第 2 期，1903 年 3 月，张枬、王忍之《辛亥革
  命前十年时论选编》第 1 卷（下），第 500 页。该书全 3 卷，由三联书店 1960—1977 年出
  版。

问题在于，西政恰是建立在西方的基本价值观念之上的。要将其用之于中国而又要不改变中国的基本价值观念，这是一个极难处理的问题。严复已看到了这一点。他在1902年驳斥"中体西用"这一提法时指出："中学有中学之体用，西学有西学之体用，分之则并立，合之则两亡。"① 严复此时之意，颇接近后来的"全盘西化"，此不详论。从根本上看，这是一个文化体系究竟是否可分的问题。

从魏源到梁启超那许多中国士人都倾向于认为文化体系是可分的，故有可能接受或采纳异文化的某些部分并整合进自己的文化之中。从魏源提出"师夷之长技以制夷"以来，许多中国士人一直在寻找一个中西文化之间的会接点。"中学为体，西学为用"正是这一观念的典型表达。而且，文化可分论也是中国士人借以避开认同问题的实际理论依据。中国士人可以接受许多西方东西而不觉十分于心不安，仍能保持其中国认同，就是有文化可分论作基础。清季士人讲西学源出中国也好，讲"中体西用"也好，多半都是在保持中国认同的基础上，为引进西方文化找依据。

但是，19世纪的西方传教士基本是主张文化体系是完整不可分的（这当然与基督教一神独尊的排他性相关联）。他们以为，对异文化要么整体接受，要么全盘拒斥，没有什么中间立场。即其所谓："欲求吾道之兴，必先求彼教之毁。"② 因此，对中国士人来说，学习西方颇有点不归路的意味。以今日的后见之明来看，近代中国人学西方真可说是"邯郸学步，反失其故"。而之所以失了自己的"故"，原因固然甚多，其中一个重要原因就是西人所坚持的文化整体论。要学习异文化，必同时摒弃己文化。两者不能妥协，也就谈不上什么会接了。

冯友兰说："清末人本以为西洋人是野蛮底，其所以能蛮横者，纯靠其有蛮力。对于有蛮力者之蛮横，亦只可以蛮力应付之……所以清末人之知注重力……部分是由于清末人看不起西洋人之所致。"③ 但是，中国人既然开

---

① 《严复集》第3册，第558—559页。

② 宓克著、严复译《支那教案论》，南洋公学译书院重印本（光绪十八年初版），第28页A。需要说明的是，宓克本人并不赞同这种"吾非除旧，何由布新"之势不两立的看法。在某种程度上，晚清那些主张"翼教"的人，在文化不可分这一点上倒与西方传教士的观念接近。此不详论。

③ 冯友兰：《新事论》，商务印书馆，1947，第26—27页。

始注重力而搁置自以为所长的理，实际上已开始接受西方的思想方式。其早年提出"师夷之长技以制夷"，是觉得与"夷人"不可以理喻，不得不讲求力，还是降而求其次的意思。到同治年间办洋务求自强，主张"破华夷之界"，虽仍未离师夷长技的思路，实已无降格之意，而渐有拔高中国自己之心。彼时反对师事西方的叶德辉，乃不得不反对"以国之强弱大小定中外夷夏之局"。① 叶氏所反对者，虽然未必就是其对立面所直接提倡者，但叶既感有必要提出反对之，大约已渐有类似的认知出现。后来一些中国人自认野蛮，正是以强弱分夷夏的结果。

这里仍有西潮的影响。中国传统本崇让不崇争，《春秋谷梁传》（定公元年）说："人之所以为人者，让也。"老子主张"不争"，墨子讲究"不斗"，思路相近。许多人心里未必真喜欢让，但表面上仍不得不崇之，盖世风使然也。这正是赫胥黎所强调而严复所不译的后天伦理作用。西潮入侵，国人由重理转而重力。过去受压抑的法家耕战思想被重新"发现"，进而引发出商战以至学战思想，②"争"渐具正面价值。这是后来"物竞"思想流行的土壤，只是还缺乏系统的表达。《天演论》能风行于世，正在其不仅解答了中国何以败——因劣，而且提出了解决的路径——即争。国人已先有争的意识在，自能不胫而走。要言之，争的观念因西潮而显，亦由西潮为之正名。美国史学家史景迁（Jonathan D. Spence）在其关于中国近代的新著封面上以中文大书一"争"字，③ 盖有所得焉。尚争而不尚让，正是中国近代与前近代的一个重要区别。

到严复译述《天演论》，特别是他把进化论化约为"优胜劣败，适者生存"的简单公式并得到广为传播时，已经注重力并且尊西的许多中国士人很快被说服就不足为奇了。甲午兵战失败，士人纷纷寻因。《天演论》一出，简明而系统化，而人皆以为言其所欲言。盖重力尊西尚争的倾向已为严复版进化论的风行准备了语境。有此理论，强力就成了最好的说服手段。一旦胜者是因为其文化优越这样一种观念在士人心中树立起来，失败者的传统

---

① 叶德辉：《郎园书札·与皮鹿门书》，长沙中国古书刊印社 1935 年《郎园全书》汇印本，第 9 页 B。
② 参见王尔敏《中国近代思想史论》，台北：台湾商务印书馆，1995，第 244—247 页。
③ Jonathan D. Spence, *The Search for Modern China* (New York & London: Norton, 1990).

自然像粉一般碎了。既然中国屡被战败，则其文化必然低劣。中国人以前是不以成败论英雄的，中国历史上两个从人变成神的关羽和岳飞以及一个半人半神的诸葛亮都不是成功者。如今则承认败即是劣，可知其价值观念已完全转到西方一边了。西方在改变中国人思想方式一点上已基本成功。

中国士人一旦主动学习西方，西方文化优越性的确立就只是时间问题了。从"夷务"到"洋务"再到"时务"，由贬义的"夷"到平等的"西"再到尊崇的"泰西"，西方在中国人思想中的地位步步上升。1891年，康有为已指出当时士人"稍知西学，则尊奉太过，而化为西人"。① 到1898年，热心传教事业的立德（Archibald Little）已肯定地写道："西方思想方式［在中国］取得控制地位的日子一定会来到。"② 若比较立德的满怀信心与1869年时杨格菲的犹疑，中国思想界的变化之大就可见一斑了。

的确，问题并不在康有为所说的知多少西学。因为太平天国以还，出将入相影响朝政最大的几位汉臣如曾国藩、李鸿章、张之洞，以及后来的维新变法诸人，均是在往西走的方向上，而且越走越远。在这种情形下，"乔木世臣、笃故旧绅，亦相率袭取口头皮毛，求见容悦"。③ 如此流风所播，到20世纪初，"国粹学派"的邓实已形容当时知识界的风气是"尊西人若帝天，视西籍如神圣"。故余英时师判定："西方理论代表普遍真理的观念"在1905—1911年间已"深深地植根于中国知识分子的心中"了。④

中国士人提出"中学为体，西学为用"，并敢于将重心放在后者之上，是基于中学可以为体而文化体系可分的信念。但由于未能认识到文化竞争的严重性，就顺着"西学为用"的路径走入了西方的思想方式。一旦中国人承认自己文化低劣，则为了自救，除了学习西方之外别无选择。在这种情形下，自以为"野蛮"，主张为重建新中国新文化而破坏自己的传统，都是顺理成章的发展。到1895年，严复就认定所有中国学问既不能致中国于富强，

---

① 转引自王汎森《古史辨运动的兴起》，第177页。

② Archibald Little, *Gleanings From Fifty Years in China* (London: Sampson Low, Marston, 1910), p. 37.

③ 黄远庸：《新旧思想之冲突》，《黄远生遗著》卷1，台北：文海出版社影印上海1938年增订本，第120页。

④ 余英时：《中国知识分子的边缘化》，《二十一世纪》第6期，1991年8月，第23页，邓实的话也转引自同页。

也不能救中国于危亡，故通通可说是"无用"，皆应暂时"束之高阁"。[1]
一句话，中学已不能为体。

四　中学不能为体

蒋介石在《中国之命运》（据说主要为陶希圣所撰）中说："中国人本为不甘心做奴隶而学西洋的文化，然而结果却因学西洋的文化，而在不知不觉之中做了外国文化的奴隶。"这正是在"西学为用"之后，中学却不能为体这个诡论现象的具体写照。严复在甲午之后主张把无用的中国学问"束之高阁"，已道出了中学不能为体的消息。不过，严复这样的"先知先觉者"，起初尚不能代表整个中国思想界。随着中国在义和团一役的再次惨败，严氏的观念不久即成为士人的共识。

1903 年，一个湖南留日学生自问："中国有何种学问适用于目前，而能救我四万万同胞急切之大祸也？"这一问十分有力，而答案是否定的。故他断定："惟游学外洋者，为今日救吾国惟一之方针。"而且，据此人的看法，中国学问不仅不能救亡，实际上中国面临亡国亡种的危局，正"守旧主义鄙弃西学者之一方针之所酿成"。[2] 这个看法在当时有相当的代表性。

这也是中西学战的结果。章太炎注意到，西人欲绝中国种性，必先废其国学。初仅传教士鼓动之。后留学生接受了西人观念，以为中国科学不如西方，遂谓"一切礼俗文史皆可废"。[3] 的确，帝国主义侵略所至，总要争夺被侵略国的文化控制权。其主要的方式，就是贬低打压本土文化。在此文化竞争中，一般而言，被侵略各国的人民有一个共同的倾向，即回向传统寻找思想资源和昔日的光荣以增强自信心。[4] 康有为革新孔子，虽然已攙和了不

---

[1]　转引自 Benjamin Schwartz, *In Search of Wealth and Power*: *Yen Fu and the West* (Cambridge, Mass.: Harvard University Press, 1964), p. 87.

[2]　《劝同乡父老遣子弟航洋游学书》，原载《游学译编》第 6 期，1903 年 4 月，《辛亥革命前十年时论选编》卷 1（上），第 381—84 页。

[3]　章太炎：《清美同盟之利病》，转引自王汎森《章太炎的思想》，台北：时报出版公司，1992，第 81 页。

[4]　Cf. Isaiah Berlin, "The Bent Twig: On the Rise of Nationalism," in idem, *The Crooked Timber of Humanity* (London: Murray, 1990), pp. 238 – 261.

少西洋内容，到底还是在传统中寻找思想资源。但中学不能为体之后的中国人则反是，他们回向传统看到的更多是问题和毛病。

结果，不仅中国学问是无用有害，中国风俗也变得野蛮起来。1904年，一位署名陈王的作者在讨论中国婚礼之弊时，先略述西方婚俗，断言已"足征其风俗之至则，人伦之乐事"。再"返而观之中国之社会"，所见则是"妇姑勃溪矣，兄弟阋墙矣，而大好之家庭，自此终无宁岁"。他进而总结出六条中国婚礼的通弊，下结论曰："世界皆入于文明，人类悉至于自由，独我中国，犹坚持其野蛮主义、墨守其腐败风俗，以自表异于诸文明国之外。遂使神明之裔濒于沦亡，衣冠之族侪于蛮貉。"①

论者显然是先存西文明中野蛮之定见，据西例以反观中国家庭。其实，中国婚姻固不尚自由选择，而家庭之稳固则远过于西方。论者本不知西，而敢下断语，足见中西文野之殊，已成为时人固定认知。认知一变，再据此义检讨所有中国制度风俗，自无不野蛮腐败，"侪于蛮貉"固亦宜焉。惟彼时人所用之"野蛮"，实亦与"文明"相对应，要皆新入之西词，已不尽是中文原始之意。其价值判断的强烈，犹远过于中文原始之意。

孔子尝谓：我欲仁，斯仁至矣。章太炎指出，这也可反推而言之曰：我欲不仁，斯不仁至矣。传统范围本来博大，要找什么通常就能找到什么。关键还是人的主观取向在起作用。且中国传统本有一种"反求诸己"的取向。用今日的话说，就是有了问题先做自我批评。故我们若看本世纪初以来的中国思想言论，凡说及中国的弊病，均下笔顺畅，出口成章；到说及救弊治病之法，则又多婉转羞涩，常常不知所云。到辛亥革命之前，据太炎的观察，反求诸己的取向已造成"糜烂不可收拾"之局面。② 中学不能为体已是显而易见了。

若中学不能为体，西学也就难以为用。钱穆指出："中体西用"虽然是晚清士人的共识，但当时的人"实在也并不知道中学之体是一个什么体。自己认识不足，在空洞无把柄的心理状态中，如何运用得别人家的文化成

---

① 陈王：《论婚礼之弊》，原载《觉民》第1—5合刊，1904年，《辛亥革命前十年时论选编》卷1（下），第854—858页。

② 章太炎：《清美同盟之利病》。

绩？”故“西学为用”其实也是不成功的。而空洞无把柄的心理状态既是体
用皆空的重要原因，更造成思想上的激进。钱先生观察到，晚清中国思想界
正由专重经典转向积极入世，此时也是积极入世的西方思想进入，本易相投
契。但积极入世在知识上和思想上都应有更多准备，中国思想界则对此准备
不足，“自己没有一明确坚定的立脚点”，在西潮猛烈冲击之下，反而产生
种种冲突阻碍，“由此激起思想上的悲观，而转向极端与过激”。① 结果就是
近代中国思想界的激进化。

　　的确，对中国士人来说，不过几十年间，就由文变野、由自视为世界
文化中心到自居世界文化的边缘，这中间的心态转变，必然是极其复杂
的。不过，中国士人得出必须学习西方的共识并逐渐以西方为本位，亦有
其思想演变的内在理路。盖中国士人学习西方的最终目的，还不仅是要生
存，而且是想要凌驾于西方之上。这可以说是一种理学模式的反应。陶希
圣曾指出：“理学是什么？理学即一面援道与佛，一面排道与佛，而开创
的儒学思想体系。”② “师夷之长技以制夷”的口号由理学家魏源最先喊出，
亦良有以也。

　　这样的观念在从冯桂芬到孙中山这些人的思想中都占据重要位置。冯在
其名作《校邠庐抗议·采西学议》中详论中国自强之道，主张半数以上的
士人都改从西学，其根本的考虑就是要“出于夷而转胜于夷”。冯提出的具
体方法尤有提示性，他强调，学西方要“始则师而法之；继则比而齐之；
终则驾而上之”。冯氏与反对学习西方的理学家倭仁的观念有同有异。冯和
倭仁都要攘夷，也都相信中国不患无才。但倭仁以为只要发扬中国的传统学
问，就“足以驾西人而上之”，而不必“师事夷人”。③ 冯则以为，攘夷
“必实有以攘之”。为了最终的“驾而上之”，不妨先降格师事西人。为此，
冯将西方文化区分为礼和器两种不同类型：“用其器非用其礼也。用之乃所
以攘之也。”④ 冯氏之用是为了攘这个观念也为后人所传承，孙中山在《三

①　钱穆：《中国思想史》，第 165、175 页。
②　陶希圣：《北大、五四及其应负的责任》，《学府纪闻——国立北京大学》，台北：南京出版
　　公司，1981，第 41 页。
③　《筹办洋务始末（同治朝）》卷 47，第 24 页；卷 48，第 16 页。
④　冯桂芬：《校邠庐抗议》之《采西学议》《制洋器议》。

民主义》中就再三说到要凌驾于欧美之上。

理学模式中潜藏的这种有时并不自觉的关怀和目的感，与知识人当下进行的学习西方的具体行为之间，不免存在一种心态的紧张。中国士人既视西人为"夷狄"而不太看得起，且中国与此新出现的"夷狄"更常处于一种敌对的状态之中；现在反要向其学习，而学习的目的又是"制夷"，其中的多重尴尬是不言而喻的。更有甚者，如章太炎所观察到的：西方这些"始创自由平等于己国之人，即实施最不自由平等于他国之人"。① 故中国士人对学习西方真是别有一番滋味在心头。而心态的紧张又常常容易引起焦虑，因焦虑而更产生一种激进的情绪，② 急于求成以摆脱这不得不进行的学习"夷狄"的尴尬。

中国士人思想的激进化尚隐伏着更深层次的心态紧张。中国士人虽然渐以西方为本位，却只是有意为之，未必能完全做到。因为中国社会实际上没有西化，知识人不管意愿多么强烈，终不可能完全超越社会存在而悬想。同样，即使那些西向的中国知识人自身也未能真正的西化。正如傅斯年对胡适所说："我们的思想新、信仰新；我们在思想方面完全是西洋化了；但在安身立命之处，我们仍旧是传统的中国人。"③ 胡适、傅斯年虽然处处努力以西方标准衡量中国事情，但到底只是心向往之，终不能完全摆脱羁绊，到达彼岸。这样的社会存在与士人愿望以及知识人安身立命的基本行为准则与其思想取向的双重差距，以及与后者密切关联的个人认同问题，造成一种更难化解的心态紧张，④ 进一步促成了近代中国思想的激进化。

同时，这里面也有一些中国士人在主动推波助澜。中国士人向有一种以天下为己任的超越意识。康有为以为："民不可使知。故圣人之为治，常有苦心不能语天下之隐焉。其施于治也，意在彼而迹在此……可以犯积世之清议，拂一时之人心，蒙谤忍诟而不忍白焉。"⑤ 梁启超对此领会独深而行之

---

① 章太炎：《五无论》，《章太炎全集》（4），上海人民出版社，1985，第433页。
② 参见 Erich Fromm, *Escape from Freedom* (New York: Farrar & Reinhart, 1941).
③ 胡适日记，1929年4月27日。
④ 参见 Joseph R. Levenson, *Liang Ch' i - ch' ao and the Mind of Modern China*, 2nd ed. (Berkeley, Calif.: University of Califorlia Press, 1967).
⑤ 康有为：《康子内外篇·阖辟篇》，中华书局，1988，第3页。

甚力。他说：言救国者不可不牺牲其名誉。"如欲导民以变法也，则不可不骇之以革命。当革命论起，则并民权亦不暇骇，而变法无论矣……大抵所骇者过两级，然后所习者乃适得其宜……导国民者，不可不操此术……吾所欲实行者在此，则其所昌言不可不在彼；吾昌言彼，而他日国民所实行者不在彼而在此焉。"这样，即使后人笑骂其为偏激无识，"而我之所期之目的则既已达矣。"① 故梁氏自己虽不真想革命，在其《新民说》中，却昌言冒险进取和破坏主义。

惟梁启超对中国国民的保守恐怕估计过高。特别是在中学不能为体之后，中国思想界本已不复保守而趋激进。以梁在世纪之交的影响，更有意识地操此术以"过两级"的方式昌言破坏，干柴遇上烈火，"破坏"遂成彼时思想言说中的口头禅。梁氏本意虽或未必真那么偏激，但其追随者在激进的道路上就走得不知有多远了。梁启超在《新民说》中自谓："非有不忍破坏之仁贤者，不可以言破坏之言；非有能回破坏之手段者，不可以事破坏之事。"但破坏这样的观念，岂是轻易可以提倡的。梁氏自己不仅没有回破坏之手段，后来更被其追随者视为保守而摒弃了。民初和梁氏一样开一代风气的胡适自谓受梁的影响甚大，但也遗憾地指出："有时候，我们跟他走到一点上，还想望前走，他倒打住了……我们不免感觉一点失望。"② 胡适是以温和不激进而著称的，尚且有这样的感觉，遑论其他。

此时从西方输入的使命感更加强了中国士人因多层次心态紧张而产生的激进情绪。清末民初之人"毕其功于一役"的观念甚强，其实这个观念恐怕也多半是舶来品。中国传统观念是趋向渐进的，主张温故知新，推崇十年寒窗、滴水穿石的渐进功夫。汉灭秦，尚承秦制。清灭明，亦承明制。虽有改变，大抵是出新意于旧制之中。鼎革之时尚且如此，遑论平素。只有感染了西方的使命感之后，才会有一举全部推翻之气概。清季人在本朝而非鼎革之时，即主张将全国的大经大法一举全部改革，这样的观念多半是受西潮影响的。

结果，积极入世的近代士人对也是积极入世的西方思想的建设性一面接受的并不多，倒是对近代西方那种与传统决裂的倾向颇有领会。陈独秀就将

① 梁启超：《敬告我同业诸君》，《辛亥革命前十年时论选编》卷 1（上），第 221 页。
② 胡适：《四十自述》（以下径引书名），上海书店出版社影印 1939 年版，第 100 页。

"近世欧洲历史" 化约为一部 "解放历史"，即在政治、经济、社会等各方面与传统决裂。① 陈氏的认知最能体现这种对西方历史的选择性领会。而这又与中国传统的 "反求诸己" 的取向暗合。再加上前述中国领土主权基本保存所产生的潜在信心在一定程度上又支持了 "反求诸己" 的取向，导致一种 "我自己能够败，我必定自己能够兴"② 的自信观念。这种种因素与近代中国的激进化扭结在一起，便产生出特殊的后果。近代中国士人的一个共同心结即大家为了中国好，却偏偏提倡西洋化；为了爱国救国，偏要激烈破坏中国传统。结果出现破坏即救国，爱之愈深，而破之愈烈，不大破则不能大立的诡论性现象。③ 爱国主义与反传统在这里奇特地结合在一起。

不过，近代中国知识人反传统固然有爱而知其丑的一面，其潜意识里也未尝没有以夷制夷这个理学模式传统的影响在。因为中国知识人要打破传统，是为了要建立一个更新更强的国家。正是为了这个目的才学习西方。且西方文化本主竞争，中国若真西化，亦必与之一争短长。故中国人学西方的同时又要打破自身的传统，无非是在 "毕其功于一役" 这个观念的影响下，想一举凌驾于欧美之上。以前是借夷力以制夷，后来是借夷技、夷制、夷文化以制夷，最终还是为了要 "制夷"。这一点大约是西方诱导者始料所不及的。

概言之，胡适回国之前，"中学为体，西学为用" 的思想典范所针对的时代问题尚在，而此一典范所能给出的解答却已被许多人认为不合时宜。中国思想界急需却又未能产生出一个新典范来。余英时师指出："五四的前夕，中国学术思想界寻求新突破的酝酿已到了一触即发的境地，但是由于方向未定，所以表面上显得十分沉寂。胡适恰好在这个 '关键性时刻' 打开了一个重大的思想缺口，使许多人心中激荡已久的问题和情绪都得以宣泄而出。当时所谓 '新思潮' 便是这样形成的。而胡适的出现也就象征着中国近代思想史进入了一个崭新的阶段。"④ 一句话，时势造英雄的条件已经形成。

---

① 陈独秀：《敬告青年》，《新青年》第 1 卷第 1 期，1915 年 9 月，第 1—6 页。
② 君衍：《法古》，原载《童子世界》第 31 期，1903 年 5 月 27 日，《辛亥革命前十年时论选编》卷 1（下），第 532 页。
③ 参见余英时《中国近代思想史上的激进与保守》，收入其《钱穆与中国文化》，上海远东出版社，1994，第 188—222 页（以下简作《激进与保守》）；王汎森：《古史辨运动的兴起》。
④ 余英时：《中国近代思想史上的胡适》，第 17 页。

第三章

受学：率性与作圣的徘徊

上庄：做人的训练／上海：眼界很小的商埠／成了"新人物"

1891年12月17日，胡适生于上海。但依旧例，他是安徽绩溪人。小胡适出生不久，即因父亲的职位调迁而跟随游走四方，到三岁多父亲去世，即虽母亲返家乡绩溪上庄生活。胡适一生，从他自己所说的"做人的训练"到终生职业道路的选择，都有父母的深远影响。他后来的种种"开拓"与"落伍""激进"与"保守"，多少都可从其少年经历去观察。

一 上庄：做人的训练

胡家本以经商为生。到其祖父一代，才开始步入读书人的行列。不过，开读书风气的胡适伯祖父星五公，"科场却不甚得意"，大约是以塾师终老的。到胡适的父亲胡传仍需先学经商而后才正式定下来主要读书。胡传不负族望，进了学成为秀才。但他在科场，也只比他伯父略为"得意"一点，省试那一级，就始终未能通过。大道不通，在官场即只能走旁径。胡传审时度势，看出边防需人，于是注意边疆地理学说，更亲往东北实地考察，以后在官场的发展，也基本在边防一路。靠着个人奋斗，后来居然做官至知州。①

旧制对商家子弟参加科举考试，是有很多限制的。胡传挣来的这个士大夫身份认同，确实来之不易，故他本人和胡家对此看得极重。这对于胡适一生的发展道路，有着决定性的影响。胡传去世前两个月，给胡母和胡适都留下了遗嘱，强调必须让胡适读书。胡母贯彻胡传的遗愿，一直出比一般儿童高数倍的学费要家乡的教书先生给小胡适讲书。一字一句的意思，都要讲出

---

① 参见《口述自传》，第4—18页。

来。这是胡传的独特教书方式。他自己先已教过胡适认字，那时一开始就坚持讲解每字的意思给儿子听。胡适后来回忆说："我一生最得力的是讲书。父亲母亲为我讲方字，两位先生为我讲书。"他以为，读而不讲，等于白读。[①]

但胡传的意思，远不止是要胡适比别人更能读懂书。胡适自己说，他父亲遗嘱中让他读书的几句话"在我的一生很有重大的影响"。他的意思，是说如果没有父亲的遗嘱，掌财权的二哥未必会在家境十分困难时出钱让他到上海读书。实际上意义决不止此。胡家子弟，本来是经商也读书的。但胡传的遗愿，以及胡母肯付出比一般儿童高数倍的学费而努力为胡适所塑造的，是一个与其父亲类似，而与一般乡人不同的读书人身份认同（identity）。也就是要步胡传的后尘念书出头成为士大夫。胡适成年后还记得，母亲所以常常叮嘱他每天要拜孔夫子，就是"盼望我读书成名"。[②]

关于胡适应该成为一个读书人而不是商人这一点，在胡适到上海读书之前，胡家大约已有一个基本的默契。管家的胡适二哥胡觉（绍之）基本上是支持的。在胡适的私塾老师自觉无力教他之后，胡母曾提出过胡适读书的问题。当时二哥三哥均未立即表示赞同。但当胡适真的辍学而出门跟舅舅学生意时，二哥大概觉察出这中间有着某种暗示（胡适真要学生意完全可以跟胡家人学，胡母这样做意味着孤儿只能靠寡母的娘家，这样的事对有地位的胡家是很失身份的）。于是，在胡觉的主动支持下，小胡适得以到上海读书。所以他自述说"生平有二大恩人，吾母吾兄而已"。[③]这两大恩人的所为，就是培养了与众不同的读书人胡适。

也就是说，对胡家和胡适来说，重要的不仅仅是要读书，毋宁是要维持一种特定的身份认同。恰如胡适所说："吾少时稍有所异于群儿，未尝非吾母所赐也。"[④]具体地说，胡母是不许胡适和"野蛮的孩子们"一起玩的。

---

① 《四十自述》，第44—46页。
② 《四十自述》，第34—35、71页。
③ 参见石原皋《闲话胡适》，安徽人民出版社，1987年再版，第23页；《胡适致胡敬仁》，《胡适研究丛录》，第206页。
④ 胡适日记，1914年6月8日。

而胡适幼小时本来也体弱不活泼，结果"无论在什么地方，我总是文绉绉地。所以家乡老辈都说我'像个先生样子'，遂叫我做'穈先生'"。据胡适在后来的英文自传里说，得此名大约在他五岁时。不久，"人们都知道三先生的小儿子叫做穈先生"。这正是胡母所希望塑造的与众不同的身份认同。

有此认同，小胡适也就多了一层"超我"的成分，必须维护这一难得的认同。胡适自述道："既有'先生'之名，我不能不装出点'先生'样子，更不能跟着顽童'野'了。"而且，胡母也得着一些同盟军。确有那么一些"大人们"有意无意间颇"鼓励我装出先生样子"。正因为如此，在一次胡适与小孩子玩"掷铜钱"游戏时，一位老辈跟他开玩笑说："穈先生也掷铜钱吗？"胡适听了立即"愧羞得面红耳热，觉得大失了'先生'的身份！"那先生的称呼本是绰号，在别人或不过玩笑而已（但开此玩笑则说明已有一定程度的固定认知），在胡适则已颇认真了。有意维护其特定认同这种"超我"，使胡适从小就养成他后来爱说的"爱惜羽毛"的特点（详后）。①

的确，胡适这十多年与父亲特别是母亲在一起的生活，"除了读书看书之外"，主要是给了他"一点做人的训练"。在这一点上，胡适自谓："我的恩师就是我的慈母。"但正如他也说过的，胡母是"慈母兼任严父"。胡适所受的做人的训练，许多也来自其父亲，只是从母亲那里转手罢了。胡适一生为人处世受父母影响极深，他自己回忆说，"我父亲死得太早，我离开他时，还只是三岁小孩"，其间还有一年多的时间没有住在一起。故小胡适与父亲的接触是不多的。"我完全不曾受着他的思想的直接影响。"他记得起的，就只有父亲教他认字、也是父亲学生的母亲兼做助教那一段"我们三个人的最神圣的团居生活"。②

---

① 《四十自述》，第 53—54 页。又见胡适在 *Living Philosophies*（New York：Simon & Schuster，1930，reprint，1942）中的自传条目（以下只引书名），p. 239. 也参见李敖《胡适评传》，《李敖全集》第 8 册，台北，1983，第 391—392 页。关于"超我"，参见弗洛伊德《自我与本我》，收在林尘等编《弗洛伊德后期著作选》，上海译文出版社，1986，第 157—209 页。

② 《四十自述》，第 55—57、32—33 页。

这回忆的"神圣"和可贵，或者也是因为父亲去世后孤儿寡母生活的艰难所升华。胡适 1907 年做诗《弃父行》，有序，说这是"作者极伤心语也。作者少孤，年十六，而先人声音笑貌，仅于梦魂中得其仿佛。年来亟膺家难，益思吾父苟不死者，吾又何至于此。是以知人生无父为至可痛也"。① 其中"吾父苟不死者，吾又何至于此"很能说明胡适的心境。除作者的伤心外，多少也有些抱怨兄长的不够争气及大家庭的不十分和谐。实际上，恐怕也有"吾父苟不死者，吾母又何至于此"的意思在。声音笑貌既然只能"得其仿佛"，对小胡适来说，父亲的形象部分是由母亲的追述帮助塑造出来，部分更可能是他自己较懂事后去追溯出来的。他后来自己说，父亲留给他的，一方面是遗传，一方面是"一点程朱理学的遗风"。② 但父亲的影响，其实还要深远得多。

胡适未进学堂，已认得近千字，所以就跨越了一般儿童所读的《三字经》《千字文》等识字课本。他一进学堂，读的就是胡传自编的《学为人诗》，也就是胡传希望他的儿女学习的"做人的道理"。诗的第一句就是"为人之道，在率其性"。但下面紧接着又补充说："子弟臣友，循理之正；谨乎庸言，勉乎庸行；以学为人，以期作圣。"③ 如果这里是在阐述《礼记·中庸》所谓"天命之谓性，率性之谓道，脩道之谓教"的大道理，则自有理学家所谓人心、道心和循天理一类的大讲究。④ 胡传虽理学中人，是否会让小孩子去体味这样深奥的性理之学，我尚存疑。若退而求其字面意，则第一句讲的是重自然的发展，以下接连以人伦准则约束之。这虽然是典型的儒家观念，但与赫胥黎之《进化论与伦理学》的见解也颇相近（严复译述的《天演论》就将后者略去许多）。能将此两方面融为一体的确应可以成为真正的圣人，当然要做到实不容易。小胡适初读这些句子时虽然未必就能领会，但熟读成诵之后，其潜移默化的力量决不在年龄较长之后读懂的那些东西之下。观其一生，也正是在"率其性"和谨勉以学为人之间游移，以知其不可而为之的真孔子的态度，虽不能至，仍始终向着"作圣"的方向

① 《竞业旬报》第 25 期，转引自李敖《胡适评传》，第 512 页。
② 《四十自述》，第 68 页。
③ 《四十自述》，第 36 页。
④ 这一点承翟志成先生提示，谨此致谢！

努力。① 其间种种的看上去矛盾之处或表面的"激进"与"保守"，大约都与此有些关联。从这个视角看，胡传总结出的做人的道理，的确影响了他小儿子的一生。

同时，胡传敢于闯荡边疆那种"没有条件，创造条件也要上"的精神，对胡适也有较大影响。唐德刚先生说，胡传闯边的"最大动机"，是"在人才济济的东南和北京找不到可以一展抱负的机会"，所以"下定决心到那最需要人才，而人才最不愿去的地方"。② 胡传的这种精神，他的二儿子和小儿子都颇能继承。胡适是幼子，少无养家之责，只见父亲行事的精神，所以对父亲闯边一事十分自豪，也觉得父亲的成功与此相关，每乐道之；后来在美国时还曾劝他的二哥另辟蹊径，往西北发展。但是胡适二哥的观感就与其弟大不相同。胡觉因大哥不十分能干，稍长即随父亲闯边，在台湾时几至战死沙场；后来也曾步乃父后尘，往东北求发展，但都不是很成功。在婉责其弟"年轻阅历尚浅"后，绍之告诉胡适，从北京到新疆，那时路途就要半年的时间，"即使百折不回，亦不过徒抛心血"。重要的是胡觉特别指出："先人之故辙，可引为鉴也"。③ 两弟兄的认知，竟截然相反。

胡适对父亲所作所为的认知既然如此，其敢于另辟蹊径的胆量，的确是比他二哥和许多人都强。后来胡适的好友任鸿隽就说胡适喜欢"舍大道不由，而必旁逸斜出"。不过，胡传的不走大道，主要是因为大道不通。胡适的不走大道，却更进了一层，含有不追随别人而主动开拓之意。他在答任氏的信中，虽然也说他并无意要"立异以为高"，但又明确指明他的确不愿走"学这个，学那个"的"大道"，反宁愿放弃大道而"旁逸斜出"。④ 母亲有意培养的"异于群儿"的认同在这里多少要起点作用，而胡传不走大道却能"成功"这一形象的影子也依稀可见。我们如果细察胡适一生的建树，几乎都是在不追随别人而主动开拓一面，就可知父亲暗中的影响有多么大。

---

① 胡适在留学时的日记（1916 年 7 月 29 日）中曾指出"知其不可而为之"和"不知老之将至"是真孔子的精神。而胡一生所为也正符合这两条准则。

② 唐先生语见《口述自传》，第 22 页注 14。

③ 参见《口述自传》，第 11—18 页；《胡觉致胡适》（1911 年夏），《安徽史学》1989 年第 1 期，第 78 页。

④ 胡适与任鸿隽 1916 年 7 月往来信函，均收在 1916 年 7 月 30 日胡适日记。

有时候，胡适从父母那里得到的教诲内容并不一致。胡家是大门上贴着"僧道无缘"条子的理学家庭。但胡适生活在其中的女眷们却个个都是深信神佛的。这里分明提示着过去中国所谓大传统小传统的不同传承方式：僧道无缘的理学一脉是靠文字传承的，重"眼学"而轻"耳学"；读书不多的女眷们又另有一套深信神佛的传统，却主要靠口头传播来延续。虽然各有各的精神世界，两者实际上也能并行。① 小胡适起初不仅信神信佛，而且实际上是极怕地狱和来世变猪狗的。但胡适既然走的是读书一途，渐渐必然受着理学一脉的影响。到十一二岁时，读了司马光的家训和《资治通鉴》上记载的范缜的无神论观点，正所谓"用力之久，一旦豁然贯通"，从此就变成了无神论者。而小胡适的这一次"思想解放"，其实也就是"因为他们教我不怕"。② 假如胡适父母对儿子的影响也存在竞争的话，胡母大概从未觉察到，她一力培养胡适做读书人，毋宁是在挖自己一边的墙脚。的确，只要中国文化维持讲让不讲争的准则，小传统就始终不能也不想战胜大传统（到中国人西化到既讲究"争"又讲以多数取胜的"民主"时，人数多的小传统就会逐渐占上风）。

无论如何，胡适母亲作为年轻的后母，在家中的一切都建立在胡适父亲存在的基础上。胡适在1921年写的《先母行述》里，已说到他母亲"内持家政，外应门户……以少年作后母，周旋诸子诸妇之间，其艰难有非外人所能喻者"。在十年后写的《四十自述》里，胡适也说到他的六个哥哥姐姐的年岁都在与其母上下几岁之间，"这样一个家庭里忽然来了一个十七岁的后母，她的地位自然十分困难，她的生活自然免不了痛苦。"胡适晚年回忆母亲只活了四十多岁，仍归疚于"母亲二十几岁就守寡，那时在大家庭里受的气，又是营养不足"。三哥本出继，后穷困，胡母又接他回来，"从此我母亲受的气更大"，因为三嫂很厉害。胡适后来说三哥的儿子思永"一生的怪癖多疑不能容人容物的心病，是从其母得来的"，最能体现他对三嫂的认知。故"大家庭"给胡适的印象极坏，后来他支持别人进行家庭革命，大

---

① 这里所谓的大传统小传统，是套用西人对上层文化和下层文化的分法。如果从追随者的众寡看，下层文化这个传统当然要"大"得多。从这个角度看，过去儒佛道之争的胜负还要重新研讨；而中国文化的宽容一面也在此凸显。这个问题太大，不能在这里讨论了。

② 《四十自述》，第68、73—78页。

约自己的经历也在起作用。所有这些，据胡适自己说："我写《四十自述》时是很客气的，还有许多都没有写出来"。①

正因为如此，胡传的死讯传到家中时的状况，胡适在已成年之后写《四十自述》时仍记忆犹新。他记述说：坐着的母亲"身子往后一倒，连椅子倒在门槛上……一时满屋子都是哭声，我只觉得天地都翻覆了……"高大鹏先生特别强调这个印象对小胡适的深刻影响。高先生曾据此以心理分析的方法来认识胡适终生之行事为人，颇引申出一些石破天惊的伟论。外行如我，对心理分析不敢置一词，但高先生指出的胡适一生充满"热情和压抑"，而这一特征又多半因少时经历使然，确是见道之解。②

胡适自认受母亲影响最深。他说："我在我母亲的教训之下住了九年，受了她的极大极深的影响。如果我学得了一点待人接物的和气，如果我能宽恕人，体谅人，——我都得感谢我的慈母。"③ 这大约即是胡适后来善与各方面人周旋——特别是与旧势力周旋——的来历，盖胡母正是胡家一新人而不得不周旋于既存各旧人物之间也。所谓和气、宽恕、体谅，无一不是待人接物亦即周旋的本事。胡适成年之后，还能背自己从儿时伙伴那里听来的《神童诗》，其中印象最深的两句是："人心曲曲湾湾水，世事重重叠叠山。"④ 这些在少小还不懂诗句意思时记忆下来的话，已由胡适的人生经历所印证。成年后重提的回忆，有意无意间实透露出这已成胡适对人生的认知的一个组成部分了。

大家庭中幺儿寡母的微妙处境，小胡适最初只能从母亲那里领会到，渐长后自己也能有所体会。胡母的家教，颇能体现中国传统中"反求诸己"的倾向，首先要让自己的儿子争气。胡适后来养成"爱惜羽毛"的性格，母亲的家教是一个重要原因。胡母责罚儿子的方法是不在人前打骂，而是在夜深人静或清晨时"关了房门，先责备我，然后行罚，或罚跪，或拧我的

---

① 《胡适文存》卷四，第 238 页；《四十自述》，第 32—33 页；胡适日记，1923 年 4 月 9 日；《谈话录》，第 55 页。
② 参见高大鹏《孤儿胡适与文艺复兴》，《中央日报·海外副刊》1991 年 5 月 6、7 日。
③ 《四十自述》，第 63—64 页。
④ 《四十自述》，第 39 页。

肉。无论怎样重罚，总不许我哭出声来"。① 今日已少有人会公开赞成体罚，但李敖先生以为："这种方式的教育也许有一个大好处，就是它可以培养小孩子的'自尊心'，使他不会在别人面前丢面子——膝被迫跪或肉被人拧。"② 这大致是不错的。

李宗仁晚年评胡适，即以"爱惜羽毛"四字做结论。唐德刚以为，这是"对胡先生很恰当的评语。胡先生在盛名之下是十分'爱惜羽毛'的。爱惜羽毛就必然畏首畏尾"。③ 其实爱惜羽毛是事实，且始于未成名之前，更因盛名来之不易而加强。但是否就"必然畏首畏尾"，却还可商讨。人知自尊，然后有所为有所不为。胡适在 1922 年时曾特别指出这一点："有人说我们'爱惜羽毛'，钧任［罗文幹］有一次说得好：我们若不爱惜羽毛，今天还有我们说话的余地吗？"④ 正因为做事有最后不逾越的准则，有所不为，才能在民初被认为是人欲横流之时保留一点发言权。所谓爱惜羽毛，说到底，不过就是品德上的一种自我保护。这与努力不使"膝被迫跪或肉被人拧"，本是一致的。

的确，胡适在幺儿寡母的环境下颇养成一点自我保护的习性。他自己叙述他十三岁出门到上海求学时说："我就这样出门去了，向那不可知的人海里去寻求我自己的教育和生活，——孤另另的一个小孩子，所有的防身之具只是一个慈母的爱，一点点用功的习惯，和一点点怀疑的倾向。"⑤ 那种自我保护的防卫心理，真是呼之欲出。胡适后来多次教人以做官之法治学，虽主要着眼于学术戒律，但以谨慎不出错为宗旨，还是一种防卫性的心态。而且，因为母亲不许他与乡间小儿为伍的缘故，小胡适不得不"久处妇人社会"。在此种环境熏陶之下，胡适自己也羞怯如女子，"见人则面红耳赤"。这样的习性，要独自闯社会是比一般人更难的。而胡适却又不得不少年就独自闯荡江湖，其一开始所处之社会恰又在洋人势力最大，因而中国人无意识中防卫心理也最强的上海，当更能助长此种习性。胡适一生，那种有意无意

① 《四十自述》，第 575—578 页。
② 李敖：《胡适评传》，第 391 页。
③ 唐德刚：《胡适杂忆》，第 45 页。
④ 胡适日记，1922 年 5 月 27 日。
⑤ 《四十自述》，第 86 页。

间自我保护的习性的确特别强。后来虽因生活中多次向上的转机渐脱扭捏之态，然无意中之影响仍甚大。

但唐先生说胡适"畏首畏尾"，其实也是很多人的认知。细心谨慎确实是胡适形象的一个重要组成部分。而这里仍有个"超我"与"本我"的关系问题。大家庭中幺儿寡母的微妙处境，使胡适不得不养成细心谨慎的习惯。其用心之细微，常出人意想之外，最得孔子见阳货之旨。[①] 1961 年，老朋友蒋梦麟寄给胡适一本女作家的小说，似有请他做评论之意。胡适知道"往往有人会把我的信作为宣传的工具"，干脆连信也不复。[②] 蒋既然不能明说，胡也就假装不懂。防卫之心，细如毫发。

胡适晚年见到钱锺书的《宋诗选注》，先表扬钱"年轻有天才……英文好，中文也好"。但也立即看出钱先生一面不"用经济史观来解释"，一面又"故意选些有关社会问题的诗"；将五六十年代大陆"旧知识分子"与"新时代"那种有意无意间的疏离和接近，体会得一清二楚（当年主持文艺批评者如果也像胡适一样心细如发，则钱先生休矣）。同样在晚年时，胡适说起傅斯年一次在美国讲学，不带一张纸，"在黑板上把《汉书》和《史记》的《儒林传》不同之处完全写出来，你看他记忆性多好"。胡知道傅是"不会演说的"，所以马上又补充说："他也许早一晚做了苦工，第二天有意这样表演的。"这是典型的仁者见仁。胡适一生不爱说无根据的话，曾说过做梦都有生活的经验作底子。则他所认知的傅斯年讲学，很可能就是以他自己类似的"经验"为底子。[③]

胡适自己确实一向对很细小的地方都能注意到。胡适留学回国后返乡时，穿夏布长衫而不是西装，在当时即颇出人意料，被看作是他的美德。而这样注意细行是有好报的。唐德刚先生说，胡适初回国，不仅学贯中西，"在个人行为上，也循规蹈矩"。所以新文化运动中一切为老辈看不上眼的破坏性行为，都记在陈独秀账上；而略涉建设性的"新思想""新道德"等，就都归了胡适之。这是很有体会的见解。胡适在 1921 年与高梦旦谈过

---

① 阳货想见孔子，送礼到孔家。孔子对阳货的所作所为，很不欣赏，但家中收了阳货的礼物，不回拜又失礼；于是打听到阳货不在家时去回拜，希望做到既不失礼，又不见人。
② 《谈话录》，第 141 页。
③ 《谈话录》，第 12、103、20 页。

自己的婚事后在日记上批注："最可怪的，人家竟传说独秀曾力劝我离婚，甚至拍桌骂我，而我终不肯。此真厚诬陈独秀而过誉胡适之了！大概人情爱抑彼扬此，他们欲骂独秀，故不知不觉的造此大诳。"① 这里所说的"人情"的"不知不觉"很重要。它提示着抑陈扬胡，已成那时的时代认知（perception），而陈独秀恰是最不注意细行的。②

不过外间的认知并不能完全代表真胡适。他曾自谓："我最恨的是平凡，是中庸。"而这方面"外人"并不知道。"因为我行的事，做的文章，表现上都像是偏重理性知识方面的，其实我自己知道很不如此。我是一个富于感情和想象力的人，但我不屑表示我的感情，又颇使想象力略成系统。"③ 这最能表明胡适"自我"中的"超我"部分有时故意要掩盖他"本我"的一面，而他所努力造成的形象也确实做到了这一点。这在胡适，是少小就已从其母子的微妙处境中有意无意间领会来的。

胡适自述，他在大家庭中生活日久，"渐渐懂得看人的脸色了。我渐渐明白，世间最可厌恶的事莫如一张生气的脸；世间最下流的事莫如把生气的脸摆给旁人看。"胡适一生遵循"己所不欲，勿施于人"的古训。他既然体会到看脸色的痛苦，就终生努力不让人看他的脸色。胡适后来曾对妻子江冬秀说，他的脾气是，即使做的是"受罪"的事，"我不去就罢了，去了，我总要把全付精神摆出来，总不要人家看我的鬼脸。我总要大家感觉我不是'受罪'，我总不要大家跟着我'受罪'"。这还只是被动的一面。在主动一面，胡适更努力让客人感觉如坐春风。他晚年说："我受了社交生活的训练，总不叫客人坐着有间歇的时间。话说完了，不再说下去，等于叫客人走路，所以我总要想出话来说。"故胡适不仅努力维持自尊，也尽量给别人留面子。胡适去世那年，本计划好要到美国去，后来因事推延，表面上说是医

① 唐德刚：《胡适杂忆》，第 33 页；胡适日记，1921 年 8 月 30 日（9 月 1 日眉批）；汪菊农：《胡适二三事》，《胡适研究丛录》，第 19 页。

② 抑陈扬胡之时代认知的另一例是胡适应聘为北大教授，本陈推荐，且以蔡元培委任的文科学长让胡，自谦说你未回来前我先代理。这本是客气话，但后来的传说真成了蔡请胡而不能即得，以陈暂代。参见［毛］以亨《初到北大的胡适》（以下径引篇名），本文于 20 世纪 50 年代分两段连载于香港《天文台》，台北中研院史语所傅斯年档案所收无日期剪报。承王汎森先生赠以复印件，特此致谢。

③ 胡适日记，1921 年 8 月 26 日。

生劝他不去。其实，如他自己所说："我会被医生劝阻得住吗？我是为了[中研]院里没有人主持，不能离开，才说接受医生的劝告。"可知胡有些话不过是婉转出之而已，不能全从字面看。①

如果只看见胡适有意为之的"超我"一面，那就误解他了。胡适自己知道，"我有种种的病，但没有客气的病。我是最不客气的。"胡适晚年的秘书胡颂平曾当面说胡适修养高。胡适说："我的脾气也坏，你不看我在文章里也大骂人吗？"②脾气坏而能使人觉得好，最不客气而给人以客气的印象，的确是修养极高。但胡适自己为"修养"付出的代价也是不小的。正如最喜欢玩却不得不装出小"先生"的样子，这种后天的压力必然会增强胡适内心的紧张。总要不时有小爆发的时候才行，否则就会有一个总爆发。

胡适自谓他最恨平凡和中庸，实提示着他先天有一股反叛气息。如果不是少年"暴得大名"之后珍惜得来不易的声誉，大约还要反得厉害。胡适在上海进的四所学校之所以都未能毕业，全因某种程度的反叛使然。而且他进这些学校又大都是有家庭私人关系的，故每次离异，都是得罪亲友（在这一点上，胡的二哥绍之对小弟弟确实是颇容忍的）。胡适一向不喜欢律诗，因为律诗、对联、八股等皆最能体现"出新意于法度之中"的中国传统，最不宜于有反叛气质者。胡适在中国公学的同学汤昭曾说胡"样样都聪明，就是写字真笨"。因为"写字的、学画的，必须先有摹拟的本领；学什么人的字，就像什么人的字……然后熟能生巧，写出他自己的个性来"。胡颂平说这是因为胡的天分特别高，"不愿意临摹人家的字"。③虽近奉承，亦半得之。其实胡适也曾学过好几家的字，但终因生性不喜摹仿而学不成。这正是胡的反叛性格的一个表现。胡传教导胡适为人要"率其性"，也是对胡适此类行为的一种理论支持。从这个视角看，胡适后来有截断众流的勇气，是由来已久的。

九年跟随母亲的生活，给胡适的是一个与众不同的小"先生"的身份认同，一种自我保护的防卫心态，以及超乎寻常的细心谨慎。其共同之处，

---

① 《四十自述》，第61页；《胡适致江冬秀》（1941年4月10日），《安徽史学》1990年第1期，第80页；《谈话录》，第196、227页。

② 《谈话录》，第231、137页。

③ 《谈话录》，第211页。

在于均表现出一种"超我"对"本我"的抑制，后天对先天的约束。用他自己的话说，就是从小"就没有过小孩子的生活"。① 小胡适的修养功夫，是远超过其同龄人的。后天伦理作用特别强是胡适一生行事的主流，但为人要"率其性"的父训，也不时要起作用。

除了"做人的训练"，胡适自称，他与母亲在一起的九年生活中，"只学得了读书和写字两件事。在文字和思想方面，不能不算是打了一点底子。"② 但这一点底子的重要性也是不可忽视的。在西潮入侵之后中国许多口岸地方，传统的教育方式已大大式微。胡适在绩溪上庄得以接受这种略带特殊待遇的传统教育，在塑造特定身份认同之时也奠定了那时已较难得的一点"国学"基础。胡适后来的读书经历证明，这点比许多同龄人略高一筹的旧学基础对他是大有裨益的。绩溪上庄的未得风气之先，在不少人看来或者是一个"落后"的因素，对于小胡适的成长甚至于其一生的成功，后来证明是极为重要的。

同时，胡适的家乡教育也体现了中国传统自身的变化。他九岁时，偶然在四叔家里的旧纸堆中捡到一本破旧的《第五才子》（即《水浒传》），"这一本破书忽然为我开辟了一个新天地，忽然在我的儿童生活史上打开了一个新鲜的世界！"。从此开始广觅小说阅读，几年间已读了三十多部。由于这些小说中许多都是白话，胡适"在不知不觉中得了不少的白话文的训练，在十几年后于我很有用处"。四叔介如公是胡家少数几个专事读书的人之一，他是胡适的发蒙老师，又是家乡的"绅董"，后来还选了颍州府阜阳县的训导。③ 这样一个士人，家中的旧纸堆中竟然有破旧的《水浒传》，正是晚明以来通俗文化中的小说、戏剧走入上层社会，有些士人将其与上层文化相提并论这一风气演变的例证。正如胡适自己所说："余以一童子处于穷乡，乃能得读四五十种小说，其易求可见。"④ 论者或把胡适看通俗小说归入不够"传统"的一面，其实是传统自己在变，在绩溪的小胡适并未跳出

---

① 《四十自述》，第114页。
② 《四十自述》，第55页。
③ 《四十自述》，第46—47、40—41页。
④ 关于这一倾向，请参阅余英时《从史学看传统》，收入其《史学与传统》，台北：时报出版公司，1982，第14—16页；胡适日记，1916年3月6日。

传统。

看小说更直接的好处，是帮助胡适"把文字弄通顺了"。因为胡适的哥哥受了新风气的影响，未曾让胡适学做八股文。但胡适也因此就一直没有"开笔"做过文章。胡适看了几年小说后，就有了为本家姐妹讲故事的"资格"，而且乐此不疲，经常应邀讲述。他后来常说，要使你所得的印象变成你自己的，最有效的法子是记录或表现成文章。胡适特别说到演讲的作用，因为这能强迫他"对一个讲题作有系统和合乎逻辑的构想，然后再作有系统的又和合乎逻辑和文化气味的陈述"。① 这个观念，完全适用于胡适少时对人讲故事的经历。

这也正是小胡适最初的作文"训练"。把看过的书再口头表述一遍，且须有头有尾，实在也是一次使自己的"印象"系统化的再创造。故小胡适虽然很晚才"开笔"作文，却早已先"开口"，后来的开笔不过是换一种形式的开口罢了。而且这样的开口，正是由摹拟入手，学着别人的法子再表述一遍，所谓"有所法而后能"，最合乎中国传统的学习作文之法。胡适自己的天性是不喜欢摹仿的，但无意中仍向讲究摹仿的传统靠拢了。不过，由于没有正式"开笔"，许多传统做文章的讲究，胡适并未学到。如中国文章最讲究的那种余音绕梁的含蓄，胡适就终生不向此方向努力。他后来的文章以浅显明白为特征，也与这少时的训练有关。

家乡传统教育打下的那点国学或非国学的基础，对胡适后来有非常人可及的自信起了重要作用。胡适曾自认留美学生中做诗的第一把手，后来对新诗也自信不在徐志摩之下，这恐怕都是要打个问号的。这样的自信始于何时，还需要考证。他的上海读书经历，应该是极其重要的。胡适到上海读书，先入梅溪学堂，一日而跳四班；再入澄衷学堂，一年又跳四班。胡母的培养和家乡的教育见了成效，胡适的自信大约也就成长起来了。他自己说，到上海入澄衷学堂，"始稍得朋友之乐"；再入中国公学，所交皆社会经历丰富的老成之人，"于世故人情所有经验皆得于是，前此少时所受妇人之影响，至是脱除几尽"。② 这大约又是一个转折点。而老成之人对胡适的爱护，

① 《四十自述》，第46—53页；《口述自传》，第53页。
② 胡适日记，1914年6月8日。

如不让他剪辫，且使其主持一些像办报一类的事，应该都会对胡适自信心增强起作用。故少年时的上海读书经历，对胡适的成长，非常值得探讨。

二 上海：眼界很小的商埠

在上海的六年读书，用胡适自己的话说，是他"一生的第二个段落"，也是"一个人最重要最容易感化的时期"。在这里他接触了许多绩溪上庄不曾见过的新事物——从"第一次穿洋袜"，到接近革命党人办杂志，再到后来吃花酒作邪狎游，应有尽有。"第一次穿洋袜，是我的店里的程建泉教我穿的。"后面的两种，则都与革命党人有关系。他后来很爱说的中国人穿鞋方式的革新，估计也是在上海得到的新知识。胡适几次说过，"凡是文化的接触，都是各取其长的。譬如我们穿的鞋子，过去是不分左右脚的"。自从外国的皮鞋来了之后，"最早是陈嘉庚的橡皮鞋底，皮鞋是先在广东推行，再是上海的鞋匠模仿外国的做法，后来普及全国"，再后来则"大家穿的鞋子都分左右脚了"。胡适的意思是强调文化接触之后，"由下面渐渐的实行，而不是由上面来推行的"那种自然而然的同化力。但他兴之所至，又将同理推广到"女子的剪发"，也说是"没有谁来反对"，就不太符合事实了。①无论如何，对上庄来的小胡适，上海的"新"是体现在很多方面的。

胡适对上海的印象，最多是好坏参半。如果从感情上说，恐怕是坏的部分要多些。胡适后来回忆在上海读书的经历时给上海下了一个定义，即"眼界很小的商埠"。这个印象，很可能是一开始就形成的。眼界小则胸襟自然不宽，在洋人势力最大，因而影响也就最大的上海，对于外来乡下佬的蔑视，恐怕又超过一般的地方排外意识。上海既不能张开双臂欢迎绩溪来的小乡下佬，而上海学堂的教育水准后来又证明实不见得比绩溪上庄的私塾高多少（详后），则其不十分热情欢迎小胡适就只能表明其"眼界很小"了。同时，胡家虽已实际上成了一个以商业为生的"绅商"之家，但以胡父的遗教和胡母的有意培养，都不仅要与一般乡人有别，而且也并不认同于

---

① 《谈话录》，第252、76、148页；胡适：《十七年的回顾》（1921年10月），《胡适文存》二集卷三，第5页。

"绅商"这个身份。其对商的接受，与社会转型时期的许多读书人一样，大约也只是维持在"半肯半不肯"的境地。如是，则"眼界很小"与"商埠"连在一起，更别有一层含意。

胡适初到上海，进的是父亲的老朋友张焕纶所办的梅溪学堂。据他自己的叙述，入学之日，穿着极为土气，"完全是个乡下人。许多同学围拢来看我这乡下人"。① 从上庄的"先生"到上海的"乡下人"，仍然是与众不同，仍然是众目之的，却已从鸡群之鹤变为丑小鸭，由云中跌到池塘；而那睽睽之众目，也由上庄常见的仰慕变为轻蔑，真是今非昔比啦！这种境遇，对于"见人则面红耳赤"的小胡适，想必是难堪之极。此时若有一个热心的同学来略示关怀，胡适对上海的第一印象必会好得多。可惜没有。几年后胡适的信心已大增时，曾在《竞业旬报》第二十五期上写了一篇《杨斯盛传》，里面说杨"回想起初到上海的时候，年纪才得十三岁，那一种孤苦伶仃的境况，真个如同梦境了"。这应是典型的夫子自道。

更因胡适不会说上海话，也不曾"开笔"作文，故被编入"差不多是最低的"第五班，的确是到了最底层了。在此情形下，像其他许多初来上海的外地人一样，胡适心目中的上海形象自不可能好到哪里去。后来胡适酒醉后骂租界的巡捕为"外国奴才"，也是其真意识之流露，最值得重视。这里面暗藏的民族主义情绪，后文还要详论。此处我所关怀的是，那身为"外国奴才"的巡捕，多半也是胡适以及其他许多来上海的外地人心目中上海形象——特别是"商埠"那个部分——的一个颇具象征性的成分。不过胡适的"超我"使他将此观感久藏未露，只是到了酒后出真言之时，才"偶尔露峥嵘"罢了。

然而天不绝胡适。在胡母教导下决不肯落人后的小胡适，一直在做准备。他父亲的朋友办的虽然是新学堂，重的却是国文，而不像许多上海或其他地方的"教会学堂的偏重英文"。重国文是小胡适得以绝处逢生的转折机缘。胡适后来每庆幸自己没有入教会学校，部分或者也就为此吧。梅溪学堂低级班的《蒙学读本》，对于"读了许多古书的"胡适，"自然毫不费力"。胡适一面下工夫"专读英文算学"，一面当然还要学那不会的上海话。终于

---

① 《四十自述》，第87—88页。

有一天，"我的机会来了"。这是一个星期四，教国文的老师"料不到这班小孩子里面有人起来驳正他的错误"，随口将书里《易系辞传》的引文说成是《左传》的。"见人则面红耳赤"的小胡适虽然只是"勉强能说几句上海话"，也走到先生那里低声"驳正他的错误"。"先生脸红"之后，就出题目让这小外乡佬开笔作文。胡适"勉强写了一百多字"，老师看后，对学生说，"侬跟我来"，径直将胡适带到第二班的教室。"我才知道我一天之中升了四班，居然做第二班的学生了。"坐进新教室，还禁不住在那里"欢喜"。①

"我的机会来了"是传神之语。那里面蕴涵的等待和准备，已是呼之欲出。观胡适对此事叙述之遣词用句，前面处处流露出一种压抑已久的心态，后面虽然以婉词出之，可以想见其写作时仍不免"面有得色"的意态。一日而跳四班，是胡适一生第一次享受"飞上枝头变凤凰"的佳境，而且是在一度"沦落"之后，想必有一种格士塔式（Gestalt）的升华感。那种扬眉吐气的情形，真是历久弥新。故差不多三十年之后，胡适还清楚地记得他在梅溪学堂翻身的日子，是入学后的"第四十二天"。而且特意用彼时他还不甚熟练的上海口语记下了"先生脸红"之后师弟子间的那一段对话，确是胡适不多见的生动文字。

可是欢喜尚未完，愁云已至。第二班正上作文课，一个题目是"经义"，胡适根本不知是怎么回事；另一题是作"论说"："论日本之所由强"，他也不知该"从哪里说起"。这下轮到胡适脸红了，此时才有些后悔不该"驳正"先生之错，也颇怪那先生"不应该把我升的这么高，这么快"。若非家中出事，遣人来将他唤回，胡适真不知道怎么下台。得此机会，赶快抄下题目，"逃出课堂"。原来胡适的三哥病危，几小时后即死在小弟胡适怀抱之中。赶来奔丧的二哥也将胡适解脱出困境。二哥那时是胡家最谙新学者，他检出一大篮子"新书"给胡适参考，里面有《明治维新三十年史》，而主要是"梁启超先生一派人的著述"。看了这些新书，胡适就凑出了他的论说，不久也学会了做"经义"而升入了头一班。②

---

① 《四十自述》，第88—90页。
② 《四十自述》，第90—92页。

　　从读古书和旧小说到接触《新民丛报》一类"梁启超先生一派人的著述"，李敖先生以为是胡适"一生中的重要转捩"，[1] 信然。胡适因此而"经过了思想上的一种激烈变动"，不久就"自命为'新人物'了"；再不久，更进而成了"传钞《革命军》的少年"，走向激进之途。新人物做的第一件重要的事，就是与旧事物划清界限。胡适本已成梅溪学堂的佼佼者，却因拒绝应官厅的考试，很快离开梅溪学堂，旋因二哥的关系而进入更加有名的私立澄衷学堂。[2]

　　这个不完全重国文、其教学内容或更接近教会学校的澄衷学堂恐怕才是真正对胡适的"新学"（来自小说报纸杂志的除外）大有裨益之所在。入澄衷学堂后，胡适有了在梅溪学堂的经验，又拿出不肯落人后的拼命精神，一心致力于英文算学，在此方面用力最多而收获也最大，更因常考第一而一年又跳四班。胡母的培养再次见了成效，胡适的自信更大增。而在这里打下的英文算学基础，恐怕是胡适后来考庚款留学不致名落孙山的重要因素。同时，胡适亦因二哥的指点，开始接触宋人的理学，已在为今后的治学打基础了。

　　胡适对澄衷学堂的印象似乎是以正面为主，不仅"英文和算学的基础都是在这里打下的"，而且开始"稍得朋友之乐"，逐步从"前此少时所受妇人之影响"解脱出来。到澄衷的第二年，在梅溪时一向被动的小胡适"已敢结会演说，是为投身社会之始"。他在澄衷学堂里竟然主动发起组织学生的自治会，这在胡适不能不说是一个飞跃性的进步。在升到该校的次高班"西一斋"时，胡适还做了班长。他在自治会里的某次演说，曾"很受同学的欢迎，我也很得意"。这个笔调，与他记述梅溪学堂的压抑笔调已大不一样。但或许是因为在梅溪时太少"得朋友之乐"，胡适很快即因太重"朋友之乐"，为一个同学被开除之事与学校当局发生了冲突，结果带着"颇感不平"的心情离开了澄衷学堂，转考入开办不久的中国公学。[3]

　　胡适在澄衷学堂养成的参与意识，后来证明在中国公学是很有用的。因

　　① 李敖：《胡适评传》，第 431 页。
　　② 《四十自述》，第 92—95 页。
　　③ 胡适日记，1914 年 6 月 8 日；《四十自述》，第 95—97、108—110 页。

为中国公学本是由从日本因抗议而回国的留学生为自己办的，其间革命党人占的比例，恐怕还大于真正读书者。这些人的参与意识，又比胡适强得多。公学是真正自治的，胡适曾在学校的评议会外听评议员们辩论，印象颇深，"不禁感觉我们在澄衷学堂的自治会真是儿戏"。他深有感触地说："我是做惯班长的人，到这里才感觉我是个小孩子。"如果没有在澄衷学堂的历练，胡适到此大概会很不习惯。①

但如果是来求学问，胡适到中国公学后恐怕就知道——虽然他没有说出来——这一次转学是大错了。胡适不久就发现"公学的英文和数学都很浅，我在甲班里很不费气力"。一句话，中国公学的教学水准还不如澄衷学堂。而且，一向以国文见长的胡适居然成了校中英文的佼佼者。② 这当然又有助于增强胡适的自信心，但公学的水平可以想见。胡适没有一下子就进入完全新式的学校，而是一步步转入更新一等的学堂，对他大概是一大好事。因为每一步都为下一步打下了基础，便不觉突然。若一下子就接触"全新"的教育方式，小胡适可能根本接受不了，极有可能打击他的自信心。

另一方面，胡适的经历提示我们对当时的教育恐怕要重新认识。首先是上海梅溪学堂的国文不如绩溪上庄的私塾。胡适晚年自称："中国古代哲学的基本著作，及比较近代的宋明诸儒的论述，我在幼年时，差不多都已读过。"这里的"幼年"是从英文译过来的，不知究竟指的哪一段。但从他读书的内容看，应是包括出国以前的全部学习时间（若以胡适后来自开的"最低限度的国学书目"为标准，这里的幼年实包括初到北大的那几年）。胡适除了在中国公学时外，一向是以国文占优势的。但他的"国学"，在那时其实并不很高明。他对"经义"，起初就根本不知是怎么回事。对国学的重要组成部分"小学"，他的工夫也相当差。胡适后来说："我在家乡时，《十三经》还没有读完，《周礼》也未读，就到上海去了。所以对小学的工夫不深。"他小时候读《诗经》，只背朱熹的注，而老一辈的人则要背汉代的注，有时甚至不许背朱注（这里有所谓汉宋之争）。故胡适一生小学都是个弱项。他曾自谓："我对金文甲骨文全不懂。你看我的文章里有没有引过

---

① 《四十自述》，第118页。
② 《四十自述》，第112—115页。

甲骨文字？"① 但这样的胡适在上海却一向以国文吃香，可知那时十里洋场的国文已大衰；而在所谓国学系统内部，汉学也已不太时兴了。

更重要的是，从日本回来的留学生的知识水准实际上远不如上海私立中学校的学生。后来有人据中国公学的自称（因设有高等科）而将其许为中国的第一所私立大学，实在有些顾名不顾实。按实际的学术水准来说，如果中国公学可以算大学，则澄衷学堂岂不是要算早期的研究生院了么！在中国公学的经历大约也是胡适后来不时表露出对留日学生看不起的根源。胡适一生与留日生交往始终不能密切，私交最好的或算周作人，也终是有些隔膜。所以后来周写信关怀胡适时自谓不知是否"交浅言深"，亦良有以也。或者正如胡适在中国公学学到的主要是生活的阅历和革命的行动一样，在日本的许多留学生大概也就是长于此吧。

从胡适的自述看，他在中国公学里学到的东西，多半都属于"功夫在诗外"的范围。但可以想见，公学教学水平的低下，是把少年胡适驱赶出学校教育范围的重要潜在因素。胡适对算学的兴趣就是在公学里失去的。他自己认为这是由于因病休学期间受桐城派吴汝纶的影响喜欢上了中国古诗，又"发见了一个新世界"。但更重要的，恐怕是他的大朋友傅君剑在赠别的诗中为他写下了"天下英雄君与我，文章知己友兼师"的诗句。这给一向为"超我"所制约的胡适增加了一层新的压力。胡适看了傅诗句即"吓了一跳"。他"真是受宠若惊"之余，将诗"赶快藏了，不敢给人看"。但胡适"从此发愤读诗，想要做个诗人"，连上算学课时也在练习写诗。胡适后来说，此事"决定了我一生的命运，我从此走上了文学史学的路。后来几次想矫正回来，想走到自然科学的路上去，但兴趣已深，习惯已成，终无法挽回了"。② 但这决定一生命运的究竟是做诗的"兴趣"呢，还是"英雄"头衔下那份"超我"的压力？换言之，胡适究竟是在"率其性"还是要想"作圣"？胡适自认是前者，窃以为后者的成分要重得多。

在此期间，胡适竟然再次"转学"了。这一次是中国公学的"内乱"，许多学生和学校的干事会起了冲突，结果分裂出一个"中国新公学"。胡适

---

① 《口述自传》，第38页；《谈话录》，第41—42页。

② 《四十自述》，第136—138页。

果然又在新的一边。他初因生病，卷入不多，后来却成了主角之一，"被举为大会书记，许多记录和宣言都是我做的"。这再次从一个侧面证明少年胡适在同学里仍以能做文章见长。学校分裂的结果，胡适竟然成为新公学低级班的英文教员，在公学里也渐渐"出人头地"了。这样，胡适除在教书时得以将英文文法弄熟以外，学业上就不能有较大进步了。到了新老公学各自妥协复归合并时，卷入太深的胡适再次率其反叛之性，怀着"应有天涯感，无忘城下盟"的心情成了少数几个拒绝回校的人之一。其结果，胡适在上海就读的学校一个也未能毕业。①

中国公学对胡适的学业增长虽然不如澄衷学堂，但他到上海后才形成的参与意识，却在这里得到较充分的发展。以后到讲究参与的美国读书，这种比一般中国人强得多的参与意识，就很受用了。而且，对于曾经传抄《革命军》的少年胡适来说，中国公学是他真正接触到许多"新人物"的地方，他自己也从"自命为'新人物'"的阶段进而成为一个真正的新人物。实际上，在这革命党人众多的地方，胡适也在不知不觉之中成了"民国前革命报人"（冯自由语）之一。

三　成了"新人物"

新人物是新教育的产物。胡适在其英文的自传中说到了在上海读书时所受的"新教育"，包括学校的功课、林译小说、理学书和诸子书、梁启超的著作以及严复的著译。在大致列举了学校功课的科目后，胡适首先就说到因读林译小说而知道了欧西小说名家。有意思的是他在几乎同时写的《四十自述》里，却全不提此事。周明之先生说胡适"在不同的场合，对不同的听众，说不同的话"，此即典型一例。直到晚年，他才说起1915年他二十岁时写《康南耳君传》，"我那时还写古文……那时叙事文受了林琴南的影响。林琴南的翻译小说我总看了上百部。"② 如果以量计，林译小说对胡适的影响当数第一（他读梁、严二人的作品可以肯定是不到百部的），这或者就是

---

① 《四十自述》，第147—161页。

② *Living Philosophies*，p. 247；《谈话录》，第280页。

他将此首先提出的一个原因吧。有意思的是，林纾对胡适的影响也包括古文的写作，而且他在这方面至少到 1915 年时还颇受林纾的影响。

胡适把理学书和诸子书列入"新教育"是颇有提示性的。今日即使是史学研究者，恐怕也已少有人将这些著作视为当时"新"的一个组成部分了。胡适的教育经历再次表明了中国传统自身的演变。清代考据学的兴起固然有为实现"经学即理学"的意思，但到乾嘉考据学垄断中国学术界时，理学早已退到较边缘的地位。只是到了咸同之时，理学才略有复苏。胡家是个理学家庭，他小时候读经书即学的是官方采用的朱注而非汉儒之注。但读真正的理学书籍，却是这时候在二哥的指点下才开始的。清季汉学虽已在衰落，但宋学仍非主流。故除应试外，读理学书多少具有些求变即"新"的意思在。同样，诸子学也是到清中叶才开始逐渐引起学术界一些主流学者的注意。在辛亥革命之前，用心读诸子学也还是属于趋新求变的倾向。完全以"平等的眼光"来对待诸子学，要到后来胡适执学术界牛耳之时了。在那时，这都是胡适所谓"'正统'的崩坏，'异军'的复活"。① 胡适"新教育"的这一个侧面，大约正是使他与许多受开放口岸新教育的同龄人的不同之处。那时受新教育者，大概没有不受梁启超、严复以至林纾影响的；但同时也认真读理学书和诸子书的，或者就不那么普遍了。

当然，那些年对胡适影响最大的还是梁启超。正如胡适指出的，梁是那一时代最有影响力的思想家。他的文章，"明白晓畅之中，带着浓挚的热情，使读的人不能不跟着他走，不能不跟着他想。"胡适承认，"我个人受了梁先生无穷的恩惠。"这是从梅溪学堂就开始的。而对他影响最显著者，据胡适后来回忆，是梁氏的《新民说》和《中国学术思想变迁之大势》。他以为，《新民说》是梁"全副心思贯注"之所在。作为该文的早期读者，胡适知道新民的"新"字是动词（后辈人则常将"新民"二字联读为名词），其意义是"要改造中国的民族，要把这老大的病夫民族改造成一个新鲜的活泼的民族"。这正是胡适终生坐而言起而行想要实现的目标。但是那时胡在梁书中所读出的主要内容则不是改造，而是"布新"之前的"除旧"、改

---

① 参阅余英时《〈中国哲学史大纲〉与史学革命》，收在《年谱长编》第 1 册，第 63—74 页；《胡适致钱玄同》（1932 年 5 月 10 日），引自《年谱》，第 198 页。

造之前的破坏，即梁所明白提出的革命口号："破坏亦破坏，不破坏亦破坏！"胡适知道这是梁"主张最激烈"的时期，"后来他虽然不坚持这个态度了，而许多少年人冲上前去，可不肯缩回来了。"胡适自己就是这许多少年人中的一个。他的传抄《革命军》，就是在梁的思想影响之下。①

但梁启超同时也打开了胡适的眼界。胡是通过梁才约略知道了从霍布斯到达尔文这些西方思想家。在胡的眼中，梁对西方现代文明大为景仰（a great admirer of modern Western civilization）。胡适在 1931 年说：《新民说》的"最大贡献在于指出中国民族缺乏西洋民族的许多美德"。但中国人到底缺乏哪些美德，胡适在约略同时写的中英文本中所述不是很一样。中文本中大约多用梁氏原字，字意较泛；英文本则常加以明确的界定。同时，还有一些是中文本中有而英文本中无的。这些不一致处或较能看出胡适在说到某些概念时的真意。以下凡中英文本不甚一致处则将英文本意思附在方括号里。胡适从梁的文章中读出梁所特别强调中国人缺乏的是：公德、国家思想 [民族主义]、进取冒险、权利思想 [个人权利观念及对此的奋力捍卫]、自由、自治 [自我控制的能力]、进步 [对进步之无限可能性的信念]、合群与政治能力（有组织的集团协作之努力的能力）及私德 [注重躯体文化（bodily culture）和卫生]。中文本中有而未入英文本的西方"美德"，还有生利的能力、自尊、毅力、义务的思想及尚武等。

很明显，这里面应有相当部分是胡适把自己后来的认知放在梁头上了。其中有些不仅不是梁的原始意思，恐怕也不是上海读书时的少年胡适当下能领会出的。这一点胡适自己已说得很明白。他在《四十自述》里写到这一节时，无意中说出"我在二十五年后重读 [梁的文章]，还感觉到他的魔力"。可知一向认真的胡适在写自传时又将梁氏的文字读了一通，那时写下的感受就有二十五年后才得出者，已不完全是少年胡适的感受了。而英文本中那些附加的词义界定，显然又是胡适在对不同的人说不尽相同的话。

胡适称，《新民说》诸篇"给我开辟了一个新世界，使我彻底相信中国之外还有很高等的民族，很高的文化"。在英文本中，胡适则说这些文章

① 本段及以下关于胡适认知中梁对胡的影响，均见《四十自述》，第 100—108 页；*Living Philosophies*, p. 247.

"猛烈地撼动了我以为中国的古文明已经自足，除船坚炮利外勿需向尚武而唯物的西方学习这样一种美梦"。胡适在别处似乎并未提到他还曾经怀有这样一种梦想。如果确有其梦，则至少在绩溪时的小胡适，其思想倒很像后来陈寅恪自诩的，是在"湘乡〔曾国藩〕南皮〔张之洞〕之间"。如是，则安徽绩溪与上海的那一段距离所造成的思想差距大约有二三十年即整整一代人之多。考虑到绩溪所在的徽州素称商业发达之地，而胡家自己就在上海有店铺，信息的流通应无大妨碍，我们对清季中国城乡的差别，特别是思想观念的差别，恐怕还应做进一步的仔细探讨。

同样，胡适认为梁的《中国学术思想变迁之大势》"也给我开辟了一个新世界，使我知道《四书》《五经》之外中国还有学术思想"。成名之后的胡适可以看出梁氏此篇也有典范转移（paradigm shift）的开风气作用，因为这是"第一次用历史眼光来整理中国旧学术思想，第一次给我们一个'学术史'的见解"。这也只能是四十岁的成年胡适的评价，而绝非少年胡适的见解。但梁也只是开风气，不少具体的"整理工作"只在列出的纲目下注一个"阙"字。胡适自称他当时即有了为梁补做这缺了的几章的"野心"。这个说法，也只能存疑。因为当时胡的主要精力在学英文，而出国留学首选的科目是农学，与此野心颇不相符。但胡适治学极受此文的影响是无疑的。观梁氏"论诸家学说"一章始缺而后只补了"子墨子学说"一篇，而墨子正是胡适在此段时间里认真读的诸子之一，后来更成了他之所长，则胡适读此文深得启发，是可以确定的（墨子可说是梁胡二人之缘。梁氏后来读了胡适的著作，乃重操旧业，再治墨子，并与胡互有论辩）。

胡适在接触《新民丛报》后不久，到了澄衷学堂之时，就通过国文教员杨千里而受到严复的影响。杨千里曾要学生买吴汝纶删节的严译《天演论》作读本，第一次看此书的少年胡适读后感觉"高兴得很"。杨先生曾出作文题："物竞天择，适者生存，试申其义"。胡适的作文颇得严复提倡的"竞争"意旨，他说："国魂丧尽兵魂空，兵不能竞也；政治、学术西来是仿，学不能竞也；国债垒垒，人为债主，而我为借债者，财不能竞也。以劣败之地位资格，处天演潮流之中，既不足以赤血黑铁与他族角逐，又不能折冲樽俎战胜庙堂，如是而欲他族不以不平等相待，不渐渍以底于灭亡，亦难矣。呜呼！吾国民其有闻而投袂奋兴者乎？"杨颇欣赏这个学生的文章，他的评语说：胡适"富于思考力，善为演绎文，故能推阐无遗"。① 可知胡适善于将其思想表达得系统化的特点在那时已经显露。而作文不留余地，无余音绕梁之意境，是小胡适不曾受过"开笔"训练的结果，后来却正应了时代的需要。

胡适在此文章中所表达的从兵、学、财多角度全面竞争的民族主义思想，应予特别的注意。他说："读《天演论》，做'物竞天择'的文章，都可以代表那个时代的风气。"（胡适自己名字中的"适"字，也是二哥从"适者生存"中取出的）而当时人读《天演论》，侧重的恰"只是那'优胜劣败'的公式在国际政治上的意义。在中国屡次战败之后，在庚子辛丑大耻辱之后，这个'优胜劣败，适者生存'的公式确是一种当头棒喝，给了无数人一种绝大的刺激。几年之中，这种思想象野火一样，燃烧着许多少年人的心和血"。这里的"国际政治上的意义"，就是民族竞争的思想。胡适后来酒醉后骂租界的巡捕是"外国奴才"，他自己说那时主要靠"下意识"在起作用，正是他民族主义意识的表露。② 胡适也是那些在民族危机下"投袂奋兴"的人中的一个，他后来基本接受辛亥革命前读书人的观念，认为民族竞争最终是落实在"学战"之上，故在这方面下功夫也最深（详后）。

《天演论》在中国的传播，很能提示清季的"西学"或"新学"的含义本是极广泛的。对不同层次的读者，同一本书或同一个词的意义可以是很不一样的。严复是当时中国最谙西学者，他在将赫胥黎的《进化论与伦理学》译述成《天演论》时，已对原著进行了删节。赫胥黎主张以人伦准则约束人的自然发展这一重要观念就已被严大量删去。但如胡适所指出的，由于"严先生的文字太古雅，所以少年人受他的影响没有梁启超的影响大"。吴汝纶的节本再删之，不免又有见仁见智的取舍，而"太古雅"一点仍未变（吴是桐城正宗，删去的很可能还是不那么古雅的部分）。最大多数的追随者——包括读者和根本未读的听众——真正接受的，实只剩那几句化约到最简单的口号了。而且，读者或听众大抵是各取所需。梁启超曾说严译诸书"半属旧籍，去时势颇远"，暗示这是晚清西学运动不能成功的原因之一。

---

① 引自《年谱》，第12页。
② 《四十自述》，第100、167—171页。

这一点姑不论。但一般人所关怀的，恰是"时势"；他们从严译之书中想要看到的，也正是与时势不远者。故从接收者一边看，不论严复所译为新籍旧籍，大多数人所想看和看到的，只是对时势的解释而已。可以想见，即使读者所抱的关怀都是时势，读不同本子的读者所得的"天演"观念仍是不甚一样的，当他们都使用"天演"观念进行思想对话时，实际上彼此所说所指，还真未必一致。

胡适在此期间所受影响还包括恰在他到上海两个月后开始出版的《时报》，特别是陈景韩（冷血）在《时报》上写的短评。他在 1930—1931 年间写中英文自传时，对《时报》着墨不多，其实这一影响的意义颇大，不应忽视（此点李敖先生已注意到）。胡适在十年前就已说过，他在上海的六年间，"几乎没有一天不看《时报》"，并将许多《时报》的文章"剪下来分粘成小册子"。以广泛收集资料见长的李敖以为，这样的注意搜集资料分类保存，"对一个小孩子来说，是一个重要的好习惯，一个有益处的训练"。信然。胡适后来在史学上能颇有贡献，与这个少小养成的好习惯是分不开的。但是《时报》的重要远不止此。该报的出现恰值日俄战争初起，"全国的人心的震动"之时，在别的报纸不能适应新形势的情形下，《时报》却"能够打破上海报界的许多老习惯，能够开辟许多新法门"，所以"能够引起许多新兴趣"。这种带典范转移性质的新事物对求"新学"的边缘知识青年有特殊的吸引力。胡适当年离开梅溪学堂是因为上海道袁树勋在处理周有生案时丧失国权，曾写信骂过他，故不愿接受上海道的考试。那件事就主要是受《时报》的影响。[①]

但是在别的学校都颇能"革命"的胡适一进革命党人充斥的中国公学，就真是名副其实的小巫见大巫了。胡适比一般中公学生年纪小很多，他自己说是"还留着一条辫子，不够革命"。马君武曾在 1928 年胡适任中公校长时指着胡适对中公的同学说："那时候用红头绳子所系的小辫子，跷跷的，就是现在你们的校长小时候的象征。"但这条辫子，越来越"革命"的胡适在公学期间却始终未剪去。一个原因是"同学们认为我年岁小，也不强求

① 胡适：《十七年的回顾》（1921 年 10 月），《胡适文存》二集卷三，第 1—8 页；李敖：《胡适评传》，第 434 页。

我革命。大家都鼓励我做学问"。认为胡适还能做学问而不强求他剪辫，是二十多年后胡的大同学之一的但懋辛（怒刚）告诉他的，或者有点倒着放电影的意味。据杨亮工的回忆，则只有因胡年纪小而不忍拉他下水的意思。① 可知当时许多人恐怕也真是被"逼迫"而剪去辫子的。但就胡适个人言，剪辫子而要别人逼迫，确实是不够"革命"。胡适能认同于革命事业，几次与学校当局对着干，却不肯剪去辫子，正是他先天有造反气质、后天却又努力收敛的写照。

中国公学阶段的少年胡适，在思想和学理上已从主要输入变为也能输出了，主要是参与并在相当长的时间里主持了革命党的刊物《竞业旬报》。该报起初是要把"振兴教育、提倡民气、改良社会、主张自治"这样的宗旨"传布于小学校之青年国民"。以胡适在中公的年少，又能做文章，自然最适合此刊物的撰述工作。故同人初请胡适加盟，或多因其年少，但对胡一生的影响，却的确不小。而且胡适这个小大人似乎很有些将此报办成针对所有国民的意思。到胡适自己写该报宗旨时，已是"眼见那时势的危险，国民的愚暗，心中又怕，又急，又可恨，又可怜"，才不得已来办此报，希望"我们的同胞"要做到他希望的五条要求。处处提的是同胞、国民，显然已不只是为"小学校之青年国民"说法了。胡适提的五条宗旨是：革除从前种种恶习惯；革除从前种种野蛮思想；要爱我们的祖国；要讲道德；要有独立精神。这些观念，除爱国胡适后来较少挂在口上以外，其余都是胡适一直强调的。故胡自称他的不少思想在此报纸中已可见"重要的出发点"，是很确实的。②

胡适后来认为，《竞业旬报》时的写作给了他"一个绝好的自由发表思想的机会"，使他"可以把在家乡和学校得着的一点点知识和见解，整理一番，用明白清楚的文字叙述出来"。这是他继在家乡讲故事之后的又一次做"系统表达"的机会，而且他是非常认真对待这一机会的。胡适在 1915 年

---

① 胡适：《中国公学校友欢迎会上讲词》，《胡适言论集》乙编，台北：华国出版社，1953；杨亮工：《胡适之先生与中国公学》，《传记文学》第 2 卷第 3 期，1963，均转引自李敖《胡适评传》，第 460、542 页。

② 《本报周年之大纪念》，《竞业旬报》第 37 期，转引自朱文华《胡适评传》，重庆出版社，1988，第 29 页；《四十自述》，第 118—131 页。

慨叹道，他已"六七年不作着意文字矣"。可知《竞业旬报》时的文字皆是"着意文字"。到他四十岁时重新翻看《竞业旬报》后，不无自豪地说，他少年时的这些文字，"总算是自己独立想过几年的结果，比起现今一班在几个抽象名词里翻筋斗的少年人们，我还不感觉惭愧。"不过，那时的胡适所本的还是文以载道的观念。正如他回忆的，他在十六七岁时刊于该报之小说《真如岛》中，曾"自言不作无关世道之文字"，尚未能像留学时也将文学本身的优美视为重要价值。而且，那段时期的作文还给了胡适"一年多作白话文的训练"，为他日后"在中国文学革命的运动里做一个开路的工人"打下了基础。①

如果说中国公学在教育上给胡适的不是太多，那段经历却给了胡适不少处世的经验和教训。中公的放任，使胡适较能往"率性"一面发展，那时他和他的许多同学，正是处于"狂奴"的境地。胡适在中公的同学，也曾做过他英文班学生的杨杏佛，后来在赠别胡适的词中记他初来美国见到胡适，不免"暗惊狂奴非故，收束入名场"。胡适赠别杨的词也说："春申江上，两个狂奴。万里相逢，殷勤问字，不似黄垆旧酒徒。"两个"狂奴"而兼"酒徒"，那时的日子似乎也还过得潇洒。其实，正如少年胡适有时不免"强作愁"一样，"狂奴"的意思，大概也有点"强作乐"的意味。而"酒徒"恐怕就是真的愁在其中了。胡适留学时在日记中曾提起，"在上海时，悲观之念正盛"。那一方面是因为家境日坏，另一方面也是由于前途可忧。在这种情形下，如胡适自述："少年人的理想主义受打击之后，反动往往是很激烈的。"他就在这"狂奴"兼"酒徒"之中领略了十里洋场风气的另一个侧面。②

由于心境不佳，胡适就跟着一班失意的革命党人"在昏天黑地里胡混"，"从打牌到喝酒，从喝酒又到叫局，从叫局到吃花酒"。而且这混还不是一般的混，"有时候，整夜的打牌；有时候，整日的大醉。"③这样的混法，不免要沾染一些上海洋场的轻浮气。胡适自我保护的防卫心向来颇重，

① 《四十自述》，第125—135页；胡适日记，1915年2月11日、8月18日。
② 胡适日记，1915年8月28日、9月2日，1914年1月29日；《四十自述》，第161页。
③ 《四十自述》，第165—175页。

而不被逼则很少有主动向人进攻之时。但后来"暴得大名"之初，自我收束便偶有不足。如对林纾的主动进攻和对梁漱溟的批评，都不能算是防卫性的。而且有时更稍露轻薄，与人论争时尤显。这大约都与其沾染的洋场轻浮气不无关系。1926 年初胡适曾带他的老朋友根内特（Lewis Gannett）去见识上海风月，结果被根氏痛斥。根内特指出："上海是个瘟疫区"，胡适在那里必受腐蚀，他如果不离开上海，则将一事无成。① 根氏显然看出了上海对胡适的负面影响。

反之，胡适与这班穷朋友的接触，特别是他恰遇到比较讲究义气的四川湖南人为主的革命朋友，使他也领会了江湖义气的温暖。四川同学但懋辛在胡适向他借钱时，自己也穷得叮当响，却能马上典当衣服来筹款借给胡适。② 这种朋友义气大约是胡适在这段"堕落"期间从他那"一班浪漫的朋友"中受到的最正面的影响，使胡适在十里洋场中并未完全消磨掉绩溪乡间带来的淳朴气息。以后胡适在关键时刻，也颇能仗义解救朋友的危难，或者与这段时间的经历不无关系。但这些革命朋友，对少年胡适的生活虽颇关照，对其思想成长却比较不那么关注。在那段时间里，据说只有安徽同乡许怡荪经常劝告胡适继续读书上进。胡适后来回忆说，他终因醉酒闹事而进了巡捕房后，突然醒悟，决心全力准备官费出国留学的考试。

实际上，胡适这段时间虽然偏于"率性"，以至于掩盖了其"作圣"的一面，但那一面却并未消失。想出国留学的念头，就一直萦绕于胡适心头。他在《竞业旬报》曾鼓励世人要"使祖国文学，一天光明一天。不要卑鄙下贱去学几句爱皮细底，便稀奇得了不得。那还算是人么?"③ 但他自己则一直在下大功夫学英文，这是胡适徘徊于"率性"和"作圣"之间的典型双重心态。近代中国读书人对西方及其象征英文那种又羡慕又憎恨但又不得不学的复杂心情，在此显露无遗。但胡适虽努力学英文，此时尚能做到不做"稀奇状"。后来他留学归国，任教于高手众多的北京大学时，就发现有时不得不拿英文做"稀奇状"以吓吓人了。

---

① 胡适日记，1926 年 8 月 23 日及所附根内特同年 3 月 5 日致胡适信。
② 胡适日记，1910 年 2 月 9 日。
③ 《爱国》，《竞业旬报》第 34 期，转引自周明之《胡适与中国现代知识分子的选择》，第 28—29 页。

　　而且，胡适也只有在上海才是"狂奴"，回到家乡时，就又要做出"先生"的样子。胡适晚年回忆说，对岳飞的《满江红》，他在年少时喜欢说大话的句子如"壮志饥餐胡虏肉"。但在"十几岁的时候，思想是比较成熟些"；从上海回家时，曾以《满江红》里"莫等闲，白了少年头，空悲切"这样的句子题赠比他还大几岁的外甥。① 可知他一离开上海回到家乡，即要暂时告别一下少年心态，重新拿出"先生"的样子来。这个样子当然也不全是摆出来的，他那"先生"认同的"超我"部分，其实也一直在起作用。

　　胡适后来的出国留学，绝非什么因醉酒闹事后的突然醒悟，而是他一直有意追求的出路。1908 年夏，胡适在给母亲的信中说，"大人素知儿不甘居人下"。这本是母亲对儿子的期望，也已成少年胡适的素志。那时要不居人下，对胡适这样家庭背景的人来说，仍只有读书一路，最为可行。正如他在赴北京考试之前所说："现在时势，科举既停，上进之阶惟有出洋留学一途。"这"惟有"之"一途"，就是胡适选定之路。还在 1908 年 7 月，胡适在给母亲的信中已说到"即儿将来得有机会出洋，亦断不敢背吾母私出外洋，不来归娶"。以这个口气看，要出洋在那之前已是胡家母子的共识。② 胡适后来在《非留学篇》里说，那些年的"国内学生，心目中惟以留学为最高目的"。他们"以为科举已废，进取仕禄之阶，惟留学为最捷"。既以此为目的，则读书唯求速成，都想早得文凭，回国任事。要以"教育救国"，就必须痛改以仕进为目的之教育方针。他做此篇时应已基本脱此想法，但其所说的国内学生，大约就是以自己的经历为底子的吧。

　　1908 年底，胡适到新公学约两个月后，在致家乡友人信中说，因家境困迫，"决计暂且辍学，专为糊口之计"，所说即指为低班教英文事。他并说，"明年唼饭处大约仍在上海"，因为在上海有三利："人地两熟，一也；可为吾绩旅沪旅淞诸人作一机关部，二也；课余之暇，尚可从人受学他国文字，三也。"可知刚开始组织新公学时，至少他个人心境并不见得非常好。而最后一点证实胡适要在"他国文字"上下功夫，是早已有的打算。1909

---

① 《谈话录》，第 243 页。

② 《胡适致母》（1908 年 7 月 31 日、1910 年 6 月 30 日），《安徽史学》1989 年第 1 期，第 72、
　　75 页。

年 9 月，胡适在给母亲的信中也说，他每日除教课四小时外，"有暇时研习他国文字，以为出洋之预备。"此事的确是一直在准备之中。①

一年多后新公学解散时，胡适不肯返回合并后的公学，一方面还带有前已述及的"城下之盟"的情绪，同时也因为"前途茫茫，毫无把握"，自觉"心绪灰冷，百无聊赖"。但他又不肯在这种失意的情形下回乡。胡适后来说他"不敢回家"是因为想在上海"寻一件可以吃饭养家的事"。但两三个月后家乡的教育会请他任东山堂长，却为他所谢绝（那时他还不知道他的英文老师王云五马上就要帮他找到一份上海的教书工作）。有吃饭的地方不去，则留在上海应主要不是为了吃饭。耿云志先生以为这仍是出于想留学的考虑，信然。② 当然，胡适酒后闹事也有刺激的作用。因为留学虽是胡适的愿望，但在"心绪灰冷，百无聊赖"的情形下，由于对前途确实"毫无把握"，也一直没有静下心来认真准备。闹事后，"决心不做那教书的事了"，于是辞职"关起门来"一心复习考留美官费。更因闹事而促使亲友为之筹款应考。这些都是重要的转机。

赴京考试之前，胡适并无多少把握。但他以为，如果考取，不但可以上进，而经济上也有直接的好处。因为留学的官费十分丰厚，自用之外还可有余钱贴补家用。"于学问既有益，于家用又可无忧"，的确是一举两得。胡适已做好准备，如果考不上，"则仍回上海觅一事糊口，一面竭力预备，以为明年再举之计。"而且回上海拟学习的是"德、法文及各种高等科学"，可知胡适那时对中、英文较有信心，但对"各种高等科学"，则知自己的学力尚不足，惟要考的决心已定。实际上，这也是胡适唯一的上进之阶梯，故虽"成败尚不可知，然此策实为最上之策"。③

"自命为新人物"的胡适这时一心要考取的心态，与以前科举时代的读书人实没有太大的差别。胡适考取庚款留美后，胡母给他的信中说得很明确："此次出洋，乃汝昔年所愿望者。今一旦如愿以偿，余心中甚为欣幸。"这充分说明出洋是胡适的宿愿，主要不是他后来说的因醉酒后的觉醒。胡母

---

① 《年谱》，第 18 页；《胡适致母》（1909 年 9 月 13 日），《安徽史学》1989 年第 1 期，第 74 页。

② 《四十自述》，第 162 页；胡适日记，1910 年 1 月 25 日；《年谱》，第 21—22 页。

③ 《胡适致母》（1910 年 6 月 30 日、7 月 22 日），《安徽史学》1989 年第 1 期，第 75、76 页。

当然并不止是为儿子高兴，同时也因为"汝得偿出洋夙愿，吾家家声从此可期大振"。胡母于困境中出重金培养儿子，正是为的这一天。在这封给儿子的信中，胡母曾说胡适"刻下想已抵美京入学"。胡适所去的学校并不在美国京城，读书而必在京城，不也是科举时代以为入了国子监一类观念吗？母子二人，心态颇能相通。其间的联系，正在胡适少小时母亲有意的培养。① 初到美国的 1911 年旧历元旦时，胡适曾有一诗说到"可怜逢令节，辛苦尚争名"，明确道出他留学的一个主要目的是"争名"。②

在胡适的心理活动中，与他自己在做人的"率性"与"作圣"之间的徘徊并行的，或者还有一个上海所代表的"新教育"与绩溪所传授的"传统教育"之间的紧张。朱文华先生以为，胡适"既有士大夫意识的残余，也有资产阶级商人气息的痕迹"。这话虽有些标签化，如果将此视为绩溪与上海两种社会教育在胡适身上不十分融洽的并存，则是有所见的。胡适在中国公学期间一直不肯剪辫，在某种程度上或者也是这种紧张的一个反映。到他最后出国留学时，终于将辫子剪下并寄回家保存起来。③ 这次剪辫或许有点象征性，它提示着"上海"对"绩溪"在胡适心目中意识层面的胜利；胡适似乎已决定将某种东西割舍并留之于家乡了。他是否充分意识到这一点，还很难说，但取舍的选择是明确的。这一割舍对胡适能敞开放松地充分吸收美国教育是一重要前提。这样，他后来在对自己一生教育的自我评估中，就能给留学时期以高度的肯定，而无意中低估了家乡教育的重要性。

用今日的话来说，胡适的考取庚款留学，是一个集体的成就。亲友为之筹集巨款（"巨"指对胡适当时的经济境况言）；老师王云五为之补习英文算学；二哥陪他到北京，并为他找到好朋友杨景苏帮忙。在此以前，胡适学业上的每次转机，关键时刻都有二哥或他的"关系"在起作用。这次也不例外。杨先生不仅为胡适安排廉价的住宿，更重要的是指点他读《十三经注疏》。胡适过去基本是宗宋学的，从这时起才开始读"汉儒的经学"。后来他以考据文章得"国文"一科的满分，考前的临时抱佛脚是起了相当作

---

① 《胡母致胡适》（1910 年 9 月），《安徽史学》1989 年第 1 期，第 76 页。

② 胡适日记，1911 年 1 月 30 日。

③ 朱文华：《胡适评传》，第 40 页；《谈话录》，第 182 页。

用的。正如胡适自己所说，"没有这些好人的帮助"，他的北上考试和后来出国都是不可能的。[①] 而胡适一向有"君子善假于物"的特长，最能把别人的帮助运用得恰到好处。

如果把胡适的考取视为海上的冰山，则其水下的部分是远大于水面那峰顶的。这样的"集体成就"正是中国文化传统社会功能的体现。中国传统科举制在理论上是对各阶层开放的，但其开放性常为经济的原因所限制，因为贫富确实可置考生于实际不平等竞争的情形之中。历代许多穷困者因读书而"发迹"的故事那一座座冰山之水面下，都充满了类似的各种"集体"帮助。如无此种"集体"社会作用，科举制的开放性就是一句空话。中国历史上之所以未出现西方那样的教育体制以至今人爱说的什么"民间社会"（civil society），正在于那些制度（institutions）的社会功能在中国社会中已得到不同程度的发挥。从具体的社会制度和组织看，中国确无西方那种特定的"民间社会"；但若从功能看，中国的民间社会恐怕比西方的——至少是近代西方的——还要有力得多。我们只要对比一下近代中西政府组织机构的大小，就可知哪一边"社会"的作用大。这个问题当然不是这里可以论述得清楚的，但胡适的经历的确可以给喜欢讨论"民间社会"的人以启示。

* * *

胡适一生，正是依据父亲胡传总结出的做人的道理，在"率其性"和谨勉以学为人之间游移，始终向着"作圣"的方向努力，但也不时要有所"率性"。他一生"做人的训练"，主要受其十几年跟随父母生活的影响。那段生活带给胡适一种自我保护的防卫心态，明显体现出"超我"对"本我"的抑制。按他父亲的教导，可以说是偏向"作圣"的一面。胡适后来遇压力即反弹，压力越大，反弹越强，颇有点"率性"的意思，但大抵都可从这种自我保护的防卫心理去考察。同时，少年的艰辛使胡适又特别珍惜来之不易的名声。所以，他在得名之后，除了有时对外来压力的反应外，所行之事，多半是谋定而后动，又很能约束其"率性"的成分。这在分析胡适后

---

① 《四十自述》，第176—179页。

来的作为时也是需要特别注意的。

后天伦理作用特强是胡适一生行事的主流。他在 1914 年时曾"清夜自思"过去十年的经历，自我总结道：自到上海以来的新学训练，使他成为一个"社会中人，深于世故，思想颇锐，而未尝不用权术；天真未全漓，而无高尚纯洁之思想，亦无灵敏之感情"。胡适以为，这是他"去妇人社会"太久的结果。实际上，这恐怕更多与他在家乡时养成的防卫心态有关。不过，胡适在思念家乡的"久处妇人社会"之时，或者于无意中回想起了母亲"每为余道吾父行实"。那为人要"率其性"的父训，虽久遭压抑，究竟并未置之脑后，此时就在起作用。他认识到，"吾十年之进境，盖全偏于智识（Intellect）一方面，而于感情（Emotions）一方面几全行忘却"。结果是他"几成一冷血之世故中人，其不为全用权术之奸雄者，幸也，然而危矣"！① 这是胡适少见的措辞严厉的自我批判。其所强调的，正是太注重"作圣"而忽略了"率性"。后来胡适虽有意识地"注重吾感情一方面之发达"，但总的来说还是"作圣"的一面为主流，特别是在得了大名之后。因此，胡适一生种种的"开拓"与"落伍"，多少都可以由此少年经历去观察。

同时，正是清末的城乡差别，特别是安徽乡间私塾尚未沾染口岸风气的传统蒙学教育造就了后来被认为是启蒙大师的胡适。生在上海，比胡适大三岁的顾维钧，在读完仅教识字的私塾后，便直接进入教会学校，以后的教育是越来越西化，结果到晚年还必须强调自己的中文可以写得"通顺"。② 实际上别人也曾说过顾氏的中文好，但一般人之所以有他中文不好的认知，正是因为其他许多从小受西化教育的人有此通病。生在北京，比胡适小两岁的梁漱溟，则是在读完《三字经》后就读新派的《地球韵言》，然后进了北京第一家新学堂——中西小学堂。梁漱溟的父亲梁济，后来是殉清的，从根本上只能归入"保守"一路，不好算作十分趋新者。他的家庭教育尚且如此，其余可以想见。③

---

① 胡适日记，1914 年 6 月 8 日。
② 《顾维钧回忆录》第 1 册，中华书局，1983，第 521、109 页。
③ 梁漱溟：《忆往谈旧录》，中国文史出版社，1987，第 5—6 页。

　　所以那种眼睛盯着少数不世出的精英分子的中国传统教育，只有在与口岸没有怎么"接轨"的乡间还基本存在，在新学占了上风的大地方反已衰落。而胡适正靠着这点"国文"的训练，在那"邯郸学步，反失其故"的上海新学堂，打出自己的天下，初步树立了这个少年乡下人的自信。也是靠着旧学的基础，再加上澄衷学堂的英文训练，胡适得以击败全国各地的许多学子，不过"一个月不曾看一场戏"，就能飞上枝头变凤凰，一举步入了庚款留学生这一真正全国性的少数精英群体。

第四章

留学：再造文明的准备

美国：吾所自造之乡 / 为国人导师之预备

余英时师说，胡适在美国留学的七年"是他一生思想和志业的定型时期"。① 以今日的后见之明看，胡适选择的志业就是要为中国再造文明；而七年的留学生活，就是为其后来的志业做准备。这对胡适而言，是非常清晰地有意识而为之的。要解读他在这段时间所形成的思想，不仅要细绎其文本，还要如陈寅恪所说，"旁采史实人情，以为参证"，从考察他的美国生活经历开始。

一　美国：吾所自造之乡

　　胡适于1910年8月离沪，9月抵旧金山，休息两日后，乘火车到达康乃尔大学，入农学院。胡适之所以选农学为专业，以及他后来的转专业，都有二哥的影响。在胡适的心目中，二哥"是很有学问的，可惜早死了"。他出国前，"家兄特从东三省赶到上海为我送行，以家道中落，要我学铁路工程，或矿冶工程，他认为学了这些回来，可以复兴家业，并替国家振兴实业。不要我学文学、中学，也不要学做官的政治法律，说这是没有用的。当时我同许多人谈论这个问题。以路矿都不感兴趣，为免辜负兄长的期望，决定选读农科，想做科学的农业家，以农报国。"不过，这可能也并非全是二哥的意思。胡适在考试前给母亲的信中，已说到如果考不取，则拟回上海学习"德、法文及各种高等科学，以为明年再举之计"。这里的"各种高等科学"固然是为了考试，但是否也暗含着择业方向的可能性呢？②

---

　① 余英时：《中国近代思想史上的胡适》，第63—74页。
　② 《谈话录》，第163页；胡适：《中学生的修业与择业》，《胡适作品集》第25集，台北：远流出版公司，1986，第206页；《胡适致母》（1910年7月22日），《安徽史学》1989年第1期，第76页。

周明之先生注意到，胡适在上海时就坚持学英文，提示了"当时的价值观"，信然。但他继而认为小胡适一度专心于算学是"中国文化吸引力的迅速减退"这一"时代潮流"的反映，似就太过；到后来说中国读书人多选自然科学为专业是其"不断深化的异化感"的标志，也颇勉强。因为胡适还在中国公学时即已放弃对算学的热情，但那几年的时代潮流却未见什么特别的变化。而且胡适选农科为专业，在意识的层面是否有那么多层思虑的转弯，都是需要证明的。近代中西新旧间的关系复杂，中国知识青年的向往科学，确有厌旧尊新之义。但"异化"的深浅，实因人而异。许多人"异化"的程度，其实也没有我们今日想象的那么深。以那时人的见解，科学为中国所缺，而文科则中国尚强，至少也有余勇可贾。留学本要学中国所无者，当然以自然科学为正选。朱文华先生指出："农科与茶叶的关系也很密切"，这是有所见之语。家里开着茶叶铺的胡适，那时又哪能梦见几年后的飞升，既然要在自然科学方面选，以保险计，也是选农科为佳。①

何况，如胡适自己所说，康乃尔大学是"农科最著名，为国家农科大学"。凡读农科者不缴费，故"一年可省一百五十金，可谓大幸"。② 这个经济上的考虑，对至少在理论上有养家之责的青年胡适，肯定是重要的。胡适此时对康乃尔大学的了解也略有误差。康大虽是私立，其农学院却是政府资助的州立，所以免学费。胡适此时英文尚不甚佳，不知 state 一字在美国主要指州（早年译作省）而非指国，故误以为国立。到后来英文渐佳，在1914 年 1 月 23 日的日记中，已知康大农学院是"省立"而非"国立"了。他所说的农科"最著名"，大约也有误解的成分。像康乃尔大学这样的常春藤名校，其农学院即使在那时的美国排名第一，在学校里面的地位也不可能到最著名的程度。胡适后来转入的哲学系，倒真是康大的一块牌子。这是否也是他转系的原因，尚待考证。

初到美国，胡适即对美国社会大为倾倒。他说："美国风俗极佳。此间夜不闭户，道不拾遗，民无游荡，即一切游戏之事，亦莫不泱泱然有大国之

---

① 周明之：《胡适与中国现代知识分子的选择》，第 7、9、36—39 页；朱文华：《胡适评传》，第 38 页。

② 本段及下段，《胡适致乡友信》（1910 年 9 月 25 日，邮戳日），转引自石原皋《胡适与陈独秀》，《胡适研究丛录》，第 85—86 页。

风。对此，真令人羡煞。"最后一句颇能道出胡适的心事。他对美国的种种虽然所知尚在表面，却暗中处处在与中国的情形比较。嘴上说的美国或不免有理想化的成分，心中想的却是中国的种种不如意的情景。西人在公众场合的有礼貌和市容的清洁，多少年之前就使郭嵩焘以为是三代之治的重现，此时又再次感动了胡适。的确，以当时美中两国城市的景象，若由一个无成见的外星人分别做一次几日游，恐怕印象的优劣也会和胡适的差不太多。

胡适对美国的许多好感，很可能就是因为那里的一些"上等缙绅之家，待中国人极优，时邀吾辈赴其家座谈"。美国人那种肯为自己民族自愿宣传的习俗，的确是中国文化所缺乏的。而且，胡适住在纽约时还能请女佣打扫房间，其为买报纸而"步行"了六条街又"步行"回去，晚年都还记得以作为其急于要看报的例证，他留学日记中记载的出门所乘车船也多在二等以上，可知他在美国过的是已超过一般美国学生水准的生活。这些都是胡适曾攻击过的庚款所赐。胡适在上海时曾斥责美国把庚款退还中国是"怀着诡计"。清政府不识，还"把美国感激得了不得，仿佛奉着个大慈大悲的菩萨一般"。但他后来留美却正因考取此款。而且庚款的用处的确大。一个在上海这个假洋场有时不得不将东西送进当铺的小学穷教师，突然在真正的西洋之邦使唤起婢女来，其变化之剧，真可以用霄壤之别来形容。感觉怎么会不好？而且庚款学生的收入超过一般美国学生，每日不愁吃穿，不必与美国人在生存上竞争，美国人竞争时丑恶的一面就未能在胡适面前暴露出来。唐德刚先生以为，胡适那批庚款留学生不知另一类开饭馆、洗衣店的华人的疾苦，同时也没有在美国讨生活，所以只看见美国好处，对美国一往情深，是颇有心得的。①

不过胡适是以善观察著称的。他在《非留学篇》中说："留学生不独有求学之责，亦有观风问政之责。"胡适在留学时的日记中每以"觇国者"自居，而其所觇之"国"，其范围又不仅是政治，也包括文化、社会风俗、教育等许多方面。故其对美国不甚光明的一面，其实也有不少了解，有时只是

---

① 《胡适致母》（1911年1月1日），《安徽史学》1989年第1期，第77页；《口述自传》，第35—36页，唐先生评论散见于第41—48页；胡适：《中国的政府》，《竞业旬报》第28期，转引自周明之《胡适与中国现代知识分子的选择》，第29页。

深藏不露而已。观其后来对中国出国人士的教诲，则美国人对中国人的歧视他其实又何尝不知道。1928 年，中国公学的学生周楠将出国留学前，胡适对他说："许多外国人歧视我们中国人……所以你出国后一定要注意一言一行，保持我们炎黄子孙的好形象。"这是胡适的一贯思想。1961 年劳榦受聘到芝加哥大学，将去，胡适告之以要记住他是"一个中国学者的身分了，到美国后，切莫省钱，有损中国学者的体面"。① 胡适知道要维持中国学者的体面确实不易，足见其对许多中国人因省钱而丢面子并非不知。

实际上，胡适不仅了解"美之乡民，以为凡中国人皆洗衣工"；而且在康大校园里就曾数见种族歧视的事例。在胡适就学于康大期间。该校的白人女生以种族歧视，曾两度试图拒绝有色人种女生同住校舍。两次事件中，民族主义情绪其实颇足的胡适都是站在反种族歧视一边的。1911 年的第一次，校长否决了白人女生的请愿。三年后该校白人女生再次上书校长要驱逐两黑人女子出女生宿舍。校长初已同意。康大世界会的人乃力谋挽回之。此时已经以"最痛恶种族恶感"而著称于校的胡适积极参与了此事，为之写信给该校日报，终使校长收回成命。②

胡适同时也知道，就是那些主观上颇同情"弱小民族"的美国人，其下意识中仍有自我优越感存在。他参加的康大学生世界会，其成员除外国学生外，就是比较喜欢和同情外国的美国学生。一日有菲律宾学生演说宣传菲自主，而世界会有人却"嗤之以鼻"，并有美国学生对胡适说，美国如果让菲律宾人自主，不过是让日本人来侵占罢了。胡适听了，"鼻酸不能答"，只好点点头，回来后慨叹道："呜呼，亡国人宁有言论之时哉！如其欲图存也，惟有力行之而已。"③ 同情外国的美国人之观念尚且如此，胡适能不别有一番滋味在心头吗！此时他已定下了爱国救国不能徒发空言，而必须落实在行动上的决心。胡适很清楚，不能自立，就谈不上自主，谈也无用。来美不到一年，他对西方人的了解已较深入了。不过他对美国主要是见其好处，说的时候更基本不说其坏处，也是事实。

---

① 周楠：《胡校长为我出证明》，《胡适研究丛录》，第 48 页；《谈话录》，第 166 页。
② 胡适日记，1915 年 7 月 8 日、1911 年 4 月 10 日、1914 年 10 月 19 日。
③ 胡适日记，1911 年 4 月 23 日。

胡适这种对美国文化和生活方式之光明一面的倾慕，一个直接后果就是号称十二三岁就已是无神论者的他，竟然于 1911 年入了基督教。1911 年 6 月中旬，胡适得知他的好友程乐亭去世，心中难受，就去参加基督教会办的夏令营，想"借彼中宗教之力，稍杀吾悲怀耳"。在夏令营期间，连日听有名传教士演说，特别见到他中国公学时的同学陈绍唐因入教而"言行真如程朱学者，令人望而敬爱"，颇觉耶教"变化气质之功，真令人可惊"，遂有"奉行耶氏之意"。他在 6 月 17 日给章希吕写信，讲到在基督教夏令营这些感受，还说"现尚未能真正奉行，惟日读 Bible［《圣经》]冀有所得耳"。但第二天再听陈绍唐讲教义，"大为所动"，决定"自今日始，余为耶稣信徒矣"，那天晚上即在讲道时当场起立自愿入教。但是胡适终不能与耶教相得，从 1912 年起就逐渐"淡出"而脱离了教会；几年后回想起来，又认为是教会"用'感情的'手段来捉人"，反而"起一种反动"，深恨教会这种玩"把戏"的行为。①

周明之先生对胡适的加入基督教有颇为深刻的分析。他认为无神论者胡适之所以能成为基督徒，是因为他先已接受了西方文化，并将基督教作为"优越的"西方文化之一部分而接受。② 而传教士正是最强调文化的"整体性"的。的确，胡适在中国读书的十多年间，正是西方文化优越观在中国士人心目中确立之时。胡适的入教，正像其割掉辫子留诸国中一样，也确实有想疏离于"野蛮落后"的中国而认同于"优越的"西方之意。而且，就是他后来大讲的世界主义，其中也不无此类蕴涵。有意思的是，胡适的最终捐弃基督教，却是根据的文化可分论。他在对西学有较多把握之后，就将西方文化一分为二，在基督教的传播方式上看到了与中国的"村妪说地狱事"、塑造"神像"、"佛教中之经咒"以及"道家之符箓治病"等同样"野蛮"之处；基督教既然与"野蛮"的中国相类似，其不属于那"优越的"西方即不言自明，当然也就不必对之尊奉了。

同时，胡适对基督教的反感，还在于更早就有的对传教士和整个西方在

---

① 胡适日记，1911 年 6 月 18 日及所附同月 17 日、21 日给友人章希吕、许怡荪的信。

② 本段与下段的讨论参见周明之《胡适与中国现代知识分子的选择》，第 49—55 页；胡适日记，1912 年 10 月 12 日、12 月 24 日，1914 年 9 月 13 日，1915 年 3 月 22 日。

中国行为的不满。就传教士个人来说，他们到异端国家去就是为了教化化外之民，所以"当和我们一起时，总带有傲慢的保护者的高人一等的神态"。胡适在谈到传教对象时无意中从"化外之民"转换到"我们"，说明这是根据他自己的观察，那自然只能是在中国。这里的传教士已经有些"文化帝国主义"的意味了。就基督教国家来说，到 1915 年胡适因中日"二十一条"交涉而心绪烦乱时，更直接指斥它们对待弱小国家全持帝国主义态度，完全不符合基督教的教义。在把这些"野蛮"和具有帝国主义性质的西方事物拒绝摒弃之后，胡适心目中的"西方"就只剩光明了。故文化可分论虽然使胡适捐弃了"西方整体"之重要部分的基督教，却也同时净化了他心目中的"西方"。他能长期看到西方的光明一面，正在于此。胡适思想行为表面上的矛盾现象，由此视角去观察，也就没有什么矛盾了。

周明之先生注意到，胡适与基督教之间这一段合离，与他本人在美国留学时从初无太大信心到恢复自信的始末，几乎是同时的。① 的确，胡适一生在生活经历的转换时，一开始似乎都不够自信。而其成功的经历，大致都有一个开始时的小挫折。此次的因情绪波动而加入基督教，也很像在上海初为受人轻视的小乡下佬。但不甘落人后的胡适不仅聪明过人，其能吃苦奋斗的精神也十分特出。他初入美国学校时，体育对其是一大挑战。开始他"一无所能，颇以为耻"。但体育是必修，不过关是不行的。胡适只好"竭力练习"，三个月后即见功效，已能跟上了。体育是小事，要跟上所学的专业，就更不容易了。首先对外国人来说，英文要过关就不那么简单。胡适到美后，仍像初到上海时专攻弱项一样，"数月以来之光阴大半耗于英文"，结果确有进步。后来他慨叹说：留学非易事。所处异国，"风俗之异，听讲之艰，在在困人"；完成同样的课业要耗美国人一两倍的时间。这些都是有生活的经验作底子的甘苦之言。②

对胡适来说，初到美国学习的困难与其所选专业也有关系。胡适学的是过去全无基础的农科，以前的积累没有多少用处，自然辛苦。开始时大约是

---

① 周明之：《胡适与中国现代知识分子的选择》，第 54—55 页。
② 《胡适致母》（1911 年 1 月 1 日），《安徽史学》1989 年第 1 期，第 77 页；胡适日记，1911 年 6 月 3 日；胡适：《非留学篇》。

努力要想集中精力学好，因此决定"此后不复作诗"，但到 1911 年 2 月初已不能坚持。胡适决定不做诗，很可能是受他二哥的影响，因为二哥在 1911 年 3 月还来信劝胡适不要太着力于旧学。二哥以为，经学知大意已足，诗词则更是无用之学。这个观点明显表述在胡适归国前总结他留学生活的一首诗中。他在那里面说，初来美国时，认为"文章真小技，救国不中用"，因此才"所志在耕种"。①

但胡适对农科了解越多，就越发现他实在不适于学农科。快读完第一学年时，就写信给二哥，说他想转系，请其"代决"。胡适以为，西方农业重利用机器，"非千亩百亩不为功"，而中国"地多零畸"，所以"不甚合宜"。同时，他领悟到"救国千万事，何一不当为？而吾性所适，仅有一二宜。逆天而拂性，所得终希微"。于是他向二哥强调自己的天性"于文学为近"，拟转读文学。二哥是反对的，他的意思，"文学在西洋各国，固为可贵而难能，然在中国则明珠暗投，无所见长。以实际言，似农学较为切用，且于将来生计，亦易为力。"他并指出胡适关于中国土地的见解，是"拘于家乡山僻之情形"，而黄河以北，沃野千里，地广人稀，正需要机器耕作才能发展。不过二哥大约很了解他的小弟，同时他自己或者也是读过《学为人诗》的，知道"率性"与"作圣"很难两全。所以他承认天性对所学专业的重要，鱼与熊掌，"只有任弟自行决择耳"。②

此时恰逢中国辛亥革命起，引起了美国人对中国事务的兴趣，结果将胡适引入演讲界，而胡适因演讲的需要又对中国政治发生了进一步的兴趣。这大概有助于胡适下决心率其性以顺从个人的兴趣和素养，终于决定"从此改所业，讲学复议政"。以后胡适有数次长信给他二哥，告之决从事于文学哲学，欲"以文学发挥哲学之精神"；到 1912 年春季学期，即改入文学院哲学系了。二哥回信，也只有赞同说他"立志未尝不是"，同时建议道："以文学发挥哲学之精神，其功缓而微；不如以文学发挥政治之真理，其功速而大。"而且，中国"今日尤以此为急务"，故他颇希望胡适能注意于此。

① 胡适日记，1911 年 2 月 1 日；胡觉信转自《年谱》，第 26 页；胡适日记，1917 年 6 月 1 日。
② 《胡觉致胡适》（1911 年夏），《安徽史学》1989 年第 1 期，第 78 页；胡适日记，1917 年 6 月 1 日。

胡适具体写下"讲学复议政"已在即将回国之时，这个志向应当也有二哥的影响。不过，二哥也先警告他，既然改学文科，将来"恐寂寞无所见用于世耳"。①

胡适留学时，家中境况已甚困难，二哥虽在上海当差，到1912年渐渐也不能寄钱回家。胡母告诉胡适："余每年家用总要洋二百元之左，此款全要坐靠吾男汇来。"胡适那时每月有八十美元的津贴，当时的汇率一美元约值洋二元五，则每年寄一月之津贴回家，即足家用，压力应不算太大。但1912年初转系，不但要交纳学费，而且要补交以前的学费，每月被扣去十五元，实则等于少了差不多三十元；三分天下去其一，自然不免要叫穷，也就难以像以前那样寄钱了。结果胡母不得不写信去催。次年胡适与上海《大共和报》达成定期撰文换钱的约定，该报每月寄鹰洋二十元到胡家，才基本解决了此问题。但此事也维持得不久。据胡适的自述，到美国之初，"尚能节学费，卖文字，略助家用。其后学课益繁，乃并此亦不能得。家中日用，皆取于借贷"。②

卖文及胡适时常外出演讲都对他的功课有所耽误。观胡适转系后的家信，里面常常说到要卖文和有"外事"，甚忙，则学习多少要受耽搁，自不言而喻。胡适1914年7月给母亲的信中说："儿在此演说颇有名，故不时有人招请演说，演说愈多，工夫愈有长进，儿故乐此不疲也。"但下面接着说暑假中已演说两次，"当不再有他约矣"，是或已有所觉，并非真的乐此不疲。他同时收到好朋友许怡荪来信，非常担心他"一身常羁数事，奔走外务"，恐怕没有多少时间读书。因对胡适有"发心造因"的厚望，许氏嘱咐他"宜多读书"。不知是否因胡适去信时提到学位不足虑一类的客气话，许特意指出："于学位亦宜留意图之。"③ 胡适一向说唯有许怡荪是他的净友，信然。

胡适的大量外出讲演，终致耽误功课，一个直接的后果便是他在给母亲

① 《口述自传》，第38—39页；《胡觉致胡适》（1912年春），《安徽史学》1989年第1期，第81页。
② 《胡母致胡适》（1912年6月18日），《安徽史学》1989年第2期，第79页。
③ 《胡适致母》（1914年7月23日），《安徽史学》1989年第3期，第80页；胡适日记，1914年7月24日。

的信中提到他所得的"荣誉津贴"，即今天所说的奖学金，不久就被中止。
胡适入研究院继续学哲学时，本拿到奖学金，大约每年要复审一次。1915
年初，胡适申请续领，却被拒绝。主管教授"坦白相告，说我在讲演上荒
时废业太多，所以哲学系不让我继续领取该项奖金"。此事显然对胡适转学
有影响。因他既然先申请续领奖学金，当然是打算继续念下去，而且很可能
是同时申请续读（许多常春藤盟校通常每年要走一次办续读手续的过场）。
当年秋，胡适却转入了哥伦比亚大学。他自述的转学原因之一，便是"经
过一系列的公开讲演之后……使我在该校弄得尽人皆知……熟人太多，反而
不舒服"。胡适本是最重人缘的，怎么会因人缘好而不舒服？但其转学显然
是因为有什么地方不舒服，却是无疑的。而这不舒服，正在讲演这造成熟人
太多的起因之上。熟人太多而知其奖学金被中止，自非美事。因此而"颇
思舍此他适，择一大城如纽约，如芝加哥，居民数百万，可以藏吾身"。这
希望"不受别人注意"的"心境"，据胡适自述，就是"促成我转学的原因
之一"。①

　　胡适在某种程度上可以说有点"转学癖"，且素不重文凭。他在上海就
转了好几次学，无一毕业。小有不如意，就要走路。到美国后又思重来，胡
适 1911 年 6 月 17 日致章希吕的信中，已提到"有去 Cornell 之志，不知能
实行否？"不知因为什么，已对康乃尔不喜欢。可知胡适对此校有某些不满
意，很早就有转学校的念头。如果成功，则至少在康乃尔又不会毕业。后虽
坚持到毕业并继续念研究院，终不能久留，到底还是转走了。他在 1915 年
3 月 22 日给母亲的信和 4 月 25 日的日记中，都详细谈到演说过多之事，三
年中演说已超过七十次，"得益之多，非言可罄；然荒废日力亦不少，故以
后决意不再受演说之招矣"。那时大约已知停奖学金了。那年 7 月 11 日胡适
给母亲的信中，列举了七条转学的理由，其中有的显然是信口开河（如说
"德国学生半年易一校"），可知其转学确有不得不为之意。7 月下旬起，日
记中已多离别之言，但并不说要走；要到 8 月 21 日，才说"余已决计往哥
伦比亚大学留学一年"。胡适的日记本是写给人看的，所以不得意事常委婉

――――――――――――
　　① 《年谱》，第 40—42 页；《口述自传》，第 52—54 页；胡适日记，1915 年 7 月 5 日。

出之。①

但这次转学对胡适的学业未必真好。胡适本来是只准备念两年博士班就毕业拿学位的，若留在康乃尔，并非不可能。他虽因演说而丢掉了奖学金，但既然在康大入选全美优秀大学生联谊会，在该校终是一个已建立名声的学生，美国大学是颇重此点的。到哥大则一切都要重来，特别是名声要重建，而他似乎也并未成功地树立起优等生的声誉。且胡适在康校所修多为哲学史，正与其后来所做论文近。他在哥大所修的课，好像有不少与他的论文关系不大。胡适在哥大主修哲学，副修汉学，写出来的论文实则更多是在副修而不是在主修里，要一举通过，的确有些困难。杜威的名头诚大，在那时肯定是压倒康大哲学系的。但杜威并不做哲学史，大牌教授与一个只修过两门课、平时过从也不多的外国学生之间，不会有太多的思想交流。既无名声，又乏交流，到校不过两年，突然送上一本对美国人来说简直几乎是史前时代的关于"化外之民"的思想史研究，又怎能引起杜老先生的重视呢？胡适在其博士论文的序言中说，本文的"研究方法和主要的出发点，是与传统的中国学术截然不同的"。这种说法并不能说服洋人，尤其未必说服杜威。因为他对"传统的中国学术"既不了解，恐怕也没有多大兴趣。

其实博士论文是小事，关键是胡适这两年间大概没有读多少书。胡适在转学时心已较花，旁骛确实太多。他虽自解说转学是因在康大应酬多，实则在哥大应酬比在康大时更多。胡适到哥大一年，自己统计收信999封，发信874封，平均每日要写两至三封信。观其摘录在日记上的信件，许多都还相当长。唐德刚先生注意到，胡适与陈衡哲通信五个月，便发出四十多封信；在哥大读书将近两年期间，给韦莲司的信有一百多封，而与另一洋女子瘦琴女士通信也颇多。其间胡适还在搞他的"文学革命"（详后）。胡明复那时写"宝塔诗"赠胡适，就婉言说他整日不读书而专作白话诗。② 这种情形下，如何写得好论文。难怪胡适的博士论文答辩要出点问题。但有"转学癖"而又素不重文凭的胡适，大约也不是十分在乎，当着北大的聘书一到，

---

① 《胡适致章希吕》（1911 年 6 月 17 日），《胡适研究丛录》，第 225 页。
② 胡适日记，1916 年 9 月 22 日、10 月 23 日；唐德刚：《胡适杂忆》，第 240 页。

就又像以前一样开步走路了。

不过，拿文凭的迟早并不十分重要，关键是胡适的学业确实完成了。这与他家庭的支持和督促是分不开的。胡适读完第一学年后，写信给二哥，说他想在第二学年完后的暑假回国一趟。可是二哥"甚不以为然"，他肯定了胡适想念家人的"天性之敦厚"，但认为"学未成而归，岂不有负初志？"二哥特别举日本维新志士出外游学，立志"学若无成死不还"的例子，要胡适"务其大者远者，毋效妇人女子之所谓孝也"。①可知二哥自己虽然已不能奋进，对自己的小弟弟却有着厚望，也以成大器者勉之，与胡母的一贯想法颇接近。胡适曾说，家人中于他有恩者是母亲与二哥，是有深切体会的。

胡适在美读书期间的转学和续读，家人都颇能识大体，支持胡适自己的决定，不坚持自己一方的意见，这是胡适能够比较专心地读好书的重要条件。他的二哥虽不赞成他转读文科，但在表明自己的意见后仍让胡适自己决定。胡适在康乃尔大学得学士学位后，拟续读硕士、博士，须再留三四年。胡母虽思念儿子，特别想他回家完婚，但也考虑到他是公费，"将来回国必以毕业文凭位置录用"，不再念下去自然可惜；颇感踌躇之余，还是让胡适"自为决定，余不遥制也"。1913 年，胡母病重，恐怕不治，吩咐家人说，如果真的不起，仍每月请人给胡适去信，免其挂念，影响学业；同时请人到家照相，以留给胡适回国时一见。到 1917 年，胡母或觉身体不行了，才开始有信促胡适早些归国。②

母亲的教导，也是胡适在这七年中进一步成长和成熟起来的重要因素。胡适出国前的大醉，颇引起胡母的注意。她每次去信，都要胡适注意戒酒，并坚持到底。胡适虽远在海外，胡母仍随时教导胡适要谦虚。1912年胡适加入世界学生会后，写信回家，自以为增长见闻不少，或微露得意之色。胡母即去信，指出机会既然难得，"吾儿就宜谦逊，不可满足为是"。胡适后来在致江冬秀信中说："天下事全靠机会。比如我的机会好，

---

① 《胡觉致胡适》（1911 年夏），《安徽史学》1989 年第 1 期，第 78—79 页。

② 《胡母致胡适》（1913 年 7 月 7 日），《安徽史学》1989 年第 2 期，第 82 页；胡适《先母行述》（1921 年 6 月），《胡适文存》卷四，第 240 页。

能出洋留学，我决不敢因此就看不起那些没有机会出洋的男女同胞。"足见他很能记得母教。①

胡适归国后，显然以事业为重，在母亲前承欢之时不多。在他或者以为将来尽孝之日还长，但母亲身体已垮。不久冬秀也离乡赴京，胡母虽不十分高兴，仍促成之。结果胡母身边无人伺奉，终于病发辞世。据说是医生用药有误，则如在北京，或能延寿。但初到北大的胡适要打天下，尚未将接母亲到京同住提上日程。中国传统的孝道，重在传宗和立名以振家声，这两点胡适都做到了。以事业为重也是胡家的一贯思想，故胡母虽未能享到什么福，但已看到家声的重振，应能含笑九泉。

胡适在归国之前，反思他在美国的七年生活，心情十分复杂。总的来说，他认为美国是他所"自造之乡"，其重要决不在真正的故乡之下。胡适说："吾尝谓朋友所在即是吾乡。吾生朋友之多无如此邦矣。今去此吾所自造之乡而归吾父母之邦，此中感情是苦是乐，正难自决也。"他在归国的船上做有《百字令》，其中说："凭栏自语，吾乡真在何处？"并解释说，他的意思也就是陆游词所说的"重到故乡交旧少。凄凉。却恐他乡胜故乡"。②他乡是否胜故乡呢？至少在意识的层面，胡适的答案是肯定的。

胡适一向说绮色佳是他的第二故乡。但到将告别绮城去纽约时，"乃知绮之于我，虽第一故乡又何以过之？"他离家日久，已十一年多，"今心中之故乡，但有模糊之溪山，依稀之人面而已。老母，诸姐，一师，一友，此外别无所恋。"反观绮城，则山水师友，"历历在心目中。此五年之岁月，在吾生为最有关系之时代。其间所交朋友，所受待遇，所结人士，所得感遇，所得阅历，所求学问，皆吾所自为，与自外来之梓桑观念不可同日而语。其影响于将来之行实，亦当较儿时阅历更大。"一言以蔽之，这个"吾所自为"之乡对胡适的重要胜过了他儿时的故乡。胡适特别珍重的，是"绮之人士初不以外人待余"，所以他也"自视几如绮之一分子矣"。③

这最后一点是重要的，因为上海就确曾把他视为外人，他对上海的感受

① 《胡母致胡适》（1912 年 6 月 18 日），《安徽史学》1989 年第 2 期，第 79 页；胡适日记，1923 年 5 月 30 日。
② 胡适日记，1917 年 6—7 月之"归国记"。
③ 胡适日记，1915 年 9 月 21 日。

也就不甚佳。绮城是大学城，康大是该城的重要成分，康大的学生当然也是。等胡适到了纽约的哥大，就决不可能有这样的感受了。后来他因博士头衔的原因，每将哥大挂在口上，多少有些一厢情愿的意思，也就是周明之先生所说的"有几分做作"。① 实际上，纽约这样的城市既不曾对哥大情有独钟，也不会把哥大的学生特别对待。所以胡适虽然常将哥大挂在口上，其实只能将感情寄托给纽约旁边的赫贞江（今译哈得逊河）。观其诗文中对纽约地区所回想的，实在也只有这条江。

在即将离美的那几个月，胡适已经在"安排归去后之建设事业"了。在他告别朋友并总结其学习经历的一首诗中，曾说他从农科转到哲学是要从此"讲学复议政"。这大约就是他此时所想的建设事业的一个注脚了。在这一建设事业中，胡适自己居于何种地位，他将要扮演一个什么样的角色呢？余英时师以为，胡适"对自己所要扮演的历史角色不但早有自觉，而且也进行了长期的准备"。② 这个历史角色就是要做"国人之导师"。下文即探讨胡适这一"长期准备"的进程，以期为理解胡适后来怎样进行他的建设事业打点基础。

二 为国人导师之预备

试图"周知博览，以为他日为国人导师之预备"，是胡适"返观国势"，以为今日祖国事事需人之后立下的志向，后来的变化只是将"周知博览"的单向发展改为要集博大精深于一体的双向发展。同时，胡适虽是典型的现代知识人，却以传统的士自居。他曾引曾子"士不可以不弘毅，任重而道远"一段话为"自课"之宗旨，并具体计划道："任重道远，不可不早为之计。第一，须有健全之身体；第二，须有不挠不屈之精神；第三，须有博大高深之学问。"③ 他入学后三个月已在体育上有大进，而且从小在母亲培养下早已具不挠不屈之精神，故其主要的预备，实际是在第三点上。

---

① 周明之：《胡适与中国现代知识分子的选择》，第 257 页。
② 胡适日记，1917 年 6—7 月之"归国记"；余英时：《中国近代思想史上的胡适》，第 17 页。
③ 胡适日记，1915 年 5 月 28 日、2 月 18 日。

　　同时，胡适在"率性"与"作圣"之间的游移，也涉及他究竟是要做一个通才还是一个专家。这个问题一直困扰着他，特别是在他完成本科学业之后。1914 年初他已在自省近来读书"多所涉猎而不专精，泛滥无方而无所专注，所得皆皮毛也，可以入世而不可以用世，可以欺人而无以益人，可以自欺而非所以自修也。后此宜痛改之"。观此可知胡适读书的近期目的或在"争名"，而长远目的是用世益人，故对于自己的不能专精似深有所痛。但到那年的 11 月，他又在提倡"博"，因为"专"就像"终身守一物，虽有所成，譬之能行之书厨，无有生趣矣"。他认为中国学者多是往专精一面发展，于所学之外几乎"一物不知，此大害也"。这一点胡适曾屡向他人言及，但效果不佳。这里所透露的，不仅要博，还要变，即不拟"终身守一物"。要讲"生趣"，当然是想"率性"了。但胡适的思想始终在摇摆，到 1915 年 2 月，他又发现自己终"失之浅"，故"不可不以高深矫正之"。不过，这次他已认为博与精应"相辅而行"。①

　　博与精应"相辅而行"，透露出胡适在这方面也有鱼与熊掌俱得之意。1915 年 2 月 18 日，他在日记中主张"须有博大高深之学问"，并决定自己"读书以哲学为中坚，而以政治、宗教、文学、科学辅焉"。虽已有中坚，仍图博览。此时已是既博大又高深了。但鱼与熊掌俱得究竟不容易，到那年 5 月 28 日，胡适在日记中说："吾骛外太甚，其失在于肤浅。今当以专一矫正之。吾生平大过，在于求博而不务精。盖吾返观国势，每以为今日祖国事事需人，吾不可不周知博览，以为他日为国人导师之预备。不知此谬想也。吾读书十余年，乃犹不明分功易事之义乎？吾生精力有限，不能万知而万能。吾所贡献于社会者，惟在吾所择业耳。吾之天职，吾对于社会之责任，唯在竭吾所能，为吾所能为。吾所不能，人其舍诸？"故他决定"自今以往，当屏绝万事，专治哲学，中西兼治"，以此为择定之业。

　　胡适这次专业的最后确定，部分是受女友韦莲司的影响。那天他显然和韦女士有严肃的细谈，第二天胡适即给韦女士去信，感谢她在关键时刻像舵手一样矫正了自己的发展方向，而且也只有她能做到这一点。他在信中承认，本已意识到自己骛外太甚，正拟纠正，结果那年初的中日交涉事件

---

　　① 胡适日记，1914 年 1 月 25 日、11 月 10 日，1915 年 2 月 3 日。

"把一切都搅乱了"。胡适再次表示决心按女士所说的去做。也就是头一天
两人相约的，"各专心致志与吾二人所择之事业，以全力为之，期于有
成。"① 欲为国人导师，是典型的"作圣"观念；但限于竭吾所能，为吾所
能为，又是"率性"了。胡适此时仍存"作圣"之想，但已在往"率性"
方向移动。而且，专心致志于自己所择之业上并能有成，是在"率性"的
方向上"作圣"，鱼与熊掌俱得的取向已被胡适逐渐"系统化"了。

　　不过胡适并不能完全做到专心于自己所择之业。他后来借以"暴得大
名"的文学改良（革命）论，就是他没能屏绝的许多事中的一件。观其后
来，可以说胡适的职业取舍虽然已有，心里仍是终生徘徊未定。他对自己究
竟"在搞些什么"，晚年也说"还不知道"。他每劝年轻人择业要依自己的
兴趣，却又常鼓励人选学理科而不要学文科，② 可知仍游移于"率性"和
"作圣"之间。在胡适有意识的层面，他随时都在注意自己博而不精的弊
病；但在其无意识的层面，实际上仍偏于往博大一面发展。这既因为胡适天
生有点反叛精神，专精一门可能觉得太受限制，即他所说的"无有生趣"；
同时，胡适聪明而胆大，在新领域容易有突破，所以常常开了风气就转向新
的方面，就像他读书爱转学一样。

　　这种在求学上既要专精又要顾及"生趣"而趋广博的取向，也体现在
胡适的学业之中。胡适与一般留学生的最大区别，就是其涉猎远超出专业的
范围。他一开始就注意阅读美国人讨论中国的著作。他到美国约半年，读了
前传教士明恩溥（Arthur H. Smith）的《中国的全面提升》（The Uplift of
China），认为"其言皆切中情弊"（按 uplift 一词通常也译作"社会进步"，
意谓文化、道德、精神及社会的全面升格提高；但由传教士用来描述异教国
家或地区的"进步"，就有极强的价值判断含义）。胡适那时本来就常常忧
中国将亡，他在对中国情形的基本判断方面又接受此书的观点，且恰是在
"弊"的一面，此时虽未必立即产生影响，但日后看中国情形常似出自欧美
眼光，虽出于爱国之心，却每被人视为不爱国，就比较容易理解了。③

---

① 胡适日记，1915 年 5 月 28、29 日。
② 唐德刚：《胡适杂忆》，第 80 页。
③ 胡适日记，1911 年 3 月 12 日。

1912 年 10 月，胡适又读了明恩溥的《中国人的特点》（*Characteristics of the Chinese*）和洛斯（E. A. Ross）的《变化中的中国人》（*The Changing Chinese*），并"皆作札记识之，以为他日之用"。第二天，他又读后来任驻华公使的芮恩施的《远东思想政治情势》（*Intellectual and Political Currents in the Far East*），认为其中论中国"近二十年学术思想变迁之大势"的一篇，"于实在情形，了如指掌。美国人著书论吾国者，未有及此书之真知灼见者也。"其中洛斯之书开篇第一句就是："中国者，欧洲中古之复见于今也。"胡适读了，"初颇疑之"。一年后，他在读了一些西方中古史书籍后，"始知洛氏初非无所见也"。西书读得稍多，西人的影响由潜在渐到明显，胡适无意中已慢慢"投降"了。①

但是，胡适读得最多的课外书，却是中国的传统典籍。他晚年说："中国古代哲学的基本著作，及比较近代的宋明诸儒的论述，我在幼年时，差不多都已读过。"这里的"基本"，可以因人而异，随便定义。他的口述自传本是要给洋人看的，为西人设想的标准，当然可以较低。若根据胡适后来开出的"最低限度的国学书目"，再看看他的《四十自述》和留学时的日记，则可知大部分这些书，都是到留学时才在读（有些恐怕是到北大任教时才读的）。胡适在留美期间，一直坚持自修中国旧学，经、史、子、集之书，均有所涉猎。那时他对中国旧学所下的功夫的确不浅。胡适自 1910 年冬开始读《左传》，到 1911 年 4 月读完；接着又读《诗经》，颇有解悟。他认为"汉儒解经之谬，未有如《诗》笺之甚者矣"。因为汉儒以《诗》作经典读，专事训诂，结果使诗的"天趣"湮没，不再是诗了。胡适打算全盘推翻汉儒注疏，"一以己意，为造《今笺新注》。自信此笺果成，当令《三百篇》放大光明，永永不朽，非自夸也"。胡适对汉儒的不欣赏，固然有宋学的门户之见，但从文学角度言，要还《诗》一个本来面目，也是有所见的。②

胡适大约自读《左传》时开始对文法感兴趣，他在 1911 年 6 月收到朋友张慰慈给他寄来的《马氏文通》。以当时的邮递速度言，则他提出要求至

---

① 胡适日记，1912 年 10 月 15、16 日，1913 年 10 月 9 日。
② 《口述自传》，第 38 页；胡适日记，1911 年 4 月 8、13 日。

少在两三个月之前了。很可能是因为这一兴趣，胡适虽然极不欣赏汉儒以训诂解《诗》，他自己却很快就无意识中被汉儒"俘虏"，开始讲究起其训诂来。读《诗》一个多月后，胡适在 1911 年 5 月对《诗》中"言"字的字义，"忽大有所悟"，结果做出他第一篇正式的考据文字《诗三百篇言字解》。他自称该文所用的方法"不完全是从康乃尔大学学到的"。故知其同时在学其他的方法，实即中国人治学的方法。由于已经有过实际研究的经历，胡适读《马氏文通》或者比一般人的领悟要深刻些。他一读就"大叹"马建忠"真不可及"，自以为"有志焉而未自逮也"。[1] 可以想见，胡适做《言字解》虽在其读《马氏文通》之前，但后来发表出来的文章一定是参考《文通》后进行了修改的。以后胡适做的几篇文字考据，也都深受《马氏文通》的影响。

《诗三百篇言字解》是胡适第一篇正式的旧学论文。余英时师指出："当时中国留学生在专业方面有成绩的人很多，但是在专业以外同时还能严肃地研究中国历史文化的人却寥寥可数了。"胡适在写此文时还在读农科，这就是他过人之处了。而且，这篇论文的写作在胡适个人也是个转折。因为胡适"数月以来之光阴大半耗于英文"，这是他到美国以后重新开始以中文做正式的文章，他自谓："久不作文，几不能达意矣。"一个多月后友人程乐亭去世，为之做小传，又说"久不作古文，荒陋可笑"。到 8 月下旬做《康南耳传》的结论，终日始成三百余字，再叹"久矣余之不亲古文，宜其艰如是也"。胡适重新开始以中文作文，标志着他的英文已经上路。而其花不少时间写正式的研究性文字，已是他终必转专业的先兆。他在那年 7 月写的《哭乐亭诗》中说："我今居此邦，故纸日钻研；功成尚茫渺，未卜雉与鰕。"[2] 可知他此时已下了很大工夫去读故纸。但对能否成功，此时信心尚非很足。

的确，胡适到美之初，主要精力用于英文，结果进步明显。而且胡适很能发挥他善于对不同的人说不同的话这一特长。他在英文课上读了《哈姆

---

① 胡适日记，1911 年 5 月 11 日、6 月 12 日；《口述自传》，第 119 页。

② 余英时：《中国近代思想史上的胡适》，第 19—20 页；胡适日记，1911 年 5 月 11 日、6 月 3 日、7 月 12 日、8 月 25 日、7 月 11 日。

雷特》，"连日作二文，皆以中国人眼光评之"，起初"不知彼中人其谓之何？"结果，"以中国人眼光"为我菲莉亚辩护的那一篇"颇得教师称许"。有了老师的鼓励，胡适不久又做一文，"以中人眼光、东方思想评倍根（今译培根）一生行迹，颇有苛词"。这次他仍"不知西方之人其谓之何"？后却不见记载，想是未得称许。但对西人以中国人眼光谈西洋事物，以后一直为胡适所发扬。到1914年夏，已颇有信心的胡适在给母亲的信中，说他以后将"以中英两国文著述"，胡母颇以为慰。而且他也确实成为能在美国报章上发表见解的不多的几个留美学生之一。①

英文有了基础，又能以中国眼光出之，胡适在一定程度上就有比美国学生所长之处了。此时转系，证明对胡适是非常有利的。他的专业与学习兴趣一吻合，学业立刻大进。1913年修满学士要求的学分，并入选全美国优秀大学生联谊会。美国不少报纸"传载之，以为异举"。到1914年初，胡适已自觉"近来之心理"颇乐观，"吾与朋友书，每以'乐观'相勉。自信去国数年所得，惟此一大观念足齿数耳。"到5月，胡适以《论卜朗吟之乐观主义》一文，获得康乃尔大学的卜朗吟征文奖，得美金五十元。且他"以外国人得此赏，故校中群皆以为格外荣誉云"。胡适自己也十分兴奋，本来刚寄了一信回家，马上又写一信，向母亲报喜，以为此举"果足为吾国学生界争一毫面子，则亦'执笔报国'之一端也"。②

那年5月底，胡适再次说到"吾前此枯寂冷淡之心肠，遂为吾乐观主义所热"。心境一变，更是凡事都能见其光明一面。过去徘徊于"率性"与"作圣"之间的胡适，现在也觉得鱼与熊掌兼得并非不可能。实际上，他很向往一种"率性"然后"作圣"的高妙境地。胡适那时在美国杂志上看到一篇关于富兰克林和莫扎特等的文章，"极喜之"，并将其大要抄在日记之上。该文说这些人能有所成就，正因"其所建树，对于一己及社会皆有真价值者……以其对于所择事业具深挚之兴趣，故专心肆力以为之耳"。他由此得出关于择业的结论是，父母"宜视其子女兴趣所在以为择业之指南"。

---

① 胡适日记，1911年4月15、21日、5月7日；《胡母致胡适》（1914年10月15日），《安徽史学》1990年第1期，第73页。

② 《胡适致母》（1914年5月2日），《安徽史学》1989年第3期，第79页；胡适日记，1914年1月29日、5月9日。

如是，则"率性"也就能"作圣"了。①

但也就在这年5—6月间，因同学有的毕业归国，颇引起胡适的乡愁。他既想归国，又想继续多学知识，甚感矛盾。他自我剖析道："余素主张吾国学子不宜速归，宜多求高等学问。盖吾辈去国万里，所志不在温饱，而在淑世。淑世之学，不厌深也。"另一个使胡适暂时不想归国的原因，是国内局势此时颇乱，"归亦何补"？在此时刻，胡母来信要儿子"安心向学，勿以家事分心"，大力支持胡适读下去。但胡适去留虽决，终因"归思时萦怀绪"，心情不免烦躁动荡，行为也有些变化。其一个大转折，就是第一次去了女生宿舍访一女子，并"拟来年常为之"。几天后，"吾友维廉斯女士"也出现在日记中了（详后）。而且，胡适对中西家族制度的看法也改变了。②

胡适过去一向认为中国的家族制度能使老有所养，远胜美国个人主义养成的自助能力。此时他则认为中国家族制"亦有大害"，因为它"养成一种依赖性"。父母子女，相互依赖；"一子成名，六亲聚啖之，如蚁之附骨……此何等奴性！真亡国之根也！"反观西方，则"稍有独立思想者，不屑为也"。胡适想归国的一个大原因，就是感觉到他对母亲家庭的责任。今既暂不拟归，就要在自己心里给自己的行为"正名"。但因此而一变其素志，以前读过的辛亥革命前后那种以中国家族制度为亡国之根的老观念，此时不呼自出，涌上心头，又有了新的意义。而且，非常有可能的，是他在前些时候所读的传教士明恩溥等西人谈中国的观点也于无意中融合进他的新观念了。③

思想发生了转折，在胡适进而讨论起中西个人主义之异同时，也就有了不少新看法。他认为"西人之个人主义以个人为单位，吾国之个人主义则以家族为单位，其实一也"。但他马上就指出了还有不"一"之处。因为，既然以家族为单位，则"吾国之家庭对于社会，俨若一敌国然"。结果，"西方之个人主义，犹养成一种独立的人格，自助之能力；若吾国'家族的个人主义'，则私利于外，依赖于内，吾未见其善于彼也。"同样是处于社

---

① 胡适日记，1914年5月31日、7月16日。
② 参见胡适日记，1914年6月1—12、20日。
③ 本段与下段均参见胡适日记，1914年6月7日，下段并见8月16日日记。

会"对立面"的个人主义，西方则见其"独立"，中国则见其"若敌国然"，胡适在心绪烦恼之时，不知不觉中也用起他所反对的"双重标准"了（详后）。待他后来心情较平静之后，才认为中国家庭养成的依赖性和美国子女之疏弃父母，都是弊病。持论渐平。

这次思想心绪动荡后，胡适似乎比以前自信更强。而且自觉"胸襟魄力，较前阔大，颇能独立矣"。可以看出，他的观念有一个大的改变：以前常为中国各种风俗制度等辩护，此后则开始较多看到西方的好处和中国的不如人处；以前论事还多出于中国的传统观念，此后则渐偏向西方的思路。胡适以前一直极不喜欢西人到中国传教，但在那年 8 月却说，虽然"前此颇反对此举"，近来则觉得传教之士，"正亦未可厚非。彼等自信其所信，又以为其所信足以济人淑世也，故必欲与世人共之，欲令人人皆信其所信，其用心良可敬也。"① 胡适对传教这种宽容念头持续得并不久远，后来他仍时时攻击在华传教士和传教事业，终生以未读过教会学校而自豪，但此时的观念转变是明显的。

不久，胡适开始怀疑中国"二千年来，无论文学，哲学，科学，政治，皆无有出类拔萃之人物"。他也进一步发现了美国道德高出中国的地方。曾经做过狎邪游的胡适发现美国上流人士视嫖为"大恶"，而中国人士从无此念。他认为，只有知此为大恶，以后才可能有绝迹之一日。故中国"今日急务，在于一种新道德，须先造成一种新舆论"，使人人知这是大恶大罪，"则吾数千年文教之国，犹有自赎之一日也"。胡适也自誓，今后不但不再做此事，而且要"提倡禁嫖之论"。这一点，他只大致做到了。胡适在"暴得大名"之后的反思期间，就曾于 1925 年在武汉"把周老先生（鲠生）拉去看汉口的窑子生活"，又于次年在上海时带他的老朋友根内特去见识上海风月。根氏为哈佛大学高才生，那时已是美国名记者，正所谓上流人士。他果然把胡适狠狠教训一通。胡适也深自悔悟，向根内特保证"要严肃地做个人，认真地做番事业"。② 但胡适明知根氏为上流人士

---

① 胡适日记，1914 年 8 月 10 日。
② 胡适日记，1914 年 9 月 13 日、6 月 30 日，1925 年 9 月日记中所附"南行杂记"，1926 年 8 月 23 日及所附根内特同年 3 月 5 日致胡适信。

而要带其去嫖妓，可知他已忘了当年的想法，又可见当年观念不过是一时心烦所致。

那年 7 月，胡适在美国政治漫画中看到"风趣"的表达，立即认为"西洋政争之态度非东方政客所能梦见"。褒贬甚明。不过，胡适历来思虑周密。他虽然在往西方观念一边偏，但也知道有一点是根本不能变的：美国终非吾土。胡适在思乡之念"往来胸中"时，想起了王粲（仲宣）《登楼赋》里的"虽信美而非吾土兮，曾何足以少留？情眷眷而怀归兮，孰忧思之可任"？美国再好，终非吾土，胡适的忧思又"何可任耶"？①

*　*　*

有没有对自己所要扮演的历史角色的自觉是极为重要的。胡适在其《易卜生主义》中曾说，要"把自己这块材料铸造成器"。这句话他一生常挂在口上，用以引导青年（虽然在不同时期说此话意思也有变化），其实也以此自勉。而《易卜生主义》恰是在康大时即以英文先写出，回国后又改写成中文发表的。胡适在留美几年中有意识地往此方向努力的那种"自觉"，的确很明显。他的朋友郑莱曾称赞他为"留美学界中之最有学者气象者"。胡适听了，暗中下决心"自励以求能消受此誉也，否则真盗虚声矣"。这与胡适少年时受傅君剑夸奖一样，又给他加一层"超我"的压力。但"超我"也就是"自觉"的一部分。郑莱所言不虚。君不见当年《竞业旬报》先后三个编辑傅君剑、张丹斧和胡适，前两人后来都成报人，独"以舆论家自任"的胡适成了学者。②所以胡适后来说没有蔡元培他就会成为一个三流编辑，的确是有所感而发自内心的话。

在"超我"压力下的胡适暗中在与所有的留美学生比。1915 年初访纽约时，知友人张仲述（彭春）已著短剧数篇，颇不错，不禁叹谓："吾读剧甚多，而未尝敢操觚自为之，遂令祖生先我着鞭。"这正说明他自己是有意

---

① 胡适日记，1914 年 7 月 12 日、6 月 9 日。
② 胡适日记，1914 年 9 月 13 日，1915 年 2 月 22 日、1 月 27 日。

要事事先人着鞭的。同时，胡适又有君子善假于物的大优点。他说，与朋友讨论，"本期收观摩之益也，若固执而不肯细察他人之观点，则又何必辩也。"不管争论讨论，胡适都最善于整合别人观点，据为己有。留学生许肇南主张一国命脉在中等社会，特别倡社会改良。胡适有诗记许氏的观念说："诸公肉食等狐鼠，吾曹少年国之主……愿集志力相夹辅，誓为宗国去陈腐。"① 这些后来都不同程度地成了胡适自己的意见。观胡适许多书信文章中的新观点，常常能在其日记中发现不久前恰与人讨论或争论过。但有时胡适的整合也不一定成功，如他受傅斯年文章《周东封与殷遗民》影响所写的《说儒》，自己虽颇满意，其实凡傅文未言及者，多半都长于见识而证据不足。

胡适不但自己在为"他日为国人导师"做预备工作，而且也期之于他人。1916 年 6 月他在纽约接待了九年不见的老师马君武，"先生留此五日，聚谈之时甚多"。日记里说是"相见甚欢"。但晚年回忆说，"那时我很忙，我还陪他吃饭，出去玩玩谈谈"，微露一点勉强。这心情，很可能是因他对老师有点失望而生。日记中说他与老师聚谈之后，发现马氏"于欧洲之思想文学似亦无所心得"，故"颇觉其通常之思想眼光，十年以来似无甚进步"。胡适以为："先生负国中重望，大有可为，顾十年之预备不过如此，吾不独为先生惜，亦为社会国家惜也。"胡在日记中这样写老师，后来出版时又不删去，"君武先生当然有介意"。但正如余英时师指出的，马氏既然决心以工科为业，"也许根本便不发生什么'预备'的问题"，胡适不过是把他对自己的期待"不知不觉地"转投射到马君武身上了。②

当然，正在预备的留学生也并不止胡适一人。余英时师注意到，胡适在1917 年初访友人朱经农时，朱即向他提出"我们预备要中国人十年后有什么思想？"胡适立刻在日记中写下："此一问题最为重要，非一人所能解决也，然吾辈人人心中当刻刻存此思想耳。"③ 重要的是，由于像马君武那样

① 胡适日记，1915 年 2 月 14 日、1917 年 4 月 11 日、1914 年 8 月 14 日。
② 胡适日记，1916 年 6 月 9 日；《谈话录》，第 143 页；余英时：《中国近代思想史上的胡适》，第 22 页。
③ 胡适日记，1917 年 1 月 27 日；余英时：《中国近代思想史上的胡适》，第 22 页。

"负国中重望"者并无意预备或预备不足，就给像胡适和朱经农这样在国中本无声望却坚持预备者提供机会了。这再次表明对个人的历史角色自觉与不自觉的重大差别。

胡适一生在内行面前一开始似乎都不够自信。在他公开演讲许多次后，为提高技术，选修了一门暑假期间的演讲课；但第一次被叫上台时，虽是 7 月，却"仍然浑身发冷、发颤"，不扶着桌子就想不起讲稿，极为紧张，就是一例。后来到北大用博士头衔，甚至冒认他其实不愿认同的古文家身份，又是一例。其成功的经历，大致都有一个开始时的小挫折，如在上海初为小乡下佬，在美国也一度有过波动，几乎入了基督教；等等。但不甘落人后的胡适也有一个自我肯定的法宝。据他自己说，这种"戏台里喝彩"虽是"人生最可怜的事，然亦未尝无大用。盖人生作文做事，未必即有人赏识。其无人赏识之时，所堪自慰者，全靠作者胸中自信可以对得起自己"。① 凡不十分顺利之时，胡适即靠此法宝自我保护。且胡适毕竟聪明过人，又有少时的特殊训练，也的确能吃苦奋斗；通常都能迅速扭转局势，小挫之后，继以大成功。而小挫之后的成功比一帆风顺有更深的印象，也更有鼓舞力。胡适在将离康大时赠别任鸿隽的诗中说："寄此学者可千人，我诗君文两无敌。"② 自居留美学生做诗的首席，自信不可谓不足了。

胡适后来只大胆怀疑别人，却并不怀疑自己，甚至也不太准许别人怀疑自己，都是在上海开始建立、由庚款考试增强、再由在美国得奖巩固起来的自信使然。第一阶段使他知道他的特别的"先生"认同不只是在上庄才成立；在上海这样的大地方，在中国公学这样的高级学府，他都证明了自己的秀异。庚款考试的成功，使胡适由上海激进青年中的彷徨者一跃而为全国性的精英，在美国的几次得奖，进一步向自己证实了他的不同凡响。其中胡适较少提到的入选全美优秀大学生联谊会，是一个重要的成就。胡适所得的什么卜朗吟奖，虽然轰动，多半还因他是个来自"落后国家"的外国人；若

① 《口述自传》，第 51 页；《胡适致任鸿隽》（1916 年 7 月 26 日），收在 1916 年 7 月 30 日胡适日记。

② 胡适日记，1915 年 8 月 29 日。

在美国正式求职，那种奖未必上得了简历。至于那个什么国际和平会的奖，金额虽高，是专为社会上一小部分人说法，更加没有普遍的地位。倒是那个联谊会的成员，表明他在美国一流大学常春藤盟校中也是佼佼者，是可以一直写在简历上而为上流社会广泛接受的。在胡适服膺的以西方标准为取舍的现代国际社会，胡适已达到最高标准了。

第五章

关怀：民族主义与世界主义

为中国造不亡的远因／世界主义中的民族
主义关怀／祖国：你如何爱他

如果说留学七年是胡适"一生思想和志业的定型时期"，他在这段时间究竟选择了何种志业呢？换言之，他"讲学复议政"的打算是为了什么？如果说胡适选择的志业是要为中国再造文明，为中国造不亡的远因，而最终使中国达到能与欧美国家平等的地位，大概没有人会反对。那么，他又形成了什么样的思想呢？许多人会说胡适是个自由主义者，终生为在中国实现自由主义政治而努力。他接受了现代自由主义是毫无疑问的，但胡适在留学期间形成的有系统有特色的思想，则不能不首推他的世界大同主义。这一思想，仍是要在理论上论证中国应有与欧美国家平等的地位。贯穿在胡适志业和思想里面的，就是对祖国深挚的爱，是一种典型的民族主义的关怀。而胡适一生，又恰恰对民族主义始终有那么几分保留，常常被人称作西化派。为什么会出现这样深具诡论意味的现象？要弄清这一点，不可不对胡适再造文明的志业和他的世界主义进行认真的考察。

一　为中国造不亡的远因

　　胡适既然立志要做国人的导师，他对中国国内局势的关怀，就远远超过许多留美同学，所以别人才说他"知国内情形最悉"。他一直留心国内政局的变化，并随时做出反应。这些反应往往表达了胡适自己的政治观念，而且反映了潜藏在这些政治观念背后的思绪，值得略作参考。辛亥革命起，胡适起初担心国家从此不能统一，想起头一年所做的《重九词》有"最难回首，愿丁令归来，河山如旧"的语句，以为"竟成语谶"。一年以后，胡适的心情就轻松了许多，他从报上看到对他影响甚大的梁启超归国，京津人士都很欢迎，"深叹公道之尚在人心也。梁任公为吾国革命第一大功臣，其功在革新吾国之思想界。十五年来，吾国人士所以稍知民族思想主义及世界大势者，皆梁氏之赐，此百喙所不能诬也。去年武汉革命，所以能一举而全国响应者，民族思想政治思想入人已深，故势如破竹耳。使无梁氏之笔，虽有百十孙中山、黄克强，岂能成功如此之速耶！近人诗'文字收功日，全球革命时'，此二语惟梁氏可以当之无愧。"①

1912 年冬，中国局势又呈乱象。在中国海关任职甚久的英人濮兰德恰在美到处游说，"诋毁吾民国甚至"。胡适"读之甚愤"，写信给《纽约时报》驳斥之。当濮兰德到康大演说时，胡适当场起来质问，使其颇狼狈。濮兰德的到处演说也使各地的中国留学生感到激愤，群思抵制之方。胡适在康大的学生集会上建议成立一个通信部，"译英美各报反对吾国之言论，以告国中各报，以警吾国人士，冀可消除党见之争，利禄之私，而为国家作救亡之计。"消除党见以利国家的和平统一，是胡适对中国政治的一贯思想。1914 年 11 月，他见报载汪精卫等与孙中山约，不起三次革命，而北京政府也开党禁，赦免革命党人，甚以为喜，以为这样"祖国政局可以和平了结，真莫大之福"。此事后来得知并不完全准确。但胡适认为解决时局的责任确实主要在政府一面，如果"政府不许爱共和之志士以和平手段改造国家，而夺其言论出版之自由，绝其生路，逐之国门之外，则舍激烈手段外别无他道"。简言之，"政府手段一日不改，则革命终不能免。"胡适已表明了极强的希望中止内斗以获真统一的意愿，但其立场基本仍在革命党人一边。②

次年初，胡适大约将此观点告知他二哥，并主张"中国须［第］三次革命"，结果遭到二哥痛斥，说他"丧心病狂"。时值中日"二十一条"交涉，北京政府的民众支持率正高。二哥在 4 月 22 日回信中告诉他，革命党人在国内很不得人心，要胡适在思想上"痛与绝之，一意力学。否则为彼所染，适以自陷"。此后胡适的政治态度有明显修正。在 1915 年一篇题为《中国与民主》的文章和 1916 年给韦莲司父女的信中，他认为革命是进化过程中的必要阶段，而他对中国的革命党人也确实同情，但并不赞成当下即起一个革命，因为中国还没有造好政府的必要条件。胡适并不像革命党人那

①　胡适日记，1911 年 10 月 27 日、1912 年 11 月 10 日。
②　胡适日记，1912 年 11 月 19、21、22 日，1914 年 11 月 6 日。

样担心袁世凯称帝的问题。他指出，在中人以下者的心目中，"名"是有相当重要的意义的。"广大的中国青年一代虽然并不确切了解共和是怎么回事，却长期怀有共和的梦想。"在胡适看来，帝制派虽也爱国，但他们和袁一样都属于过去，其所作所为对"少年中国"的进程不会有什么影响。"少年中国一直为在中国建立真正的民主而努力奋斗；少年中国信奉民主，它相信获得民主的惟一途径就是实行民主。"① 这里已经出现了胡适以后公开谈政治的基本要素：他坚持共和，主张以实行民主来获得民主；如果有必要，胡适也能容忍革命，但前提是要有造一个好政府的条件。

换言之，胡适认为，中国的救亡不论是采革命还是改良的取向，首先都必须有可以革命或改良的基础。这就是他爱说的要为中国造不亡的远因。胡适这个思想的一个来源，大概是他的老师马君武在约 1906 年的《别中国公学学生》一诗中号召大家的："合力救亡国，发心造远因。"② 其根本基础则是胡适在前引澄衷学堂时写的文章中已表达出的从兵、学、财多角度全面竞争的民族主义思想。那时他就特别指出当时人读《天演论》侧重的"只是那'优胜劣败'的公式在国际政治上的意义"，也就是民族竞争的思想。胡适也是那些他希望在民族危机下能"投袂奋兴"的人中间的一个。国耻既因"学不能竞"，同时也表现于学子"无学"，他终于基本接受辛亥革命前读书人的观念，认为民族竞争最终是落实在"学战"之上，故在这方面下功夫最深。而他找到的"最后的解决"也就在此，其有意识的一面，重在思考文化碰撞与移入的问题；而其无意识的一面，就是忧国家之将亡而思解救之道。总而言之，是要造使中国不亡的远因；具体言之，就是为中国再造新文明。

余英时师已注意到，胡适在留学期间"所最关怀的正是中西文化异同的问题，特别是中国传统在面临西方近代文明的挑战时究竟应该怎样转化的问题"。他这段时间的见解虽然在变，关怀的问题则始终如一。③ 如前所述，胡适在 1914 年已将中西之争视为两文明之争。他以为，在西人为世界造新

---

① 《年谱》，第 41 页；胡适：《中国与民主》，收 1915 年 8 月日记中；胡适日记，1916 年 1 月 11、31 日。

② 胡适日记，1914 年 8 月 11 日。

③ 余英时：《中国近代思想史上的胡适》，第 17—18 页。

文明时，中国尚在酣睡。面对"挟风鼓浪，蔽天而来"的新文明势力，中国数千年之旧文明"乃如败叶之遇疾风，无往而不败衄"。失败之余，只有"忍辱蒙耻，派遣学子，留学异邦"。中国从数千年"东亚文明之领袖"一变而为"弟子国"，在胡适眼中乃是"天下之大耻""吾国之大耻"。胡适之所以要"非"留学，其根本原因就在留学是文化竞争失败即"学不能竞"的结果。

早在 1907 年，胡适在上海看轮舟快驰往来，"时见国旗飘举，但不见，黄龙耳。"① 其忧国家之将亡的心情，与当年胡林翼在长江上看见外国轮船飞驶时如出一辙。1910 年胡适去美国，船经日本，见日人因朝鲜被正式并入日本而狂欢。他目睹朝鲜亡国，想起中国情形不佳，心里不舒服。"船上有些同学上岸去看，我就没有上岸去。"这个港口不知是哪一个，因为他途经日本长崎、神户、横滨时，"皆登岸一游。但规模之狭，地方之龌龊，乃至不如上海、天津远甚。居民多赤身裸体如野蛮人，所居屋矮可打顶，广仅容膝，无几无榻，作书写字，即伏地为之。此种岛夷，居然能骎骎称雄于世界，此岂非吾人之大耻哉！今日韩已合并矣。韩之不祀，伊谁之咎？吾国人犹熟视若无睹然，独不念我之将为韩续耶？呜呼，伤已！"②

1911 年 3 月，二哥来信说到他在东北"细察情形"，发现"日人事事布置周密，所未成熟者，不过十分之一分。将来此一分全满后，恐东三省地图之颜色又将改变"。胡适在两三天后致友人的信即"颇多感喟之言，实以国亡在旦夕，不自觉其言之哀也"。他自己在日记中说，连日来"日所思维，夜所梦呓，无非亡国惨状"。其所和朋友诗已有"应怜何处容归鹤，只有相携作鬼雄"的句子。这正是他所说的"天涯故人，时念故国"的深情之表露。日本的威胁也使他认识到"中国之大患在于日本"。③

胡适所至外国，凡有所见，必与中国相比。以他在上海做"新人物"的经历，应该读过一些晚清人所写的日本习俗正是中国古俗的文章。今竟以"岛夷"蔑视之，不知是否因为中国公学那些留日学生的水平使他先存对日

---

① 《胡适诗存》，第 11 页。
② 《谈话录》，第 169—70 页；《胡适致乡友信》（1910 年 9 月 25 日，邮戳日），转引自石原皋《胡适与陈独秀》，《胡适研究丛录》，第 85—86 页。
③ 胡觉信转自《年谱》，第 26 页；胡适日记，1911 年 3 月 23、24、28 日，1915 年 1 月 27 日。

本轻视之心。胡适一生对西方那种又羡慕又忌恨的心态最多只是若隐若现，但对曾向中国学习，如今却学西方且颇成功的日本，则在羡慕仇视之余，还带有几分轻蔑。不过他也曾读过晚清人关于"黄白种争"的言论，在更广义的东西方文化之争中，同为黄种的中日，又应当是盟友。此时他了解日本尚少，到美国后见日本的强大，逐渐认为日本是"完全欧化之国"，开始重视日本。胡适感到"吾国学子往往藐视日本，不屑深求其国之文明"是大误，曾下决心要好好研究日本文化。[①] 后来归国后接触了钱玄同和周氏兄弟等留日生，1927 年又再游日本，眼见其进步之速，远非中国可比，他对日本的观感就更加大不一样了，但对日本终存某种程度的小视之心。而胡适对日本的观感变化，多少都透露出他对西方态度的消息。

　　其实，胡适把日本以岛夷称雄看成中国人之大耻表明他仍是从文化上思考这个问题。在某种程度上，可以说胡适一直持一种文化的国耻观。还在《竞业旬报》时期，他已指出"国是人人都要爱的，爱国是人人本分之事"。又说："男子首宜爱国，方为尽分。"《竞业旬报》的五条宗旨之一就是"要爱我们的祖国"。胡适更强调指出："爱国的人，第一件要保存祖国的光荣历史，不可忘记。忘记了自己祖国的历史，便处处卑鄙龌龊，甘心作人家的牛马奴隶了。你看现在的人，把我们祖国的光荣历史忘记了，便甘心媚外，处处说外国人好，说中国人不好，哪里晓得他们祖宗原是很光荣的，不过到了如今，生生地，给这班不争气的子孙糟蹋了。"[②]

　　胡适到美国不久，参加了一次中国学生基督教会的夏令营，其中一天的讨论题目是"孔教之效果"，由传教士李佳白主讲。言孔教而由美国人主讲，在胡适已觉是"一耻"。会后，有名为比奇（Beach，不知是否即曾在山东传教的毕海澜 Harlan p. Beach）者说，中国学生"今日有大患，即无人研求旧学"。比奇又"大称朱子之功"。胡适闻之，"如芒在背"。这是胡适后来以国无大学为国耻的先声。几年后，他仍感慨地说，他所遇欧洲学生，无论何国之人，"皆深知其国之历史政治，通晓其国之文学"。只有中国和

---

① 胡适日记，1915 年 1 月 27 日、5 月 2 日。

② 《爱国》《本报周年之大纪念》《读爱国二童子传》，《竞业旬报》第 38、37、28 期，转引自李敖《胡适评传》，第 476 页和朱文华《胡适评传》，第 29 页。

美国的学生，才"懵然于其祖国之文明历史政治"。他对于中国学生没有几人能通晓中国文化传统，深以为"可耻"。①

胡适对欧洲学生的认知，或不免有误解夸大处。因为他自己那时除较知欧洲之文学外，并不太知其历史政治，实无从判断别人是否"深知"，想来遇到胆大敢说者即以为是深知了。而美国大学生，胡适见得多，而且一向不太看得起。他发现美国大学生最关心的是运动竞赛的成败，其"大多数皆不读书，不能文，谈吐鄙陋，而思想固隘。其真可与言者，殊寥寥不可多得"。②

但这并不重要。重要的是他引以为耻的中国留学生的状况，却不幸是准确的。胡适在《非留学篇》中说："今留学界之大病，在于数典忘祖。"那时留美学生的主体是沿海各省教会学校毕业生，不少人连中文都搞不通顺，有的甚至不会，自然谈不上读历史文学旧籍，也难怪其不知中国之固有文明。这种情形到胡适的学生罗家伦留学时仍变化不大，罗每慨叹之。胡适以为，"留学生而不讲习祖国文字，不知祖国学术文明"的结果，流弊有二。首先就是无自尊心。因为不知本国古代文化之发达、文学之优美、历史之光荣、民俗之敦厚，则一见他国物质文明之进步，必"惊叹颠倒，以为吾国视此真有天堂地狱之别。于是由惊叹而艳羡，由艳羡而鄙弃故国，出主入奴之势成矣"。到这些人回国，自然会"欲举吾国数千年之礼教文字风节俗尚，一扫而空之，以为不如是不足以言改革也"。

胡适是当时中国少数几个有意识地以昔日的光荣来激发爱国心的有心人。他在提出慎选留学生的办法时，曾列出一些"万不可少之资格"，其中有相当部分是他自己入康大时不具备的。这有点像他后来所开列之"最低限度之国学书目"。但更有可能是他根据自己不得不经常自我补课的经验发现，如果出国前能达到他所希望的水平则到国外后必能学到更多西方的东西。值得注意的是胡适把"国学、文学和史学"列为首要的三项资格，其目的，则"国文所以为他日介绍文明之利器也；经籍文学，欲令知吾国故文明之一斑也；史学，欲令知祖国历史之光荣也。皆所以兴起其爱国之心

---

① 胡适日记，1911年6月17日、1915年7月22日。
② 胡适日记，1915年2月14日。

也"（《非留学篇》）。

对胡适的《非留学篇》颇为称许的前广东革命党人钟荣光对胡适说："教育不可无方针。君之方针，在造人格；吾之方针，在造文明。"其实胡适处处在讲造文明，钟氏正是看到了胡适特别强调注重人之爱国心的言外之意。胡适每受人称许，就要下决心努力以副其望，而且他又善假于物。后来胡适说得更多的，就是为中国再造文明。但他心里，仍认为造人更重要。两年后他在给许怡荪的信中说："今日造因之道，首在树人；树人之道，端赖教育。"故他希望"归国后能以一张苦口，一支秃笔，从事于社会教育，以为百年树人之计"。胡适在同一年送任鸿隽的诗中仍说："救国千万事，造人为重要。但得百十人，故国可重造。"[1]

值得注意的是，胡适认为有百十个像他和任鸿隽那样的人就足以重造故国，其精英观念是明显的。在这首诗中，胡适也指出，"眼里新少年，轻薄不可靠"，所说的即是那些"数典忘祖"的留学生。他们既然连中文都不通不会，实际上也不能输入文明。如果不能以国语国文教学著书，"则其所学，虽极高深精微，于莽莽国人，有何益乎？其影响所及，终不能出一课堂之外也。"这些人学问再高深，也不能"传其学于国人，仅能作一外国文教员以终身耳"。又能输入多少文明，又能对中国学术文化有多大益处呢！而胡适自己就不一样了，因为他是能以中文作文的。所以，胡适强调，中国之教育，必须"以国内教育为主，而以国外留学为振兴国内教育之预备"（《非留学篇》）。

胡适因而进一步提出"教育救国"的大目标。他认为中国"今日处新旧过渡青黄不接之秋，第一急务，在于为中国造新文明"。之所以急，是因为已到不得不为的境地。"吾国居今日而欲与欧美各国争存于世界也，非造一新文明不可。"胡适指出："吾国之旧文明，非不可宝贵也，不适时耳；不适于今日之世界耳。"中国今日既然处在旧文明与新文明过渡之时代，则在造新文明时，既不能"尽去其旧而惟新是谋"，也不能"取其形式而遗其精神"。必须"先周知我之精神与他人之精神果何在，又须知人与我相异之处果何在，然后可以取他人所长，补我所不足；折衷新旧，贯通东西，以成

---

[1]　胡适日记，1914 年 9 月 13 日，1916 年 1 月 25 日、8 月 22 日。

一新中国之新文明"。只有这样，中国文明才可能"急起直追，有与世界各国并驾齐驱之一日"（《非留学篇》）。

"教育救国"最重要的方针，就是办中国自己的大学。"俾固有之文明，得有所积聚而保存；而输入之文明，亦有所依归而同化。"因为，"大学乃一国教育学问之中心。无大学，则一国之学问无所折衷，无所归宿，无所附丽，无所继长增高。"就眼前看，中国人还必须留学，"以己所无有，故不得不求于人。"留学的目的，就是"乞医国之金丹"，携之以归，"以他人之所长，补我之不足。庶令吾国古文明，得新生机而益发扬张大，为神州造一新旧泯合之新文明。"所谓"植才异国，输入文明，以为吾国造新文明之张本"。大学的作用，尤在不使"输入之文明，皆如舶来之入口货，一入口立即销售无余，终无继长增高之望。"无论如何，留学是以不留学为目的。"留学乃一时缓急之计，而振兴国内高等教育，乃万世久远之图。"如果后者不能成功，则学子不得不长期留学，将"永永北面受学称弟子国"。而"神州新文明之梦，终成虚愿耳"（《非留学篇》）。

具体言之，自己曾从农科转到文科的胡适特别主张重文科，兴国学。他说："即令工程之师遍于中国，遂可以致吾国于富强之域乎？"实际上，中国的诸多问题都不是"算学之程式、机械之图形"可以解决的。如政治、法律、道德、教化等都比机械工程要重要千百倍。因为它们所关系者不止是一路一矿的枝节问题，而是"国家种姓文化存亡之枢机"。胡适以梁启超和詹天佑对中国的影响为例，说明文理科是本，实业是末，中国人"决不可忘本而逐末"。胡适认为，办国立大学的一个目的就是要昌明国学。他说："今国学荒废极矣。有大学在，设为专科，有志者有所肄习，或尚有国学昌明之一日。"无大学，"则全国乃无地可习吾国高等文学"。他之所以觉得把中国比作睡狮不如比作等待爱情之吻的睡美人，就因为像中国这样的"东方文明古国，他日有所贡献于世界，当在文物风教，而不在武力"。只要中国醒来换上时装，就可以"百倍旧姝媚"。[①]

1915 年初，胡适的英文老师亚当斯问他："中国有大学乎？"胡适不好意思，"无以对也"。老师告诉他："如中国欲保全固有文明而创造新文明，

---

① 胡适：《非留学篇》；胡适日记，1915 年 3 月 15 日。

非有国家的大学不可。一国之大学，乃一国文学思想之中心，无之则所谓新思潮新知识皆无所附丽。"故"国之先务，莫大于是"。不知是老师与他的观念完全一致，还是胡适无意中把自己的一些观点投射到老师身上，总之胡适自己是觉得他的看法得到了印证。老师并鼓励他说，"报国之义务莫急于此矣"。胡适回来慨叹："世安可容无大学之四百万方里四万万人口之大国乎！世安可容无大学之国乎！"第二天，他心情仍未平静，再次感叹道："国无海军，不足耻也！国无陆军，不足耻也！国无大学，无公共藏书楼，无博物院，无美术馆，乃可耻耳。我国人其洗此耻哉！"他发愿说："吾他日能生见中国有一国家的大学可比此邦之哈佛，英国之康桥［今译剑桥］、牛津，德之柏林，法之巴黎，吾死瞑目矣。"① 胡适这里所列的西方大学并不都是国立大学，可他愿望中的中国大学，却是国立的。其民族主义情绪，不能说不明显。

二 世界主义中的民族主义关怀

只有充分理解胡适这种从在上海做"新人物"时已具有的强烈的民族主义情感，才能领会他那著名的世界大同主义的真意。胡适自称，他的大同主义是"经十余次演说而来，始成一有统系的主义"。值得注意的是那时他给大同主义或世界主义所下的英译名词是 Cosmopolitanism 或 Internationalism（今译国际主义），两者意义本是不同的。可知胡适在一开始时概念确实不十分肯定，后来才逐步发展确立。他在晚年口述其自传时，特别注意把他所谓的"世界主义"与"国际主义"区分开，以后者来发挥他稍后的"新和平主义"。② 国际主义在意义上当然没有世界主义那么超越，其胸怀更小但却更注重各自之国。这恰是胡适的世界主义一开始就有的特点，其实也是自然的发展。要了解胡适的世界大同主义思想，最好是从其发展进程来考察。

1912 年 10 月，胡适在读希腊史时，"忽念及罗马所以衰亡，亦以统一过久，人有天下思想而无国家观念，与吾国十年前同一病也。"罗马不少先

---

① 胡适日记，1915 年 2 月 20、21 日。
② 胡适日记，1914 年 11 月 4 日；《口述自传》，第 55 页。

哲"倡世界大同主义，虽其说未可厚非，然其影响所及，乃至见灭于戎狄，可念也"。可知此时他尚存晚清人的观念，并不十分欣赏世界主义。到1913年初，胡适曾就他的"世界观念"做演说，以为西方古代的世界主义者"不特知有世界而不知有国家，甚至深恶国家之说，其所期望在于为世界之人（A citizen of the world），而不认为某国之人。今人所持之世界主义则大异于是。今日稍有知识之人，莫不知爱其国"。故胡适给他的世界观念下的定义是："世界主义者，爱国主义而柔之以人道主义者也。"他特别认为丁尼生的诗"彼爱其祖国最挚者，乃真世界公民也"与他的见解暗合。这时胡适仍不欣赏西方古代的世界主义，但已有了他的以爱国主义为基础的"现代世界主义"观念。这个见解胡适后来讲得不算多，实际一直保持。1917年时他还专门摘录威尔逊的话，威氏说欧战已使美国人不得不变成"世界公民"（此已与古希腊人之义不同），但并不因此减少其美国特色。[1]

到1914年夏，即前述胡适思想有所转变之时，他的世界主义思想也有变化。那年5月，康大学生对"吾国，是耶非耶，终吾国"（My country, right or wrong, my country）这个观念进行讨论，胡适以为此意为"但论国界，不论是非"，写信给登载此言的该城报纸批驳之。胡适指出，这实际是一种双重道德标准，即在国内实行一种标准，在国际又实行另一种标准。他认为这是一种"极端之国家主义"。此信得到前校长夫人的赞许（其实可能是客气话）。胡适大概很受鼓励。两个月后，他又将此作为"狭义爱国心之代表"纳入他关于"大同"的演说。这一次就先后遇到两个人告诉他，其实他的理解是片面的。胡适演说刚完，就有某夫人对他说，那句话不一定理解成"吾国所行即有非理，吾亦以为是"；而更多是"无论吾国所为是耶非耶，吾终不忍不爱之"的意思。次日，也听了胡适演说的一位英文教授告诉他，那句话的意思的确可有多解，但其本意是"父母之邦，虽有不义，不忍终弃"。胡适表示同意此二人的看法。[2]

其实胡适心里并未全通。他以为，"是非之心，人皆有之，然是非之心能胜爱国之心否"，是另一问题。胡适引孔子的"父为子隐，子为父隐"的

---

① 胡适日记，1912年10月25日、1913年4月（原无日），1917年2月23日。
② 胡适日记，1914年5月15日、7月26日。

话，指出人皆有私心。"吾亦未尝无私，吾所谓'执笔报国'之说，何尝不时时为宗国讳也。"胡适说，他"每读史至鸦片之役，英法之役之类，恒谓中国直也；至庚子之役，则吾终不谓拳匪直也"。胡适的意思，他对中国是有所隐有所不隐。但其举例皆用中外关系史事，提示了他颇为含蓄的言外之意：他的双重标准说其实是指西方言。他在第一篇文章里就说，道德标准不应对国人是一种，对他国之人或化外之人（outlandish people）又是一种。那英文的"化外之人"，正白人称殖民地人之语也。这也就是章太炎指责"始创自由平等于己国之人，即实施最不自由平等于他国之人"的意思。只有明白了这一点，才能理解胡适明知他理解字义有偏差，终不能完全心服的深意。①

后来胡适见纽约《晚邮报》社论，说："世界者，乃世界人之世界，不当由欧美两洲人独私有之。亚洲诸国为世界一部分，不宜歧视之。"胡适因自己"久持此意"，马上给报纸写信表示支持。他读威尔逊在参议院演说，以为"陈义甚高"，实因其强调民族自决也。威氏说："任何国家都不应寻求将自己的政策加诸别的国家或民族之上。每个民族，不论大小强弱，都应让其不受妨碍，不受威胁，不怀恐惧地自由决定其自己的政策和自己的发展道路。"威尔逊也曾说："若吾人以国中所不敢行之事施诸他国，则吾亦不屑对吾美之国旗。"这正是胡适所希望的西方的态度。在国家与是非这个问题上，胡适觉得最理想的境地，仍是威尔逊所说的："人能自省其尝效忠祖国而又未尝卖其良心者，死有余乐矣。"他记录的卡莱尔与他"平日所持相契合"的一段话，仍是说的一种可以最爱自己祖国，但对他国也持公正爱心，同时又不伤害个人所信奉之哲学。像以往一样，胡适想要实现的还是鱼与熊掌兼得。②

而且，正如许多20世纪中国读书人一样，胡适在安身立命之处，仍向往着传统的士那种相对的超越心态。这种观念表现在当地一位支持胡适的报纸投书人所引用的孔子的话："大臣者，以道事君，不可则止。"③ 对传统的

① 胡适日记，1914年5月15日、7月26日；章太炎：《五无论》，《章太炎全集》（4），第433页。
② 胡适日记，1915年11月25日，1917年1月22日，1914年7月12日、8月9日。
③ 胡适日记，1914年8月10日。

中国人来说，为保卫祖国而死，所谓"执干戈以卫社稷"而死君事（《左传》哀公十一年），是大得赞许的。而其高明处，则不仅仅是捍卫了国家利益，还有一个在此之上的"取义成仁"的个人道德完善。清季以至民初中国读书人虽因不断的国耻和思想的西化而服膺西方近代民族主义，但最终还是暗存一种"道高于国"的观念，总向往一种在民族主义之上的"大同"境界。胡适也与他们一样，事急则诉诸民族主义，事态稍缓，便又徘徊于各种接近"大同"的主义之间。故近代中国人在说民族主义时，未尝须臾忘记在此之上的大同；但中国人在说世界主义或类似的具超越性的主义时，其实也都在表达民族主义的关怀。

也在 1914 年 10 月，胡适的和平主义朋友讷司密斯向他推荐安吉尔（Norman Angell）的学说。胡适此时对安氏并不以为然，认为其以生计之说来弭兵，是搞错了方向。因为欧人是为"国家"而战，不是为金钱而战。他说："今之大患，在于一种狭义的国家主义，以为我之国须凌驾他人之国，我之种须凌驾他人之种。"为此目的，不惜灭人之国与种。胡适重申，这仍是因为对国内国际实行双重标准的缘故。欧人在国内虽有种种道义准则，却以为"国与国之间强权即公理耳，所谓'国际大法'四字，即弱肉强食是也"。三年前进化论者胡适初来美国时，听说美国那时有教师因"倡言'天演论'致被辞退"，感到大不可解，慨叹为"怪事"！他开始了解到，中国尊奉的"西学"似乎在西方本身地位并不那么高（留学与看翻译西书的大区别就在此）。如今已对西学有更深把握的胡适认识到，达尔文的"优胜劣败"之天演学说"已含一最危险之分子"。所幸英人更有"我之自由，以他人之自由为界"来进行限制。①

这就提示我们，胡适之所以服膺现代自由主义也是以民族平等为基准的，而且他广读 19 世纪中叶以来的英国自由主义经典似乎就是为了从理论上构建他的大同学说。他从斯宾塞、穆勒（J. S. Mill，胡译弥尔）、格林（T. H. Green，胡译葛令）、边沁等人（胡适统称为英国伦理派）的著作中一一读出了"自由以勿侵他人之自由为界"的意思，而贯之以他提出的"一致"观念。胡适以为，个人伦理应首重一致，即言与行一致、今与昔一

---

① 胡适日记，1914 年 10 月 26 日（以下两段也参见此）、1911 年 3 月 14 日。

致、对人与对己一致。这最后一点，尤宜实行于国际关系。"己所不欲，勿施于人。所不欲施诸同国同种之人者，亦勿施诸异国异种之人也。"所以，当他说大同主义的根本是一种"世界的国家主义"时，生于弱国的胡适实际是以世界主义来反强权，特别是反抗种族和国家压迫。也就是他自己所说的："以人道之名为不平之鸣"。① （有意思的是，严复也从穆勒的《论自由》中读出了"群"和"己"之权界，再往下推一步就是群与群之权界了。近世中国人因自身国力孱弱，读西人书的确别有心得）

这进一步揭示了胡适的世界主义或大同主义中的民族主义成分。胡适就"人群之推广"指出："自一家而至一族一乡，自一乡而至一邑一国。"这正是西人论民族主义起源最常说的话。但胡适意不止此。他说："今人至于国而止，不知国之外更有人类，更有世界，稍进一步，即跻大同之域。"所以，"爱国是大好事，惟当知国家之上更有一大目的在，更有一更大之团体在。"也就是斯密斯（Goldwin Smith）所谓"万国之上犹有人类在"。重要的是人类不仅仅是一团体，而且是一目的，道德理想主义的色彩在这里特别明显（康德和格林均同）。这样，胡适就把中国"道高于国"的传统观念与现代自由主义的准则结合起来，构成了他以"世界的国家主义"为核心的大同学说。

三 祖国：你如何爱他

胡适知道爱国与爱主义有时会矛盾，他持和平主义的德国朋友墨茨，欧战起而不愿从军，就远避他国。胡适说他"非不爱国也，其爱国之心不如其爱主义之心之切也，其爱德国也，不如其爱人道之笃也"。但胡适也指出这正体现了墨茨只能是一个"理想家"。如果不能鱼与熊掌兼得之时，胡适自己究竟爱那样更甚，用他的话说，要等到国家危难时才知。他在 1916 年 9 月作的白话诗《他》中说："你心里爱他，莫说不爱他。要看你爱他，且等人害他。倘有人害他，你如何对他？倘有人爱他，更如何待他？"日记中说是因东方消息不佳而做此自调，并加注说："或问忧国何须自解，更何须

① 胡适日记，1914 年 10 月 19 日。

自调。答曰：因我自命为'世界公民'，不持狭义的国家主义，尤不屑为感情的'爱国者'故。"可知其虽自命为世界公民，大致也像当年自命为新人物一样，并不能完全认同理想上的世界主义。同时，也可知胡适虽爱国而有时做得像不爱，但发誓祖国有难时将体现其爱；最后更暗示若有别人爱，则自己或者宁可做些看上去不怎么爱的事。①

在胡适看来，这里面还有一些细微的区别：一个是心与行动的区别，心可甚爱，行动则不必一定参与。一个是参与是否能改变局势的区别，如果不能，则如他的好友许怡荪眼中高卧南阳的诸葛亮："诚知爱莫能助，不如存养待时而动。"所谓待时而动，就是参与能改变局势的时候，就要动。后来抗日战争起，胡适觉得他能起作用，也就参与了。不过，他自己也一直有要以不朽来报国献世之心，故每引歌德的例子自安其心。歌德说，他凡遇政治大事震动心目，就全心全意致力于一种绝不关系此事的学问以收束其心。当一向主张和平不争的韦莲司也为战争所激动，因报名从军未得批准而"感慨愤懑"时，胡适又将歌德的话转赠女士，果然生效。②

在理想的层面，胡适或者真希望世界一家。他曾对本城一牧师说，"今日世界物质上已成一家"，并举航海、无线电等为例；而世界"终不能致'大同'之治者，徒以精神上未能统一耳，徒以狭义之国家主义及种族成见为之畛域耳"。胡适自己就一向努力消除种族成见。他知道美国人心目中的中国，"但以为举国皆苦力、洗衣工，不知何者为中国之真文明"。他到处演讲的一个动机就是要"清除此种恶感"。③ 世界若真能一家，胡适就可脱离不甚高明的中国人之认同而成世界公民，当然也就不受"种族成见"的影响了。但一"家"与世界公民并非同一概念。一家也好，大同之治也好，这些词语的使用说明胡适自己所持仍是中国观念。而且他一向心细，事情要反复想过。世界一家当然好，但现在实际尚未一家。胡适虽然以歌德自居，以安其心，还要能自圆其说，且眼下的危机也不能不顾，所以每不得不再进而自解。这一点在因第一次世界大战而起的中日危机上，表现得最充分。

① 胡适日记，1914 年 12 月 6 日、1916 年 9 月 6 日。
② 引自胡适日记，1914 年 12 月 9 日。
③ 胡适日记，1914 年 11 月 17 日；《胡适致母亲》（1915 年 3 月 22 日），引自《年谱》，第 40—41 页。

　　早在 1914 年 8 月初写的一篇分析第一次世界大战的文章中，胡适就预感到战争可能波及中国。那时他已经据比利时抵抗而失败的例子，判断"吾国即宣告中立，而无兵力，何足以守之"！十天后，日本参战以得青岛之势已明，胡适还希望日本得青岛后"或以归中国而索偿金焉"。这个想法，"人皆以为梦想"。但胡适自有所本。原来他认为"他日世界之竞争，当在黄白两种。黄种今日惟日本能自立耳。然日人孤立，安能持久？中国者，日之屏蔽也。"所以，胡适觉得日本会为中国得青岛。黄白种争，本当年革命党人的口头禅，足见中国公学那段经历暗中仍在影响胡适。不过，胡适对国际政治的理想化和"乐观"，也的确超乎常人，难怪他的同学都笑他"痴妄"。①

　　但是胡适此时还没有想到假如日本的行为证明他确实"痴妄"，中国应何以处之。他在夏天与女友韦莲司讨论过这个问题，韦女士主张取不争主义，胡适则持两端，觉国防也不可缓。到 11 月的一次演讲中，他仍主一面讲国际道义一面准备国防。但在同月韦女士将去纽约时，两人又谈及不争问题。韦女士重申不争胜过争，她也以比利时为例明确指出，中国不抵抗日本侵略，损失虽大，若抵抗，则损失必"更大千百倍"。胡适已有同感。② 但日本的威胁是明显的，争与不争，都要有个解决之道。

　　到 12 月，胡适终于决定接受韦莲司的观点，并"决心投身世界和平诸团体"。他因而从根本上考虑和论证中国的国防问题。胡适以为，今日世界之大患是强权主义，也就是以所谓"天演公理"为思想基础的弱肉强食的禽兽之道。他显然已读过更多的西学著作，认识到"天择"之上还有"人择"，养老济弱，就是以人之仁来救天地的不仁。他在那年早些时候写的《非留学篇》中认为中国旧文明不适于今日之时代和世界，其中之一即"人方倡生存竞争优胜劣败之理，我乃以揖让不争之说当之"。今思想既然扭转，胡适乃专以此说来纠正优胜劣败之西说。他再读中国古代的老子、墨子，就发现其以争斗或不争不斗来区别人禽（其实儒家亦然）是很有价值的思想资源，可以用来构建他的大同主义。这样，对胡适来说，西方的

---

① 胡适日记，1914 年 8 月 5、16—17 日。

② 胡适日记，1914 年 11 月 13 日、1915 年 1 月 18 日。

"人择"说就起到了为中国传统思想正名的作用。①

胡适问道："今人皆知国防之不可缓，然何谓国防乎？"在他看来，即使中国的海陆军与日本并驾甚至超过日本，都不能解决问题，因为日本有盟国，盟国还有与国。想以增军备救中国之亡者，"其心未尝不可嘉"，但行不通。即使日本和欧洲国家二十年不发展，中国之军力也不可能在此期间达到与之为敌的地步。所以，增军备不是根本之计。"根本之计，在于增进世界各国之人道主义。"以目前言，中国所能做的就是以个人和国家的名义，"斥西方强权主义之非人道，非耶教之道"；同时"极力提倡和平之说，与美国合力鼓吹国际道德"。如果国际道德"进化"到重"不争"的"人择"程度，中国也就有了和平。

胡适敏锐地认识到日本的行为是以"西方强权主义"为思想武器的。他在下意识中也已暗示先秦中国思想实较当时的欧洲还更"进化"，但这一观念似乎始终未能到达意识的层面。而且，胡适的这些观念不论有多么正确，他的解决之道也太多未知数：日本肯停下其行动来听中国讲人道和公理吗？美国愿意并能够与中国"合力鼓吹国际道德"吗？后来的史实证明胡适方案中这主要的两点都是空想。

胡适认为远东局势的最后解决一定要建立在中日的相互理解与合作之上，但相互理解与合作绝非一方以武力征服另一方所能产生。②他在30年代重申此观点时，进一步指出日本要征服中国不能靠武力，而必须征服中国人的心。结果引起舆论大哗，为各方人士痛诉。其实胡适心灵深处，仍有黄白种争的思想；他在30年代写文章时心里想的，应该也就是中日的相互理解与合作而已。但他的日记那时还未出版，一般人也没有读到他早年写的东西，在日本侵略正急之时，当然不会想到胡适言外的深意了。关键在于，虽然相当多的日本人也公开主张或心中暗存黄白种争的思想，他们却并无中日合作的念头，反而以黄白种争的观念来为其征服中国正名：中国既然已败弱，日本就必须负起这一斗争中黄种方面的绝对领导责任。胡适与日本人的出发点不无共同之处，但他的方案的确只能是空想。

----

① 本段及下两段参见胡适日记，1914年12月12日，1915年1月18、27日。
② 胡适致《展望》杂志的信，收在日记1915年3月1日。

　　胡适对美国更是寄予厚望。他一向不喜欢拿破仑把中国比作睡狮，而主张不如比作等待爱情之吻的睡美人，并希望美国能充当那吻美人的角色。①但是，美国在处理国际关系之时，首先要考虑其实际的利益及其能力的范围。当与其利益一致时，美国是可能愿意与中国"合力鼓吹国际道德"的。但即便如此，美国是否能够做到其所欲为，还要视各种因素的影响而定。一战时对美国——特别是威尔逊政府——寄予厚望的中国人当然不止胡适，威尔逊也确曾努力想要实现其提倡的民族自决的原则；但他的"新原则"终于斗不过欧洲的帝国主义"旧政治"，胡适和许多与他思想相近的人，也就不得不失望了。

　　而且，如果这些理想化的目的不能实现，中国当下应该怎样对付日本的侵略呢？这一实际而具体的问题，胡适并未回答。其实，胡适心中有一说不出口的答案。他知道他所说都是所谓"七年之病，求三年之艾"，而且是"独一无二之起死圣药"。如果有人认为这太"迂远"，则"惟有坐视其死耳"。换言之，中国眼下若与日本战，则只有死。正因为这样，他才专门讲大同、人道与和平。"吾岂好为迂远之谈哉？吾不得已也。"中国不能打，胡适要学歌德，不得已而言长远之计，一半也是聊以自解罢了。胡适后来说："与韦女士谈论最有益，以其能启发人之思想也。"他这一次由半争半不争到完全不争的转变，就是在韦女士的步步"启发"之下完成的。韦女士对她此次成功，显然非常满意。因为"女士知吾思想之变迁甚审，今闻余最后之决心，乃适如其所期望，故大悦"。但是胡适之所以有这样的转变，并不是想取悦于女友，主要还是他早就认为中国无力抵抗日本。世界已成强权世界，对于弱者来说，除此又有何术？胡适心里明白，他的"所谓拔本探原之计，岂得已哉！岂得已哉！"②

　　在这一年左右的时间里，胡适的思想又已大变了好几次。从为祖国辩护到看见中国社会体制的大病，再从认为中国的不争思想不适合时代和世界到专以此思想来矫正西人竞争之说，其变化的幅度之大及其迅速和频繁，都已可令人叹为观止。而他还自觉其"思想之变迁甚审"，可知这里的"审"，

---

　　①　胡适日记，1915 年 1 月 4 日、3 月 15 日。
　　②　胡适日记，1914 年 12 月 12 日，1915 年 1 月 27 日、2 月 14 日。

主要是指思虑的周详。胡适每转变一次，都要试图自圆其说，且努力使之系统化，所下功夫，确足以当"审"字。想其心目中的"不审"，还不知有多频多快。胡适的善变固然是其个人特征，但那段时间的中国甚至世界，都正经历着翻云覆雨、既快且频的大变，胡适已是有意想"以镇静处之"者，余人尚不知怎样变化来"赶上时代"呢！而且胡适这些变化中，也蕴涵着不变，那就是他对国家民族命运的深切关怀。仔细观察，每次变化的后面，都可见那一层"不得已"的爱国心。所变者，不过是其表述、诠释以及拟想中的解决之道罢了。

中日"二十一条"交涉起，胡适认为，中国之事，"病根深矣"。许多留美同学"不肯深思远虑，平日一无所预备。及外患之来，始惊扰无措；或发急电，或作长函，或痛哭而陈词，或慷慨而自杀；徒乱心绪，何补实际？"反失了"大国国民风度"。在同学会集会专论此事那天，他因事不能参加，先留一条子请会长代读。上面说："吾辈远去祖国，爱莫能助，纷扰无益于实际，徒乱求学之心。电函交驰，何裨国难？不如以镇静处之。"结果，"会中人皆嗤之以鼻"。他的好朋友任鸿隽也说："胡适之的不争主义又来了！"这"又来了"数字，暗示了胡适的不争主义一向不十分得人心，此时当然更加不受欢迎。他继而在《留美学生月报》上发表一篇公开信，呼吁采取他所称的"理智爱国"（patriotic sanity）的正确途径，并重申："吾辈远去祖国，当以镇静处之，以尽学子求学之责。切勿为报章之喧嚣所纷扰，致离弃吾辈之重要使命。吾辈当庄严、镇静、勿被扰、不动摇、安于学业。吾辈尤应自我预备，若祖国能渡此大难——对此余深信不疑——乃推动其全面之进步；即或不能，亦可使祖国起死回生。"①

胡适知其信不会受欢迎，结尾时特地提醒说，要骂我之前请先细读我书。结果如他所料，这封公开信激起了许多留学生对他猛烈攻击。也如他所料，并没有多少人细读他的信。大家的批判集中于他的态度而不是信的内容，总的精神是大家认为他不够爱国。不过也有一些批评颇能击中胡适的要害。一位学生批评说："一旦日本控制了中国，则要驱逐他们势必使用武力"；而且，"去使中国起死回生要远比在日本入侵之前进行抵抗要困难得

---

① 胡适日记，1915 年 3 月 3、1、19 日。

多。"另一位学生虽然接受学生的本分是读书学习，但他也提醒胡适，一个国民有责任在国家陷入危机时去探索解决问题的方法。胡适的确早就在思考一个"真正的最后解决"。他以为那不能是对日作战，因为中国的军力不足以战；他也知道那不能是像袁世凯政府正在进行的那样将中日问题国际化以寻求列强的支持。"真正的最后解决必须往其他方面探寻——他远较吾人今日所猜想者更为深奥。余亦不知其在何处；余只知其不在何处。"①

实际上，胡适是有意不"逐诸少年之后"而"作骇人之壮语"，以体现其特立独行之处。胡适后天修养使他颇能折衷，天性却不喜调和。他以为，"调和者，苟且迁就之谓也。"张奚若曾对胡适说："凡人之情，自趋于迁就折衷一方面。有非常之人出，而后敢独立直行，无所低徊瞻顾。如此，犹恐不能胜人性迁就苟且之趋势。若吾辈自命狂狷者亦随波逐流，则天下事安可为耶？"胡适以为，"此言甚痛，为吾所欲言而不能言。"② 胡适一向推赞其女友韦莲司的"狂狷"，原来他自己也是"自命狂狷者"中的一个，则其在韦女士那里，或者也看到了自己的影子？这就是他"率性"的一面了。

胡适下意识中颇欣赏自己少时的"先生"认同和读大学二年级时同学所赠的"博士"绰号，在四十岁写中英文自传时犹不能忘。那两者的共同点，其实主要不在胡适自己说的不爱游戏，而在其"异于群儿"。他这种从小由母亲着意培养出的与众不同之处，更由于父亲关于做人要"率其性"的教导而增强。胡适有意无意间总爱维持之。他的朋友说他"好立异以为高"，喜欢"舍大道不由，而必旁逸斜出"，等等，都是这个倾向的发展。且胡适的立异是要立大异，他认为，在小事上自表与人异，而临大节则不知所措，只是"下焉者"。他所向往的，是"不苟同于流俗，不随波逐流，不人云亦云。非吾心所谓是，虽斧斤在颈，不谓之是。行吾心所安，虽举世非之而不顾"。③ 胡适对中日关系本有些与人不同的观念，但他做人要"率性"，要与众大不同的倾向也是清楚明确的。

不过，胡适虽然认为在中国人内部"作骇人之壮语"于事无补，但他

---

① 参见罗志田《"二十一条"时期的反日运动与辛亥五四期间的社会思潮》，《新史学》第3卷第3期，1992年9月，第84—85页。

② 胡适日记，1915年10月1日。

③ 胡适日记，1915年3月1日、4月27日；*Living Philosophies*, p. 239.

自己暗中已定下"执笔报国"的计划，即对美国报刊上不利于中国的"不堪入耳之舆论"，要予以"斥驳"。在 2 月初的《新共和》杂志上，曾刊有"中国一友"的来信，说中国人不适于自治，其共和制已失败，故日本的干涉，对中国对西方都有好处。此信的观点不久又为美国另一大杂志《展望》吸收进其社论。胡适"读之大不满意"，分别做书驳之。他在信中提醒那位中国之友，现在的时代是一个"民族觉醒的时代"。胡适肯定，已经推翻了满人统治的中国民族之觉醒，也一定会永远憎恨任何外国外族的统治或"指导"。他强调，任何旨在使日本控制或"指导"中国的尝试都只会在中国播下骚乱和流血的种子。中国眼下确实无力抗拒日本武力胁迫下的要求，但中国青年的英雄热血，尽管未必当下见效，必会洒遍共和之神州。胡适指出，像中国这样一个大国，改革是不能一蹴而就的。中国实行共和不过三年，要判断其成败尚为时太早。更重要的是，他引用威尔逊的观点说，每个民族都有权决定自己的政府形式；每个民族都有权不受干涉地寻求自救之路。中国有权决定自己的发展。①

这正是胡适在实行他以个人名义"斥西方强权主义之非人道"的主张，也就是以西方之理论来驳斥西方强权主义。对胡适来说，"执笔报国"的战场不在中国同学会里，而在美国的舆论界。胡适在这两封信中表现出他对西方有关政治理论的熟悉已达如数家珍的程度，这正是他长期"预备"的结果，也是他高于其大部分中国同学之处，颇能体现"大国国民的风度"。这里表现出的民族主义，其诚挚不下于《留美学生月报》上的那些文章，而在理论表述上则过之。胡适提倡"不争"本是不得已，他其实就很赞赏孔子表扬执干戈以卫社稷的"国家思想"。胡适以为，"国家思想惟列国对峙时乃有之。孔子之国家思想，乃春秋时代之产儿；正如今人之国家思想，乃今日战国之产儿。"② 一次大战时代既与战国时代相类，则正宜有国家思想。胡适又何曾例外呢！

同时，胡适虽然提倡大家对中日争端以镇静处之，其实他自己的心情又哪里有那么容易平静。胡适在 1915 年 5 月 29 日给韦莲司的信（见日记）中

---

① 胡适日记，1915 年 2 月 12 日、3 月 1 日及所附信件。
② 胡适日记，1914 年 10 月 7 日。

承认，他本来已经意识到自己骛外太甚，正拟纠正，结果中日交涉事件"把一切都搅乱了"。可知胡适再三劝大家要以镇静处之，恐怕也有自戒之意，他大约知道自己就未必做得到。在国家民族处于危机之时，胡适与其他人一样，心中是极不平静的。心既不宁静，胡适就实行他要"斥西方强权主义之非耶教之道"的主张，直接以斥骂传教士纾解其愤懑。

3月21日是教会的礼拜日，胡适在本城的长老会教堂以"基督教在中国的机会"为题发表演说，到耶教的本垒去攻击耶教在中国的传播。胡适再次援用他的"双重标准"理论，指斥传教士只有在处理国内事务时才称得上基督徒，一旦进入国际事务，他们都不复是基督徒了。他说，现在那些基督教国家实际上只认暴力为权威，置弱小国家的权益于不顾，并将国家获利、商业所得和领土掠夺置于公平正义之上。一句话，胡适宣布："今日的［西方］文明不是建立在基督教的爱和正义的理想基础之上，而是建立在弱肉强食的准则——强权就是公理的准则之上！"这是胡适对西方文明最激烈的攻击，其背后隐伏的，就是中日交涉给他带来的不安和激愤。[①]

胡适并直接指出，当年德国夺取胶州湾和法国侵占广州湾，都是以一两个传教士被杀害为借口。也就是说，个别传教士的死早已成为所谓基督教国家进行领土掠夺的理由。这仍是章太炎指出的，始创自由平等之人却对他人不取自由平等的意思。但是，当胡适提出这些基督教国家的行为应为1900年的义和团运动负责时，他的意思实际上已比章太炎进了一步：如果西方不以自由平等待中国，则中国也可以不以自由平等待西方。义和团运动本是近代所有中外冲突中胡适最感不能为中国辩护者，但现在他已认为西方也要为此负一部分责任了。

1914年9月，土耳其政府宣布废除不平等条约中的领事裁判权。胡适见此消息，"不禁面红耳热，为吾国愧也！"土耳其政府本来一直要与列强谈判解决此问题，而列强则要先观察土耳其政府能否维持治安，并以此为由拖延谈判。结果土政府乘欧战之机，一举废除之，"不复与列强为无效之谈

---

① 本段与下段均参见胡适日记，1915年3月22日中所附的演说内容。

判矣"。①胡适的口气是明显同情支持土耳其方面的。他当然更希望中国也能这样做。这才是胡适民族主义真情的体现。

胡适之所以不能在意识的层面完全接受民族主义，是因为他觉得民族主义在理论上有讲不通的地方。胡适给自己下的一个定义是"行文颇大胆，苦思欲到底"。他还有个法宝，有时思不到底时便"展缓判断"。1914年1月下旬，胡适自称近来颇以"有倡以孔教为国教者"一事"萦心"。其实这是他为康大基督教青年会所请，要在"宗教之比较研究"系列讲演中担任"中国古代之国教""孔教"和"道教"三题目。但胡适因此提出许多问题，从立国是否须有宗教，到中国，再到孔教的定义和内容，再到孔教是否需革新及革新之道，再到中国古代其他诸子学说可否并尊，最后还想到如不当有宗教，则何以易之。所思甚宽而极细，条析论列，层层进逼，逻辑性相当强。胡适一向主张要有思想能思想，观此次关于孔教的思考所提的问题，知其的确比大多数人能思想。当他觉得有问题不能解决时，就写下来"供后日研思"。②则其在不能决时便展缓判断的做法，似乎也不待学实验主义而后有之。这一点在他对民族主义的认知上也有体现。

1917年3月，报载王闿运去世。胡适想起十年前读其《湘绮楼笺启》，王氏曾说，八国联军入北京而不能灭我，更谈不上瓜分中国。而且，中国人"去无道而就有道，有何不可"？当时"读之甚愤，以为此老不知爱国，乃作无耻语如此"。如今"思想亦已变更"，觉得王所说"惟不合今世纪之国家主义耳"，其实正合中国"古代贤哲相传旧旨"。故不应以后出之外国学说责中国旧学家。这引起胡适对民族主义进行系统的反思，他从"去无道而就有道"之理论证民族主义说："国家主义（民族的国家主义）但有一个可立之根据"，即"一民族之自治，终可胜于他民族之治之"。中国人推翻"满清"，即因满人实已不能治汉族。但若所得不过袁世凯，不见得比"满清"好，则"不以其为同种而姑容之"。若在袁与威尔逊之间选择，"则人必择威尔逊，其以威尔逊为异族而择袁世凯者，必中民族主义之毒

---

① 胡适日记，1914年9月13日。
② 胡适日记，1916年1月29日，1914年1月23、25、28日。

之愚人也"。①

但胡适也觉这样主动选择外国人治中国到底有点不太妥当，又自解说，要点还在"终"字上，"今虽未必然，终久必然也"。可是他发现这实是"遁辞"，于理无法再论；又以威尔逊所说的"政府之权力生于被统治者之承认"来论证民族主义，仍发现承认也须有标准，是以种族为标准还是以政治之良否为标准，皆回到前面的两个论据上，故"终不能决也"。这是胡适"展缓判断"思想方式的典型表现。实际上胡适是在为他在意识的层面不能服膺民族主义化解。民族主义的各种"前提"既然都不成立，民族主义本身也就"不能单独成立"，当然可以不尊奉。所以，胡适可以理直气壮地说："今之挟狭义的国家主义者，往往高谈爱国，而不知国之何以当爱；高谈民族主义，而不知民族主义究作何解。"此时他是反对有人"以仇视日本之故而遂爱袁世凯且赞成其帝政运动"的，但是他又展缓了在日本和袁政府中做出选择的"判断"。二十年之后，当日本的侵略再次紧迫时，他会发现自己也不得不认同于他本来十分不欣赏的国民党政权。不管民族主义在理论上是否成立，他终于以此为基础做出了判断。

*　　*　　*

在更广义的层面，胡适早已找到了他那"远为深奥"的"真正的最后解决"之道。1916年初他在致友人许怡荪的信中说："适近来劝人不但勿以帝制撄心，即外患亡国亦不足顾虑。"他坚持认为："倘祖国有不能亡之资，则祖国决不致亡。倘其无之，则吾辈今日之纷纷，亦不能阻其不亡。"目前所应该做的，是"打定主意，从根本下手，为祖国造不能亡之因"。这造不能亡之因的办法，就是他一直强调的兴教育办国立大学。胡适重申，一国无高等学位授受之地，则"固有之文明日即于沦亡，而输入之文明，亦扞格

---

① 本段与下段参见胡适日记，1917年3月7日。

不适用，以其未经本国人士之锻炼也"。[1]

胡适已在考虑固有文明的沦亡和输入文明的收受问题，识见确高于时人。但他在"为祖国造不能亡之因"的时候，却可以置祖国目下是否即亡于不问，逻辑上多少有些问题。约略同时陈独秀因痛疾而倡言"国不足爱，国亡不足惧"；章士钊提出"故知吾国即亡，而收拾民族之责仍然不了"；一向主张推动长远之社会教育的梁启超也说："虽国亡后，而社会教育犹不可已。亡而存之，舍此无道也。"[2] 胡适见此文，觉"其言甚与吾意合"。因为梁也在讲"七年之病求三年之艾"。更与胡适意思接近的，是梁也在考虑国亡之后的存国之道。

那时回国不久的留美学生许肇南给胡适写信说："在理，以吾国现在人心社会，若不亡国，亦非天理。"许氏据因果相寻之理以为，中国人"造孽太久"而不易解脱，"欲扬眉吐气，为强国之民"，要在好几代人之后了。现在只有像曾国藩所说，"不问收获，且问耕耘"，尽自己责任，"一息尚存，亦努力造因而已"。这些观念，后来胡适都爱挂在口上。他在几天之后，即已发展出所谓"活马做死马医"的观点。胡适也认为，中国当时国事败坏已达"不可收拾"的程度，小修小补已不能收效。必须"打定主意，从根本下手，努力造因，庶犹有死灰复燃之一日"。这里的"死灰复燃"，即是把中国视为已亡。胡适的理由是，对活马常不忍下手，姑息苟安的结果是"终于必死"。倒不如"斩钉截铁，认作已死，然后敢拔本清源，然后忍斩草除根"。[3]

这么多人对亡国问题所持的看法都非常相近，说明这至少是相当大一部分人的共识。他们共同的超越立场，很能从一个侧面表现出历来主张道高于治的中国读书人在追求一个超越于国家民族的高远目标的同时无意中将自己置于国家民族之上的特点。在民初新旧过渡之时代，如果说梁、章二人已近

---

① 胡适日记，1916 年 1 月 25 日；胡适：《致〈甲寅〉杂志记者》，《甲寅》第 1 卷第 10 号，1915 年 10 月 10 日，第 21 页。

② 陈独秀：《爱国心与自觉心》，《甲寅》第 1 卷第 4 号，1914 年 11 月 10 日，第 1—6 页；秋桐（章士钊）：《国家与我》，《甲寅》第 1 卷第 8 号，1915 年 8 月 10 日，第 11 页；梁启超：《政治之基础与言论家之指针》，摘抄在胡适日记，1915 年 5 月 23 日。

③ 《许肇南致胡适》（1915 年 10 月 23 日），收在胡适日记，1915 年 11 月 25 日，并参见日记，1916 年 1 月 4 日。

"功成身退"的阶段，或可代表传统的"士"的余荫；陈、胡则是即将升起的新星，应属名副其实的新兴"知识人"的范围。双方在这一点上，观念竟然如此接近。在其潜意识中，大约都有顾炎武关于"亡国"与"亡天下"之辨的影子在。① 清季人常说"亡国亡种"，这里的"种"，其实也就是从文化取向定义的"天下"。所以国可以亡，新旧士人仍可以去尽"收拾民族"之责以保"天下"。

从现实层面看，如果可以视中国为已亡，则无论进行怎样的破坏，都不致过分。中国的激进化，又多了一层理论的支持。这正是胡适后来爱说的"正义的火气"的一个出处。超越于国家民族之上的新旧读书人既可以置中国当下是否亡于不顾，也可以从为国家民族造不亡的远因这一正义目的出发去"拔本清源、斩草除根"。中国士人一向推崇"当仁不让于师"的特立独行风尚，其在担任"社会的良心"时所受的制约，又基本上全在个人的良心；在此情形之下，"正义的火气"就最难抑制，而近代中国的激进化就愈发不可收拾了。

的确，与许多同时代人一样，胡适也一向以为救亡已刻不容缓，他的留学日记中常可见到"今日急务""今日先务"一类的词语，很能体现那时中国读书人的紧迫感。所以胡适有时也确实主张故意激进。他在1916年答江亢虎信中说："今日思想闭塞，非有'洪水猛兽'之验，不能收振聩发聋之功。今日大患，正在士君子之人云亦云，不敢为'洪水猛兽'耳。"胡适本人就是中国社会思想演变激进化这一大趋势的产物，他也就在这样的大环境下带着他找到的"真正的最后解决"方案回国从事其再造文明的志业。

民初时势造英雄的大局已经形成，而胡适确有许多他人不可及之处：他素有做国人导师的愿望，并为之做了大量的准备；他处处把中西联系起来进行对比考察，实际是要达到中外平等，故能从中西文化竞争和收受的层面观察问题；他为解决中国问题找到的最后解决方案就是以教育再造中国文明并立志为之奋斗，终生不渝。这种种条件汇集在一起，就把胡适推到了极少数

---

① 《日知录·正始》："有亡国有亡天下。亡国与亡天下奚辨？曰：易姓改号，谓之亡国；仁义充塞，而至于率兽食人，人将相食，谓之亡天下。"

精英的前列。

而胡适在考虑归国的问题时，对自己将要在中国扮演的社会角色也已有了清楚的自我意识。他有时似乎喜欢将自己愿意担任的社会角色投射到其他人身上，前引他论述传教士的真正价值"在于外国传教士就像一个归国留学生一样，他总是带回一种新的见解，一种批判的精神"，就是典型的夫子自道。他在《非留学篇》中明言：中国正处于"旧文明与新文明过渡之时代"，而中西新旧两文明相隔如汪洋大海，留学即"过渡之舟楫"。作为留学生的胡适，带回新的观点和批判的精神以助此"过渡"，即为他当然的志业。

第六章

尝试：再造文明的起步

被人误解的文学革命／文学革命的社会
诠释／激进中的新文化运动

1917 年 3 月，胡适将归国，在日记中记下了原出《伊利亚特》，而为 19 世纪牛津运动之领袖纽曼（Cardinal Newman）所常道的格言："如今我们已回来，你们请看分晓罢"，认为此语"可作吾辈留学生之先锋旗也"。[①] 尚未归国，已有让人看到区别的意思，充分体现了经长期预备的胡适对自己将扮演之社会角色的自觉。后来他更浅白也更谦和地将此语翻译为"现在我们回来了，你们请看，便不同了"；在回国初年的演说中，也不止一次引用并曾以英文读之。[②] 实际上，胡适还未归国，已因在《新青年》上提倡文学革命而先声夺人，区别已出现了。这一革命，不久就扩大为新文化运动，对中国思想、社会和政治等方面影响深远，已是非常"不同"了。这当然不是胡适一人之力，也不仅仅是归国留学生之力，但胡适的个人作用也是相当突出的。对胡适来说，这就是他再造文明志业的起步了。本章就主要考察胡适在这一从文学到文化的运动中的努力和作用。

一　被人误解的文学革命

余英时师说："胡适的'暴得大名'最初完全是由于他提倡文学革命"。信然。关于文学革命，学界已研究得较多，但以胡适自己的看法，文学革命"这一运动时常被人误解了"。唐德刚先生以为，胡适的文学批评"是有高度成见的，往往把好的说成坏的，坏的说成好的"。[③] 这当然是一个见仁见

---

① 胡适日记，1917 年 3 月 8 日
② 胡适日记，1921 年 4 月 30 日。
③ 余英时：《中国近代思想史上的胡适》，第 24 页；《口述自传》，第 137 页；唐德刚：《胡适杂忆》，第 98 页。

智的问题，因为唐先生也是先有一个自己的判断标准，并以此衡量胡适的文学观。但胡适的文学观确有不少"旁逸斜出"的特殊之处。在讨论文学革命的发动之前，先简单考察一下胡适在此前后的文学观和文学史观，也许是不无益处的。

胡适自称他的文学观是"历史的文学观念"，实际上就是以进化观来解释中国文学史。一般人都知道胡适主张一个时代有一个时代的文学，但较少注意到他认为后一时代的文学通常胜过前一时代的。胡适说，在文学方面，"这两千年来，中国的进步实在很多，退步很少。"胡适把一部中国文学史看作一部中国文学工具变迁史。因此，"唐朝的诗一变而为宋词，再变而为元明的曲，都是进步"。胡适一反大多数人认为宋诗不如唐诗的观点，认为"宋朝的大家实在不让唐朝的大家。南宋的陆、杨、范一派的自然诗，唐朝确没有"。不仅诗，唐人做文章，"只有韩、柳可算是通的"，也不如宋人。至于思想，"唐代除了一两个出色的和尚之外，竟寻不出几个第一流思想家。至于学问，唐人的经学还不如宋，更不用比清朝了。"①

胡适也曾用他的进化文学观来解释西方文学史。他在论三百年来戏剧的进步时说，莎士比亚只有在当日才可算是"一代的圣手"，以今日的标准言，"实远不如近代的戏剧家"。胡适认为《奥赛罗》只是一部近代大家决不做的"丑戏"。《哈姆雷特》也"实在看不出什么好处来"。胡的评判基础，就在于他对戏剧以至文学有一根本的衡量标准，即19世纪的写实主义（今译现实主义）。依此去看，以前的戏剧都不足论。不过，胡适的进化文学观又不是完全彻底的。他对西方后起的文学流派也不十分欣赏。据此，他对民初中国那些以为写实主义已过时，说什么"今日的新文学应该谈'新浪漫主义'了"的新人物，也只视为不可救药的"妄人"。这有可能是因为他看不懂新派艺术作品：留学时曾看过一次，虽由韦莲司解释，终不甚了了；晚年仍说"大部分的抽象派和印象派的诗和画，都是自欺欺人的东西"。② 更可能是他认为中国的进化落后于西方，现在还没有到写实主义的

---

① 本段与下段参见胡适《历史的文学观念论》（1917年5月），《胡适文存》卷一，第45—49页；胡适日记，1921年7月3日、6月3日。

② 《谈话录》，第66页。

阶段，当然也就不应率尔越级跳入"新浪漫主义"阶段。

这样的中西文学史观，不论在当时和现在，都要算是非常能"独辟蹊径"了。而有意识地"另辟蹊径"正是胡适文学史观的又一大特色。胡适曾把他自己也说只有一千多年历史的白话文学史视为"中国文学史的中心部分"。这样一刀"截断众流"，置以前的文学于"边缘"地位，只有在进化文学史观武装下才有可能。但这还只是"竖断"，胡适还有更大胆的"横断"。他说，中国文学史上代表一个时代的文学，"不该向那'古文传统史'里去寻，应该向那旁行斜出的'不肖'文学里去寻。因为不肖古人，所以能代表当世。"① 既然"旁行斜出"成了时代的代表，所有各具体时代处于边缘的文学家就摇身一变而成了"正宗"。简言之，胡适的中国文学史就是先把所谓"古文传统史"划出去，再把历代的边缘文学串起来作为正统，然后据以否定历代文人自认的正统。这样的"竖断"和"横断"之后，一部新的文学史就出现了。可以看出，胡适治文学史的方法，实际是一种倒着放电影片然后重新剪辑的方法；以"另辟蹊径"的取向，集"旁行斜出"之大成。而其要点，就在于自说自话，根本不承认历代和当时的主流，当然也不与之对话。

前面说过，胡适先天有一股反叛气息。如果不是少年"暴得大名"，大约还要反得厉害。这样的性格使他特别不喜欢律诗、对联、骈文、八股以及写作中的用典。因为这些东西都最能体现"出新意于法度之中"的中国传统，最不宜有反叛气质者。他常说律诗不通，一是要凑对子，一是要用典。胡适以为："骈文、律诗，都是对对子；一直到八股，还是对对子。可见对对子是一条死路。"他觉得"律诗和缠小脚一样，过去大家以为小脚好看，但说穿了，小脚并不好看；律诗也没有道理"。一旦摒弃过去的观赏标准，评判结果当然不一样。故胡适虽然背了几千遍杜甫的《秋兴八首》，"总觉得有些句子是不通的"。他也认为苏东坡的文通诗不通，因其写诗好用典。胡适看了比他老一辈而享誉当代的律诗大家陈三立的《散原诗集》，发现里面"没有一首诗使我感动"。②

① 参见胡适《白话文学史》上卷，新月书店，1928，"引子"。
② 《谈话录》，第 131、242 页。

　　不过，胡适反对律诗和用典的文章，也因为其"故意叫人看不懂，所以没有文学的价值"。他以为，文学的价值就在明白清楚。"写得明白清楚，才有力量；有力量的文章，才能叫做美。"胡适一向强调写诗作文不能只管自己写，不管人家能否看懂。他说："我的文章都是开门见山的"，而且胡适写文章的确是有心栽花。"人家都以为我胡适写文章，总是下笔千言，一挥而就。其实我写起文章来是极慢极慢的。"因为"我的文章改了又改，我是要为读者着想的。我自己懂了，读者是不是跟我一样明白？我要读者跟我的思虑走，所以我写文章是很吃力的"。这是胡适有意想学梁启超，因为梁就能使读者跟着他走。胡适知道，要文章明白清楚就很可能会造成"浅显"，但他"抱定一个宗旨，做文字必须要叫人懂得，所以我从来不怕人笑我的文字浅显"。① 作文要"处处为读者着想"而不是"只管自己的思想去写"，已体现出文字不过是工具的意思。

　　胡适文学观的又一个特点即是文以载道观念，这也是其不脱离中国传统之处。至少到1915年夏，胡适对文学的理解基本是采文以载道的取向。他那时读托尔斯泰的《安娜·卡列尼娜》，以为"甚不易读，其所写皆家庭及社会纤细琐事，至千二百页之多，非有耐心，不能终卷。此书所写俄国贵族社会之淫奢无耻，可谓铸鼎照奸"。小说而至于难读，足见胡适的认真。不过，如果托翁听见他的小说别人要靠耐心才能读完，岂不大愧。而胡适耐心读完之后，从书中所见却是"贵族社会之淫奢无耻"，颇类其读吴趼人、曾孟朴的谴责小说，这样的知音，大约也是要使托翁大摇其头的。一个月后他说，他在十六七岁时刊于《竞业旬报》之小说《真如岛》中，曾"自言不作无关世道之文字"。那就是典型的文以载道的观念。此时他已认为少年时只知其一不知其二，实则文学本身的优美也是重要价值。② 胡适虽然在意识的层面认识到少年时的局限性，但也许是因为少时的观念入其心中已深，仍未能从根本上改变他的这一取向。

　　正是因为从文以载道的视角出发，胡适评判文学作品一向较少注意文学本身的优美（他自认明白清楚就是美），总喜欢以文学之外的标准去评判。

---

① 《谈话录》，第23、240、66页；唐德刚：《胡适杂忆》，第70页；《四十自述》，第123页。
② 胡适日记，1915年7月10日、8月18日。

其一个明显的表现就是将形式与内容分开，结果其讨论评判常常多及形式少及内容，有时甚至只及形式不及内容，给人以重形式轻内容的印象。前述他反对律诗骈文的，其实都在形式。胡适指出，"一部中国文学史只是一部文字形式（工具）新陈代谢的历史"，所以文学革命也就是文学工具的革命。胡适一生治学，都有重视作为工具的"方法"超过工具所表达的内容这种倾向。这又与传统的文以载道观不一样了。中国传统的观念，文既然是载道的工具，当然远不如其所载之道重要（实际也确有不少人为了"因文见道"，结果只在手段上下功夫，始终未达"见道"的目的）。但胡适却用他的进化文学观轻易化解了手段压倒目的这一矛盾，并以此作为他的文学革命论的一块基石。按胡适的意思，旧瓶是不能装新酒的，新酒必须用新瓶来装；瓶子如果不比酒重要，也至少与酒同样重要。所以，"文学的生命全靠能用一个时代的活的工具来表现一个时代的情感与思想。工具僵化了，必须另换新的，活的，这就是文学革命。"①

了解了这些观念，我们再来看胡适手创的文学革命，就较容易把握了。早在 1914 年夏胡适还没有自觉的文学革命念头时，他实际上已在开始文学革命了。前面说过，那年夏天他的思想一度动荡，此后似乎比以前自信更强，自觉"胸襟魄力，较前阔大，颇能独立矣"。体现在胡适一向自视颇高的做诗上，他已"颇能不依人蹊径，亦不专学一家，命意固无从摹效，即字句形式亦不为古人成法所拘"。而且，胡适似乎特别喜欢做"吾国"所没有的事。那年 7 月，胡适做了一首纯说理的诗，颇觉自豪。因为在他看来，中国"诗每不重言外之意，故说理之作极少"，远不如西人。② 我们且不管"言外之意"与"说理"之间有多少逻辑联系（实则恐怕根本是两事），但胡适这里主要强调的是他的独创性。从方法到形式的"不依人蹊径"既然成为他做诗的一个发展方向，走向白话诗的可能性已见端倪，文学革命也呼之欲出了。

胡适自己把文学革命的开端定在 1915 年夏天他和一些留美学生开始着

---

① 胡适：《逼上梁山》，收入曹伯言选编《胡适自传》，黄山书社，1986，第 111 页。关于胡适思想中把一切学术思想以至整个文化都化约为方法的倾向，余英时师已有详论，参见《中国近代思想史上的胡适》，第 40—44 页。

② 胡适日记，1914 年 7 月 7 日。

意于中国文字的改革。那正是在他转学前后，被停止奖学金，因中日交涉时的言论在留学生中很不得人心，又要转学，心情大约比较波动，容易兴奋和激动。胡适自己解释所谓"逼上梁山"，即为环境所迫，不得已而做出违反其本意的非常行为。那压迫他的"环境"，或者也就隐含这些扰人之事。有一位姓钟的留学生监督处职员，每在给学生寄支票时夹寄一些受传教士影响的文字宣传改革。胡适以前收到无数次，并不觉十分反感。但此时心情不是很好，所以在又收到关于中文应改用拼音的宣传文字时，一向颇有修养的他竟写信去骂钟某。寄信后又有些后悔，于是他约赵元任共同在美东中国同学会上发起了一个文字改革的小组讨论。①

但胡适所谓为环境所迫不得已而做出违反其本意的非常行为，主要还是"由于我个人的历史观念很重，我可以说我经常是一位很保守的人"，结果却做出许多激进的事。这话中的"经常"二字尤其准确。因为胡适虽然不时"率性"，主要还是向往着"作圣"。而且，就对中国文字的态度言，胡适在那时确实属于偏保守的一边。那时在美国，"吾国学生有狂妄者，乃至倡废汉文而用英文"。胡适则认为："吾国文字本可运用自如。今之后生小子，动辄毁谤祖国文字，以为木强，不能指挥如意（Inflexible），徒见其不通文耳。"这是有心得的见解，因胡适自己有少年时的特殊训练，对中文运用颇能自如。而有些留学生不仅不通中文，甚而不会中文，看法当然不一样。中国的文字是胡适一生中一直公开肯定的少数中国事物之一，他后来多次言及中国文字的长处，包括在认为中国事事不如人时也是如此。而且，在那次文字讨论会上，赵元任的题目是汉语拼音化，胡适的题目是如何使文言易于教授。从题目看，胡比赵还稳健保守得多。足见胡适在那时确不算最激进者。

实际上，胡适那时的有些观念还基本在传统之中。1914年他参观波士顿图书馆，见"藏书既少，而尤鲜佳者，《三国演义》《古今奇观》《大红袍》等书皆在焉"。在中国旧小说中，《三国》的确不是胡适最欣赏者，但后来逐渐"激进"起来时，也曾把《三国》捧得很高。此时却作为藏书不

① 本段及下段参见胡适日记，1915年8月26日、6月6日，1914年9月13日；胡适《逼上梁山》，第104—105页；《口述自传》，第137—140页。

佳的例证，正是典型的士大夫观念。而且，胡适在留学时所做日记及其他文字仍用古文。他二十岁写《康南耳君传》，"我那时还写古文，现在看起那个调子来觉得有点难为情。那时叙事文受了林琴南的影响。林琴南的翻译小说我总看了上百部"。这是晚年倒放电影时才觉得"难为情"，当时却不然。他写该传的结论部分，不过三百余字，竟"终日始成"，不禁慨叹"久矣余之不亲古文，宜其艰如是也"。① 则知虽因久不做古文而笔已生疏，口气还是亲切的。值得一提的是，林译小说一般要到新文化运动之后才较多被人用为古文范本（详后），胡适真要算林纾少见的知音了。

前面说过，胡适的防守心态甚强，每遇压力，必有反弹，压力越大，反弹越强。他之所以走上文学革命的道路，外来的压力是一个重要的因素。如他自己所说，"一连串的小意外事件，逐渐的强迫我采取了"激进的立场。这些外在因素当然也不都是压力，比如胡适提到的"又有一件小小的意外事件"，就是康乃尔附近来了一个中国女学生陈衡哲。陈女士触动胡适的，也许不及她触动后来的夫君任鸿隽的多（至少从被触动者的一面是如此）。胡适在离开康大到哥大时，先以"我诗君文两无敌"与任鸿隽划分了文学领域的"势力范围"。可是一向被胡适视为忠厚的任鸿隽，在与胡适辩论诗的形式时一直不让步，多少有在陈女士面前争胜的心理在起作用。任鸿隽暗示胡适的诗言之无文。他说，中国"文学不振，其最大原因乃在文人无学"。所以，解救的办法在加强学问而不是在文学形式上做文章。他特别指出："以文学革命自命者，乃言之无文，欲其行远，得乎？"② 忠厚的任氏尚且不让步甚而进攻，当然更促进了胡适的"斗志"。

关于胡适与其朋友就文学革命的辩论内容，几乎每一本有关胡适的书都所述甚详。③ 本书就不必重复了。主要的分歧，就在于胡适认为可以用作文的方法做诗；因古文已成"死文字"，故可以用白话入诗，进而到完全用白话做诗。双方辩论不休，"愈辩则牵涉愈多。我的朋友们愈辩愈保守；我也就愈辩愈激进了"。可知辩论双方，可能都有为取胜而强化立场的倾向。如

---

① 《谈话录》，第 280 页；胡适日记，1914 年 9 月 13 日、1911 年 8 月 25 日。
② 《口述自传》，第 141—146 页；胡适日记，1916 年 2 月 10 日。
③ 胡适自己的叙述则参见《逼上梁山》全文（第 104—132 页）和《口述自传》第七、八章。

胡适最强硬的对手、因辩论而几至绝交的梅光迪所说：足下"自居宗师，不容他人有置喙之余地矣。夫人之好胜，谁不如足下？足下以强硬来，弟自当以强硬往。处今日'天演'之世，理固宜然"。不过，大体是胡适"激进化"的程度超过他的朋友们"保守化"的程度。实际上，梅氏就并不反对文学革命，他自己在这封信中就也提出四项大纲作为他的文学革命的具体主张。①

胡适在送梅光迪往哈佛的诗中，有广为引用的几句："神州文学久枯馁，百年未有健者起。新潮之来不可止，文学革命其时矣。吾辈势不容坐视，且复号召二三子，革命军前杖马棰。鞭笞驱除一车鬼，再拜迎入新世纪。"这里胡适第一次点出了"文学革命"四字。但胡适这里要"鞭笞驱除"的鬼是中国的鬼，可是任鸿隽戏和其诗，挖苦胡适的"文学革命"不过就是将外国人名音译入诗；并将这些音译字集在一起，也说是"鞭笞一车鬼"，但特别注明此鬼乃"洋鬼子之鬼"，意思遂一大转。胡适似乎并未读出他和任鸿隽两人取向的差异，这是他将要走上反传统路径的先声，只是还没有到"有意"的层面。但胡适知道任是在挖苦他。他虽强作不知其究竟是"知我乎？罪我乎？"终于还是觉得要讲清楚，所以在和诗中一面提出"诗国革命何自始，要须作诗如作文"，一面希望大家"愿共努力莫相笑"。②

此后，胡适在颇感"孤独"的心境下，努力以"作诗如作文"的方式创作白话诗，要以实际行动来证明他的"诗国革命"。他先定下了《尝试集》的题目，然后进行他的尝试，可知也还有相当的自信。胡适本自认是留美学生中做诗的第一把手，也常有同学称赞他，如留学生张子高就说胡适的诗文足以当"雅洁"二字。胡适自己则说"吾诗清顺达意而已"。此话看来颇为谦虚，但如果对比前引胡适所说清楚明白就是有力量，有力量才是美的观念，这已是他所追求的最高境界了。他在1916年初总结自己去国以来的成绩，觉得散文虽"有退无进"，韵文则"颇有进境"。这大约是他后来

---

① 《梅光迪致胡适》（1916年8月8日），在《年谱》第52页和胡适日记1916年8月各有所记。

② 胡适日记，1915年9月17、19、21日。

把作文的头把交椅让给了任鸿隽的原因。胡适到晚年看法依旧，认为他留学时的"文不如诗，诗已有了家数，能够达意，不用典了"。①

以今日对诗的看法而论，胡适以作文之法做诗这个"尝试"，并不十分成功。曾受胡适攻击的南社诗人柳亚子就说胡适"所作白话诗直是笑话"。柳或不免有反唇相讥之意，但诗与文如果全无区别，则何必写诗？一般而言，诗在宣泄感情上的功能似大与其表述观念的功能，而胡适做诗恰好反是。周策纵先生说，胡适的"个性太冷静、太'世故'了……所以他的诗、文，都有点冷清感，与梁任公常带感情的笔端大不相同"。比如，胡适哭亡女的诗就"写得太做作，太轻浮，太不能动人感情了"。又如，"丁文江和徐志摩都可算是他最要好的朋友，他哭悼他们的诗，也都没有热情流露感人之处。"特别是写徐志摩那首，"太做作而不自然，而且不够深沉厚重"。更要紧的是，胡适写诗，"多是在发宣言，有所为而作，有意见要发表，就是有一 message。而不是由情感冲激而成，也就不能以情移人"。② 周先生的见解是有见地的，我们后面可以看到，当胡适的诗确由"情感冲激而成"时，也是相当能"以情移人"的。

1936 年，胡适在为他的留学日记出版所写的"自序"中说，他的文学革命的主张"也是实验主义的一种表现"，并指出《尝试集》的题名"就是一个证据"。此事的需要特别说明及最后这一点"证据"的提供，恰说明连在他自己心中，这也并不十分肯定。但这段话也为我们提供了一条认识胡适的尝试诗的路径，他实际是在把诗的形式的革新作为主要的目标。这仍是他几十年一贯的"围绕着'方法'这一观念打转"的同一取向。胡适不但写诗是在发宣言，他的"怎样写"也是在发宣言，后者恐怕还是他想要发的更重要的宣言。

所以，我们不能据今日的后见之明来观察胡适的白话诗，也不宜据我们自己或别的什么人所持的标准来评判《尝试集》。问题在于，从发宣言的角度看，胡适是否获得了成功？梁启超在读过《尝试集》后，曾写信给胡适，

---

① 胡适日记，1915 年 2 月 11 日、1916 年 2 月 24 日；《谈话录》，第 280 页。
② 胡适日记，1917 年 6 月所附"归国记"；周策纵：《论胡适的诗》，收在唐德刚《胡适杂忆》，第 274—276 页。

说他"欢喜赞叹，得未曾有。吾为公成功祝矣"。梁是老辈，但也是最趋新者，善于领会时代气息；同时，他在旧诗上与胡适一样曾得力于晚清桐城文人。梁似乎读出了胡适要发的宣言，因为他在表彰之余，实际上对胡适诗的形式提出了批评，委婉指出胡适在诗最重要的"音节"方面，功夫太差。[①]虽然其所见是在负的一面，梁既然看到的是诗的"形式"，仍可以算是胡适的知音。可知胡的宣言没有白发。而且，以梁的身份，在颇有保留的情形下仍要叫好，则《尝试集》在出版当时便有相当的"征服力"，也是无疑的。

要全面弄清《尝试集》在当时的威力所在，不是三言两语就说得清楚的，只能俟之以将来。广而言之，《尝试集》主要是借了整个文学革命的东风，但其本身也必须有具体的能使人服的地方。换言之，即使这一诗集不过是把一般人吓唬住了，它吓人的地方究竟何在？这里只举一个小例子。胡适的白话诗在格式上创新颇多，其以英语的译音入诗，就是一创举。最常为人引用的一句就是"匹克匿克来江边"。引用者多少都学过一点英语，他们的引用无不带点挖苦的意思。从他的老朋友任鸿隽到后来的新朋友溥仪及晚年的"好后学"唐德刚，均在此列。但是这些人未曾料及的是，在民国初年尊西成风时，许多外来字词正是靠着其译音而获得言外之魅力（charisma，又是一个难以找到对应汉字的词）。君不见民国初年"德先生"和"赛先生"就比"民主（早年也译民治）"和"科学"说起来响亮得多吗！当年思想论争时，一方只要将"德谟克拉希"或"普罗"一类的字词挂在口上，通常就可操几分胜算了。故胡适本意虽只是略做尝试，但歪打正着，无意中恰增添了其白话诗的"力量"，真可说是"功夫在诗外"了。

歪打正着仅是一两个小侧面而已，绝不是文学革命的主要力量所在。胡适自己认为："这几年来的'文学革命'，所以当得起'革命'二字，正因为这是一种有意的主张，是一种人力的促进。《新青年》的贡献，只在他在那缓步徐行的文学演进的历程上，猛力加上了一鞭。这一鞭就把人们的眼珠子打出火来了。从前他们可以不睬《水浒传》，可以不睬《红楼梦》，现在他们可不能不睬《新青年》了。"[②] 的确，"有意的主张"是晚清和民初两

---

① 参见耿云志《胡适研究论稿》，四川人民出版社，1985，第242—243页。

② 胡适：《白话文学史》，第7页。

次白话文运动与前此也有白话诗文存在的一个根本区别。近代士人讲开通民智，以白话文来教育大众早已不断有人在提倡，陈独秀和胡适都曾身与清末的白话文活动。但是，同为有意，还有进一层的区别。胡适在 1922 年时说："二十多年以来，有提倡白话报的，有提倡白话书的，有提倡官话字母的，有提倡简字字母的。"他认为这些人可以说是"有意的主张白话"，但不可以说是"有意的主张白话文学"。[①]

前者的最大缺点是"把社会分作两部分：一边是'他们'，一边是'我们'，一边是应该用白话的'他们'，一边是应该做古文古诗的'我们'。我们不妨仍旧吃肉，但他们下等社会不配吃肉，只好抛块骨头给他们去吃罢"。余英时师以为，胡适答案中关于"我们"和"他们"的分别，"恐怕也包括了他自己早年的心理经验"。他少年时在《竞业旬报》上所发表的白话文字大概也都是写给"他们"看的。但胡适"在美国受了七年的民主洗礼之后，至少在理智的层面上已改变了'我们'士大夫轻视'他们'老百姓的传统心理"。而这一改变就使他毫不迟疑地要以白话文学来代替古文学，使通俗文化有凌驾于士大夫文化之上的趋势。[②] 余先生这里强调的"理智的层面"是一个关键，胡适的确有意识要合"他们"与"我们"而成"全国人民"，但其潜意识仍不脱"我们"的士大夫意识；他要为"国人导师"的自定位决定了他最多不过做到变轻视"他们"为重视"他们"。但没有做到不等于不想做到，胡适在意识的层面的确想要借"国语的文学"这一建设性的革命达到融铸中国之"全国人民"的目的，这恰是他要仿效的欧洲文艺复兴的成就。胡适的民族主义思想正蕴涵在此。

如唐德刚先生所说："把白话文当成一种新的文体来提倡，以之代替文言而终于造成一个举国和之的运动，从而为今后千百年的中国文学创出一个以白话文为主体的新时代，那就不能不归功于胡适了。"[③] 而且胡适又最善于对一个题目做有系统而合乎逻辑的表述，他论述白话文的重要，确实也比许多人更加透彻和系统。但这是从立说者一面看问题，在接收者的一面，立

---

① 本段及下段参见胡适《五十年来中国之文学》（1922 年），《胡适文存》二集卷二，第 192 页。

② 余英时：《中国近代思想史上的胡适》，第 26—27 页。

③ 唐德刚：《胡适杂忆》，第 90 页。

说者的鞭子打得再猛，他们也不见得就要理睬。为什么胡适一提倡，举国就能和之？《新青年》已使人"不能不睬"这个历史事实提示着世风的明显转移。而世风的转移，又与清季废除科举以后的社会变化，特别是读书人社会变动的大调整有关。这一社会变动与思想发展的互动关系，是理解文学革命的又一重要途径。

二　文学革命的社会诠释

胡适认为，文学革命能很容易就取得成功的"最重要的因素"就是"白话文本身的简捷和易于教授"。① 这就提示了一个重要的认识文学革命的路径。盖其全从接收者一面考察问题。社会发展与思想演变的互动关系，我们过去研究得很不够。我们的思想史和社会史研究，不仅各自都较薄弱，而且几乎一直是各搞各的，互不越雷池一步。但过去对从文学革命到整个新文化运动的认知，显然已说明仅从思想史的角度考察，未必能得此事件之全貌。余英时师在讨论近代思想史上的胡适之时，已对新文化运动的社会基础进行了简明的考察分析。这里试从思想史的社会层面着手，进一步从接收者一面考察和诠释文学革命，希望能有更深入的理解。

余英时师认为，1919 年的五四爱国运动立即引起了全国各大城市的学生罢课、商人罢业和工人罢工，这一事实充分说明了新文化运动的基础就是"城市中的新兴知识分子和工商业阶层"。他们也是当时的大众传播工具如报章杂志的主要城市读者群。白话文运动的成功使新思想、新观念能够通过报章杂志而直接传播给他们。"所以新文化运动从白话文开始虽出于历史的偶然，但以结果而论则是非常顺理成章的一种发展。"陈独秀就已指出："中国近来产业发达，人口集中，白话文完全是应这个需要而发生而存在的。适之等若在三十年前提倡白话文，只需章行严一篇文章便驳得烟消灰灭。"②

---

① 《口述自传》，第 166 页。应该指出，胡适的"最重要"是数个并列，而不是通常的唯一之"最"。

② 余英时：《中国近代思想史上的胡适》，第 25 页，陈独秀语也引在此。

的确，以前的人提倡白话，是为引车卖浆者流说法，是要去"启"别人的"蒙"。启蒙者自身，既然不"蒙"，自然可不用白话。所以一般的士大夫，完全可以置之不理。那被"启"的"蒙者"一边，自己是否承认被"蒙"，或其承认的"蒙"是怎样一种"蒙"（很可能只承认不识字而被"蒙"却并非是不知新知识那样的"蒙"），及其是否想要或愿意其"蒙"被"启"，恐怕都是要打个很大的问号的。但这不是我们这里能讨论的问题。[①] 今胡适所倡导的白话，是为士大夫自身说法，是要"启蒙"者先启自己的"蒙"，这就与以前有根本的区别了。可以做古文的士大夫自己，包括留学生，当然不会赞成；后者尤其反对得厉害。正因为如此，胡适的白话文主张在美国留学生圈内才几乎完全得不到支持。后来文学革命以及新文化运动最有力的反对者，仍是留学生，这一点后面还要论及。

另一方面，民国初年那些介于上层读书人和不识字者之间的边缘知识青年，当然就要拥护白话文运动了。前引陈独秀所说的文学革命社会背景，若仔细观察，实际上就只限于向往变成精英的城镇边缘知识青年或知识青年，真正通俗小说（未必白话）的读者群是不同的（详后）。民国初年的中国有一班不中不西，中学和西学的训练都不够系统，但又初通文墨、能读报纸之辈，因科举的废除已不能居乡村走耕读仕进之路，在城市又缺乏"上进"甚至谋生的本领，既不能为桐城之文、同光之诗而为遗老所容纳，又不会做"八行书"以进入衙门或做漂亮骈文以为军阀起草通电，更无资本和学力去修习西人的"蟹行文字"从而进入留学精英群体，但其对社会承认的期望却不比上述任何一类人差。他们身处新兴的城市与衰落的乡村以及精英与大众之间，两头不沾边也两头都不能认同——实际上当然希望认同于城市和精英一边而不太为其所接受。

从基层奋斗到上层的胡适是非常理解这种希望走近上层社会的心态的。他在后来写的《中国新文学大系·建设理论集》的"导言"中说："小孩子学一种文字，是为他们长大时用的；他们若知道社会的'上等人'全瞧不起那种文字，全不用那种文字来著书立说，也不用那种文字来求功名富贵，

---

① 有兴趣的读者不妨参阅李孝悌《清末的下层社会启蒙运动》，台北：中研院近代史研究所，1992。

他们决不肯去学，他们学了就永远走不进'上等'社会了！"① 像孔子一样，胡适希望能够向学的人都有走进上等社会的机会，所以他特别注重教育与社会需求的关联。他刚从美国回来时就注意到："如今中学堂毕业的人才，高又高不得，低又低不得，竟成了一种无能的游民。这都由于学校里所教的功课，和社会上的需要毫无关涉。"② 且不管胡适所说的原因是否对，城市社会对此类中学生的需要有限是事实。

胡适写那篇文章的口气，似乎尚未有意识地把这些人当作"我们"看待。其实他们才真是最支持白话文运动的"我们"。这些人在穷愁潦倒之际忽闻有人提倡上流人也要做那白话文，恰是他们可以有能力与新旧上层精英竞争者。胡适明确指出，文学革命就是要把"大众所酷好的小说，升高到它们在中国活文学史上应有的地位"。小说的地位升高，看小说的"大众"的地位当然也跟着升高。胡适并有意识地"告诉青年朋友们，说他们早已掌握了国语。这国语简单到不用教就可学会的程度"。因为"白话文是有文法的，但是这文法却简单、有理智而合乎逻辑，根本不受一般文法转弯抹角的限制"（这已与其《文学改良刍议》的第三条矛盾了），完全"可以无师自通"。简言之，"学习白话文就根本不需要什么进学校拜老师的。"实际上，"我们只要有勇气，我们就可以使用它了"。③

这等于就是说，一个人只要会写字并且胆子大就能作文。边缘知识青年一夜之间不降丝毫自尊就可跃居"上流"，得来全不费工夫，怎么会不欢欣鼓舞而全力支持拥护！到五四运动起，小报小刊陡增，其作者和读者大致都是这一社会阶层的人。从社会的层面看，新报刊不也是就业机会吗？他们实际上是自己给自己创造出了"社会的需要"，白话文运动对这些人有多么要紧，而他们的支持拥护会有多么积极，都可以不言而喻了。

胡适的主张既然适应了民国初年社会变动产生出的这一大批边缘知识青年的需要，更因为反对支持的两边都热烈参与投入，其能够一呼百应（反对也是应）、不胫而走，就不足为奇了。而且，如前所述，胡适写文章是有

---

① 此文收入姜义华主编的《胡适学术文集·新文学运动》，中华书局，1998，引文在第239页。
② 胡适：《归国杂感》（1918年1月），《胡适文存》卷四，第10页。
③ 《口述自传》，第229、166、163页。

心栽花。他"抱定一个宗旨，做文字必须要叫人懂得"，为此而改了又改，就是"要为读者着想"。胡适关怀的不止是他自己是否懂，而且有意学梁启超，"要读者跟我的思虑走"。努力使他的文章"明白清楚"的结果是"浅显"，而浅显又适应了边缘知识青年的需要。同时，他作文既然不是"只管自己的思想去写"，而是"处处为读者着想"，有时或不免因为想象中的读者的缘故要收束或张大"自己的思想"，这或者使胡适所表述的未必总是完全代表他的本意（应至少代表了大意）。但这样与别人不同的一心一意从读者角度出发的苦心，在民初思想接收者渐居主动地位时，就给胡适带来了意想不到的正面回馈。

同时，白话文运动的迅速成功也还有另外的非思想的原因，那就是胡适和陈独秀这两个安徽老白话作家的配合。

胡适曾说："天下古今多少社会革新家大概多有头脑简单的特性；头脑太细密的人，顾前顾后，顾此顾彼，决不配作革命家。"胡适自己确实当得起"头脑细密，顾前顾后"这几个字。但他的性格又有反叛的一面，提倡怀疑，讲究"率性"，喜欢立异，且因少年以来的成功而自信心特别强，结果是"旁逸斜出"的胆子比大多数人都要大；更由于从小养成的防卫心态，遇压力就反弹，压力越大，反弹越强。所以胡适头脑并不简单却具备了头脑简单的社会革新家的许多功能性特征，两难之局在胡适身上竟能杂糅，发难搞革命也就不足为怪了。但胡适终因头脑太细密，又要自我保护，鉴于在美国遭大家反对的经验，为了怕守旧派的反对，在写成文章发表时，故意委婉出之，不说文学革命而说是什么"文学改良刍议"。① 这说明胡适对当时国内情形的了解尚有误差。但其主张正适应了国内一大社群的需要，结果不仅未遇到反对，简直还大受欢迎。

对胡适来说，没有压力，便不会反弹。因为他原本就预想白话文运动"总得有二十五至三十年的长期斗争"才能成功。眼看革命就要真的变成改良时，恰遇到陈独秀大张旗鼓的支持。从这个角度看，胡适与陈独秀的配合就更有意义了。陈是身与清末革命之人，胡则只是同情和间接参与；我们虽不能说陈的头脑简单，但其不容人反对的革命性确比胡强不知多少倍。正如

① 胡适日记，1921 年 6 月 3 日；《口述自传》，第 149 页。

胡适自己说的，当年他的态度太和平持重，"若没有陈独秀'必不容反对者有讨论之余地'的精神，文学革命的运动决不能引起那样大的注意"。两人不仅在态度的激进与稳重上互补，而且，如余英时师指出的"胡适对中西学术思想的大关键处所见较陈独秀为亲切"，而陈则"观察力敏锐，很快地便把捉到了中国现代化的重点所在"，故能提出"民主"与"科学"的口号。① 两人的协作，真是文学革命的天作之合。

但是，胡陈合作的意义远不止此。它还意味着留美学生与国内思想言说的衔接。民初的中国，不仅存在知识精英与一般平民疏离的现象，而且还有自晚清以来西洋留学生与国内思想言说的疏离。梁启超在《清代学术概论》中说："晚清西洋思想之运动，最大不幸者一事焉，盖西洋留学生殆全体未尝参加于此运动；运动之原动力及其中坚，乃在不通西洋语言文字之人。"由此生出种种弊端，"故运动垂二十年，卒不能得一坚实之基础，旋起旋落，为社会所轻"。② 梁氏著此书本为胡适所促，书成后又经胡适"有所是正"，不知这一段是否就是据胡适提出的意见增改的。因为胡适最爱引用纽曼的诗："现在我们回来了，你们请看，便不同了。"则梁意不过为胡做铺垫罢了。不过，梁氏也指出，从这一点看，过去的西洋留学生，"深有负于国家也"。这当然说的是晚清的现象，民国以后，西洋留学生对推广西学的参与，显然比前增多。不过，虽然参加，又多是自说自话，不仅不能像黄远庸所说的"与一般人生出交涉"，就是与国内的精英，也没有多少沟通。

胡适其实早就认识到梁所指出的弊病。他知道，要"输入新知识为祖国造一新文明，非多著书多译书多出报不可"。但留美学生中许多人"国学无根底，不能著译书"。胡适以为，这就是中国"晚近思想革命政治革命，其主动力多出于东洋留学生"的根本原因。东洋留学生的学问并不见得高于西洋留学生，实际上就西学言肯定还要差许多，但东洋留学生都能"著书立说"，所以有影响；而不能"著书立说"的西洋留学生在中国这些思想政治运动中，就只能"寂然无闻"了。问题在于，像胡适这样有意要参与的西洋留学生，也常觉参与无由。他曾深有感慨地指出："美留学界之大病

---

① 《口述自传》，第164页；余英时：《中国近代思想史上的胡适》，第13—14页。
② 本书所用的是朱维铮校注《梁启超论清学史二种》，复旦大学出版社，1985，第80页。

在于无有国文杂志，不能出所学以饷国人。"① 其实杂志不是完全没有，但印数少而流传不广。胡适与朋友们的讨论多在书信中，即使发表在《留美学生月报》上也只有留学生他们自己看。"出所学以饷国人"正是胡适的愿望，他为此进行了长期的预备。陈独秀办的《新青年》的作用就在于使胡适和其他人"能出所学以饷国人"，从而改变了留美学生自说自话的状态。从此留美学生就成了中国思想言说中的一支生力军。

胡适的《文学改良刍议》就主要是为国内刊物《新青年》所写，发表后颇有"轰动效应"，于是一举成名。对国内的人来说，文学革命的口号应是陈独秀提出的，但陈既然将胡适许为文学革命"首举义旗之急先锋"，许多人也认同这一观念。在胡适归国前，南社的柳亚子在给杨杏佛的信中，已说胡适"创文学革命"。② 这个认知出自不太喜欢胡适的人，可知他在国内已是声名远播了。但胡适同时一稿两投，也将文章刊登在《留美学生季报》上，却几乎无人理睬。这最能说明接收一面对文学革命兴衰的重要。而一旦接收一面对其重要性有了"自觉"的认识，事物的发展又会很不一样了。

比如胡适提出的"活文学"，其实都是依其自定标准来判断。胡适非常认同于黄远庸所说的"与一般人生出交涉"的观点，并将其视为"中国文学革命的预言"（这里就仍有"我们"与"他们"）。③ 问题在于，一旦"与一般人生出交涉"成为宗旨，什么是活文学便不是胡适等所能凭一己之爱好而定，而实应由"一般人"来定。换言之，面向大众成了目标之后，听众而不是士人就成了裁判。在胡适等的内心深处，大约并未将此裁判的社会角色让出。胡适关于历代活文学即新的文学形式总是先由老百姓变，然后由士人来加以改造确认即是保留裁判角色的典型表述。

这就造成了文学革命诸人难以自拔的困境：既要面向大众，又不想追随大众，更要指导大众。任鸿隽、梅光迪、林纾都在不同程度上意识到这一点的。梅氏以为，如用白话，"则村农伧父皆是诗人"。任鸿隽有同感，他在给胡适的信中说："假定足下之文学革命成功，将令吾国作诗者皆京调高

---

①　胡适：《非留学篇》；胡适日记，1914 年 6 月 29 日。

②　胡适日记，1917 年 6 月所附"归国记"。

③　胡适：《五十年来之中国文学》（1922 年），《胡适文存》二集卷二，第 164—165 页。

腔。"① 而林纾则对"凡京津之稗贩，均可用为教授"这种潜在可能性深以为戒。在这一点上，旧派比新派更具自我完善性。传统的士大夫的社会角色本来就是一身而兼楷模与裁判的，分配给大众的社会角色是追随；追随得是否对，仍由士大夫裁定。两造的区分简明，功能清晰。但对民初的知识人——特别是有意面向大众的知识人——来说，事情就不那么简单了。所有这些士大夫的功能，现代知识人似乎都不准备放弃；但他们同时却又以面向大众为宗旨。这里面多少有些矛盾。关键在于大众如果真的"觉醒"，自己要当裁判时，知识人怎样因应。假如稗贩不再是"可用为教授"，而竟然"思出其位"，主动就要做教授，那又怎么办？林纾已虑及此，新文化人却还没来得及思考这一问题。

过去研究五四之前的文学革命，虽然都指出其各种不足，但一般尚承认其在推广白话文即在试图"与一般人生出交涉"方面的努力和成功。其实恰恰在这一点上，文学革命只取得了部分的成功。胡适自称："在短短的数年之内，那些［白话］长短篇小说已经被正式接受了。"② 但在几年内最先接受白话者竟然包括素称落后的北洋政府，它在 1920 年就规定小学课本使用白话文。而最接近"引车卖浆者流"的读者反而在相当时期内并不十分欣赏白话文学作品，张恨水就同样用古文写小说而能在新文化运动之后广泛流行，而且张氏写的恰是面向下层的通俗小说。这很能说明文学革命在白话方面的"成功"其实还应做进一步的分析。如果从销售的数量言，二三十年代文言小说恐怕不在白话小说之下。美国学者林培瑞已做了很大努力去证实是哪些人在读文言小说，哪些人就是以上海为中心的"鸳鸯蝴蝶派"早已生出交涉的"一般人"。③

不过，文言小说在相当时期里的风行虽然可用统计数字证明，文学革命诸人自己的确没有认识到，恐怕也不会承认，他们在"与一般人生出交涉"方面竟然成功有限。很简单，他们自己的文学作品也确实很能卖，同样是不断地再版。这就提出一个新的问题，文学革命者们到底与什么样的"一般

---

① 胡适日记，1916 年 7 月 22、24 日（7 月 30 日补记）。
② 《口述自传》，第 164 页。
③ Perry Link, *Mandarin Ducks and Butterflies: Popular Urban Fiction in Early Twentieth - Century China*, Berkeley & Los Angeles: University of Califorlia Press, 1981.

人"生出了交涉呢？或者说，究竟是谁在读文学革命者的作品呢？后来的事实表明，在相当长的一段时间里，接受白话小说者只是特定的一部分人。他们中许多是从林译文言小说的读者群中转过来的，有的更成了后来的作者（如巴金）。另一些大约也基本是向往新潮流或走向"上层社会"的知识青年。鲁迅当然也曾见过以带着体温的铜元来买小说的电车售票员，但他似乎也就只见到那一个。可以说，原有意面向"引车卖浆者流"的白话小说只在上层知识精英和追随他们的边缘知识青年中流传，而原被认为是为上层精英说法的古文却在更低（底）层但有阅读能力的大众中风行，这个极具诡论意味的社会现象说明胡适提出的"白话是活文学而文言是死文学"的思想观念其实是不十分站得住脚的。

这就揭示了胡适等人在有意识的一面虽然想的是大众，在无意识的一面却充满精英的关怀。文学革命实际上是一场精英气十足的上层革命，故其效应也正在精英分子和想上升到精英的人中间。民初新旧杂陈的现象后面还要进一步探讨，但这些新文化运动领导人在向着"与一般人生出交涉"这个取向发展的同时，已伏下与"一般人"疏离的趋向这个事实已隐然可见了。甚至可以说，30 年代左翼文化运动的兴起，就是在文学革命运动"失败"的基础上继续完成文学革命"与一般人生出交涉"的任务。

30 年代的左翼文化运动，看上去似乎与更早的文学革命运动相对立，至少左翼文化运动一开始时的攻击目标，基本上是集中于已"落伍"的文学革命时的前辈。但两个运动之间又有着密切的内在关联。左翼文化运动的兴起，大致仍是遵循文学革命时期"与一般人生出交涉"的宗旨，而又认定文学革命者们已不能实行此一主张。"普罗文学"口号的提出，虽然有苏俄的外在影响，但也说明左翼文人已感觉到文学革命者生出交涉的一般人似乎还不够"一般"，所以才往更"一般"的方向走。故左翼文化运动的实亦沿着文学革命以来中国文学思想演变的内在理路在发展：反对是表面的，继承是内在的。这当然是后话了。

总的来说，文学革命在立说者这一面，是要"把通俗文化提升到和上层文化同等的地位上来"。对像陈独秀这样的人来说，文学革命不过是更广泛的伦理道德革命的第一步。所以他是把当时讨论甚多的"孔教问题"与文学革命和思想革命都作为更大的"气运"的一部分结合起来考虑的。胡适也一样，根据他的进化文学观，"只有新的白话文体才能表达二十世纪的新情感和新思想"。文学革命之后，必然要进到思想文化运动的下一阶段。[①] 而文学革命在接收者一面，则是边缘知识青年找到了方向和出路。当他们从茫然走向自觉时，也必定要想发挥更大更主动的作用。立说接收两面的共同点是表达或适应了近代以来边缘向中心挑战的大趋势。而且这一趋势正以迅疾的速度向前发展。

胡适曾暗示，文学革命的成功与中国当时社会思想的激进化有关。因为北京"那个守旧政府教育部"竟然在 1920 年便明令小学要从当年起在三年内全部使用白话教材，到 1923 年，中学国文课本也采用国语。这远远超出了胡适以为文学革命"总得有二十五至三十年的长期斗争"才能成功的预想。[②] 如果以"守旧"著称的北京政府尚且如此趋新，其余方面的激进自不难想见。当着文学革命走向文化运动之时，中国的激进化又有增无减，整个场面就更加不会平静了。

三　激进中的新文化运动

胡适回国本意是要搞建设，他在回国前曾说："吾数月以来，但安排归去后之建设事业，以为破坏事业，已粗粗就绪，可不须吾与闻矣。"但到临动身前，他又发现国内局势不佳，南北分立，"时势似不许我归来作建设事"。胡适担心他有可能根本去不了北京。"此一扰乱乃使我尽掷弃吾数月来之筹画，思之怅然。"[③] 不过，这最多不能建设，离破坏应还有相当的距离。后来事实证明胡适不但到了北京，而且居于很能建设的地位，他倡导的文学革命也强调其建设性，但实际却很快走向破坏，这大约也可算是"不得已而做出违反其本意的非常行为"。但这是为什么？又是"为环境所迫"吗？是否还有别的什么原因呢？对这个问题的解答应可深化我们对新文化运动的理解。原因是多方面的，既有外在的也有内在的。至少有以下六点：中

---

① 参见余英时《中国近代思想史上的胡适》，第 24、29 页。
② 《口述自传》，第 164 页。
③ 胡适日记，1917 年 6—7 月之"归国记"。

国正在激进化的大潮中；社会变化造成的士与知识人社会角色的异同；作为接收者的边缘知识青年要起作用，波及精英；启蒙就要破坏；传教士的角色认定使胡必须批判；由此产生的不容忍"愚蠢"。下文即从这些方面来考察新文化运动中的胡适。

近代中国在思想一方面，确是以不断激进化为主流。中国人的激进在与外国人比较中体现得最明显。留美学生可以说是中国人中最不激进者。但胡适观察到，康大世界学生会在 1912 年 10 月搞摹拟投票选举美国总统时，温和派之塔夫脱，就没有一个中国人投票。中国学生基本是选威尔逊和罗斯福者各半，两氏在那时"皆急进派也"。更有甚者，全会中"举社会党者共二人，皆吾国人也；此则极端之急进派，又可想人心之趋向也"。[1] 留美学生如此，余人不难想见。

因为思想的激进，在社会一方面，也曾形成"新的崇拜"，社会变动的上升几乎到了唯新是尚的地步。社会变化再回过来作用于思想，就形成了新即是善、旧即是恶的价值判断。表现在新旧势力的消长和竞争上，又以辛亥革命为一个大转变。最主要的变化即是新旧之间的攻守之势变了。过去是因为旧的不好，所以要新。《杭州白话报》1902 年的一段话说得简单明了："因为是旧学问不好，要想造成那一种新学问；因为是旧知识不好，要想造成那一种新知识。千句话并一句话，因为是旧中国不好，要想造成那一种新中国。"辛亥革命后就完全反过来了。陈独秀在《新青年》上明白指出："要拥护那德先生，便不得不反对孔教、礼法、贞节、旧伦理、旧政治。要拥护那赛先生，便不得不反对旧艺术、旧宗教。要拥护德先生，又要拥护赛先生，便不得不反对国粹和旧文学。"[2]

为了拥护新来的西方民主与科学，中国传统的一切差不多都要反对干净了。五四新文化人有意以西方为本位的取向在这里是非常明显的。当然，胡适等人外出取经所负的"使命"原来就是要"以西洋之长，以补中国之短"。正如严复说过的："中国所本无者，西学也，则西学为当务之亟明矣。"他们"但见洋人之长，而未见其短，或讳言其短"，也是

---

① 胡适日记，1912 年 10 月 30 日。
② 参见罗志田《胡适与社会主义的合离》，第 19—24 页，引文在第 20、24 页。

可以理解的。① 同时，像陈独秀、胡适这样的新文化人，都曾受过不同程度的辛亥革命的洗礼，在心态和行为准则上，或多或少都有些"革命气味"。用胡适自己的话说，就是带着"正义的火气"。由于"认定自己的主张是绝对的是，而一切与我不同的见解都是错的"，则"摧残异己"也是合乎逻辑的了。这样看来，新文化人在此时强调破坏的一面，就可多从革命心态和陈独秀上面一段话去理解。②

正如胡适所说："今日所谓有主义的革命，大都是向壁虚造一些革命的对象，然后高喊打倒那个自造的对象。"新文化运动的文学革命，在某种程度上正是如此。其所攻击的八股、选学、桐城派，无一不是死老虎。胡适自己后来就承认，正是钱玄同提出的"选学妖孽"和"桐城谬种"两句口号，"为文学革命找到了革命的对象"。③ 钱氏并非文学革命的发起人，只是后起的响应支持者，而革命的对象却由他来"找到"，其间所透露出的消息，意味就十分深长了。胡适所说的"找对象"，真是传神之语。钱玄同在提出"选学妖孽"和"桐城谬种"两句口号之时即指出："得此辈多咒骂一声，便是价值增加一分。"想要"找对象"的倾向甚明。后来"此辈"并不"咒骂"，颇使新青年同人扫兴。鲁迅在钱玄同约稿的要求里即看出了"没有人来反对"的"寂寞"。钱氏后来不得不自己化名出来咒骂自己，正是想要自增价值那种"找对象"情结的自然发展。④

萧公权先生说，胡适在新文化运动时期"未能见到'孔家店'已无多少顾客，要打倒它，无异是打一死老虎"。这是萧先生做学问太君子，所以被新文化人"欺之以方"了。若将陈、胡、钱的话联系起来看，则立新必须破旧，革命要有对象，哪里还管老虎是死是活呢。胡适晚年提出，有人说他打倒孔家店是不确的，当年是胡适支持吴虞打倒孔家店，而非自打，似乎表示对打倒孔家店并不完全同意。若从胡适爱用的断狱方式看，支持打与自

---

① 参见《口述自传》，第 43 页注 4；严复语转引自余英时《中国近代思想史上的胡适》，第 11 页。

② 《胡适致苏雪林》（1961 年 10 月 10 日），引自《年谱长编》第 10 册，第 3768—3769 页。

③ 胡适：《我们走哪条路》，《胡适作品集》第 18 册，第 16 页；《口述自传》，第 153 页。

④ 钱玄同自署名的"通信"及化名王敬轩的《文学革命之反响》，《新青年》第 3 卷第 6 号，1915 年 2 月；第 4 卷第 3 号，1918 年 3 月。鲁迅：《呐喊·自序》，《鲁迅全集》第 1 卷，第 419 页。

打当然有区别，但若从动机和思想倾向去看，两者殊无二致。那么，胡适的意思何在呢？他在《怀念曾慕韩先生》一文中说："过分颂扬中国传统文化，可能替反动思想助威。"这大约就是他一生反对颂扬中国传统文化的真意所在了。[①] 本此确可将胡适与"打孔家店的吴虞"（其实这也只是吴的一个"形象"，若把两大本《吴虞日记》读一遍，即可知吴氏身上"孔家店"的成分，恐怕比胡还要重）区别开来。这又可见胡适有些话是有所虑而发，且婉转出之，不能全从字面看。但他并不真想打倒孔家店却又要支持的苦心，其追随者是无法知道的，结果当然是用力去打。

新文化诸贤在攻击传统之时常以小脚小老婆为标帜，亦多类此。但民初的新旧中西纠葛和错位也实在太复杂。社会地位本来不高的小老婆在成为革命对象后，居然也曾起过间接打击新派并刺激其进行"反击"的作用。赛珍珠（Pearl Buck）观察到一战后许多援法中国劳工娶回了法国白种妻子，有的已婚劳工实际娶的是小老婆。这些法国女子后因中国情形远不如其丈夫所描述而纷纷回国，但未受多少教育的劳工终可自夸曾娶过白种妻子，这就大大毁损了白人在中国的声望。这与梁启超等说西洋文明也出了问题恰好同时，因而也就进一步刺激了新派对旧派（已包括一些老的新派）的进攻意识。

而且，新文化诸人在安身立命之处是颇为传统的，其激烈反传统部分也是为传统的以天下为己任的超越意识所鼓励，遵循一种从康有为、梁启超等人一脉相传下来的"取法乎上，欲得其中"的故意激进取向（说详第一章）。陈独秀、胡适、鲁迅的思路与此如出一辙。陈在论及社会进化的惰性作用时说："改新的主张十分，社会惰性当初只能承认三分，最后自然的结果是五分。"如一开始只主张五分，结果只能得二分五，中国社会进化就白受二分五的损失。鲁迅也曾说："中国人的性情是总喜欢调和、折中的。譬如你说，这屋子太暗，须在这里开一个窗，大家一定不允许的。但如果你主张拆掉这屋顶，他们就会来调和，愿意开窗了。"胡适后来自述其之所以"主张全盘西化"，是因为"文化自有一种'惰性'。全

---

① 萧公权：《康有为思想研究》，汪荣祖译，台北：联经出版公司，1988，第 374 页；《谈话录》，第 240、233 页。

盘西化的结果自然会有一种折衷的倾向"。中国人只有去"努力全盘接受这个新世界的新文明"；而"旧文化的惰性，自然会使他成为一个折衷调和的中国本位新文化……古人说，取法乎上，仅得其中；取法乎中，风斯下矣。这是最可玩味的真理。我们不妨拼命走极端，文化的惰性自然会把我们拖向折衷调和上去"。[1]"走极端"而加以"拼命"，反起传统来怎能不激进。

新文化人从传统中找到反传统的思想资源这一事实提示了他们与传统的若即若离。总的来说，新文化人属于因近代科举制废除和新学堂建立这样的社会变化而造成的新兴知识人社群。他们的观念与传统的士有同有异。前面已提到，他们大体上认同于士的社会角色，或者说继承了士的社会责任。但有一个大的区别，士要直接参政，而知识人则倾向于"讲学复议政"，把直接参政置于第二位。胡适晚年自述说："我对政治始终采取了我自己所说的不感兴趣的兴趣。我认为这种兴趣是一个知识分子对社会应有的责任。"[2]这是身历从士到知识人过渡的当事人对两者间区别的最佳表述。结果，民初的知识人虽然有意识要起新的社会作用，扮演新型的社会角色，却在意识和无意识层面上都传承了士以天下为己任的精神。实际上，民初不论社会区分上的士与知识人还是思想区分上的新派与旧派，其思考的问题是非常接近的。

的确，新文化运动的一个重要时代意义，就在于其迫使所有的中国读书人对中国传统（虽然当时并不用这个词）进行全面的反思。不论新派旧派，都必须面对中国在世界上日益边缘化（中国在士人的心目中经过了一个从世界的中心到世界的一个组成部分再到世界的边缘的历程[3]）这一不容忽视的事实。新旧两边实际上都想要找到重新回到中央，或至少是达到与西方平等的地位这样一条路径。这是中国最根本的问题，两派的认识其实并无大的

---

① 陈独秀：《调和论与旧道德》（1919 年），任建树等编《陈独秀著作选》第 2 卷，上海人民出版社，1993，第 46 页；鲁迅：《无声的中国》，《鲁迅全集》第 4 卷，第 13—14 页；胡适：《编辑后记》，《独立评论》第 142 号，1935 年 3 月 17 日，第 24 页。

② 《口述自传》，第 36 页。

③ Ying – shih Yu, "The Radicalization of China in the Twentieth Century," *Daedalus*, 122：2 (Spring 1993), pp. 125 – 150.

分歧。其对中国传统的诠释虽然各异，取向也不相同，但正如傅增湘所说，不论是"改弦更张"还是"匡捄废坠"，"趋途虽殊，用心则一"，[①] 都是从这个根本的考虑和最终的意图出发的。

新派反传统而主尊西，是基于对"中国学问有何能救国于目前"这一问题的负面回答。[②] 旧派实际上也提不出一个正面肯定的回答，其心中的想法与新派实相近而又说不出口；因为他们认为，如果丢弃传统，则人心更不可收拾。于是除了沉默地坚持，没有别的办法。正如胡适的好友许怡荪眼中高卧南阳的诸葛亮："诚知爱莫能助，不如存养待时而动。"清季以还不同时段的各种所谓旧派，其对问题的认知与各种新派实相近，而对新派的各种解决方法却又不能苟同。梁启超后来说，他诊断中国之病与共产党人是"同一的'脉论'"，但又确信中国之病"非共产那剂药所能医"。他虽自称有治病的良方，实际上却又提不出来。[③] 这最能代表各时期的旧派那种所虑者远而当下无策的无奈心态。

传统的士的责任是务本，所以他们必须要有远虑。这一点，民初知识人也力图继承之。鲁迅在批评晚清全国都去讲究实业制造的倾向时说，科学是本，实业制造是枝叶，舍本求末是不对的。但他也特别说明并非要大家都先去研究科学，待有了结果再去搞实业制造。所虑者"举全国惟枝叶之求，而无一二士寻其本"，则终不能长久。因为"居今之世，不与古同"。故一般人讲求实利和学西方的技术均可。"而有不为大潮所漂泛，屹然当横流，如古贤人，能播将来之结果于目前，移有根之福祉于宗国者，亦不能不要求于社会，且亦当为社会要求者矣。"[④] 换言之，较合适的分工应是大部分人求枝叶而少数人寻其本。但民初包括鲁迅那些求本的知识人，不仅自己特立独行，对别人讲话也往往一开口就不知不觉中总是要说到本上去。本为多数人说法，却常常说到少数人那边去。自己所思者远

---

① 《傅增湘致蔡元培》（1919 年 3 月 26 日），高平叔编《蔡元培全集》第 3 卷，中华书局，1984，第 286 页。

② 说详罗志田《西潮与近代中国思想演变再思》，《近代史研究》1995 年第 3 期。

③ 许氏的话引自胡适 1914 年 12 月 9 日日记；梁启超：《给孩子们的信》（1927 年 5 月 5 日），收在丁文江、赵丰田编《梁启超年谱长编》，上海人民出版社，1983，第 1131 页。

④ 鲁迅：《科学史教篇》（1907 年），《鲁迅全集》第 1 卷，第 33—34 页。

大，也希望别人如此。到底还是有毕其功于一役的观念，总希望一下子有一个"最后的解决"。

一个社会通常只需要少数特立独行之士，若人人都"屹然当横流"，则社会不复能有相对持续一段时间的"大潮"，一般人也无法随之漂泛。众无所趋，就只有成一片乱象了（只能维持很短一段时间的大潮，如章太炎所说的"因盛雨而成横潦"，转眼即逝，也只会加剧乱象）。实际上，也只有具相当根基和学养者，才可以去求本。若人人求本，而又无学养上的准备，结果只能是本没有求到，枝叶也丢掉了。当然，枝叶的寻求，同样需要相当的根基和具体的学业准备。近代中国之人，讲制造时人人都在讲制造，眼看有了一点做事的气象，为真正的实业打下一点基础，却忽然大家都一转，去谈什么"西政为要"的西学，不复有人再讲制造，那好不容易造成的一点基础也就付之东流了。结果只剩下少数人坚持搞制造，那本应是大多数人求的枝叶，竟然成了少数特立独行之人在做，本末至少在分工上是倒过来了。

所以，与近代中国的激进化相表里的一个特点，就是大家都在一窝蜂似地"寻本"（即使讲制造之时，也是都以为在讲求富强之本），打一枪换一个地方。倒是还留在那里讲求前次之"本"者，反成了少数特立独行之士了。而一开始大声疾呼不要都去求末而忘了本的另一类少数特立独行之士，也常因更新的"本"又被发现而落在大众之后，旋即成了群众的尾巴。以后的情形大体类似，到民国初年大家都讲究文化时，讲西政又不时兴，这正是北洋政府能屡次停开或废黜国会的思想大语境。而且国会废了也没有几个人觉得有什么了不起。一则大家对北洋本无多少期望，更主要的还是都去寻求"更加根本的"文化，以为把根本解决了，政治也自然会好起来，还是想毕其功于一役。我们看民初痛惜国会不存的几个人，多半是已"落伍"的什么"派"，找不到多少追随者。

这个现象在一定程度上是当时读书人的共相。这也反映了从士转化为知识人那一代人在身份转换时的某种困境。士集道统与政统于一身，对于眼前的国是，必须有以因应。知识人则相对要超然一些，对政治可议而不参，也可视而不见，待在象牙塔里完全不议。前者是新文化运动诸人所一意提倡，后者虽被鲁迅视为"新思想中了'老法子'的计"，但确实是五四之后几年间许多知识人"自己愿意"的。① 问题在于，读书人在社会意义上从士转化为知识人似乎比其心态的转变要来得彻底。或者说，士与知识人在社会意义上似乎已截然两分，在思想上却仍蝉联而未断离。民初的知识人虽然有意识要起新的社会作用，扮演新型的社会角色，其心态却在无意识中仍传承了士对国是的当下关怀。身已新而心尚旧（有意识要新而无意识仍旧），是民初知识人的许多行为在今人看来充满"矛盾"的一个主要原因，也是其不全为时人所理解接受的一个根本因素。

胡适也是这样。他的知识人训练使他考虑问题总是从长远着眼，而且有时恐怕是太长远，结果提出的解决方案就不免脱离当下的实际，难为人所理解。胡适在 1937 年致翁文灏的信中将其注重长远之计的意思说得很明白。他以为像北大这样的国立机关"仍宜继续为国家打长久的算盘，注重国家的基本需要，不必亟亟图谋适应眼前的需要……我们所应提倡的，似仍在社会不注意的纯粹理论科学及领袖人才的方面……无用之用，知之者稀。若吾辈不图，国家将来必蒙其祸"。② 这话虽是新文化运动后二十年才说的，却与他早年的思想殊无二致。而胡适的士大夫意识又促使他关心眼前的国是，必须对当下的国事做出反应；不只是议政，而且必须要提出解决的办法。且胡适又特别注重青年，不管别人听不听，总要对他们说法。

结果胡适实际上是在同时向至少两方面的人说不同的法，但听众却未必总是了解他每一具体的"法"是在向谁说。当其对某一方面所说的法为别的方面听到时，自然不知其所云何意。且胡适这些"我们"有时说得顺口，或来不及分辨听众时，也常将高级机关应注重的事向大众说法，或反之。由于收发者心态不是同时，视点不相接近，则说者自说自话，听者各取所爱，就发展成有心栽花花不开，无心插柳柳成荫的情景，未能形成今人所谓的共同思想言说。结果是大众常觉不知其所云，而高级机关如北大倒培养出不少更关心"十字街头"而少注重象牙塔的学生。20 年代清华国学院鼎盛时，清华人常以为北大人只会搞运动，真正做学问的人还在清华，不是没有原因的。

---

① 《鲁迅致徐炳昶》（1925 年 3 月 29 日），《鲁迅全集》第 3 卷，第 25 页。
② 《胡适致翁文灏》（1937 年 5 月 17 日），《书信选》中册，第 357—358 页。

在某种程度上，能在许多人求末时提出还有更重要的本，也是社会分工上已不再为四民之首，而在思想上多少还能为社会指方向的民初知识人存在的一项主要社会价值。可是在求本求到文化之时，似乎也难以再进（再进就只有说什么"全盘"一类，连本带末一起讲了）。而且他们即使在务本时，讲的还是破坏多于建设。知识人既然不能为社会指引方向，其存在价值自然就降低，不得不让位给具体做事的边缘知识青年了。胡适与孙中山论"知难行易"还是"知难行也不易"，观点虽对立，但都着眼于"行"的青年，正是"知"与知的载体都已差不多到头，只好让位于"行"和行的载体的一个表征。

这也是民初社会变动的思想语境。本来边缘知识青年因在社会变动中上升的困难，就更迫切需要寄托于一种高远的理想，以成为社会上某种更大的事业的一部分。所以他们对社会政治等的参与感要比其他许多社会群体更强。白话文的推广既扩大了边缘知识青年的队伍也增强了他们的影响，五四运动更使社会各界注意到学生力量的重要。胡适等新文化人提倡在先，边缘知识青年自觉在后；他们一旦自我觉醒，参与意识更强，就要在社会政治生活中起到更大的作用。同时，边缘知识青年自身也要受时代激进趋势的影响，其激进也随时代而进步；而且他们一旦激进起来，其速度又比老师辈更为迅猛。

君不见"问题与主义"论争时，后来的共产党领袖毛泽东此时基本是站在主张研究"问题"这一边的。同样，后来非常著名的共产党人恽代英，在五四前后给胡适的信中所表露的思想，就比钱玄同还要温和得多。恽代英主张"与旧势力不必过于直接作敌"。他觉得更有成效的办法是"把孔子的好处发挥出来"以平旧派不正的感情，然后证明旧派其实不合孔子之道。恽氏已认识到"所谓新人物不尽有完全之新修养。故旧势力即完全推倒，新人物仍无起而代之之能力"。[①] 这在当时是极少见的卓识。新派破坏了旧的以后，用什么新的东西来代替呢？胡适和新文化人除了用白话来代替文言

---

① 毛泽东曾在湖南组织"问题研究会"，这样重视"研究问题"的在当时国内还不多见。参见汪澍白等《青年毛泽东世界观的转变》，《历史研究》1980 年第 5 期；恽代英信见《年谱》，第 73 页。

这一确切答案，似乎也未准备好其他方面的具体解答。既然不能取代，一昧打倒，只会增强中国的乱象。持这样稳健观念的人，竟然不久就成为身与武装革命的领袖，不能不说是受了激进趋势的影响与外在环境的逼迫。

边缘知识青年行动起来之后，其激进通常是远过于其老师辈的。五四时如果要在胡适与陈独秀之间划一条线，很可能毛和恽都会站在胡一边。但他们后来在共产党内，都觉得陈独秀右倾（即保守）并努力反对之。几年之间，两代人"进步"的速度已完全不可同日而语了。由于激进大趋势的驱动，五四以后中国出现老师向学生靠拢的历史现象，这一点后文还要讨论。以胡适写文章从读者角度出发的取向，即使他并不有意追随学生，也会在不知不觉中受他们的影响。所以，边缘知识青年的影响很可能也是使胡适无意中走向激进的一个因素。

而且，胡适既然要想启蒙学生，总不免要从批评现状开始，也就是说先要做破坏性的工作。余英时师已指出，近世中国士人把传统和现代一切为二，在思想上是"远承西方启蒙运动和实证思潮关于社会和历史之观念"。[①]因为与传统决裂正是文艺复兴到启蒙时代后西方的一个重要思潮（西方人重视传统的作用是 20 世纪中叶以后的事了），其思想基础就是对理性的高度崇尚。既然是理性为尊，传统自然没有多少价值。西方的文艺复兴、宗教改革、自由主义、民族主义，以及社会主义等，一开始无一不带有反抗既存权威的性质，均是在与社会既存权势的斗争中发展起来的，故对传统都感觉到不同程度的压力。从文艺复兴的再造文明到 19 世纪欧洲民族主义兴盛时的再造民族国家（Nation - building），都是面向未来，都要和传统进行不同程度的决裂。文艺复兴本是一种民族主义倾向的运动（如使用民族语言等），故与后来的民族主义运动一样要在一定程度上与历史认同，尚不与传统进行根本决裂（在这里传统是多元的，要决裂的是大帝国的传统，要认同的是大帝国中民族的传统）。马克思主义则讲究阶级的认同，无意再造国家而是要再造世界，所以干脆与传统进行彻底的决裂。[②]

胡适的《建设的文学革命》一文的副标题"国语的文学，文学的国语"

---

① 余英时：《激进与保守》，第 216 页。
② 参见马克思、恩格斯《共产党宣言》。

就是借文艺复兴时欧洲国家的前例来说明中国问题。前面说过，胡适提倡的文学革命与以前的白话文运动不同之处就是不分"我们"与"他们"而要合成一个中国的"全国人民"，其思想资源正是欧洲文艺复兴以国语促民族国家的建立这一先例。但胡适也指出，文学革命与以前的白话文运动另一不同之就是"老老实实的攻击古文的权威，认他作'死文学'"。[①] 换言之，文学革命的建设性中本身就包含了主动的攻击性，要主动与传统决裂。

以前不少人将新文化人的激烈反传统归因于传统的压迫，实际上恐怕主要不是这么一回事，反传统至少部分是有意以西方为本位的结果。在传统没有粉碎和新旧没有打成两橛的情形下，康有为革新孔子，章太炎发展庄子的齐物论，虽然已搀和不少西洋内容，总还是在传统中寻找资源。这与五四人完全以西方的民主和科学为武器相去甚远。章太炎的齐物论融会佛老，"以不齐为齐"，在精神上恰上承晚清诸子学兴起时的多元倾向，同时也体现了中国文化特别是儒家"温故而知新"的传统精神。这与五四人接受的近代西方必破而后立的取向正相对立。五四人之接受破而后立的取向，一方面是受中国近世思想激进化的影响，同时也更进一步推动了这一激进化的进程。

沿此趋势发展下去，更形成不学西方就是保守，而保守就不爱国的认知。民国以还，中国"新"的崇拜有增无减。林语堂在 1926 年参与东西方文明讨论时，认识到那些讲东方精神文明者多少有些"东方的忠臣义子爱国的成分"。他主张，爱国要搞清利害，若"反以保守为爱国，改进为媚外"，则对中国自身不利。[②] 林氏的观点正确与否暂可不论。惟其在"以保守为爱国"之前加一反字，实透露出保守即不爱国的潜台词。且林氏这样说时毫不感觉有加以解释界定的必要，可知这已是许多人的共识。林语堂在民国远非以激进著称，尚且有此认知，余人之观念就可想而知了。

在这激进化进展中，胡适既深受这大趋势的影响，同时也是历史的参与者和制造者。同时，胡适在归国前自定位为传教士的使命感，将会使他有意无意中不得不抑制自己持有的许多观念。当他有意识地在中国扮演"外国传教士"这一社会角色、努力要提供新观点和批判的精神时，他会发现，

① 胡适：《五十年来之中国文学》（1922 年），《胡适文存》二集卷二，第 149 页。
② 林语堂：《机器与精神》，《林语堂论中西文化》，上海社会科学院出版社，1989，第 65 页。

有时不得不牺牲那些与"新观点"冲突的自己原有的观点；他批判精神的锋芒所向，有时会直指他本来想保存的事物。

　　为了维持个人形象的完整，胡适被迫做出许多调整。结果他的行为每与其在留学时立下的志愿不甚吻合，特别是留学时较强的民族主义被压抑到最低点（但也只是压抑而已，此情绪仍存在于其胸中，有触动就要发作）。例如，胡适本强调知历史而后能爱国，在其文学革命的"誓诗"中，原来是要"收他臭腐，还我神奇"，以昌明正宗的国学；后来却不得不以"整理国故"出之，更不得不对人诠释为是要"打鬼"，一变为截然相反的"化神奇为臭腐"。[①] 这样，胡适在给自己找到一个新的社会角色时，就再次增强了他"超我"一面对"本我"的压力，也就加剧了他内心的紧张。

　　胡适态度的这一根本转变，除了他那传教士角色的认定，就是国内环境的影响使然。有此思想基础，主张容忍比自由更难得的胡适就可以理直气壮地说："任何事我都能容忍，只有愚蠢，我不能容忍。"而且并非只有胡适如此。蔡元培主持北京大学时，虽以兼容并包为宗旨，其实也不是完全兼容。就像他在答林纾的信中所说，他就不容纳"达自然淘汰之运命者"。蔡在北大所聘的旧派教授虽不少，却并不聘桐城派之人。同样，讲究民主的陈独秀以为，"讨论学理之自由，乃神圣自由也；倘对于毫无学理毫无常识之妄言"，就不能"滥用此神圣自由，致是非不明，真理隐晦"；对付之道，"唯有痛骂之一法"。[②]

　　问题在于，什么是"达自然淘汰之运命者""愚蠢"和"毫无学理毫无常识之妄言"，并无一个悬在那里的客观标准。也就是说，蔡元培实际上可以不兼容并包任何他以为是已被自然淘汰者；胡适可以不容忍所有他认为是愚蠢的事物；而陈独秀也可以痛骂一切他认为是毫无学理毫无常识之妄言。这再次体现了受辛亥革命影响的革命心态和胡适爱说的"正义的火气"。胡适一生谨慎，唯独在新文化运动时期常常主动进攻别人。这虽然与他"暴得大名"之后略有点飘飘然有关，但传教士应具有的"新观点和批判精神"

---

　　① 胡适：《整理国故与"打鬼"》（1927 年 2 月），《胡适文存》三集卷一，第 211 页。

　　② 《谈话录》，第 220 页；林、蔡往来信函载《蔡元培全集》第 3 卷，第 267—275 页，下文引及不再注出；陈独秀语见《新青年》第 4 卷第 6 号，1918 年 6 月 15 日，"通信"栏。

所支持的对愚蠢的不容忍，应该是他这段时间颇具进攻性的主要思想基础。

正如前引傅斯年对胡适所说："我们的思想新信仰新，我们在思想方面完全是西洋化了；但在安身立命之处，我们仍旧是传统的中国人。"胡适、傅斯年如此，陈独秀亦然。他自己就曾叹谓："适之说我是一个终身反对派，实是如此；然非我故意如此，乃事实迫我不得不如此也！"① 上面所引他所说的几个"不得不"，都属于这个总的"不得不"的组成部分，都分明告诉我们他那种忍痛割爱的矛盾心态——为了更新更美的未来，过去的一切都可割舍。既然如此，新文化人就走上一条故意激进之路。

新文化人对林纾的攻击，就是遵循故意激进这一取向的。攻林最力的钱玄同 1921 年致胡适的信，就很能代表这些新人物内心的想法。钱以为，《三国演义》的用处即在高小学生"读过几部今语体小说之后，即可看此书，以为渐渐看古语体书之用"。他拟出今后学生看书由今至古的程序是：第一、二步是读不同程度的国语课本；第三，"读语体小说，不论新旧，但须有文学的价值者。"第四，"读《三国演义》，以为由今语入古语底媒介。"然后可看梁启超、胡适等当代人的文言文，最后则"大概可以读［桐城］'谬种'诸公……之文了"。② 可见钱内心中还是把林纾的古文看得甚高。这最能体现新文化诸人反桐城派不过是故意取法激进，以得折衷的实际效果。其最后的目的，还是要使学生能读古书，以继承中国的传统。这种苦心，人每不知，他们也不一定要人知。但后来的研究者也不知，说他们真反古文，是厚诬前辈了。鲁迅曾说，不读中国旧书，最多不过不会写文章，可知他是认为要写好文章，正应看中国书。只是他们觉得当时中国的急务是"起而行"而不是"坐而言"，即要在"行"的方面以西洋之长补中国之短，能否做文章是次要的，所以才有不读中国书的说法。③

1919 年林纾与蔡元培的笔战，就是考察民国初年思想界激进化的一个典型例子。那次象征性的新旧之争，一般均认为是以蔡胜林败为结局的，当然也就是新战胜了旧。这个看法，最多只有一半对。从思想观念的视角看，

① 傅、陈之言分别载胡适日记，1929 年 4 月 27 日和曹聚仁《我与我的世界》，三联书店，1983，第 323 页。
② 《钱玄同致胡适》（1921 年 7 月 28 日），《胡适研究丛录》，第 238 页。
③ 鲁迅：《青年必读书》，《鲁迅全集》第 3 卷，第 12 页。

恐怕应该说是林胜了蔡。这并不是要标新立异。只要细看蔡元培对林纾的驳论，便可见蔡无非是——力驳北大并不存在林所指控的"错误"，却甚少指出林氏的观念本身有何不妥。实际上蔡在驳林时，处处皆本林纾所提的观点。此虽是论战中常用的即以其人之道还治其人之身的方法，但争论的一方若基本全用对方的观点，而无自己的立论，等于就是承认对方的观点基本是正确的。如此，则即使胜了战斗，也是输了战争。

胡适和鲁迅等人的一大努力，就是要为小说正名。用胡适的话说，就是要给小说以"现代学术荣誉"，也就是要"认定它们也是一项学术研究的主题，与传统的经学、史学平起平坐"。在这一点上，新文化诸人其实是继续林纾的努力。若论中国小说转向以西方为本位的典范转移，林氏正是始作俑者。郑振铎在林纾去世的 1924 年指出，把西洋小说提高到可以与司马迁的《史记》比肩的程度的，正是林纾。小说在中国由士人不屑的"小道"而被提上台面，也是林氏的功劳。以前的文人写小说，都不署真名。林纾虽以古文名世，译小说却肯署原名。概言之，"自他之后，中国文人，才有以小说家自命的。"有意思的是，梅光迪也曾攻击胡适"把《水浒》来比《史记》"，则两人努力方向原本一致。① 小说得到社会的重视与林氏的努力和成就分不开，但最后得到承认却正是新文化人努力的结果。从这个意义上看，新文化诸人不过是步林氏的后尘而发展之，两方面是相互配合的。

可是新文化诸人既然要找革命对象，就不能放过林纾。读过一百多本林译小说的胡适即曾主动攻击林纾那篇主张古文不宜废的文章，其本身的古文就做得不通。林纾在论古文不宜废时，曾老实地说"吾识其理，乃不能道其所以然"。胡适据此指出："古文家作文，全由熟读他人之文，得其声调口吻。读之烂熟，久之亦能仿效，却实不明其'所以然'也。"其实这未必是古文家不通处。桐城派学习作文，本主张"有所法而后能，有所变而后大"。由烂熟而能仿效，就是前一阶段。林纾虽被视为桐城派的殿军，或者还未达后一层次，"能"而不"大"，也就说不出什么"所以然"来。这可能是桐城派式微的内因。不过林氏只是桐城派以至"古文"的一个载体。

① 《口述自传》，第 230 页；郑振铎：《林琴南先生》，收在钱锺书等《林纾的翻译》，商务印书馆，1981，第 17 页；胡适日记，1916 年 7 月 22 日。

据新文化人的观念，载体的高明与否，不应累及其所载之体以至所载之道。陈独秀在 1920 年就讲到白话诗文质量不高是因作者"艺术不精"和"真的白话文学年月还浅"，与"白话文体本身没有关系"。① 而他们却不能用同理来对待"古文"，多半也是其"正义的火气"太甚的缘故。

关于整个事件，这里不能详论。无论如何，在一般人眼里，林纾是失败者。郑振铎说，这次争论之后，在一般青年看来，林纾"在中国文坛上的地位已完全动摇了"。郑想要给林氏"平反"，于是指出林的"主张"虽然失败，但不能"完全推倒他的在文坛上的地位"。② 实际上，林的失败恰是在"地位"上而不是在"主张"上。蔡元培的答书集中在否认北大存在林所指责的"覆孔孟，铲伦常"和"尽废古书，行用土语为文字"两点上。但蔡丝毫没有提到林的观念本身有何不妥。假如蔡的辩驳是成立的，则北大所为正是在林所希望的方向上，只是程度还不够罢了。所以，如果从观念上看，应该说是林纾的主张取胜才对。

林纾在 1919 年给蔡元培的信中曾攻击新文学是"学不新，而唯词之新"。到次年 9 月，胡适在北大的开学演讲《普及与提高》中，说新文化运动已成"新名词运动"，则胡适已认同于论敌了。陈独秀在年底的《新青年》上写了一篇《提高与普及》的短文，似乎不太同意胡适关于北大学生应侧重提高的手段，但他在学生水平一点上，与胡的意见并无两样。陈说：蔡元培长北大后，"理科方面并不比从前发展，文科方面号称发展一点，其实也是假的，因为没有基础学的缘故。没有基础学又不能读西文书，仍旧拿中国旧哲学旧文学中混乱的思想，来高谈哲学文学。"③ 用中国"旧思想"谈西方"新学问"，正是名副其实的"新名词运动"。两位老朋友虽然主张采取不同的对付手段，看法却是一致的。新文化人或者有意无意间已接受了林纾的观念，或者因其与林氏本是一条战壕里的战友，观念本相近。这样看来，民初的新旧之分，恐怕更多是在态度上而不是观念上。林纾在一定程度上也不过是中国思想激进化的一个"受害者"。

① 《新青年》第3卷第3号（1917年5月1日）所载胡适撰"通信"；陈独秀：《我们为什么要做白话文?》，《陈独秀著作选》第2卷，第104页。
② 郑振铎：《林琴南先生》，《林纾的翻译》，第1页。
③ 《年谱》，第88页；《新青年》第8卷第4号，1920年12月，第5—6页（栏页）。

＊　＊　＊

胡适曾终生取笑林纾论古文不当废时所说的不知其所以然那句老实话。但胡适等人提出的解决办法，其实也同样太计及长远而失之简单空疏，无法与再年轻一辈人所向往——且为苏俄革命成功的榜样所支持——而理论又成体系的马克思主义竞争。郭沫若一学到马克思主义那种框架完整、解释明确的社会发展理论，就毫不犹豫地指出胡适过去的研究也是只"知其然"，而他则要"知其所以然"。① 不同意马克思主义解释的梁漱溟在这一点上与郭类似，也指出胡适对中国社会未能提出系统和具体的论断。② 林纾是自认知其然而不知其所以然；胡适的自信超过林氏，以为他已能知其所以然；但比胡更激进也更"新"的郭氏却主动置胡适于当年林纾类似的位置，这大约就非胡适始料所能及了。近代以来中国思想界的激进化，的确是日新月异！

同盟会时代的广东革命党人钟荣光曾对胡适说，他那一辈人，"力求破坏"，也是不得已。因为中国政象，本已是大厦将倾，故他那一辈人"欲乘此未覆之时，将此屋全行拆毁，以为重造新屋之计"。而重造之责任，就在胡适这一辈人。所以他主张胡适等"不宜以国事分心，且努力向学，为他日造新屋之计"。如果胡适这辈人也随钟氏一辈之潮流而漂流，"则再造之责，将谁赖哉？"具有讽刺意味的是，胡适本是想要进行建设的，因为上述的种种原因，他也和他那一辈新文化人一样，不久仍以破坏责任自居，而且总觉破坏得还不够。1921 年 5 月，胡适曾对吴虞说，"吾辈建设虽不足，捣乱总有余"，希望吴在教书时能引起多数学生研究之兴味。是又将建设的责任，留给了下一代。十五年后，到 1936 年，胡适更对汤尔和说，"打破枷锁，吐弃国渣"是他在"国中的事业"的"最大功绩，所惜者打破的尚不够，吐弃的尚不够耳"。③

---

① 郭沫若：《中国古代社会研究·自序》，《郭沫若全集·历史编》第 1 卷，人民出版社，1982，第 7 页。
② 余英时师对此有精到的分析，参见其《中国近代思想史上的胡适》。
③ 胡适日记，1914 年 9 月 13 日；《吴虞日记》上册，四川人民出版社，1984，第 599 页；《胡适致汤尔和》（1936 年 1 月 2 日），《书信选》中册，第 295 页。

而胡适的下一代也渐有同样的认知。比胡适小八岁但属于五四时学生一代的闻一多，以前民族主义情绪最强，认为中国只有造枪炮不如西方，文化却比西方更好。但到抗战末期，闻氏"经过十余年故纸堆中的生活"，自以为"有了把握，看清了我们这民族、这文化的病症"，敢于开方了。他开出的方子，就是"革命"；在文化领域，就是重提"打倒孔家店"的五四口号。① 这已是在五四之后二十多年了，仍然从书中读出破坏的需要来。代代均以破坏自居，而代代均觉破坏得还不够，近代中国的激进化，也就如洪水泛滥，一波盖过一波，而不知所止。

---

① 《闻一多全集》（12），第50、52、380—381、402页；第2卷，第367—368页。参见余英时《激进与保守》，第207页。

讲学：但开风气不为师

从较长时段的观念看，胡适最持久的成绩就在于提倡白话文。不管喜欢还是不喜欢，我们今日就正在使用白话文；在可预见到的将来，也不会被取代。但是在胡适回国之初，如余英时师指出的，他的思想"在上层文化领域之内所造成的震动却更为激烈、更为广泛；他在中国近代学术思想史上之所以具有划时代的意义，这是一个决定性的原因"。胡适在近代中国的影响遍及哲学、史学、文学、教育、政治等各种思想和学术领域。自他得名以后的四十多年的时间里，"他始终是学术思想界的一个注意的焦点"，无论是誉是谤，不管是追随、发挥、商榷或批评，在许多学术领域里"几乎没有人可以完全忽视他的存在"。[①] 那么，这是怎样的一个"存在"呢？

唐德刚先生以为，胡适的思想"之所以能风靡一时"，是因为他的"思想作风比我们一般中国知识分子要'现代'得不知多少倍"！[②] 这真是胡适常说唐先生的"胡说"了。一个人的思想能风靡一时，必因其思想与其时代紧密相关联。如余英时师所说，"能造成轰动的思想，必然是由于这种思想恰好适合当时社会的需要"。那种超前"不知多少倍"的东西，藏之深山而风靡于后来是可能的；但在其同时代，岂止不能风靡一时，恐怕根本就不会引起多少人的注意。所以，还是余先生说得对，胡适能以少年"暴得大名"，在短短一两年内就取得中国学术思想界的领导地位，就是因为"中国思想界有一段空白而恰好被他填上了"。

---

① 本章的许多论述，都本余英时师的《中国近代思想史上的胡适》和《〈中国哲学史大纲〉与史学革命》两文（收在《年谱长编》第 1 册篇首，第 1—74 页），凡正文中已提到是余先生的观点，不再注出。

② 《口述自传》，第 77 页注 4。

一　初到北大

　　胡适在留学时已认为当时的中国文学界是"旧学已扫地，而新文学尚遥遥无期"。其实又何止文学，这实际上也是那时整个中国学术思想界的全貌。所以胡适也隐约感觉到更广义的旧文明日渐消亡，而新文明之来又遥遥无期的困境。这是胡适留学时的一项主要忧虑，曾与多人论及。1912 年底，他与新到美国的任鸿隽、杨铨谈。两人谈到国内"时下人物"，都有"晨星寥落之叹"。大约就在那次，任鸿隽对胡适说，中国"今日乃无学界"，这是指学人而言。胡适则进而认为，"岂独无学界，乃并无学问可言；更无论新文明矣。"[①] 这种学术思想的空白感，是胡适回国后写的《归国杂感》的一个核心观念。由于这么多年中国并没有造出什么"新角色"，所以在台上支撑场面的"没有一个不是二十年前的旧古董"！

　　章太炎在当时也有与胡适类似的感觉。他于 1918 年在重庆说："六七年来所见国中人物，皆暴起一时，小成即堕……一国人物，未有可保五年之人，而中坚主干之位遂虚矣。"关于政治与学术关系的中国传统观念，张之洞曾有典型的表述："世运之明晦、人才之盛衰，其表在政，其里在学。"由此看去，学术思想的空白不但是民初国无重心这一整体现象的一个重要组成部分，而且是造成这一现象的根本原因。太炎自己的解释，是因为这些人物"不习历史，胸襟浅陋"；所以其得势就如"无源之水，得盛雨为潢潦"，当然也就不能持久。[②] 太炎所说的历史是广义的，约略相当于今日所说的文化传统。则国无重心正因为风云人物已不能把握中国文化传统。

　　但另一方面，太炎的话也提示了一种时势造英雄的意思。清季民初社会政治都呈乱象，所以"盛雨"频仍，"暴起一时"的人物确实不少。盛雨之下能否成潢潦，有时也不完全因个人的胸襟学养。太炎自己的"历史"知识，当世不作第二人想，但也只在清末革命时"暴起"，民国建立后几年

---

① 胡适：《非留学篇》；胡适日记，1912 年 12 月 1 日。
② 章太炎：《对重庆学界演说》，《历史知识》1984 年第 1 期，第 44 页；张之洞语已引在余先生文中；章太炎：《救学弊论》，转引自汤志钧《章太炎年谱长编》下册，中华书局，1979，第 759 页。

间，就不但没有成潢潦的迹象，反已有过时之虞。唐德刚先生说，一个思想家的"思想"一定要与现实的社会变动相配合，要主观客观"里应外合"才能产生大的影响。① 但以"历史"知识武装起来的太炎思想，那时似乎就与当下的社会变动和社会思潮"里应外合"不起来。

太炎真正持久稳定的地位，还是在传统的主流学术界。余英时师指出，五四前夕中国学术思想的主流仍然是儒家。尽管儒学自晚清以来已受到西方观念和诸子学的强烈冲激，自身也因今古文之争而削弱，颇露摇摇欲坠之相；但大体而论，儒学的基本架构依然存在。最重要的是，各挑战者本身都未能建立起足以威胁儒学的理论体系，其载体也未能构成有力的社会依托。正因为如此，诸子学和西学直到新文化运动时期仍在相互声援。② 它们在学术上对儒学的打击，多半是假手儒生本身。甚至可以说，实际打击儒学最厉害的，恰是经学领域内古文学派和今文学派的顶尖人物章太炎和康有为。③

不过，余先生也指出，虽然在传统学人个人身上，儒家学理仍是他们的精神凭借和价值系统的基本源泉。儒学作为一种维持政治社会秩序的意识形态而言早在清末已开始破产。民国成立以后，各种尊孔、祭孔以及正式奉儒学为国教的活动，其实都是儒家意识形态崩溃的反证。"孔家店"实已不打自倒。但是，孔教问题不仅一度困扰远在美国的胡适，引起他的深思；同时也使陈独秀从"孔教问题喧呶于国中"看出了"伦理道德革命之先声"，将文学革命作为更大的思想革命的第一步，预示了新文化运动最后会归宿到全面性的反传统、反儒家的思想革命。

同时，从清季到民初的中国士人对国家民族的关怀也经历了一个由政治到文化的过程。清季谭嗣同提出的"冲决网罗"之说，实已包括文化在内。谭氏对时人的影响，特别在走向激进破坏一面，也不能说不深远。但"冲决网罗"提出之时，士人的主要关怀，不论是主张革命还是改良，都还在政治层面。许多人将中国的希望寄托于立宪；另外不少人将中国的希望寄托于推翻清廷；更有大量的人将中国的希望寄托于共和。民初的几年，是使这

① 唐德刚：《胡适杂忆》，第79页。
② 参阅1919年4月21日《时事新报》所刊朱谦之《新旧之相反相成》，转引自《吴虞日记》上册，第462页。朱氏通篇所论，当时有新思想者皆治诸子学者。
③ 关于康、章对儒学的冲击，参阅王汎森《章太炎的思想》和《古史辨运动的兴起》。

其中的大部分人失望的几年。这一段失望经历的最大负面影响，就是人们因对共和制在中国实施的失望而对共和制度本身失望，进而开始对整个政治或中国的国家机器失望。对许多人来说，中国的问题已不是帝制与共和的问题，而是专制与民主的问题；也有人认为中国的国与民已打成两橛，于是存在一个先救国还是先救民的问题，既然国家机器已不可救，则不如先全力注重"救民"；在激进而主张破坏的大趋势下，沿着"救民"一途，更发展出中国的根本问题就在于造成国民性的传统文化这样一种认知。结果，士人的主要关怀就由政治而转向文化。①

鲁迅曾说："说起民元的事来，那时的确是光明得多。"那时他也"觉得中国将来很有希望"。但从民国 2 年起就渐渐坏下去。"其实这不是新添的坏，乃是涂饰的新漆剥落已尽，于是旧相又显了出来……无论是专制、是共和、是什么什么，招牌虽换，货色照旧。"② 这段话充满隐喻，把时人关怀的转变表述得非常生动。而且，希望之后的失望所带来的悲愤，又远过于本无希望时的痛苦。其容易走向激进，自不待言。这里面所说的"旧相"，就是新文化人要致力攻击的中国传统文化。

在偏于建设的一面，如余英时师所说，民国初年"一般中国知识分子所最感困惑的是中学和西学的异同及其互相关系的问题"。这是当时学术思想界亟待解决的中心问题。晚清思想界对此的共同看法是"中学为体，西学为用"，即梁启超所说的"举国以为至言"；而且这一思想格局"一直延续到'五四'前夕都没有发生基本的变化"。这部分是因为会西文西语的西洋留学生没有参加晚清西洋思想运动，故一般中国士人对西学"普遍地缺乏亲切而直接的认识"。同时也因为清季大量译书的情形到民国却未能继续。胡适注意到，民国"留学人数骤增矣，然数年以来，乃几不见有人译著书籍者"（《非留学篇》）。这可能仍与中国的激进化有关。老的译家如林纾虽仍在译却已被视为"落伍"；当年转译日文书的东洋留学生或入政界，或已变为西洋留学生。新的译家尚未大量出现，翻译界也就处于一个低谷。

①　参见罗志田《"二十一条"时期的反日运动与辛亥五四期间的社会思潮》，《新史学》第 3 卷第 2 期，1992 年 9 月，第 72—88 页。

②　《鲁迅景宋通信集》，湖南人民出版社，1984，第 21—22 页。

最谙西学并一直反对"中体西用"观的翻译大家严复，本来就认为中西各有体用，老年仍持此基本观念，但在应用层面上，则有根本的转变。以前他事实上是在主张实行全盘西化，但心中暗自希望西化虽不成，却可退而得到将中西学"合一炉而冶之"的实际结果。晚年严复主政北京大学时，肯定这一取向已成"虚言"，继续下去只能是"终至于两亡"。所以，他打算把大学的经文两科合并为一，"尽从吾旧，而勿杂以新"，通过完全讲治旧学来"保持吾国四五千年圣圣相传之纲纪、彝伦、道德、文章于不坠"。①

可以说，早年的严复所说的确是文化整体论，但他与西人要么拒斥要么接受的文化整体论有区别，认为文化不可分却可合，在实践层面与"中体西用"观以文化可分论来寻求中西文化的会接还是相通的。但严氏到晚年则进一步接受了西人的观念。严的本意是要发展中国文化，既然文化不可分也不可合，中西结合之路走不通，当然只有回过头维系自己的文化传统，继续翻译西学也就失去了时代意义。所以严复看上去的"保守"实是他个人的进一步西化。对严复这样真懂西学的人，西与新和中与旧之间并不像一般国人那样划了等号。可是严只是特例，大多数人并不能理解他，也不曾跨出"中体西用"的框架。

这样，胡适回国时，"中学为体，西学为用"的思想典范所针对的时代问题尚在，而此一典范所能给出的解答却已被许多人认为不合时宜。中国思想界急需却又未能产生出一个新典范来。"盛雨"欲来风满楼，时势造英雄的条件已经形成。只等一个可以与此盛雨"里应外合"之人来打开思想缺口，让人们心中激荡已久的问题和情绪得以宣泄而出。既然像严复、章太炎和梁启超这样的学界巨擘已不能适应"盛雨"欲来之前的满楼之风，而像马君武那样"负国中重望"者又无意为做"国人之导师"而预备或预备不足，就出现了学术思想的典范危机。中坚主干之位既虚，就给原处边缘者，特别给像胡适这样在国中本无声望却长期坚持预备者提供了进取的机会。青年胡适恰好在此时出现，终得以借盛雨而成潢潦，开新风气，树新典范，并形成了席卷一时的"新思潮"。

据胡适给新思潮所下的定义："新思潮的根本意义只是一种新态度。这

---

① 《严复致熊纯如》（1912 年 4 月 19 日），《严复集》第 2 册，第 605 页。

种新态度可叫做'评判的态度'。"他引用尼采"重新估定一切价值"（Transvaluation of all values）的话，指出：这八个字"便是评判的态度的最好解释"。在他那篇著名的《新思潮的意义》中，胡适同时提出："新思潮的惟一目的是什么呢？是再造文明。"具体地说，"新思潮的手段是研究问题与输入学理"；而新思潮对中国旧文化的态度，是一面"反对盲从，反对调和"，一面是"用科学的方法来做整理的工夫"，也就是"整理国故"；其将来的趋势，"应该是研究人生社会的切要问题"。这就是胡适对新文化运动的整体观念。①

余英时师说，正是胡适提出的这种"重新估定一切价值"的态度，才把中国如何现代化的问题从张之洞等人关怀的科技和政制的层面"正式提升到文化的层面，因而突破了'中体西用'的思想格局"。陈独秀提出的科学与民主的口号，胡适完全同意，但觉失之以"简单拢统"。他这篇文章就是要使其更具体明确。从中西文化的层面看，胡适的"评判的态度"是有很大区别的。对西方文化，只要"介绍西洋的新思想，新学术，新文学，新信仰"就已算是"评判的态度"了。也就是说，西方文化的价值已经"估定"，只需输入即可。而且他主张输入的，也全是"新"的西方学理，中国人当时趋新的心态，由此可见一斑。说到底，新思潮就是"对于西方的精神文明的一种新觉悟"。

但新思潮首先是"表示对于旧有学术思想的一种不满意"。胡适明确指出，那"重新估定一切价值"即"凡事要重新分别一个好不好"这一点，是只针对中国文化的。这再次体现了激进的中国环境对胡适的影响。胡适在美国念书时本来对尼采不甚欣赏，如今却引为新思潮的根本出发点，其态度之变化不可谓不剧。他后来更进一步表扬尼采"对于传统的道德宗教，下了很无忌惮的批评，'重新估定一切价值'，确有很大的破坏功劳"。② 所以，这一准则之用于中国文化，虽然也还有分别出"好"的可能性，却无疑是侧重于破坏和反传统一线的。

---

① 本段与下段，胡适：《新思潮的意义》（1919年11月），《胡适文存》卷四，第151—164页。

② 胡适：《五十年来之世界哲学》（1922年9月），《胡适文存》二集卷二，第229—230页。

这样看来，胡适不是全往尊西趋新方向在走吗？从表面上看，答案是肯定的。但如果我们记住胡适是故意要扮演"外国传教士"的社会角色，就知道其实也不全然。他所谓"用科学的方法"来"整理国故"，及他后来在清代考据学中确实读出中国的"科学方法"来，实际上都是在为中国文化"正名"。当胡适的追随者、也主张整理国故的《新潮》派学生毛子水提出"世界上的学术，比国故更有用的有许多，比国故更要紧的亦有许多"时，胡适马上指出："学问是平等的。发明一个字的古义，与发现一颗恒星，都是一大功绩。"① 这里的"学问平等"，正是针对的"世界上的学术"，是胡适真意的最直接的流露。西方人尽可去发现恒星，中国人也可去发明字的古义，只不过是同一科学精神的不同运用而已。学问既然"平等"，做学问的人当然也就平等了。陈独秀提出的抽象的"科学"经胡适这样一具体，就从西方部分地转到中国来了。经此一转，中西双方都曾产生了科学精神，不过一方用于实业制造，一方用于文字典籍，差别只在实践的层面。用中国的传统字眼说，西方的长处和中国之短处就在于是否以科学精神"经世"。

当然，中国既然不曾以科学精神经世，就产生出后来的种种不如人之处了。所以胡适后来也不得不说"一班少年人跟着我们向故纸堆去乱钻，这是最可悲的现状"。他向青年指出，学自然科学是"活路"，钻故纸堆是"死路"。胡适也接受了他更尊西的朋友陈源的意见，要青年学生先在科学实验室里做出成绩，再来"一拳打倒顾亭林"。这又牵涉到胡适在选择学业上一贯的"率性"与"作圣"之间的紧张了。但这肯定不完全是他的真意。因为他晚年就支持唐德刚先生不要改行学理工科，而坚持学出路不甚好的历史。所以他此时劝人离开故纸堆显然有"外国传教士"的心态在起作用。陈源说得好，"谁叫他给自己创造出一个特殊的地位呢"？② 胡适既然已成了特定的"胡适"，他就不得不说那个"胡适"应该说的话。"超我"的压力虽无形却甚大，尤其对胡适这样好名的人是如此。

同时，这里还有另一层意思。既然整理国故已多成负面的"破坏"工

① 胡适：《论国故学》，《胡适文存》卷二，第286页。
② 胡适：《治学的方法与材料》（1928年9月），《胡适文存》三集卷一，第205页；参见同卷第213—218页所附陈源为胡适的《整理国故与"打鬼"》写的《西滢跋语》（1927年3月）。

作，胡适就像辛亥革命者钟荣光一样，把学西方搞现代化的"建设"工作让给下一代，而自己来承担破坏的事业。中国的"建设事业"就此又下移一代了。不过，胡适的"本我"也时时在与其"超我"冲突。他既要做"传教士"，也不忘争取"学术平等"。胡适自己虽然走过一段"实业救国"的路，但在讲"科学"时甚少往"技术"方向走（讲到西方的物质一面时也一定要提高到"文明"层次），与我们今日将"科技"完全合起来讲，迥然不同。他之所以不惜被人诟为脱离现实，终生在考据一面用功，实在因为他的内心深处只此一端才是中西平等的。身处中西文化边缘的胡适要扮演"传教士"，故不得不尊西趋新；但落实到具体层面，他还是在与西方"较劲"。

认识到这一点，我们对于尊西趋新的胡适却恰好在"国学"领域里造成一场"学术革命"，就不难理解了。对中国自身的学问而言，胡适的思路和作用大致都可以"批往开来"四字概括之。一方面，他确实有意与当时的社会变动和社会思潮"里应外合"，这可以从他指明的新思潮将来的发展方向看到；另一方面，他提出的"用科学的方法"来"整理国故"在一定程度上正适应了中国学术思想演变的内在理路。不过，胡适虽因提倡白话文而在社会上"暴得大名"，他如果想在全国做国人之导师，首先必须在他任教的北京大学取得为众学人认可的领先学术地位，也就是说，他必须在上层文化领域里树立自己。

在这一方面，他并不如许多人想象的那样立刻一鸣惊人。北大早期学生毛以亨回忆说，胡适到北大，"未曾一炮打响"。"胡先生在北大，于初到后数日，即于某晚大礼堂讲墨学，到者百余人，反应不甚良好。我与傅斯年曾去听讲，回来觉得类于外国汉学家之讲中国学问。曾有许多观点，为我们所未想到，但究未见其大，且未合中国人之人生日用标准。胡先生后来在北大研究所，与马叙伦同任中国哲学讲[导？]师。马氏担任老庄，而胡氏则指导墨学。马氏首言，欲讲名法，不可不先讲老庄，口若悬河，滔滔不绝。而当时之胡先生，口才亦不甚好，遂使研究员十六人中，十五人皆随马氏研老庄。当时哲学系班长为赵健，觉得不好意思，乃声称愿随胡先生研墨经，借以解围。"① 毛氏与胡不甚相得，晚年记忆，或有不精确处，但揆诸其他信

① 毛以亨：《初到北大的胡适》。

息，此言与事实相去不会太远。

这里的"口才亦不甚好"，很值得注意。胡适善于系统表述自己的见解，是从小讲故事就培养起的；后来在美国又专修过演讲课，且以长于演说著称于美东。世上哪有用自己的母语演说反不如用外语者？且墨学恰是胡适下功夫最深也最有心得的部分，讲起来正该得心应手，何以会表达不顺畅？实际上，胡适自己反认为马叙伦口才不好。他曾对吴虞说："幼渔、夷初〔马叙伦字〕皆肯看书，而口笔二者均不行。"① 胡适居然在与口头表达"不行"的马叙伦同台演说其最熟悉的墨学时而落得"口才不好"的印象，不能不使人想起他当年已在外演说多次后初登演讲课讲台时仍发抖出汗的"前科"。这样看来，这次应该也是在内行面前缺乏自信吧。

胡适晚年提起"国学大师章太炎的门人"钱玄同对他这位"留学生"写的《文学改良刍议》"大为赏识"，使他"受宠若惊"。因为钱"是位古文大家，他居然也对我们有如此同情的反应，实在使我们声势一振"。② 这里说的虽是胡即将归国之时的情形，其实在这晚年的回忆中也可包括他初到北大那一段。胡适在这里无意间道出的他和钱玄同各自的身份认同——一为留学生，一为太炎门人兼古文大家，很能提示那时北京大学真势力之所在和胡自己地位微妙的消息。实际上钱至少那时还不能算是古文大家，但他在一般人心目中代表着当时最得势的太炎一派，应无疑问。这一"居然"的认可和"赏识"，对胡适在北大地位的支持极为重要，他晚年还记得的"受宠若惊"，信非虚言。

胡适初到北大时，当时北大是章太炎弟子的天下。北大后来能聘到许多欧美留学生做教授，据蔡元培的回忆，还多是因为胡适的介绍。那时北大教授的主力都是留日的东洋派。李敖先生以为，这些人"国学根柢都很深厚，在国学的某些专科方面，甚至可说都在胡适之上。一般留美的学人，按说在这种气氛底下，实在应该教些'西洋哲学史'等外国学问，而避免在国学上与东洋派抗衡"。③ 而胡适却偏偏教起中国哲学史来，开始时的不见得受

---

① 《吴虞日记》上册，第599页。
② 《口述自传》，第152—153页。
③ 李敖：《胡适和三个人》，《李敖全集》第5册，第329页。

欢迎，也应在预料之中。

胡适的身份认同既然是"留学生"，其所长当然应该在"外国学问"。胡适不开西洋哲学史这样的课，略知西学者如毛以亨就说他的"谦退是有足多的"，言外之意即他开不出来。但也始终有人寄希望于胡适。后来胡适名声树立之后，哲学系一年级学生缪金源于1920年底写信给他，请他编一部《西洋哲学史大纲》，说北大的西洋哲学史课上所发的讲义，"编得和小说一样，固然很好，但稍嫌简陋"。缪氏在信中并明言："我相信先生的程度，中国文学过于哲学，哲学过于英诗。"虽对胡颇有期望，所言究竟有些不敬，而胡适此时恰在教英文诗一门课。他虽是哲学教授，到北大的第一年，也被任为英文科（那时尚未设系）主任，所教功课实以英文为主。北大对他的认知，于此可见一斑。那时还在哥大留学的张奚若就大不以为然地说："堂堂大学，尚须哲学教习代授英文，其幼稚情景可想而知。"结果，也有人认为胡适所长就只在英文。1919年3月，清华学校毕业生刘子纯就对吴虞说："胡适以英文译《孟〔墨?〕子》得博士学位。"毛、缪、刘皆当时的学生辈，可知胡适在北大一开始口碑确实不算佳。另一个与胡适不甚相得的北大学生冯友兰更回忆说：我们学生中间有人说"胡适胆大脸厚"。①

胡适归国时，全北大没有一个博士，他虽还不曾领得学位证书，却提前使用了博士头衔。唐德刚先生说，民初的"中国士大夫被洋人吓昏了头，对自己的文明完全失去了信心"，所以洋学位确足以吓人。同样，胡适对别人视他为"古文家"绝对不承认。他不仅不喜欢汉儒，而且自认使用的是"科学方法"，非汉儒之所能。但对于蔡元培为他的书写序说他是古文家绩溪胡氏的后裔，却默不作声，直到50年代搞口述自传时，才"顺便"纠正这个错误。如果说蔡序胡适事先未看过，梁启超的《清代学术概论》本胡适所促成，稿成后他又为之校读改正。而梁也在此书中说"绩溪诸胡之后有胡适者，亦用清儒方法治学，有正统派遗风"等语。可以肯定是胡明

---

① 毛以亨：《初到北大的胡适》；《缪金源致胡适》（1920年12月16日）、《张奚若致胡适》（1917年12月28日），《书信选》上册，第117、118页；《吴虞日记》上册，第450页；冯友兰：《三松堂自序》，三联书店，1984，第216页。

知梁说错而不纠正。这都是他早年养成的自我保护的性格使然。但同时也揭示了青年胡适"在全国最高权威们众目睽睽之下，没有太大的自信心"。①

不过这只是像其他许多次一样，属于开始时的那段短短的不如意，胡适很快就打开了局面，他的自信也很快就恢复了。有意思的是，胡适之所以能打开局面，却得力于几个比较有权威的学生的支持。早在京师大学堂时代，许多北大的学生官品就高于教习，出路也比教习要好，所以确曾有放弃教习的位置而宁做学生者。这个传统，恐怕远在什么民主观念输入之前就已使北大的学生有那么一点特殊的优越感；北大的师生关系及学生在学校的发言权，早就与一般的学校不一样了。民国后这种情形在另一层面仍继续：由于办学不久，聘请教授和招生的随意性都较大，有时候学生在某些方面的学问还真的超过有的老师，各种回忆录中几乎都有学生刁难老师的记载。

以胡适少年受学的经历和当年靠考据得高分而获留学资格看，清季民初整个思想界虽然趋新，从下到上各级主持考试者恐怕都还相当"旧"。或者因为中国教师对西学中自然科学部分的掌握终有限，评判起来较为困难，各级考试时国文仍占举足轻重的地位。那些年的北大学生，特别是文科学生，应不例外。这样，学生中的大多数，很可能因为自己少年受学经历的缘故，当然倾向于接近在国学方面已获学术声望的刘师培、黄侃等人，实际是站在我们今日所说的"保守"一边。这个情形直到1921年吴虞进北大教书时仍未根本改变。历史是由胜利者所"写"，必然偏向于后来取胜的"新派"一边。但我们只要细查北大"新派"学生名留青史者，始终也就是那么几位，就可知其在当年确实未必居多数。蔡元培主持北大时的实际情形，大约是教授中趋新人物多而学生中守旧者众。故新派教授对学生不免有一种提防的心态，陈独秀就颇疑惑《新潮》中人如傅斯年这样不久前还是黄侃高足者，是不是旧的一边"派来作细作的"。②

---

① 唐德刚：《胡适杂忆》，第75—76页；《口述自传》，第128、5页；参见李敖《胡适和三个人》，第303页。

② 《吴虞日记》上册，第585页；周作人：《苦茶——周作人回想录》，敦煌文艺出版社，1995，第294页。

有了北大校园内这种"社会史的重建"，就容易理解学生帮忙对胡适的重要了。实际上，立说者的思想要能与各种范围的"社会"发生"里应外合"的作用，从社会视角看，也就是听众是否追随和追随者的多少的问题。在北大这样存在学生地位特殊这一传统的学术社区，听众的功能又更强。胡适的学生顾颉刚记载当时的情形说，听说要由胡适来讲中国哲学史，许多同学颇有疑虑："他是一个美国新回来的留学生，如何能到北京大学里来讲中国的东西？"顾氏自己也是怀疑者中的一个。这是胡适地位尚高而两人关系也很不错时所说。几十年之后，胡适在大陆已是批判对象，顾氏的说法就更直截了当。他明言，因为胡适年轻，那时才二十七岁，"许多同学都瞧不起他"。①

顾颉刚回忆说，在胡适到北大以前，中国哲学史一课是由陈汉章讲授的，他从伏羲讲起，一年下来只讲到"洪范"。胡适接手以后，重编讲义，以《诗经》为材料，做时代的说明；丢开唐、虞、夏、商，改从周宣王以后讲起。"这一改把我们一班人充满着三皇、五帝的脑筋骤然作一个重大的打击，骇得一堂中舌挢而不能下。许多同学都不以为然，只因班中没有激烈分子，还没有闹风潮。"顾氏自谓听了几堂课后，听出一个道理来了，就对同学们说，胡适虽然没有陈先生读书多，"但在裁断上是足以自立的"。这个"裁断"，据顾氏晚年的解释，就是指胡适"略去了从远古到夏、商的可疑而又不胜其烦的一段，只从《诗经》里取材，称西周为'诗人时代'，有截断众流的魄力"。

但是顾颉刚自己虽然早已出入今古文经学之门，在同学中的威信尚不是最高，于是就去找同寝室的傅斯年（字孟真）。傅本是中国文学系的学生，是黄侃的高足，旧学功底极厚，蒋廷黻曾说他句句话后面都有四千年的历史在。而傅斯年又"最敢放言高论"。傅本来对胡适前此比较紧张的那次演讲不甚欣赏，今有顾的说项，就到哲学系旁听了几次，终于表示满意。于是对同学们说："这个人书虽然读得不多，但他走的这一条路是对的。你们不能

---

① 顾颉刚：《古史辨·自序》《我是怎样编写〈古史辨〉的》，《古史辨》第 1 册，上海古籍出版社，1982 年重印版参阅前文第 36 页及后文第 3 页（后文系新增，单独排页）。以下所引亦同出此两页。两文均已为余英时师所引用。

闹。"这才帮助胡适过了关。从傅、顾说话的口气，可知学生中旧学第一权威是傅斯年，第二权威是顾颉刚，若非此二人出手相助，当时仍可能闹风潮。后来胡适自己也说，当时许多学生觉得他对古史的处理是"思想造反"，认为他不配教这门课，要赶走他，结果因"在校中已经是一个力量"的傅斯年出面干预而作罢。胡适叹谓："我这个二十几岁的留学生……面对着一班思想成熟的学生，没有引起风波。过了十几年以后，才晓得是孟真暗地里做了我的保护人。"①

对于开始时这么一段不十分如意的经历，胡适仍一如既往，以发奋用功来对付。在北大学生罗家伦的记忆里，成名后的胡适常很谦虚地说，"初进北大做教授的时候"，因为"发现许多学生的学问比他强"，所以"常常提心吊胆，加倍用功"。胡适晚年回忆，也说他初回国时十分用功。那时胡适下功夫最大的，就是当时风靡北大的太炎学说。毛以亨说，胡适将《章氏丛书》"用新式标点符号，拿支笔来圈点一遍，把每句话都讲通了；深恐不合原意，则询于钱玄同，玄同不懂时，则问太炎先生自己"。胡适自己说，他"工作时兴致来了，不能到了钟点放下来"。所以"夜里总是睡得很晚的"。江冬秀总是事先剥一个皮蛋放在那里，丈夫"工作到肚饿时，就吃一个皮蛋"。这样拼命的结果，学问确实不久就大进，但身体却吃了亏，因用功太过而大病一段时间。毛以亨说："病愈后胡先生之中国学问，确已有成，真不愧为经生了。"②

不过，胡适初到北大面临的挑战并不止来自学生，他在给一年级讲中国哲学史时，就有先来的老师认为胡适不通。胡所发的讲义名为《中国哲学史大纲》。教三年级中国哲学史的陈汉章在课堂上"拿着胡的讲义笑不可抑"，并说："我说胡适不通，果然不通。只看他的讲义的名字就知道他不通。哲学史就是哲学的大纲，现在又有哲学史大纲，岂不成为大纲的大纲？

---

① 胡适语转自《年谱长编》第1册，第297页。此事必须由黄门高足来做最后裁决，也提示着这将起的风潮或者也有教授间斗法的影响。黄侃的另一个弟子范文澜就告诉周作人，他曾在课堂上不断作乱，试图驱赶已往趋新一面走的黄氏同门朱希祖。周作人：《苦茶》，第276—277页。

② 罗家伦：《元气淋漓的傅孟真》，转自《年谱长编》第1册，第296页；《谈话录》，第135、173页；毛以亨：《初到北大的胡适》。

不通之至。"① 这里大约有文人相轻的意思，但所透露的消息却远不止此。因为"我说胡适不通"时，还只是一厢情愿，或者确有文人相轻的意思；到在课堂上拿着证据"笑不可抑"时，已肯定是真觉得不通了。

"哲学"这个术语本非中国自产，而系从日本人那里转手来的西词的译名，早年国人也有译成"智学"或其他什么的。中国既然无此术语，其实也并没有严格意义上的"哲学"。西方哲学最讲究而须臾不可离的"存在（Being）"，中国传统思想中便无确切对应的概念；即使有意思相近者，也不为中国思想家所特别重视到离不得的程度。中国文化本来自成体系，更完全可以不必有什么"哲学"。胡适后来学问日通，就坚持说他研究的不是中国哲学史而是中国思想史，未尝不是据此而发。② 今日自不必探讨翻译的准确与否，但那时的国人对此并无统一的认知，大致是可以肯定的。在胡适之前的北大，"哲学史"三字当是一整体的概念，即"哲学的大纲"，而不是"哲学之历史"的意思。所以先前的教授才敢据此取笑胡适。我们切不可将历史的电影片子倒着放，以为是那老先生自己不通。

在顾颉刚读书时，陈汉章是教一年级中国哲学史一课的，他从伏羲讲起，一年下来只讲到"洪范"。而胡适则是丢开唐、虞、夏、商，改从周宣王以后讲起。③ 两人的取向的确不同。对陈氏而言，既然"哲学史"就是"哲学的大纲"，则其用一年的时间只讲到《洪范》正无可厚非。过去中国人本认为中国文化精神以三代为最高境界，当然是主要讲清三代就好。而且，陈氏对西洋名词"哲学"是有体会的。历代学人讲三代，无非对现实有所不满，以神游旷古出之，但也恰好表述了那些人对人类社会的理想境界，与柏拉图写《理想国》，取向略同。那些被认为是三代之文的具体典籍

---

① 冯友兰：《五四前的北大和五四后的清华》，《文史资料选辑》第34辑，中国文史出版社，1986年合订本，第4页。按冯氏在其《三松堂自序》（第200页）中又记此事，文字略不同。

② 《口述自传》，第229、249页。

③ 顾颉刚：《〈古史辨〉（一）自序》，《古史辨》第1册，第36页。不过，据冯友兰在前引文中所述，讲一学期才讲到周代的是陈黻宸；而他在1935年的回忆中又说："民国四年沈兼士先生在北京大学讲授中国哲学史，讲了一学期的功夫，才讲到周代"。（冯友兰：《近年史学界对于中国古史之看法》，《三松堂全集》第11卷，河南人民出版社，1992，第284—285页）有可能胡适以前讲中国哲学史的多用一学期来讲周代之前的"哲学"。

固可是后出，对典籍已出之后的古人来说，特别是对民初讲旧学的人来说，其代表"中国哲学"之主要精神，却不容否认。陈氏本非讲"历史"而是讲"大纲"，自然注重主要精神蕴蓄所在，而不必管是由什么人在什么时候写定。

反复申说这么多，当然不是要翻什么案，以贬低胡适所起的划时代作用。也不是说我们今日哲学系的中国哲学课可以取消（但文化体系不同，随意用西方哲学概念套中国思想肯定只能造成"始乱终弃"的结局）。正相反，这恰从另一个侧面揭示了胡适所开的风气之宽广。今日我们所说"哲学史"即"哲学之历史"的意思，就是由胡适开始肯定下来的。

余英时师总结说：胡适"把北大国学程度最深而且具有领导力量的几个学生从旧派教授的阵营中争取了过来，他在中国学术界的地位才坚固地建立起来了"。但顾颉刚、傅斯年二人的旧学基础"不但不在胡适之下，或者竟有超过他的地方"。胡适究竟凭什么来争取他们呢？顾氏对胡适讲课的回忆已提示了答案。他说："胡先生讲得的确不差，他有眼光、有胆量、有断制，确是一个有能力的历史家。他的议论处处合于我的理性，都是我想说而不知道怎样说才好的。"换言之，顾、傅等人"虽有丰富的旧学知识，却苦于找不到一个系统可以把这些知识贯穿起来，以表现其现代的意义。胡适的新观点和新方法便恰好在这里发挥了决定性的转化作用"。余先生进而指出，顾颉刚这段话可以扩大来解释胡适在五四前后思想影响的一般性质。他在从文学革命、整理国故，到中西文化的讨论，"大体上都触及了许多久已压在一般人心中而不知'怎样说才好'的问题"。结果，不论思想上与胡适接近还是疏远甚而完全不同，都"不能不以他所提出的问题为出发点"。这就是孔恩（Thomas Kuhn，也译作库恩）所说的建立了学术思想的新典范。①

二 截断众流的新典范

余英时师借助孔恩的典范理论，已简明扼要地论述了胡适对清代考证学

---

① 关于典范理论，参见 Thomas Kuhn, *The Structure of Scientific Revolutions*, rev. ed., Chicago: The University of Chicago Press, 1970.

这一典范的革命性突破，及其主要著作《中国哲学史大纲》所提供的"一整套关于国故整理的信仰、价值和技术系统"就是"一个全新的典范"。这是一个继往开来的工作。从胡适个人的学问讲，他显然是继往的东西多；从胡适的时代言，则又是开来的成分重。因为在民初那个时期，学术上继往部分超过胡适的比比皆是，而开来则实无人能过之。在分析胡适的学术影响时，这一点一定要分清楚。进而言之，在承旧创新配合得恰到好处一方面，同时代尤无人能过之。这也是必须记住的。余先生指出：

> 清代考证学的典范是通过文字训诂以明古圣贤在六经中所蕴藏的"道"。这是他们共同遵奉的信仰、价值和技术系统。在这一系统之下，顾炎武以至戴震的考证作品则发挥了具体的"示范"作用（狭义的"典范"）。绝大多数的考证家都安于在这个"典范"之内从事孔恩所谓"常态的研究工作"（normal research）。他们一部书接着一部书考订，一个问题接着一个问题研究，但是他们并无意在概念上或事实上寻求重大的新突破。由于一个内容丰富的典范往往带来无数的"难题"（puzzles），需要个别地解决，因此它的有效性可以维持一段很长的时期，直到严重的危机出现。所谓危机是指在正常的研究过程中不断遇到重大的"变异"现象（anomaly），而渐为原有的典范所不能容纳。对于这种变异——即意外的新事实——研究者最初尚能稍稍调整典范以求适应。但是最后变异太大，已非调整典范所能济事，那就到了新典范建立的时刻了。新典范的建立便表示这门学术发生了"革命"性的变化。

民国初年就是一个需要建立新典范的时期。我们看胡适讲话文章中最爱使用的时代分段就是三百年，动辄曰"三百年来"。这也是许多时人爱用的时代分段。梁启超、蒋维乔、钱穆、龙榆生等人的学术史、思想史以及诗词选本，也都动辄冠以"三百年"。这就说明，不管自觉不自觉，时人有意无意间已感到思想学术的"世风"已到该做总结的时候了（很有意思的对比是，讨论政治军事的则常用"近百年""近三十年"这样的时代分段）。王国维说，清代学术一共经历了"三变"："国初之学大，乾、嘉之学精，道、咸以降之学新。"他又说："道、咸以降之学乃（上述）二派之合而稍偏至者，其开创者仍当于二派中求之。"① 余英时师引用此语后说："这一深刻的观察和典范说完全相符。顾炎武是清学典范的建立者，故其学'大'，戴震、钱大昕是这一典范的完成者，故其学'精'，道、咸以降则'变异'愈来愈多，典范已不得不时加调整，故其学'新'。"简言之，"清代三百年的考证学到了'五四'前夕恰好碰到了'革命'的关头。"

晚清学术的大趋势，就是胡适所谓"'正统'的崩坏，'异军'的复活"。这其实也是清代学术内在的发展所逼出来的。清初顾炎武等人既然提倡"回向原典"，经学研究上"训诂明而后义理明"的典范就无可避免地要引申到子学研究上去。因为以先秦古籍的校勘、训诂和考订而言，群经以后便是诸子了。清代的考证就是最初集中在经学，旁及史学，后来再发展到诸子之学。缪钺先生在《汪容甫诞生二百年纪念》一文中论汪中的话说："容甫治诸子，独能不囿于传统之见，而与以新估价。"因为汪中已见到，"自儒者言之，孔子之尊，固生民以来所未有矣，自墨子言之，则孔子，鲁之大夫也，而墨子，宋之大夫也，其位相埒，其年又相近，其操术不同，而立言务以求胜，此在诸子百家，莫不如是。"余英时师引用这段话后指出，汪中能从墨子的观点去看孔子，证明考证学的内在理路已逐步逼出一种"平等的眼光"。晚清以来章炳麟、梁启超提倡诸子学也更明显地表现出这种倾向。不过，从汪中到梁启超的"平等的眼光"既然是逼出来的，其基本上仍然是无意识的。②

但是，随着考据范围的逸出儒家经典，越来越多的"意外发现"使得最初的"明经见道"这一假定出现了危机。这种危机其实也就是孔恩所谓"技术崩溃"（technical breakdown）：不符合典范所期待的变异现象不断地出现了。新发现的文献证据不但不再能支持原有的基本假定，反而动摇了这个假定。从这一角度看，晚清今文学派的兴起虽然背景很复杂，但也显然是对于考证学典范进行一次重大的修正。由于乾嘉以后支离破碎的训诂已不足以明义理，今文学家便提倡从《春秋》与《论语》直接寻求孔子的"微言大

---

① 《观堂集林》卷23《沈乙庵先生七十寿序》。

② 本段及下段之大部，从观点到文字，几乎全部引述余英时师前述两文，故不再加引号，特此说明。引述中若有理解错误，自然由我负责。

义"。同理，清代考据学的兴起固然有为实现"经学即理学"的意思，但到乾嘉考据学垄断中国学术界时，理学早已退到较边缘的地位。也只是到了咸同时期，理学才略有复苏。宋学的影响虽不能与今文经学比，但欲在"明义理"方面修正专讲考据的汉学，却是一致的。早期起来的今文家魏源本身又是理学家，最能体现两方面的共同。而且两者也都不同程度地带有"异军"的意味。

"异军"的复活正是典范危机的表征。但这些"异军"不但依然接受考证学的基本前提，而且也不否定考证学的方法。所以余英时师说，道咸以降之学虽然"新"，他们"并没有建立新的典范；他们的工作基本上仍是调整旧的典范。下及康有为，也依然徘徊在旧典范之下"。尽管他的《新学伪经考》和《孔子改制考》的内容和方法都已逸出了经学考证的典范，却仍是以经学考证的面貌出现的。乾嘉以来的考据虽一直辨伪疑古，但其并不以疑为出发点，是为"明经"而怀疑或自然而然地达到怀疑一步。而且其怀疑也是有限度的。"在基本'典范'没有改变之前，康有为也只能怀疑'伪经'，而不敢再进一步疑他所信的今文'真经'。这和崔述对古史的怀疑到六经而止步先后如出一辙。"这就可以看到"典范"的限制作用了。

这样，1919 年 2 月出版的胡适的《中国哲学史大纲》卷上之所以能够震动一世而建立"史学革命"的"典范"，就因为其"所提供的并不是个别的观点而是一整套关于国故整理的信仰、价值、和技术系统"。这部书在中国近代史学革命上的历史意义，余英时师已论之甚详。大体说来，其在当时最使人感到耳目一新之处即是蔡元培在"序"中指出的：（1）证明的方法，包括考订时代、辨别真伪，和揭出各家方法论的立场。（2）扼要的手段，也就是"截断众流，从老子、孔子讲起"。（3）平等的眼光，对儒、墨、孟、荀一律以平等眼光看待。（4）系统的研究，即排比时代，以见思想演进的脉络。胡适自己特别重视，直到晚年都还记得的则是（2）（3）两点，他自己就认为在当时中国的学术界具有革命的意义。

这几方面当然都受了西方哲学史的影响，但同时也和上述考证学的内在发展相适应。正如余先生所说："胡适的学术基地自始即在中国的考证学，实验主义和科学方法对于他的成学而言都只有缘助的作用，不是决定性的因素。"的确，"如果只有外来的影响，而全无内在的根据，那便只好叫做

'征服'，而谈不上'革命'了"。前面说过，胡适在上海所受"新教育"与许多同龄人的不同之处，即在于他不仅受梁启超、严复以至林纾的影响，同时也认真读理学和诸子这些"异军"的书。所以他最能领会晚清学术演变的动态。由于西方近代的多元思想和中国学术传统在胡适身上"里应外合"的双重便利，新典范的建立终于在他的手中得到成功。

蔡元培在《中国哲学史大纲》的"序"中也说明了胡适具备的一些他人很难齐备的长处："现在治过'汉学'的人虽还不少，但总是没有治过西洋哲学史的。留学西洋的学生，治哲学的本没有几人。这几人中，能兼治'汉学'的更少了。适之先生生于世传'汉学'的绩溪胡氏，禀有'汉学'的遗传性；虽自幼进新式的学校，还能自修'汉学'，至今不辍；又在美国留学的时候，兼治文学、哲学，于西洋哲学史是很有心得的。所以编中国哲学史的难处，一到先生手里就比较的容易多了。"

这一段话，在说明胡适中西学兼治、西学又恰长于哲学史等方面，是基本准确的。说他生于世传汉学的绩溪胡氏，是个小误解。但蔡"序"特别强调胡适和汉学之间的关系，则是个大误解。不过当时不止是蔡氏有此认知，自诩为"讲新学而力求汉学根底"的吴虞，在没与胡适见面之前就以为胡适是"讲新学而不昧汉学家风"。实际上，唐德刚先生已指出，胡适曾亲口对他说，他"绝对不承认"人家把他列入"古文家"一类。为什么胡适本不喜欢汉学，而人皆以为他是汉学家？这可能是因为前述胡适到北大后曾努力攻读太炎著作，且由于钱玄同和大量北大同人的缘故，不能不对太炎表示相当的敬意。他在《中国哲学史大纲》的"再版自序"中说："对于近人，我最感谢章太炎先生。"北大的同事里，则说钱玄同、朱希祖都给了很多帮助。两人也都是太炎弟子。[①] 而且，胡适一生在学术上所为，基本上是清儒中汉学一派所为的考据，而当时一般人的认知，做考据便等于汉学家了。这恰是时人对胡适的新考据认识不足的表征。在胡适看来，他做考据用的是"科学方法"，非古文家所能梦见。而胡适对汉学家的看不上眼，也不排除其潜意识中有点宋学的影子在起作用。

---

① 《吴虞日记》上册，第480页；《口述自传》，第128页；并参见李敖《胡适和三个人》，第330—331页。

胡适的少年教育基本是以宋儒的观念为依归的。1910 年，在准备出国考试时，胡适得其二哥的朋友杨景苏指点，开始接触汉代的治学方法，并购置《十三经注疏》带到美国细读。但在读了汉儒的《诗经》注疏后，他觉得仍是他幼年所读的宋儒朱熹的注"比较近情入理"。所以，余英时师注意到，胡适早年对汉学大家章太炎的学术，"曾列为主要的批评对象"。1914 年 9 月，胡适游波士顿，读到章太炎的《诸子学略说》，觉其中"多谬妄臆说，不似经师之语"，颇怪之。则此时尚以经师视章而怪其不似经师。其隐含的认知是经师应没有太多"谬妄臆说"。可知他虽不喜欢汉学，心下对汉学家也还重视，但这种观念似乎未能到达意识的层面。1916 年初，他又写有《读章太炎〈驳中国用万国新语说〉后》，说太炎此论"可谓无的放矢"。[①] 其余几篇早年考据文章，也多有非议太炎处。其中《诸子不出于王官论》成于 1917 年 4 月，离他动身回国不过两个多月。这篇文笔是专为驳章炳麟而做的。余先生以为，这是胡适"向国学界最高权威正面挑战的第一声"。就其对上层文化的冲击而言，此文的重要性"决不在使他'暴得大名'的《文学改良刍议》之下"。可以看出，胡适对汉学是批判多于亲近的。

但胡适虽然偏爱宋学，却并无真正宋学家那样强烈的门户观念。他在出入汉学与宋学，见其差异明显之后，用一句老话说，实际上也就走上了"调和汉宋"之路。胡适喜欢宋学，是因为其"偏重于哲学性诠释"。基于同样的缘故，胡适在今古文经学中也是站在今文家一边。他认为古文家"太注重功力，而忽略了理解。他们在细枝末节上用功甚勤，而对整个传统学术的趋势缺乏了解"。1921 年 5 月吴虞到北大，与胡适谈，胡对吴说："今文家已推倒之古文家，而逖先［朱希祖字］犹信之，如何要得。"[②] 胡适本视"古文"为已倒，自然不会亲近之。而今文经学讲究"微言大义"，即讲究理解，与宋儒"偏重于哲学性诠释"是相近的。另一方面，胡适也认为，近三百年以考据为表征的中国学术，特别是其批判的精神，恰是源自北宋时期。因为宋学之所以能独立成一学，就在其对更早的汉学的怀疑和批

---

① 胡适日记，1914 年 9 月 13 日、1916 年 1 月 24 日。
② 《口述自传》，第 205 页；《吴虞日记》上册，第 599 页。

判。这是有心得的见解。因为考据的前提正是怀疑；清代的汉学家虽然对汉儒是信多于疑，但却是在对宋儒大疑的前提下信汉儒的。胡适既然在宋儒中看到的是疑的一面，其融合汉宋就比较容易了。

胡适早年那几篇关于文字的考据文章，就是调和汉宋的产物。其所用的方法，他自己以为也颇受益于马建忠的《马氏文通》和西方实证史学。所以，胡适一生在学术上所为，基本上是清儒中汉学一派所做的考据，但胡适喜欢的却是宋儒中较近人情并能做哲学性诠释的朱熹，他不得不在二者间有所"调和"，然其贡献又远不止于"调和"汉宋。他不仅能在具体方面掌握借鉴价值已经"估定"的西方治学方法，同时对汉学、宋学和《马氏文通》都不止是中国传统治学所谓的"有所法而后能"，而几乎是一开始就"有所变而后大"了。这是胡适一生治学的长处，也是他的短处。孔恩在论述科学典范的转移时，曾说到专业训练不深的新入门者有时往往容易起到"开来"的作用，正因其训练不深而约束较少也。① 这就很适合胡适的情形。

胡适从小所受的"国学"训练，虽然比上海新学堂的同辈人要多，但终不系统，在一些基本训练上不免有所不足。这也是他不能认同"太注重功力"的汉学的一个重要因素。正因为如此，他才敢于一开始就往求变的路子上走。讲文字音韵训诂的小学本非胡适所长，在其开始努力"调和"汉宋时，连清儒的主要小学著作都基本没有接触过；但他早年的几篇论文，恰都是在小学的范围之内。他自己也说，1914 年以前治学颇靠"大胆臆测"。胡适因一开始就求变，没有经过"有所法而后能"的阶段，许多基本功夫有所欠缺。他到北大后虽然努力恶补，更一生以"小心求证"和朱熹所教做官的"勤谨和缓"四字诀补之，但遇到关节处，仍有打不通之时。这大约就是他后来不得不时常转换治学方向的一个原因了。

胡适既然搞考据，小学又是弱项，所以在这方面指责胡适的人最多，很可能蔡元培强调胡适与汉学的关系，有意无意中是虑及此点的。后来冯友兰的《中国哲学史》出来，陈寅恪、金岳霖等都借写审查报告之机，或明或暗地指出胡适的中西学都大有问题。特别是金岳霖所说的"西洋哲学与名学，又非胡先生之所长"一句，最多为人引用。如果说金或有门户之见，

---

① Kuhn, *The Structure of Scientific Revolutions*, pp. 89 – 90.

胡的朋友和安徽同乡刘文典就曾对唐德刚先生说，胡适什么都好，"就是不大懂文学"。①

这几位专家是有资格说这样的话的，其见解应该说都不无根据。但正如毛以亨所说："胡先生所治，通学也。通学者总要受专家批评的，又岂止不懂小学一端［以及其他各端］？然其广度与有裨人生日用之处，殊非专家们所可望其项背。"② 胡适的学问是不一定很深，若说每一门具体的学问，胡适的贡献也未必很大，在特定的专业领域里恐怕都有超过他的同时代人。但其学术兼容的广大，确远非时辈所能比拟。有其宽度而兼有其深度的，恐怕就更难找到。而复有其胆量和际遇的，近代以来实无其人。根据孔恩上述的观点，胆大与学问的不深，恰有直接的关联。

胡适的胆大和敢于怀疑，正是他另一点与人大不同之处。他的疑古意识及要翻案、要革命的主动性都非常之强。早在 1908 年，他写的诗中就有"从来桀纣多材武，未必武汤皆圣贤"这样的句子，已颇有疑古之意。但此时只是"恨无仲马为称冤"，到 1916 年 9 月修改此诗时，即将最后一句改为"哪得中国生仲马，一笔翻案三千年"，从怀疑到翻案之路已基本走通了。③ 胡适以后一生为学，都以翻案为主，如给王莽翻案、给神会和尚翻案等等，不一而足。因为翻案的结果就是重写或改写历史，这正是胡适一直想做也一直在做的。

他晚年自称，以"重新估定一切价值"方式来"整理国故"，"就是把千百年来一向被人轻视的东西，在学术研究上恢复它们应有的地位"（此时已放弃传教士的自定位了）。这接近于哥白尼以日心说取代地心说这一思想革命在西方的意义。"在中国文化史上我们真也是企图搞出个具体而微的哥白尼革命来。"胡适又说，他不分经学和子学，把各家思想，一视同仁，把墨子与孔子并列，这在 1919 年的中国学术界"便是一项小小的革命"。他还指出，他主编北大的《国学季刊》，用横排及新式标点，这又"是个小小的革命了"。④ 处处在革命，可知其主动要想"革命"的意识的确很强。胡

① 参见唐德刚《胡适杂忆》，第 157、100 页。
② 毛以亨：《初到北大的胡适》。
③ 胡适日记，1916 年 9 月 16 日。
④ 《口述自传》，第 249、210、204 页。

适的怀疑、翻案、"截断众流"及以平等眼光对待经学和子学等之所以为"革命"，就在于他和以前学者的一个根本区别：他不但在做，而且是有意识地主动为之。

所以余英时师指出，胡适的基本贡献是"一种综合性的创造"。他能在国故研究上建立新典范、开辟新风气，正因为"他的旧学和新知配合运用得恰到好处"。若只及一面，则不但旧学方面超过胡适的人不少，就是西学，当时一些留学生也实在他之上。但这些人所知虽深，却很少能以浅显出之，其实际的影响，只在很窄的范围内。胡适对西学的态度可以说是"弱水三千，我只取一瓢饮"。他服膺杜威的实验主义就主要是在方法论的层面。余先生说，正因为胡适没有深入西学，"他才没有灭顶在西学的大海之中"。这是见道之解。

胡适在写《四十自述》时，即已认为他比许多人高明处正在跳出了西学"新名词"的框框。今日海内外学者对西学也有只取一瓢饮且所知颇深者，但仍跳不出西方"新名词"的框框，离了这些新名词便无以言学问。更多的人是迷失在五花八门的西方理论之中而不能自拔。实际上，对西学要能入能出、有取有舍，必须中学有相当的根基。若无此根基，则"取一瓢饮"也好，一头栽进去想在"游泳中学会游泳"也好，多半都只会达到一个"邯郸学步，反失其故"的结局。

胡适的《中国哲学史大纲》既然是一部建立典范的开风气之作，当然同时又具有"示范"的作用。这个新典范约略有广狭二义。广义者涉及了全套的信仰、价值和技术的改变；狭义者即余英时师说的"开启了新的治学门径"，对具体的学术研究起了"示范"的作用。举其小者，胡适所开的风气，就包括写作的格式。冯友兰说，传统的表达方式，论者无论有无己意，都是以注经的形式出之。即把经典的原文作为正文用大字顶格写下来，作者的意思则以小字书之。胡适反其道而行之。"把自己的话作为正文，用大字顶格写下来，而把引用古人的话，用小字低一格写下来。"冯氏以为这是"五四时代的革命精神在无意中的流露"，但显然也是一种"示范"。同样，老学者孟森的《清代史》要出版，其"文章的行款、标点"，都要找胡适为他整理。因为他"原来的稿子完全是旧式的格式"，就是"印出来也不好看的"。① 这就是许多老先生要对胡适让几分的一个原因了。这里所谓"不好看"，也就是"好看"的标准已变之后才能这么说。老先生要想不完全被时代忘掉，用这一两年流行的话说，就必须多少进行一些新的"包装"。

广而言之，余英时师注意到，即使非常不赞成胡适思想的熊十力，在客观上也不能不承认胡适当年开风气的功绩。熊氏说："在五四运动前后，适之先生提倡科学方法，此甚紧要。又陵先生虽首译名学，而其文字未能普遍。适之锐意宣扬，而后青年皆知注重逻辑。视清末民初，文章之习，显然大变。"照这样看，胡适的作用还不止是开了风气，有些老一辈学者如严复的思想也因胡适而广为传播。而沾光的还不止严复，毛以亨就曾对章太炎说："你的学问，当以胡先生为惟一传人。你的话只有他能完全懂得而加以消化，并予以通俗化。"② 的确，严、章二氏行文都是刻意古雅的，胡适因不怕别人笑他文字浅，影响反而广远。

胡适的广泛影响之一，就是使中国人以"文化"的概念取代了"学"的概念。近代中国人虽然已有文化竞争的观念，但却以前面说到的"学战"术语出之。到"中体西用"的局面被打破，如余英时师指出的，"中学"和"西学"这样的旧名词就为"中国文化"和"西方文化"之类的新概念所取代。所以孙中山在 1920 年初的《致海外同志书》中，就把文学革命、新思潮、思想革命等统称为新文化运动。如前所述，"西学"的观念含义已极广，各人心目中的"西学"并不见得就一致。而"中学"本是先有了"西学"而后产生出来的对应概念，正如后来人所说的"国学"和"汉学"，同样是含义广泛而各人所见可相去甚远的一个词（今日有治"国学"且刊出专著者，其所谓的"国学"恐怕以前的"国学家"便有些不敢认同）。但此时的中西"文化"所包容者，又比以前的西学中学更宽广，已略近于后来人类学意义上的文化了。

术语的转换正提示着思想界典范的转移。冯友兰回忆说，梁漱溟在1920 年做了一个《东西文化及其哲学》的讲演，在当时引起了广泛的兴趣，因为"他所讲的问题，是当时一部分人的心中的问题，也可以说是当时一般人心中的问题"。梁本是少不读诗书的，所以趋时较快；其学说很可能也

① 冯友兰：《三松堂自序》，第 215—216 页；《谈话录》，第 160 页。
② 熊十力语出自其《十力语要初续》，转引自余先生文；毛以亨：《初到北大的胡适》。

主要以能趋时而行于世。因为梁氏学问，以自身的真体味见长，本不是容易造成轰动者；可知其学说的风行，多半是因为能得风气之先；其所借重的，正是思想界典范转移的东风。不过，思想界虽然有了从"中西学"到"中西文化"的典范转移，前者的不确定性似乎也遗传给了后者。连北京大学的教授，对什么是"中国文化"仍不能有一个肯定的诠释，遑论一般人。①这大约也是梁氏学说"引起了广泛的兴趣"的一个因素。

实际上，胡适的哲学史所起的开风气作用还不止在中国，罗素就认为胡适那本英文的《先秦名学史》在西方汉学界也起着典范转移的作用。蔡元培指出的胡适所具备的许多人没有的长处，也基本适用于西方的汉学界。罗素指出，西方几乎没有一身兼汉学家和哲学家的人。以前西方人读到的中国"哲学"著作，都是由基本不懂哲学的人翻译的，译者对中文原著的理解，本身就有问题。而真懂哲学的西人，又读不懂中文。简言之，西方的哲学界与中国的"哲学"一直是隔膜的。胡适是第一个受过系统西方哲学熏陶而又能读懂中国古代典籍之人，且能以像美国教授一样的良好英文（这在看不起美国人的罗素是褒中略带贬义的）表达出来。就西方的哲学界与中国"哲学"的沟通言，胡适的书所起的作用可以说是史无前例、独一无二的。②这个划时代的作用，要到冯友兰的英文本《中国哲学史》出来之后，才顿减其开拓意义，这就是后话了。

吴稚晖曾说，胡适的《中国哲学史大纲》所发生的"流弊"，就是"引出了梁漱溟的文化哲学及梁启超的学术讲演"。③ 这虽然是吴氏的门户之见，但也从反面论证了胡适开风气的影响有多广泛。余英时师说，胡适的方法论"对于当时从旧学出身的人是非常具有说服力和吸引力的。有说服力，因为这正是他们所最熟悉的东西；有吸引力，则因为其中又涵有新的成分，比传统的考据提高了一级，成为所谓'科学方法'了"。特别是胡适运用西方的

---

① 冯友兰语转引自余先生文；参见梁漱溟《东西文化及其哲学》，《梁漱溟全集》第1卷，山东人民出版社，1989，第330—331页。

② 参见罗素为此书写的书评，载 *The Nation*（Sept. 23, 1923），胡适1923年11月4日的日记中剪贴有全文。

③ 转引自陈源为胡适《整理国故与"打鬼"》一文写的《西滢跋语》（1927年3月），《胡适文存》三集卷一，第214页。

逻辑知识来解释《墨子》，尤为当时人所推重。吴稚晖并不是无的放矢。梁启超治诸子学虽远在胡适之前，并且特别在"墨学"上对胡适有启蒙之功，但这时他恰好脱离政治重新回到学术领域，其《先秦政治思想史》和《墨经校释》就是受到胡适的影响，在胡适的《中国哲学史大纲》和《墨辨新诂》的刺激之下而写成的。

胡适的《中国哲学史大纲》，就像所有的新典范一样，在"开启新的治学门径"的同时，也"留下了许多待解决的新问题"。解决这些问题就是又进入常态研究了。不过，如果我们暂时离开典范理论，则胡适所开风气也不是全无"流弊"，有的新问题其实也就在其开启的治学门径之中。胡适在1932年与人讨论历史研究时说："凡先存一个门户成见去看历史的人，都不肯实事求是，都要寻求事实来证明他的成见。"但他和其他新文化人在整理国故时，恰不够虚心（这里是用其本义），有先入之见。胡适还没动手整理国故，已先认定"古代的学术思想向来没有条理，没有头绪，没有系统，故第一步是条理系统的整理"。这个结论，即使是正确的，也应在整理之后得出，而不应是作为预设。胡适自己考据的一大缺点，就在进化论观念太强。如在留学时批驳《说文》，每以"初民不能作此种哲学语也""初民不能有此种思想也"论证之。但胡又何以知初民能有何种思想观念呢？这只是需要证明的"大胆假设"，尚不能作为论证的依据。①

后来胡适驳太炎的诸子出于王官论，也爱说"岂清庙小官所能产生"，"非司徒之官所能梦见"等，虽偶有说对的，然实多是待证的先入之见。所以柳诒徵说胡适的史论，"诬古而武断"，又"强词夺理"，②也不是没有道理。不过，胡适既然是以"但开风气不为师"自我标榜的，当然也不能在每一点上都毫无漏洞。柳氏所说的"诬古而武断"，在胡适那里或正是出新意而大刀阔斧而已。1922年初，胡适做完《章实斋年谱》，自叹为此"费了半年的闲空功夫"，感到"作学史真不容易！若我对于人人都要用这样一番工夫，我的《哲学史》真没有付印的日子了！我现在只希望开山辟地，大

---

① 《年谱》，第198页；胡适：《新思潮的意义》，《胡适文存》卷四，第161—162页；胡适日记，1914年2月9日。

② 柳诒徵：《论近人讲诸子之学者之失》，柳曾符、柳定生选编《柳诒徵史学论文续集》，上海古籍出版社，1991，第513—537页。

刀阔斧的砍去，让后来的能者来做细致的工夫"。① 是知胡适着意所在，主
要还是开辟的一面。

无论如何，如果说胡适在北大的讲课已树立起他的学术地位，1919 年
《中国哲学史大纲》的出版则使他在上层文化方面的影响很快从北大传布到全
国。1920 年梁启超综论清末的考证学说："绩溪诸胡之后有胡适者，亦用清儒
方法治学，有正统派遗风。"胡适的《中国哲学史大纲》出版不过一年，已被
认为是在考证学的"正统"之内了。清儒之正统也就是汉学，这里当然又有
误解；且梁氏自己在当时是否够正统或够资格评定正统，恐怕也要打个问号，
但这究竟是一个重要的承认。胡适在中国学术界的地位已相对稳固了。

有意思的是，胡适自己是同时看重他"截断众流"和"平等的眼光"两点
贡献，而北大学生当初差点闹事则只看重其"截断众流"一点。这或者因为北
大是太炎派古文经学的大本营，太炎自己颇长于诸子学，故对他们来说"平等
的眼光"是比较自然的发展。但"截断众流"则只有今文家或能接受，古文家
及不熟悉今文学派著作的，都可能要认为是"绞杀"中国思想。不过，对胡适
个人来说，他以前对今文学派的著作似乎也不很熟悉。他的"截断众流"，以
《诗经》为有据可依的古史的依归，还真是他在美国读书时所得，是以自我创造
为主的。而且，胡适后来自己也一再强调杜威思想对他从《尝试集》到《中国
哲学史大纲》的全面影响。那么，杜威思想到底又在多大程度上影响了胡适呢？

三　思想与方法

胡适在晚年做《口述自传》时自我总结说："我治中国思想与中国历史的
各种著作，都是围绕着'方法'这一观念打转的。'方法'实在主宰了我四十
多年来所有的著作。从基本上说，我这一点实在得益于杜威的影响。"② 1936
年，胡适在为他的留学日记出版所写的"自序"中说，在 1915 年发愤尽读杜
威先生的著作后，"实验主义成了我的生活和思想的一个向导，成了我自己的
哲学基础。"类似的话胡适在其中英文著作中曾反复说过多次，是不容不信

---

① 胡适日记，1922 年 2 月 26 日。

② 《口述自传》，第 94—97 页。

的。但不少人觉得胡适此言总不那么能尽信。常见的有两种观点，一种是认为胡适根本不懂杜威，所以也就不可能是杜威的信徒。另一种认为杜威对胡适的影响是非常重要的，但胡适治学的凭借主要还是中国的传统方法考据学。

胡适自己举出具体的例子来说明杜威影响的不很多，首先他就未能说服为他做《自传》记录的唐德刚先生。他的留学日记中极少提到杜威，更少提到杜威的哲学。据他自己说，这一方面是因为札记不适于记有系统的哲学思想，并号称另有详细的哲学笔记；另一个原因则是他的札记被文学革命这个"最热闹的题目"占去了，"所以就没有余力记载"他受杜威先生的"绝大影响"。前者也是说得通的，后者大概更真实。胡适在哥大时平均每日要发三封信，有的还相当长，记日记的笔墨也不少，恐怕认真读杜威的时候都不多，遑论记。但胡适特别声明，他的文学革命的主张"也是实验主义的一种表现"，并指出《尝试集》的题名"就是一个证据"。此事的需要特别说明及最后这一点"证据"的提供，恰表明连在他自己的下意识层面上，杜威的"影响"究竟有多大也是不十分确定的。

唐德刚先生认为，胡适治学"大体上也是以'整理国故'为主的。离开古籍，正如他自己所说的，胡适之就缴械了"！唐先生并多次指出，胡适治学受中国学术传统的影响甚于其受西学的影响。因为胡适"对我国传统的治学精神的承继，可说深入骨髓；西学对他的影响，有时反而是很表面的"。① 那么，在治学所受的影响上，究竟是胡适的自我认知对呢，还是他的"好后学"唐先生更对呢？换言之，别人知胡适竟可能超过他自己吗？回答这个问题，只有用胡适自己的"小心求证"的方法去考察胡适的治学方法及其与杜威思想的异同。

胡适在为他的留学日记出版所写的"自序"中说："我在1915年的暑假中，发愤尽读杜威先生的著作，做有详细的英文提要。"从那以后，"实验主义成了我的生活和思想的一个向导"。这段话非常重要，它提示了所有在1915年夏天以前有关胡适治学方法的思想资源，都未必得自杜威。而且那年夏天的发愤，其实也不完全是他自己所说的受康乃尔大学新唯心学派攻击杜威的影响，更多可能是因为那时要转学到杜夫子名下，不得不用功恶

① 唐德刚：《胡适杂忆》，第219页；《口述自传》，第116页注29、第20页注8。

补，正如初到上海用功于英文算学和初到北大后猛攻太炎学说一样。那么，在此之前，他又受什么样的影响呢？特别是，如果胡适确实不懂杜威，那他在西学方面受的是什么影响呢？

夏道平先生是认为胡适不懂杜威的人中的一个。他曾据胡适在 40 年代后期写的一篇短文《自由主义是什么?》，判定"胡适的自由主义是欧陆型的，没有美国型的特异色彩"。连美国型都不是，当然更不可能是杜威的了。关于胡适的自由主义这个问题，后面还要专论。我的看法，在以科学方法研究社会问题一点上，胡适的确把握了杜威的真精神。本节主要讨论学术方法，这就不详述了。然而，以一种简单明快的读法做出的口吐真言式的判断，是缺乏说服力的。要考察胡适服膺的是何种自由主义，自不能仅看其专论自由主义的一篇文章，而应看胡适的所有相关文章和其所作所为，因为胡适的一生可以被看作一部大的文本，只有将此大文本认真考察之后，才可以下结论。吴森先生是专治哲学的，他也认为胡适没有读通杜威，其所论证并非全无依据。① 不过有些关于杜威哲学思想的理解诠释问题，似不宜以近年的后见之明来质之前人。如果我们非常简略地回顾一下杜威的实用主义何以在美国兴起，也许有助于对这个问题的认识。

19 世纪末的美国还在理想主义的流风所被之下。美国理想主义因与清教的联系，特别讲究理论框框和词句的紧密结构，到 19、20 世纪之交已成士人思想上的重负，很像中国理学在王阳明之前的状况。这是实用主义得以成为显学的大背景。但由于詹姆士较重个人主义，又不喜任何系统的概念，更特别强调自由意志，这些均对实用主义通行有所妨碍，实用主义在他手里并不盛行。只是到了杜威手里，实用主义的社会含义和工具性才凸显出来。实用主义一旦进入社会政治领域，所起的作用即是将理论研讨转向具体的问题，对此杜威有非常亲切的表述。他认为讨论什么"国家"与"个人"这样的抽象词语起不了发现和解决问题的工具作用。杜威说：

> 如果我们讨论什么［抽象的］国家和个人，而不是讨论这个或那

① 夏道平：《谈自由，念胡适》，《世界日报》1990 年 12 月 16 日之《世界周刊》；吴森：《杜威思想与中国文化》，收在汪荣祖编《五四研究论文集》，台北：联经出版公司，1979。

个政治组织及这个或那个贫困受苦的人，则其意旨不过是将普遍概念的魅力和声威及其意义和价值凌驾于具体情景之上，因而就掩盖了具体情景的不足，也就隐去了认真改革的需要。

这样反空洞理论研究的话在美国人已感觉理论框框重负的情况下所说，对时人来说真有如释重负、大获解放之感，自然备受欢迎。当时即有人说："我们在未读杜威之前早已是杜威主义者了。"[1] 这么多年来，胡适是不多的读懂了杜威的工具主义对实用主义以至整个美国思想界的解放作用的中国人。他敏锐地认识到詹姆士的哲学"终不免太偏向意志的方面"，所以杜威要向他直接挑战，将实用主义工具化和简单化，也就是胡适所引用并强调的：把哲学的对象从"哲学家的问题"转到"人的问题"。[2] 这不也正是胡适一生努力之所在吗！仅此一点，胡适已够得上杜威的知音。

在某种程度上，可以说胡适也是在"未读杜威之前早已是杜威主义者了"，不过与当年的美国人角度不同而已。他在未读杜威之前，早已与杜威思想有许多共通处：他先已在寻找一种"致用哲学"；杜威不喜欢有组织的宗教，胡适说杜是实验主义大师中"对宗教的看法是最理性化的"，他自己的看法也类似。所以余英时师说胡适还没有研究杜威思想时，"在精神上已十分接近杜威的实验主义了"。[3]

胡适在1914年初完成本科学业后曾说："今日吾国之急需，不在新奇之学说，高深之哲理，而在所以求学论事观物经国之术。以吾所见言之，有三术焉，皆起死之神丹也：一曰归纳的理论，二曰历史的眼光，三曰进化的观念。"他在同一天记自己关心的问题有三，即泰西之考据学、致用哲学与天赋人权说之沿革。胡适曾说他在康大时"受黑格尔派影响甚大"。康大的黑格尔派是所谓新唯

---

① 参见 Daniel T. Rodgers, *Contested Truths: Keywords in American Politics Since Independence* (New York: Basic Books, 1987), pp. 190—192, 杜威的话引在该书第191页。

② 胡适：《五十年来之世界哲学》（1922年9月），《胡适文存》二集卷二，第257—270页。

③ 《口述自传》，第93页。美国学者贾祖麟（Jerome B. Grieder）也有相似看法。贾氏关于胡适的名著，有两个中译本：《胡适与中国的文艺复兴》（书名直译，作者音译为格雷德，江苏人民出版社，1989）和《胡适评传》（书名转译，南海出版公司，1992），都有小错而尚可。本书所用为后者，简作《胡适》，参见第42、99页。

心主义派，总爱批杜威的实验主义，胡适自称他对杜威的兴趣即因此而起。[①] 但更可能是因为康大的黑格尔派恰不那么经世致用，如果先存寻找"致用哲学"之心，则在那时的美国早晚要投到杜威名下。胡适在此时已明确地表露出了他后来的学术和思想的方向，即注重致用，尤落实在"术"之上，而不看重"新奇之学说"和"高深之哲理"。这里的"三术"，至少其二与他所说对他影响最大的另一个西人赫胥黎（Thomas H. Huxley）有直接的关联。

胡适在 1935 年所做的《介绍我自己的思想》一文中，说他的思想受两个人的影响最大：一个是杜威，另一个就是赫胥黎。赫氏教他怎样怀疑，教他不信任一切没有充分证据的东西；而杜威则教他把一切学说都看作待证的假设，教他处处顾到当前的问题和思想的结果。两人加起来就使他学会了他自己归结为"大胆假设，小心求证"的"科学方法"。揆诸上面 1914 年初的观念，至少赫胥黎这一部分是成立的。他最早受赫氏的影响当然是来自严复所译的《天演论》，但后来赫氏的"存疑论"（agnosticism）对他的启发更大。而怀疑又是胡适治学方法的一个主要支点。

两人对胡适的影响是相辅相成的。赫胥黎的影响主要是在消极一面的"怀疑"；在积极一方面，杜威教他如何求证，如何解决具体问题的一套方法。所以贾祖麟以为，实验主义对胡适来说不过是怀疑的方法论，是对理性怀疑的必要甚或必须的补充而已。胡适特别声明，他的哲学史著作是受杜威思想的指导，这是不错的。胡适在哥大只修了杜威两门课，一是"社会政治哲学"，一是"论理学之宗派"。这两方面，都是胡适最受直接影响之处。前者是胡适一生努力实行者（详后），后者直接启发了他的博士论文的基本结构。余英时师特别注意到胡适在《中国哲学史大纲》中认定古代并没有什么"名家"，因为每一家都有他们的"名学"，即"为学的方法"；后来他更把这一观念扩大到全部中国哲学史。这就是杜威"论理学之宗派"一课的"洋为中用"了。[②] 由此看来，胡适 1935 年关于赫、杜二人影响他最大的说法是成立的。

但是，怀疑也好，求证也好，不都是中国的考据也要讲究的吗？在胡适

---

① 胡适日记，1914 年 1 月 25 日、7 月 7 日所附他 1917 年 3 月补记；《口述自传》，第 91—92 页。

② 贾祖麟：《胡适》，第 97 页；《口述自传》，第 92 页。

接触赫胥黎之前很久，他就已从父亲的遗教中领会了宋儒"学则须疑"的精神。疑了就要考，就要证，要证就要有据，这都是清代考证学所强调的。胡适在还不太熟悉清儒考据著作时，在1915年夏天曾讨论了"证"与"据"的差别。他说："据也，据经典之言以明其说也。"而"证者，根据事实，根据法理，或由前提而得结论（演绎），或由果溯因，由因推果（归纳），是证也。吾国旧论理，但有据而无证。证者，乃科学的方法，虽在欧美，亦为近代新产儿"。结论是"欲得正确的理论，须去据而用证"。① 这正是他在发愤读杜威著作之时，这里的科学方法，除"根据法理"来证一条大约是新事物外，余皆清儒已用之法。所以，从思想史的角度看，胡适的思想显然并非完全来自杜威的哲学。余英时师经过认真研究后下结论说："胡适学术的起点和终点，都是中国的考证学。"

胡适曾自述说："我的治学方法似乎是经过长期琢磨、逐渐发展出来的。它的根源似乎可以一直追溯到我十来岁的初期。"胡适称他十几岁即知怀疑，也在"寻觅一个能解决我怀疑的方法"，这个方法即在对考据学的发展中求得。前面说过，胡适的发展，实际上也就是"调和汉宋"。他写《诗三百篇言字解》，就自以为此文所用的方法颇受益于马建忠的《马氏文通》，而"不完全是从康乃尔大学学到的"，当然也没有胡适尚未感兴趣的杜威的份。几年后胡适写出的《尔汝篇》和《吾我篇》就已突破了《马氏文通》，特别注意到语言和文法随时代演进而变迁这一重要现象。但这里他也没有提到受杜威的影响。②

讲文字训诂的小学本非胡适所长，但他早年的几篇论文，恰都是在小学的范围之内。可知其"大胆"假设的功夫，渊源甚早。他在1916年底的日记中说他治学是"两年以来始力屏臆测之见，每立一说，必求其例证"。是知在1914年以前，胡适治学还颇靠"臆测"，后来才逐渐认识到这是不够的。则胡适一生奉为依归的"大胆假设，小心求证"是早有前者，到1914年始有后者，回国后才又从清儒那里发现，而两者均与杜威关系不大。胡适最早接触宋儒论"疑"的语录来自他父亲的日记。据胡适回忆，他父亲胡传在1868—1871年就读于上海龙门书院时，书院的山长刘熙载每将宋儒朱

---

① 胡适日记，1915年8月21日。
② 《口述自传》，第117—123页。

熹、张载等人的语录印在作业纸顶端。胡适就记得在其父所收藏的作业上见到张载的语录："为学要不疑处有疑，才是进步！"唐德刚先生曾查过《张子全书》，只找到诸如"学则须疑"一类意思近似的句子。余英时师以为最接近此语的应是《朱子语类》卷十一"读书法下"所说："读书无疑者须教有疑，有疑者却要无疑。到这里方是长进。"信然。①

这是否张载的原话是一事，但胡适记忆中张氏的话其实反映了胡自己的认知。胡适把怀疑与进步连在一起显然已有与朱熹不同的"现代"含义。在以进化论为基础的崇拜"新"的大趋势下，进步本身已成最高价值。人治学不能不进步，今既然不疑就不能进步，怀疑在治学中的地位就相当高了。这个地位更因进化论在中国的"始祖"赫胥黎所正名。赫氏在西方，其地位最多不过接近中国的梁启超，在讲"哲学家的问题"的西方哲学史书中，便不会有他的地位。胡适是关注"人的问题"的，对此曾大表不满。但赫氏在西方专业哲学界的无地位丝毫不影响他在中国的权威，所以胡适在他那里引来"存疑主义"和"拿证据来"的口号，都极为理直气壮。②

冯友兰曾说，"疑古"是五四时期的一种风气。这里的"疑古"就有着某种现代意味，而且一些顶尖学者还在竞争谁更能"疑古"。冯氏回忆说："胡适的《中国哲学史大纲》本来自认为是提倡'疑古'的精神。但是在老聃这个问题上，好像他的'疑古'的程度不及梁启超和我。他未免耿耿于怀，因此更坚持他的说法。"胡适对梁和冯都确有耿耿于怀之处，是否即因此，当别论。胡适晚年仍记得在关于老子的时代问题上，其立场"反被认为比我的一些朋友们更为保守"。③ 他果然一直注意是否保守这一点。冯是过来人，有其亲身的体验，他的话大致是不错的。梁、胡、冯都是"疑古"这一条战线上的战友，都不同程度地借鉴了西方的治学方法，在立意上也超过乾嘉诸贤，是以主动"疑古"为出发点的。

唐德刚先生曾将胡适的治学态度与冯友兰的相比，他以为前者是"无

---

① 《口述自传》，第 12 页、第 20 页注 8。
② 胡适发现，在一部康德占 40 页的西方哲学史中，竟然未提赫氏之名，大呼"决不能使我心服"，好在洋人也不很在乎胡适是否心服。参见其《五十年来之世界哲学》（1922 年 9 月），《胡适文存》二集卷二，第 271 页；存疑主义见第 36—41 页。
③ 冯友兰：《三松堂自序》，第 221 页；《口述自传》，第 252 页。

征不信"，不肯犯错误；后者是"举一反三"，有所得就先发表出来，以后再来改正错误不足之处。从这方面看，胡适对西人治学的领会，实不如冯。对西人特别擅长的系统概念化（conceptualization）本领，胡的追随也不如冯。胡适的《哲学史》几十年很少被西人引用，而冯著却几乎是人人必提，多半因此。[①] 但这也说明胡适受传统学术影响之深，超过我们过去的认知。观其在留学时以多修课而三年读完四年的本科，同时又多读中国古书，还要演讲、卖文、写信，则可知其应付西学实在是全凭聪明，而课外与学术有关的专门著作，读得并不多，也没有时间去读。可以说，胡适在学术上自称受的赫胥黎和杜威的影响，也多半在能与乾嘉治学之道相通的地方。所以胡适不仅早年是靠"国文"立脚，后来也确是靠"国学"立威。从这个意义上说，胡适的确是个"国学家"。

但杜威、赫胥黎在"正名"和"整合"两方面的作用是划时代的。不仅赫胥黎持"存疑主义"，要"拿证据来"，杜威也认为"一切有系统的思想和批判的法则，都是在一种怀疑的状态下产生的"。[②] 有了赫胥黎、杜威为之正名，胡适的观点就成为"现代的"了。同样，胡适以前熟悉的从宋儒到清儒的怀疑考证，都是相对零碎的，直到他细读杜威的著作之后才构成一种有系统的思想。这种整合作用和本领正是使他能超过北大旧学比他好的师生之处。胡适少年时就有的怀疑倾向能达到"现代化"这样的高度，西哲赫胥黎、杜威为之正名、整合这一过程是极其关键的。胡适自己就认识到："我国以前就没有一本中国古典学术史是用现代的观点和批判的方法写出的"，因而以前有关学术史的著作中所用的专有名词许多都有点"名实不符"。比如清代的考据被认为是"汉学复兴"，胡适便认为很不妥当。而胡适的贡献，恰在于"用现代的观点和批判的方法"诠释并写出了中国古典学术史。

胡适另外还列举过几位对他治学方法有影响的西人，一是在康大教"历史辅助科学"的布尔（G. L. Burr）教授，所教的东西胡适所记得的几乎全是与校勘有关者。布尔教授的一个重要作用是引导胡适去看浦斯格

---

① 唐德刚：《胡适杂忆》，第 69 页。今日西人治汉学者中文程度渐深，可以预期冯氏的"贞元六书"将来在西方的影响还会增大。因为那里面恰多"举一反三"式的概念化内容，其出发点或视角又常与西人相接近，加点材料并再事发挥就可做成文章。这是题外话了。

② 《口述自传》，第 117 页。

（John Postgate）教授为《大英百科全书》写的"版本学"那一词条，胡适在此文中发现原来中西校勘学的研究方法颇为类似，不过西方的要更彻底、更科学；他据此但改用中国例子写出了一篇《论训诂之学》的文章。胡适最后提到的是哥大的乌德瑞（Frederick Woodbridge）教授，胡选修了他所开的"历史哲学"一课，但胡适能回忆起的却全无"哲学"，仍是对史料的甄别校勘。[①] 可知胡适从西人那里得到的几乎全是支持中国考据学的内容，这些内容中许多并不一定要从西人那里去学，则不止杜威、赫胥黎，其他胡适受业的西人给胡适的，主要仍是为他将从事的考据学正名和整合而已。

　　但杜威等人起的这个"正名"的作用在尊西崇新的民国初年却是极要紧的。胡适自己说，就治学方法言，"东西双方原是一致的"。不过，"我总是一直承认我对一切科学研究法则中所共有的重要程序的理解，是得力于杜威的教导。"具体言之，杜威的帮助就在于使胡适对中国近千年——尤其是近三百年——的治学方法有了"现代的理解"。胡适强调，在他之前，几乎没有人"曾想到现代的科学法则和我国古代的考据学、考证学，在方法上有其相通之处。我是第一个说这句话的人；我之所以能说出这句话来，实得之于杜威有关思想的理论"。[②] 没有杜威，中国的考据就与所谓"桐城谬种"没有多大区别，既算不上什么"学"，恐怕还属于被"打倒"的范畴；有了杜威，考据就成了"考据学"，而且其身份认同也由旧变新，一举飞上枝头变凤凰，进入五四新文化人最推崇的科学殿堂之中，因而也就"现代化"了。其间的差异，真是名副其实的霄壤之别。胡适怎么能不一再强调杜威的影响呢？中国的传统影响必须靠西人赫胥黎与杜威来正名，正名之后复取代原始影响而被认知为真正影响之所在，正是清季民初每一个个人"文本"有意无意间深受尊西崇新大趋势这一"语境"所影响的最佳表征。

　　当然，在方法论的层次上，胡适的确不折不扣的是杜威的实验主义信徒。对此余英时师已从思想史和哲学方法论等角度做了清晰论证，就不详细引述了。简言之，余先生指出："胡适对杜威的实验主义只求把握它的基本精神、态度和方法，而不墨守其枝节。他是通过中国的背景，特别是他自己

---

① 《口述自传》，第124—126页。
② 《口述自传》，第97页。

在考证学方面的训练，去接近杜威的思想的。"从这个背景出发，胡适看到实验主义中的"历史的方法"及其"假设"和"求证"的一套运作程序，与考证学的方法同属一类。胡适在方法论的层次上把杜威的实验主义和中国考证学的传统汇合了起来，是他的思想能够发生重大影响的主要原因之一。但胡适也深信这种"科学方法"又比考证学高出一个层次，因此可以扩大应用于解决一切具体的社会问题。他在《杜威先生与中国》一文中，特别声明杜威没有给中国人带来任何特别的主张，只留下了一种名之为实验主义的"哲学方法"，正是因为他相信杜威的方法可以从杜威基于美国社会背景而发展出来的一些特别主张中抽离出来，用以解决中国人自己的具体问题。不言而喻的是，杜威的方法适应的范围越广，胡适的影响也就越大。

而胡适对杜威方法的处理也不无问题。正因为他认为这一方法已经抽离出来而具普遍性，他在套用此方法来解决中国问题时有时就不免反而学得太拘泥，忘记了中国问题的特殊性。同时，胡适认知中的杜威方法也是经过整合的，有时也纳入了他在其他西人著作中所得的内容。比如，胡适所说杜威的"历史的"或"祖孙的"方法，即"总把一个制度或学说看作一个中段：一头是他所以发生的原因，一头是他自己发生的效果。上头有他的祖父，下面有他的子孙。捉住了这两头，他再也逃不出去了！"这种方法被胡适视为一切带有评判精神的运动的重要武器，也是他列举的杜威方法最重要的一条。其实他在1917年读阿克敦勋爵书信集时，即已摘录其中说及思想的放射和发展，都有自己的祖先和后裔等。[①]

那时已在发愤读杜威之后，却并不见提及，只是到后来才渐归之于杜威。杜威论述此法当然可能比阿克敦勋爵更系统，但在胡适，这与他将有些中国东西归之于杜威大体相同：胡适所谓的"杜威方法"其实是个集大成者。杜威曾说："我向来主张东西文化的汇合，中国就是东西文化的交点，我相信将来一定有使两方文化汇合的机会。"杜威不懂中文，他所认知的"中国"正是通过胡适等人之手，所以他看到的中国就已成"东西文化的交点"了。胡适也确实能实践他老师的话，他整合出的"杜威方法"就的确是个中西文化汇合的产物。

　　然而汇合的东西总要有所改变。贾祖麟注意到，温和的杜威到中国的胡适手里就变得激进了。他指出，杜威哲学的主要目的在于设法使失调的社会或文化重新获得和谐；"创造的智慧"也是用来结合新与旧的。但胡适的态度似乎与此相反：他在介绍杜威思想时则强调"利用环境，征服他，约束他，支配他"。因此他主张破坏旧传统，再造新文明；即使整理传统也是为了更有效地再造新文明，而不是作为造新文明的思想资源。也就是说，胡适把他通过严复接受的赫胥黎的天演学说的竞争性和破坏性融铸进他的"杜威方法"了。这就是胡适与杜威所处的社会、文化环境不同之所在。许多中国人已认为胡适太讲调和，但中国的激进大语境和胡适的传教士心态其实已使得他把更讲调和的杜威哲学激进化了。

　　在某种程度上，胡适言必称杜威也是他又一次自造的"超我"。他晚年论及神会和尚时曾说，神会能"成其革命大业，便是公开的直接的向这声威显赫的北派禅宗挑战。最后终于战胜北派而受封为'七祖'，并把他的师傅也连带升为'六祖'。所以神会实在是个大毁灭者，他推翻了北派禅宗；他也是个大奠基者，他奠立了南派禅宗，并作了该宗的真正的开山之祖"。胡适当年在《荷泽大师神会传》中，已说"神会的教义，在当日只是一种革命的武器"，是有"绝大的解放作用"的"革命思想"。[①] 这是胡适的又一夫子自道，而且也只能是他的夫子自道。试想神会不论信奉的什么宗，首先是个佛教徒。佛教徒当然也未必能灭尽争胜之心，但若有人一心只在革命、挑战、战胜、推翻等上面，还能立什么"宗"做什么"祖"，此人所在这个教绝不可能还是佛教。胡适眼中神会的种种所为，都是他自己在 20 世纪所为的投影罢了。值得注意的是胡适投射的对象又是个"传教士"。他要传的教或者就是杜夫子的教，他的建宗立派当然也就使杜威在中国连带升为"六祖"。两人都功德圆满之后，胡适就更不能在教义上有任何退缩了。

＊　　＊　　＊

　　1922 年初，胡适做完《章实斋年谱》，自叹为此"费了半年的闲空功

---

① 《口述自传》，第 214 页；《胡适论学近著》第 1 集（上），第 273—274 页。

夫"，感到"作学史真不容易！若我对于人人都要用这样一番工夫，我的《哲学史》真没有付印的日子了！我现在只希望开山辟地，大刀阔斧的砍去，让后来的能者来做细致的工夫"。可知胡适做学问着意所在，主要还是开辟的一面。这是胡适病过且要大病之前，已露出疲劳之态，不那么能刻苦了。他知道"用大刀阔斧的人也须要有拿得起绣花针儿的本领"，此次就"给了我一点拿绣花针的训练"。这是话说得委婉，其实还是一种防卫心态，无非是要做出来证明他有"拿绣花针儿的本领"，以后好多做开辟之事。这正像他对小说的考证，其真正的动机是要传播他所谓"科学的治学方法"一样。① 胡适做事，的确都是有"宣言"要发的。但他一生治学，也没有下决断到底是主要"用大刀阔斧"还是"拿绣花针儿"，最后二十年多耗在《水经注》的考证之中，仍是在两者之间游移。

不过，这次的疲劳之态已透露出他的《哲学史》真可能写不完了。胡适的《中古哲学史》写了三次，1919 年在北大一次，在中国公学时一次，30 年代再回北大后又一次，却都未完成。胡适真是只写前半部书啦。他后来说是因为写到禅宗，有了疑问，就写不下去了。这是他一贯的"展缓判断"的态度，应该是可信的。唐德刚先生对此有进一步的诠释：胡适既要坚持自己提倡的"小心求证"，有一分证据说一分话；同时又受其盛名之累，不能随便犯错误，让人抓住小辫子。结果搞不清佛教问题就无法把中古哲学部分写下去，而同样的因素又使他连佛教的问题也始终没有搞"清楚"。②

的确，胡适既然因要开风气而直接向章太炎这样的国学大师挑战，就更不敢犯错误了。太炎固不至于主动为难后辈，③ 其弟子中能做胡适所谓"绣花针功夫"的则大有人在，而且他们的气度涵养都未必有老师那么好。胡适若出言稍不慎，便有可能吃这些人的大亏。他的确"不得不特别谨慎"。胡适本以胆大见长，适宜做开拓事业，而一个"训练"，一个"盛名"，反使其变得比一般人胆小，学问做不下去，就不得不转而谈政治了。

---

① 胡适日记，1922 年 2 月 26 日；唐德刚：《胡适杂忆》，第 105 页。
② 参见《口述自传》，第 181 页；唐德刚《胡适杂忆》，第 69 页。
③ 随着胡适影响的扩大，章太炎到北伐前后也越来越不容忍胡适及其方法了。

议政：有计划的政治

并非不得已 / 问题与主义 / 国际的中国 /
好政府主义

一般人都认为近代中国人的思想关怀有一个从制造到政制再到文化的发展模式。胡适的只讲科学，不讲和少讲"技术"和实业，即着眼在文化层面；反过来，强调文化也为不讲这些内容（包括政治）提供了理论依据，但到了文化讲不下去，不得不"展缓判断"时，就只有两个方向：一是进一步讲全盘西化或本位化，其实都是文化已讲到头的表征；二是回过头来讲政治，再由政治退回去讲实业（梁启超在 20 年代即是如此）。这两者都不能很成功时，就进一步提示"坐而言"的阶段已到头，不得不让位于"起而行"者，而后者更多是边缘知识青年。胡适在将要谈政治时，中国的政治恰在发生剧变。知识人的边缘化与社会演变中边缘知识青年的兴起结合起来，中国政治的意味就将全然不同。

一 并非不得已

"在二十年前的七月二十日，我从外国回来后，在上海的新旅社里发下一愿，决定二十年不入政界，二十年不谈政治。"[1] 这话胡适不止一次说过，也曾广为人所引用，当然是可信的。但这话在什么背景下产生及在何种程度上代表他的真意，恐怕还都值得分析。胡适在即将离美的那几个月，自称主要在"安排归去后之建设事业"。在他告别朋友并总结其在美学习经历的一首诗中，曾说他从农科转到哲学是要从此"讲学复议政"。这话他以前转系时并不曾说，应更多代表事后总结之意，大约就是他此时所想的建设事业的

---

① 《胡适致江冬秀》（1938 年 7 月 30 日），《安徽史学》1990 年第 1 期，第 75 页。

一个注脚了。[①]

　　胡适自己说，"我是一个注意政治的人"，并举他留学经历为证。的确，他在留学时的日记中每以"觇国者"自居，而其所觇之"国"，其范围又不仅是政治，包括文化、社会风俗、教育等许多方面。但当他以"觇国者"自居时，政治无疑是其最关心者。胡适在《非留学篇》中更明言："留学生不独有求学之责，亦有观风问政之责。"这就是他常以"觇国者"自居之真意。而且此意到老不衰，晚岁客居纽约时，与胡适交往密切的唐德刚先生发现，胡适及其同辈朋友很少谈论学问，"他们所谈的几乎全是政治，而且多半是鸡毛蒜皮的政治。"[②]

　　如果说"讲学复议政"是一种胡适一贯向往的鱼与熊掌兼得的两全境界的话，前面说过，在留学的后期，他确有往"讲学"一面偏移的倾向。这一方面因为他已渐打定主意要想从根本上即文化上造中国不亡的远因，另一方面也是由于他二哥的教导。本来二哥就教他"以文学发挥政治之真理"，且视为中国之"急务"，要胡适沿此方向努力。但因胡适在 1915 年初主张"中国须三次革命"，二哥痛斥之，并要他在思想上和革命党人"痛与绝之，一意力学。否则为彼所染，适以自陷"。此后胡适的态度有明显修正，即偏于"讲学"而较疏于"议政"，但对后者的兴趣并未稍减。比较接近其心态真相的是胡适晚年自述的，在成年后的生命里，"我对政治始终采取了我自己所说的不感兴趣的兴趣。我认为这种兴趣是一个知识分子对社会应有的责任。"[③] 这是身历从士到知识人过渡的当事人对两者间区别的亲切表述。除了出任驻美大使的四年，他确实甚少参与实际政治。但只"议政"的"舆论家"却是他一直想要做的。

　　胡适自己说，他初回国恰遇张勋复辟，到上海时，"看了出版界的孤陋，教育界的沉寂，我方才知道张勋的复辟乃是极自然的现象"，于是发下二十年不谈政治之愿。这话不完全可信。胡适初回国即先回家乡，路上最使

[①] 胡适日记，1917 年 6—7 月之"归国记"。

[②] 胡适：《我的歧路》（1922 年 6 月），《胡适文存》二集卷三，第 95 页；唐德刚：《胡适杂忆》，第 50 页。

[③] 《胡觉致胡适》（1915 年 4 月 22 日），引自《年谱》，第 41 页；《口述自传》，第 36 页。

他"感动的一件事，就是沿途的鸦片确已禁绝了"。① 他在美国动身前，已担心去不了北京，后来的实际情形显然要比想象的好得多；且既然已到最感动的程度，可知初回国时还不是一无好感，对国内的观感应不那么黑暗。但胡适对教育界，特别是他将去的北京大学，观察一定是细心的。那时蔡元培正在那里大声疾呼读书不为做官，学术应与政治分流（未必用这个词），胡适不可能不注意到。胡适本一向注意随时调整自己与时代社会的位置，今既然发现国内知识界的趋势是不做官不谈政治，自然会调整自己想"讲学复议政"的计划。

简言之，胡适发下不谈政治不做官的誓愿可以是确有其事，惟本不全出于己意，而且恐怕主要意思还是在不做官上。他的名著《易卜生主义》其实是一篇专讲实验主义政治的文章。胡适说易卜生最恨政客，以为加入政党是很下流的事。在他看来，"那班政客所力争的，全是表面的权利，全是胡闹。最要紧的是人心的大革命"。② 或者是胡适要学易卜生，或者他根本就是以易卜生之口说自己的话，总之他也是不入政党，专抓思想革命。不过，胡适那时才二十多岁，二十年后也不过四十多，真要做官，其实也还留有较大的余地。如果上述分析尚能成立，则胡适出来谈政治是早晚的事。他后来爱说的五四运动造成的政治对文化的干扰，颇有倒着放电影的意味（详后）。倒是他说自己出来谈政治是"忍不住了"，才是最接近真相的话。他的确已忍了很久了。

那么，胡适的政治观是怎样一种政治观呢？胡适从小养成的士大夫意识相当深重，在美国的留学生活给胡适的最大影响之一即是使他由士大夫意识转向重视下层民众的"民主精神"。1912 年胡适曾参加进步党的集会，见到许多康大的教授在场而主持者却是该校的管楼工人。他后来回忆说："这种由一位工友所主持的大会的民主精神，实在令我神往之至。"实则当时未必就已十分"神往"，尤其并不"之至"。他在几年后观看纽约女子参政游行时，发现"此邦哲学界第一人"杜威也参与之，又大受震撼。胡适吃惊之余，不禁慨叹道："二十世纪之学者不当如是耶！"他到晚年时对此记忆犹

① 胡适：《我的歧路》（1922 年 6 月），《胡适文存》二集卷三，第 96 页；《谈话录》，第 173 页。
② 胡适：《易卜生主义》，《胡适文存》卷四，第 30 页。

新，可见震动极大。胡适回忆说，杜威"还直接参加此一群众运动"，对他的影响"至为深刻"。① 其实"还直接"三个字，已暴露出他的士大夫意识至老也未全衰。有那样的意识，每次目睹此类事件，震动颇大是可以肯定的。而这样的震动多了，意识就不知不觉向"神往"这边转了。

1915 年在纽约的那次震撼，说明他声称在转学前将杜威的著作通读，或有夸大。因为杜氏对当时欧美流行的"回向人民"运动极为倾心，也曾竭力鼓吹并直接参与之。胡适若通读了杜威著作，见其参加游行决不会吃惊。反之，"回向人民"这一运动的"回向"二字，又露出其本是一个自上而下的知识精英的运动。美国知识人的精英意识，因其历史处境又远比英国等地的要强（详后）。主张自上而下的计划政治，暗藏精英意识而又有"回向"大众的愿望，是胡适最能认同于杜威和美国现代自由主义之处。故胡适在 1915 年或尚未通读杜威，但后来循序渐进，到其回国谈政治时，已深获杜老师的真传。他后来自称，在美国留学时目睹、参与和研究政治，对他后来关心中国政治和政府，"有着决定性的影响"，应是不错的。②

但胡适在美国获得的政治影响并非全是正面的。周明之先生以为，胡适所吸取的西方价值观念加强了他那种超然的精英主义。"西方教育加大了他与中国现实的距离；尽管他的思维方式基本上仍是中国式的，他的大多数观念却［已］变成西方的。这样，胡适将逐渐作为一个受过西方教育的中国精英从外面来观察中国政治"，并在很大程度上据外国标准来判断中国事物。这是有所见的。但也应注意到，胡适曾声明，他谈政治仍是"一种实验主义的态度"的应用。③ 他之所以用外国眼光和标准，特别是杜威思想，来观察判断中国事物，就因为他早认为这观念已从"外国"的特定社会环境抽离出来，不过是一种放之四海而皆准的"科学方法"而已。同时，胡适既然以"外国传教士"自居，有时其实是不得不努力以"外国观念和标准"来观察评判中国事情。

几十年来，说胡适谈政治脱离中国实际的指责不一而足。他的"好后

① 胡适日记，1915 年 10 月 30 日；《口述自传》，第 33—34 页。
② 《口述自传》，第 36 页。
③ 周明之：《胡适与中国现代知识分子的选择》，第 21 页；胡适：《我的歧路》（1922 年 6 月），《胡适文存》二集卷三，第 100 页。

学"唐德刚先生就说："其实胡先生的政治言论在理论上和实际上都是相当
空泛的……胡先生在中国民主发展史上的贡献，与其说是他底学术'理论'
和政治'行为'，倒不如说是他笃信自由主义的'身教'和崇尚民主政治的
'形象'。"① 这是典型的倒着看历史。有无贡献也要看当时。孟子说"不教
亦教"，何况"身教"；而且，"身教与形象"不正是名副其实的"政治行
为"吗？胡适的政治理论在当时又怎么能说没有贡献呢！我们从下面可以
看到，胡适的理论不但有贡献，而且他关于"有计划的政治"的主张，与
当时中国各主要政治派别的主张，有极为相近的一面。

胡适的政治观念的另一个特点，与他的性格有关，即前面说过的，他素
来就有激进的一面。胡适曾说，虽然"我行的事，做的文章，表现上都像
是偏重理性知识方面的，其实我自己知道很不如此。我是一个富于感情和想
象力的人……我最恨的是平凡，是中庸"。但是，他随时注意要"作圣"的
行为使得他这些性格为"外人"所"不易知道"。他有时做出"保守"的
事也有特别的原因。如他在 1919 年 12 月坚决反对北京各校罢课，就可能有
特殊的考虑：那时杜威正在北大讲学，如果一罢课则杜威便无着落，这是胡
适极不愿见到的。实际上，如前所述，胡适是遇压力就反弹的人。那年 8 月
《每周评论》被封后，胡适起初就不肯躲避，北大"许多同事学生都来看
他，硬把他扯到外国客栈去住了几夜"。② 那时与警察厅都敢作对的人，怎
么会"保守"！

所以，当胡适"率性"的时候，就很能表现他激进的一面。1921 年 5
月，他做了一首《四烈士冢上的没字碑歌》，纪念当年刺杀袁世凯的四个烈
士。诗中反复说："他们的武器：炸弹！炸弹！他们的精神：干！干！干！"
此诗在友朋中引起不同的反响。老先生似不太赞成，而年轻人则大欢喜。那
年 7 月，他与范静生长谈。"范先生对于我的《炸弹》诗的含义，颇不赞
成。他说，这种主张似乎太简单了。"可是 8 月到上海，朱谦之见了胡适的
《炸弹》诗就"大喜，以为我的思想变了"。朱氏虽然长于诸子学和佛学，

① 唐德刚：《胡适杂忆》，第 50 页。
② 胡适日记，1921 年 8 月 26 日；《章洛声致章希吕》（1919 年 9 月 23 日），《胡适研究丛
　 录》，第 242 页。

并出了家，其实也暗藏激进。胡适记述道："谦之向来希望我出来做革命的事业，我不赞成他的意思。他在警察厅说他曾劝我革命，但我不赞成。此语外人以为是假的，其实是实有的事。"① 出家人尚且如此激烈，世风之趋向可见。胡适本有激进的一面，再为时代风气所被，自然就不那么温和了。且朱氏能劝胡适革命，也是早看出胡适有那么一点革命的"缘分"吧。

胡适那年 6 月 17 日的日记中，有因报载安徽请愿学生被刺而死（后知未死）所做之诗：

> 我们脱下帽子，恭敬这第一个死的。——
> 但我们不要忘记：
> 请愿而死，究竟是可耻的！
> 我们后死的人，
> 尽可以革命而死！
> 尽可以力战而死！
> 但我们希望将来，永没有第二个人请愿而死！

类似的话胡适后来还重复过几次。同年 8 月，他在安庆演说，就认定"在变态社会中，学生干政是不可免的；但罢课不是干政的武器"。胡适的主张是要么安心读书，要么一心革命。他提出，要革命者不如干脆"用个人运动代群众运动；用秘密组织代风头主义"。10 月在北大开学演说中，他也明确主张："学生宜有决心，以后不可再罢课了……我们应该决心求学；天塌下来，我们还是要求学。如果实在忍不住，尽可个人行动：手枪、炸弹、秘密组织、公开运动，都可以。但不可再罢课"。就在那个月，胡适做了一首《双十节的鬼歌》，主张换个法子纪念双十节，办法就是："大家合起来，赶掉这群狼，推翻这鸟政府；起一个新革命，造一个好政府。"②

对这样激烈的胡适，过去的注意是不够的。胡适在中国公学曾和革命党人长期一起生活，自己就是一个"革命报人"，如果不是要"作圣"，要当

---

① 胡适日记，1921 年 5 月 1 日、7 月 9 日、8 月 12 日。
② 胡适日记，1921 年 8 月 4 日，10 月 11 日、4 日。

"传教士"，恐怕还真有可能参加革命呢。由于他初回国时已遵从北大风尚不谈政治，所以这些观念情绪大多以诗的形式宣泄出来。但我们看看这些情绪，就知道他已有些憋不住了。胡适的另一个制约因素，就是他的母亲。我们知道胡适母子的感情非同一般，而胡适因要在北大打天下，回国后只与母亲短暂团聚，尚未能迎养以尽孝道。结果胡母因长期熬坏了身体，终于在1918年底病逝。这就使胡适要"率性"时少了一层牵挂。故胡适终于出而谈政治，既有一些长远的原因，很可能也因其母去世，能够较无牵挂地做事。

另一方面，胡适的谈政治很可能也因为学问做不下去了。他谈政治恰在其《中古哲学史》写不下去，颇觉不知做什么好之时。胡适在1921年7月8日的日记中说，去年他病中曾有《三年了》的诗，只成前几节，第一节云："三年了！究竟做了些什么事体？空惹得一身病，添了几岁年纪！"现在回想他"这两年的成绩，远不如前二年的十分之一，真可惭愧！"胡适和孔子一样不是匏瓜，不能"系而不食"。他的入世精神本足，挂在那里作摆设的角色是不干的。既然学术暂时搞不下去，不谈点政治又以什么服务于社会呢？

胡适在已有点愧疚感之时，恰又遇到好几个洋人都婉责他太不入世，没有尽到知识人应尽的"社会的良心"之责任。1921年6月，胡适与访华的美国社会学会会长狄雷（James Q. Dealey）交谈。狄雷很不赞成当时中国的分权趋势，并告诉他："中国今日所需的是一个'国家的有力政府'"。狄氏尤其"很责备我们留学生不作领袖的人才，不能作有力的运动"。狄雷的话在同一时候也得到杜威的支持。杜威在1921年6月30日北京为其送行的大会上盛赞中国读书人趋新不守旧，但他认为这还不够，"还希望有活动的能力，实行的精神"。如无后者，前者也无用。杜威特别以好政府和好教育的互为因果为例，指出这是先有鸡还是先有蛋的循环问题，理论上永远解决不了。"要想解决，只有下手去实行。"两个月后，胡适到上海，那里的名记者、美国籍的俄罗斯犹太人索克思（George E. Sokolsky）在家中招待他吃饭。胡适记载他们的会谈道：索克思"很有才干，对中国很热心。他颇责备中国的智识阶级，其实不错"。① 洋人都在责备中国读书人，而胡适也有

---

① 胡适日记，1921年6月25、30日，8月28日。

了同感，这又是他谈政治的动力之一。

可以看出，胡适谈政治，决不是什么不得已。这里面有他个人的因素，也有外在环境的因素。但胡适自己的因素是主要的。不论是自认传统的士还是现代的知识人，他对国是都不能不关怀，而且他确实也一直在关怀。胡适本来就有"议政"的愿望，而自我压抑已久，后来已到"忍不住了"的地步，当然也就干脆谈起来了。不过，胡适最初的谈政治，是因朋友陈独秀被捕，不得不接办陈主持的政治刊物《每周评论》。由于来得较突然，他最初所谈的政治，还是偏于思想一面，他自己起初并不视为"政论"。这就是后来非常有名的"问题与主义"的争论。

二 问题与主义

"问题与主义"是学术界讨论得较多的题目了。但绝大多数的文章著作，包括胡适自己的看法，都有极强的倒着放电影的倾向。虽然遣词用字不甚相同，直到不久以前，大陆的马克思主义史学家和后来的胡适自己都是把这看作自由主义（或别的什么资产阶级的主义）与马克思主义的一次重要斗争，在这一点上双方有惊人的一致。其实如果我们学一下胡适将历史截断到 1920 年，假设大家都不知道此后的历史发展，再看当时的情景，看法可能会有很大的不同。

首先这个题目的重要性就要下降。在胡适个人，他当年已明说这不过是他谈政治的"导言"，离"本文"还差得远。三年后做的《我们的主张》，大约才属于"本文"部分，因为他在日记中说那是他"第一次做政论，很觉得吃力"。可知前此所做，还不算正式的政论。其次胡适也并无意与什么马克思主义者冲突，早期著名的马克思主义者陈独秀、李大钊都是他的好朋友。李氏那篇与他讨论的文章就刊在胡适主编的《每周评论》上（该文本是通信，连题目大概都是任编辑的胡适所加），这与研究系的蓝公武（知非）的文章先发在《国民公报》上就大不相同。李文相当客气，而胡适在"三论"中写到李的部分有时不那么委婉，也许略有后悔，特意补写"四论"，专门谈输入学理的问题，实是正面回应李的主张。"四论"未及刊出而《每周评论》已被查封，胡适又将其送到上海的《太平洋》杂志发表，并收入次年出版的《文存》，仍要让大家知道他还有这个层面的见解。[①]

1922 年胡适写完《我们的主张》一文，忽然想到"此文颇可用为一个公开的宣言，故半夜脱稿时，打电话与守常〔李大钊字〕商议，定明日在蔡先生家会议，邀几个'好人'加入"。胡适是学了很多洋规矩的人，又最客气，半夜打电话，可知心中对文章颇得意，思绪还在激动；而更可见两人的交情及李大钊那时在胡适心目中的重要。李大概是胡友人中最能干实事者，也是各方面都能接受的"好人"。关键是李在写争论文章时还不是共产党员，而在胡适与之商量发"好人政治"宣言时已是，这一点胡适不可能不知道。天下断无在写"导言"时已与之起大冲突，而到写完"本文"时还于半夜首先与之商量怎样处理这更要紧的正式部分者。所以，我们可以肯定那次争论在胡李之间，及在其分别代表的"主义"之间，在当年对双方确实都不算多大一回事。

胡适与另一个后来的共产党领袖陈独秀的关系还更亲密。胡的"暴得大名"，全靠与陈合作提倡文学革命。胡到北大，也因陈的推荐。两人又是安徽同乡，据汪协如回忆，脾气不好的陈独秀遇到胡适就反而好。她说陈胡二人"一见面就谈，谈不拢就争辩，各持己见，互不相让，终至争吵。只听着适之哥的高声大喝和手杖敲地板声。陈老伯反而低声细语了"。[②] 这个回忆的细节是否准确无关紧要。但以胡适的修养，而能对陈发火（也就是将一向挂在脸上的修养"面具"卸下来），可知两人关系的确不一般。这只是私交，若论公谊，那时两人也是"一条战壕里的战友"。

在陈独秀于 1920 年被逼南下前，他与胡适的思想是非常接近的。胡适那时将陈算在"自由主义者"的范围内。他说："独秀在北大，颇受我与孟和（英美派）的影响，故不致十分左倾。独秀离开北大之后，渐渐脱离自由主义者的立场，就更左倾了。"胡适认为，陈的被迫南下，是"北大自由主义者变弱"的一个重要原因；而且"不但决定北大的命运，实开后来十

---

① 本段及下段，参见胡适《我的歧路》（1922 年 6 月），《胡适文存》二集卷三，第 97 页；胡适日记，1922 年 5 月 11 日；胡适：《四论问题与主义》（1919 年 7 月），《胡适文存》卷二，第 191—198 页。

② 转自石原皋《闲话胡适》，第 66 页。

余年的政治与思想的分野"。① 揆诸当时陈独秀的言论，胡适所说的确不无道理。陈氏那时对民主（民治）和科学的理解显然是受了胡适和杜威的影响。陈独秀在1919年的《新青年》7卷1号的《本志宣言》中明确表示："我们相信尊重自然科学实验哲学，破除迷信妄想，是我们现在社会进化的必要条件。" 在同一期上发表的《实行民治的基础》一文中，陈更喊出了他常为人引用的口号：中国要实行民治主义，应当"拿英美作榜样"。陈在这篇文章中还指出："杜威博士关于社会经济（即生计）的民治主义的解释，可算是各派社会主义的公同主张，我想存心公正的人都不会反对。"

胡适与后来共产党的两位主要领导人关系如此，实在看不出他在这段时期与"马克思主义者"能有多大的冲突。但是我们也不可因此就轻视这一争论。唐德刚先生一向看不起胡适论政，以为"胡先生谈起大的政治问题来，事实上又是以常识论政"。他特别以这次争论为例说："早年的胡适之和李大钊诸先生有关'问题与主义'的辩论，其关键亦在此。他们辩者双方事实上都是以小常识谈大问题，要不是那时是个'启蒙时代'，这批大教授的夸夸其谈，实在是贻笑方家的！"② 唐先生虽然是半开玩笑，也有点故弄玄虚。实际上，讨论政治学理固不应以常识为据，具体的论政则正可以常识言。唐先生专治的美国史里面，早期就有个叫潘恩（Thomas Paine）的政论大家（准确说应是英国人），其论政的名著就题为《常识》。如果从事实际的政治活动，更不必一定要有多少政治学的理论知识。半个多世纪后的两任美国总统里根，他掌握的政治学理论就未必有胡适多。

所以，此次事件中双方有意识的动机是一事，它实际造成的影响又是一事。从思想史的角度看，这一争论确实提示了多层次多方面的问题。首先，通过这一次"问题与主义"的论战，当时中国思想界最关注的问题就已摆在我们面前。过去的研究者多注意讨论各方不同的意见，其实他们的共同之处也同样重要。那时各方比较接近的至少有一点，即中国当下最重要的问题是社会的和经济的，也就是民生问题。当时最"保守"的安福系的报纸《公言报》即指出：过激主义这一危险思潮已风靡中国，为政者不能"与多

---

① 《胡适致汤尔和》（1935年12月23日），《书信选》中册，第282页。
② 唐德刚：《胡适杂忆》，第52页。

数国民相背驰"，所以，"为政者与将帅宜究心社会主义"；只有"人究其书，乃可言取舍，乃可言因应也"。而安福系有这样的看法，又是由于国民党孙中山的推动，是其为要联合孙派力量而基本接受"孙文学说"的结果。① 这与前述胡适的观念是一致的，他也认为"新思潮的将来趋势……应该是注重研究人生社会的切要问题"。

与"问题与主义"论战约略同时的，有杜威与罗素的先后访华讲学。杜、罗二氏都是自由主义者，但其来华，至少从中国思想界人士的角度看，是安排来增强他们各自的地位的。杜威主要是《新青年》和北大新派同人一边请来的，而罗素则主要是以梁启超为首的研究系或进步党一边请来的。这一点杜、罗二氏是否知悉尚搞不清，但他们的言论却不尽给安排者自身提供支持，有时恰给另一方提供了思想武器。有意思的是，杜、罗二氏提供的解决中国问题的方案，与当时中国思想界非常接近，或多或少总是趋近于某种形式和流派的社会主义。当时的自由主义派也好，进步党即"他们"也好，激进者如李大钊、陈独秀也好，以及在论战之外但与王揖唐谈社会主义有关的国民党也好，虽然出发点不一样，用的标签不一样，具体的措施也不一样，但仍有某种程度的共识，即中国必须借重西方的"主义"或学理或制度，但却不能照搬，尤其是资本主义不行；他们均对资本主义持不同程度的批判态度而倾向于某种社会主义的解决。

可知当时中国新旧各政治力量和思想流派的注意力恰集中在这一点上，大家关怀和思考的问题是一致的。当然，各派所说的社会主义有相当大的甚至是实质性的区别，胡适提出这一问题，正是针对各家在社会主义名词之下的"大联合"混淆了各自的主义认同。他指出："马克思的社会主义，和王揖唐的社会主义不同；你的社会主义，和我的社会主义不同。"大家都谈社会主义，"同用一个名词，中间也许隔开七八个世纪，也许隔开两三万里路，然而你和我和王揖唐都可自称社会主义家。"② 相差很远的思想观念也

---

① 《公言报》（社论）1919 年 6 月 27、28 日，转引自邓野《王揖唐的"社会主义"演说和"问题与主义"论战的缘起》，《近代史研究》1985 年第 6 期，第 255—256 页；关于安福系与孙中山的接近和基本接受"孙文学说"，参见李林《还"问题与主义"之争的本来面目》，《二十一世纪》1991 年第 8 期。

② 胡适：《问题与主义》（1919 年 7 月），《胡适文存》卷二，第 150 页。

要用同一个名词来标榜，很能提示"社会主义"这一招牌在那时的吸引力。反过来。既然已经到大家分不出彼此的程度，则在胡适看来实在还不如回过头来研究具体的问题。

胡适不仅不反对而且自己就长期向往社会主义（详后）。他的最初目的显然是要与王揖唐的"社会主义"划清界限。仔细阅读胡适那几篇文章，可以发现他攻击的目标主要是安福系。胡适第一篇文章一开始就说："安福部也来高谈民生主义了，这不够给我们这班新舆论家一个教训吗?"这是以一条线将安福系与所有的"新舆论家"划开。但是他这篇文章显然写得仓促，因为文章中所挖苦的无政府主义和马克思主义恰是安福系也正在攻击的。准确地说，安福系正是因为无政府主义和马克思主义这样的"过激主义"渐有风行之势，才要研究社会主义，希望或能达釜底抽薪之功。胡适因仓促为文，心里想着攻击安福系，不知不觉却使用了安福系方面的材料。如果不是他进攻安福系的文字太明显，他的文章简直可以说是与安福系一致的。正因为胡适先攻击了马克思主义，所以李大钊出来委婉反驳他并不十分以为意。但研究系的蓝公武出来做长篇驳正，他就不那么能原谅了。胡适在随后不久写的《新思潮的意义》一文中，就一再把研究系的刊物名称《解放与改造》拿来作攻击的对象，后终与以梁启超为首的研究系弄得相当对立。

上述这些只是近因，从思想资源看，胡适有关多研究问题少谈论主义的主张渊源甚早。这里既有杜威的直接影响，也有在接触杜威之前已受到的影响。还在康乃尔大学时，胡适有一次做了一篇《易卜生主义》去请教他的老师桑普森（M. W. Sampson），结果被老师责以"不应该强作'什么主义''什么主义'的分别"。胡适把老师的话当作不说违心应酬话的范例记得甚牢。但那还是言外之意。其直接的影响，虽然可能是无意中的，即是应该少谈主义，而多注重具体问题。1914 年有个哈佛留学生对胡适说，救中国之金丹，是自由平等，而国人不知之。胡适当时就不以为然。他后来指出："今日祖国百事待举，须人人尽力，始克有济。"不管位之高低，总"须对得住良心，对得住祖国"。简言之，"救国金丹"就是"执事者各司其事"。① 这已是注重问题胜过主义的先声了。

---

① 胡适日记，1921 年 5 月 19 日、1914 年 9 月 13 日、1915 年 2 月 22 日。

　　到胡适接触杜威的思想后，他主张多研究问题少谈论主义的观念就得到系统的武装了。胡适自称他谈政治也是实验主义的运用，这一点在"问题与主义"的论争中表现得确实明显，不过有时用杜威用得不免拘泥。前面引述过杜威反对讨论什么国家和个人这样普遍抽象的概念，而提倡关注"这个或那个政治组织及这个或那个贫困受苦的人"。我们试比较杜威这段话和胡适在论《问题与主义》时所说的："请你们多多研究这个问题如何解决，那个问题如何解决，不要高谈这个主义如何新奇，那个主义如何奥妙。"连句式和用词都极为相似，渊源甚明，一看便知。

　　胡适那几篇论"问题与主义"的文章堪称是结合了进化论的实验主义方法的典型表述。他借用了佛书上"论主"这个词，提出一切学说都是时代的产儿，其具体内容都包括了"论主"本人的背景、时势以至个性，因此不可能具有永久普遍的有效性。所以他说："一切主义，一切学理，都该研究。但是只可认作一些假设的见解，不可认作天经地义的信条，只可认作参考印证的材料，不可奉为金科玉律的宗教；只可用作启发心思的工具，切不可用作蒙蔽聪明、停止思想的绝对真理。如此方才可以渐渐养成人类的创造的思想力，方才可以渐渐使人类有解决具体问题有能力，方才可以渐渐解放人类对于抽象名词的迷信。"余英时师指出，这里的"创造的思想力"便是杜威所最重视的"创造的智慧"（creative intelligence）。而胡适的意思，也就是"一切学说都必须约化为方法才能显出它们的价值"，因为只有经过长期应用而获得验证的方法，才具有客观的独立性，才不是"论主"本人种种主观、特殊的因素所能左右的。①

　　但是杜威反空洞理论研究的一段话是在美国人已感觉理论框框重负的情况下所说，故当时才有人说："我们在未读杜威之前早已是杜威主义者了。"话切合实际，自然受欢迎。反观胡适依样说同类话时，中国士人既已有意以西方为本位，而各种"主义"刚开始引入中国，只觉不够不详，不嫌其多。此时让人不谈主义，不免困难。胡适第一篇文章系因王揖唐也要谈主义而发，但王氏也要谈主义，正表明主义吸引人处。后来别的地方如长沙虽有"问题研究会"的成立，恐怕更多说明胡适名字的影响力，未必全是其言论

---

　　① 《胡适文存》卷二，第147—198页；余英时：《中国近代思想史上的胡适》，第41—43页。

切中时弊。只要看后来各种"主义"仍愈见流行，连胡适自己也不能免俗，谈了不少主义，就可见场合情景不同，同样的话意思可以相差多远。

其实，胡适主张学美国式"一点一滴的改革"的渐进方式，本无可厚非。但胡适却忽略了一个他自己曾指出的重要现象，那就是近代中国的社会重心已失。这是中国与同时段的美国最不一样之处。余英时师在讨论美国的激进与保守时，清楚地指出其间有一个大家接受的中心点。① 这是美国可以进行一点一滴的改革的根本基础。反观近代中国，所缺的恰是这样一个大家接受的中心点；除了尊西趋新的大方向一致外，各派各人对解决中国问题的方案是名副其实的五花八门，而且谁也说服不了谁；据思想言论中心者也都是"小成即堕"，不过几年就让位了。在这种没有共同立脚点的情形下，决不可能搞什么一点一滴的改革。胡适学杜威最成问题之处，就在于他总是想把美国这个"治世"的方法用到处于"乱世"的近代中国来，药虽灵而不对症，当然也就治不了中国的"病"。

贾祖麟先生说，根据杜威的观点，自由主义取向的社会变革，其必要的基础是对"社会愿望和现实状况的体察"。贾氏认为杜威的中国弟子，胡适为最，在这一点上都未得其真传。因为从胡适的价值观念及期望，几乎看不出对其国人的"社会愿望"及生活之"现实状况"有什么真正的了解。② 不过，贾氏这个说法虽似乎看到点什么，要成立还是有困难的。胡适对一般国人，诚缺乏深入的了解。但杜威对其普通国人是否就真了解，恐怕也要打个问号。杜氏学说能大行于当世，确因其道出当时许多知识人所欲言。但其对美国一般老百姓的了解，是否就超过胡适对中国一般老百姓的了解，是还需要仔细证明的。杜威确实有意关心一般老百姓的疾苦，而这一点胡适恰是完全追随了的。胡适在《易卜生主义》中一开始就强调"人生的大病根在于不肯睁开眼睛来看世间的真实现状"。③ 在某种程度上，胡适对中国国情的认识有误，正是跟杜威太紧，用杜威用到拘泥的程度使然。盖其关怀太切，乃在不知不觉中把他对中国的愿望表达为中国人的愿望，而又据此提出

① 余英时：《激进与保守》，第 191—192 页。
② 贾祖麟：《胡适》，第 294—295 页。贾书最后一章两个中译本都欠佳，有条件的读者最好看原著。
③ 《胡适文存》卷四，第 14 页。

类似杜威的解决方案，有时就不免南辕北辙了。

但是，胡适毕竟有先见之明。空谈主义在中国很快成为流弊，陈炯明后来称之为"主义毒"。对此平民教育派的周德之有较详细的观察："自从'主义'二字来到中国以后，中国人无日不在'主义'中颠倒。开口是'主义'，闭口是'主义'，甚至于吃饭睡觉都离不掉'主义'！眼前的中国，是充满'主义'的中国；眼前的中国民，是迷信'主义'的中国民。"周氏进而指责说："就今日中国的信主义与用主义者，至少有十分之九是非真诚的：有的为权，有的为利，有的为名，有的为吃饭穿衣。"[1] 周氏虽不喜欢迷信主义，但其观察恰揭示了"主义"在当时思想言说中的重要。而且"主义"显然已具社会功用！既然权势名利吃饭穿衣均可自"主义"中来，当然有人尊奉。

同时，"主义"二字本身也渐具象征作用。凡事不必问内容，只要有"主义"之名即好。无怪马君武菲薄之为"主义癖"："无论何种主张，皆安上主义二字。其中每有不通可笑的，又有自相冲突的。"马君武举的例子，即英文的 nationalism 一词，在中国有人译为民族主义，有人译为国家主义，但 20 年代尊奉民族主义的国民党与尊奉国家主义的青年党却是水火不相容，彼此都想致对方于死地而后快。[2] 从主义的角度说，这真是典型的同根而相煎。从空谈主义到"主义"自身被抽象出来成为空洞的象征，这都是胡适先前所反对并警告将发生的。但中国既已趋新到"尊西人如帝天"的程度，"主义"之具象征性的社会功用，也正是这一往西走的激进过程的自然发展。而胡适谈政治也不可避免地要涉及民族主义及中国与西方的不平等关系问题。

三 国际的中国

胡适在 1922 年 10 月写了一篇《国际的中国》，这是他谈中外关系的一

---

[1] 陈炯明：《中国统一刍议》，自刊本，1928；周德之：《为迷信"主义"者进一言》，《晨报副刊》1926 年 11 月 4 日，第 1 页。

[2] 马君武：《读书与救国》，《晨报副刊》1926 年 11 月 20 日，第 1 页。

篇重要文献，也是他最不为人理解的文章之一。他到晚年仍慨叹共产党骂他这篇文章，"国民党也不会了解此文"。意谓共产党实际上也未了解此文（详后）。① 的确，胡适在中外关系上发表的言论，通常都不怎么受欢迎。这里显然存在着误解。胡适对不同的人讲不同的话的取向，在中外关系上表现得最明显。但他这样做，是要表现他"大国国民的风度"，是有骨气而非取巧。简言之，胡适凡是主张不反对帝国主义的言论，都是对中国人说的；而他对外国人讲话时，却处处指出帝国主义对中国的侵略及其对外国利益自身的危害。最典型的例子，就是前述中日"二十一条"交涉时胡适的表现。他一面呼吁中国人安心读书，主张即使亡国也不可怕；一面却在美国报纸上捍卫中国利益，正面强调中国民族主义民气的高涨，同时还在美国教会里攻击基督教为帝国主义侵略张目。

这种情形一般人不知，胡适也不曾努力要让人知；他的士大夫意识使他很愿意体现他的"特立独行"，对这些误解并不辩解，只求自我心安。但这就造成了立说者与听众之间的传播障碍。一是能听到或读到胡适对西人言论的国人并不多（因多为英文，且有时是演说，懂英文的也未必知道）；二是有时胡适的意见虽也以中文刊布，却又常因题目看上去相差较远，不能使人将其联系起来读。比如胡适在《国际的中国》一文中强调中国自身的政治改造是抵抗帝国主义的先决条件，中国人就多看到胡适主张不反帝的一面。但他在1925年的《今日教会教育的难关》一文中，因其听众是教会大学人员，就大量正面引述中共的反帝观点，明确指出这都是对外国侵略的正常反应，如果中外不平等状况一日不消除，反帝观念就不可能消灭。这些言论就没有引起反帝一边的中国人足够的注意。② 我们今日有后见之明的便利，就必须把他在大约同时对中外双方面所刊发的言论结合起来考察，才能了解到胡适在特定时期对中外关系的真实看法。

1921年5月，胡适在清华演说，题为《废止国耻纪念的提议》。他自己说"这是我第一次在演说台上谈政治"。胡适的主要观点一是不要因纪念过

---

① 《胡适致郭廷以》（1960年1月），引自《年谱长编》第2册，第508页。
② 两文分别刊于《胡适文存》二集卷三，第128页a-i；三集卷九，第1159—1170页。以下不再注出。

去而忘记了现在；二是"对外的纪念不如对内的努力"。他注意到听众明显
地不理解或不认同其意见，自记说："这篇演说似乎不大受欢迎。"其实，
胡适此时考虑的问题与其他人也略同，即中日关系。他在两天前即曾对一位
高谈"中日互助"的日本教授说："日本当力求中国人懂得日本的文化。"
因为中国留学日本的人虽多，却没有几人能像周作人那样"赏识日本的真
正文化"。胡适以为，这才是"中国人排日的一个真原因"。假如留日生中
能有一百个周作人，中国人便不会再排日，中日也可亲善。① 这样的观念，
若在国耻日前后说给中国大众听，胡适的名声可能会失落得更快。这是胡适
追求特立独行的又一体现，但其考虑的问题与众人相同，也是很明显的。

　　不过，胡适在与洋人谈话时，取向就全不一样。两个月后，他与英国使
馆参赞哈丁（H. M. Harding）谈，毕善功（Louis R. O. Bevan）和丁文江等
在座。久谈之后，谈到一个大问题上："中国这几千年来何以退步到这个样
子？"胡与丁都主张，这两千年来，"中国的进步实在很多，退步很少。"这
句话"自然骇坏了哈丁、毕善功一般人"。哈丁问："难道唐朝的文化不如
后来吗？"胡适答曰"自然"，并举诗、词、文章、经学、思想等为例。丁
文江则举印刷术为例支持胡适。1922 年初，胡适在协和医院做题为《中国
究竟进步了没有？》的讲演。全文重申前次谈话之意，但强调"唐的文化太
受史家过誉了（西洋人尤甚），其实并不甚高"。另一方面，"唐以后的文化
太受史家诬蔑了，所以人们都觉得唐以后中国没有进化"。他列举许多事例
证明之，其中说到"清之学术，真足以压倒千古"。胡适自己说："此文为
驳 Wells［威尔斯］的《世界史纲》而作，可算是一篇重要的文字。"② 这
是胡适为捍卫中国文化的"进步"而有意向西方史学权威的中国观直接挑
战，但这篇重要的文字似乎没有译成中文刊布。胡适当时不过是对洋人说
法，他决不会料到半个世纪后的 80 年代，威尔斯的《世界史纲》又成一部
分颇有影响的中国读书人再次反传统的重要思想武器。

　　胡适就是在 1922 年写《国际的中国》的。这篇文章的中心意思是强调
民国以来，列强对中国的态度有明显的改变。列强在清末还想征服统治中

---

① 胡适日记，1921 年 5 月 9、7 日。
② 胡适日记，1921 年 7 月 3 日、1922 年 5 月 19 日。

国，但日本势力在远东的一再扩充和中国民族的一步步自觉使远东局面大变，不仅"现在中国已没有很大的国际侵略的危险"，而且"外国投资者的希望中国和平与统一，实在不下于中国人民"。所以中国人可以不必担心列强的侵略，而"同心协力的把自己的国家弄上政治的轨道上去"。如果做到这一步，工商业可自由发展，外国投资者有了保障，也就没有理由再在中国实施帝国主义政策了。反之，如果国内政局纷乱，连中国人自己都还想寻求租界等外国在华势力的保护，列强自然也不会放弃其权益。一句话，"政治的改造是抵抗帝国侵略主义的先决问题"。

以今日的后见之明来看，胡适的这些意见本身都不算错。可是他忽略了一个非常重要的基本因素，那就是外国在华势力已成为中国权势结构的直接组成部分。故即使是纯粹内部的"把自己的国家弄上政治的轨道"的努力，只要含有对既存权势结构的挑战之意，就不可避免地要涉及帝国主义列强的利益。胡适自己后来就发现，连谈"全国会议、息兵、宪法"这类具体的"问题"，都"势必引起外人的误解"，[1] 可见"外人"在中国涉足有多深，管得有多宽。当时国民党、共产党和青年党的纲领中都强调反帝，坚持收回在不平等条约中丧失的国权，正是直接针对中国这个现代政治语境而言。而且，既然胡适也认识到中国民族自觉意识的高涨，在实际操作的层面上，"御外"型的民族主义对身处国内权势争斗中的任何政党来说，恐怕都既是目标也是手段，实不可能放弃。

同样，胡适在他的文章中已经注意到，一次大战期间由于列强忙于彼此的争夺而暂时放松对中国的控制时，中国人自办的工商业就有很大的发展。这就表明外国在华势力是对中国工商业发展的一个直接压制，不平等条约的不平等首先就在于中国工商业者不能在平等的条件下与其外国同业竞争。列强中的大部分的确希望中国安定（日本显然除外，而这一例外本身又极为重要），但涉及具体的经济利益时，任何列强都决不会轻易放弃对其有利的条约权利。而且这里的有利包括实际有利和以为有利（imaginary advantages），后来大量史实证明，即使是那些早就对外国在华利益不起实际保护作用的条款，列强也不轻言放弃。这个问题当然不能在这里展开论

---

① 《与一涵等四位的信》（1923年10月9日），《胡适文存》二集卷三，第143页。

证了。

从广义的权势观看，清季以来西方文化优越观在中国读书人心目中的确立也是中国权势结构中外国在华势力的一个既定组成部分。这一文化权势虽然不如不平等条约那样明显，但以对中国人思想的发展演变而言，其影响的深远恐怕还在不平等条约之上。君不见在不平等条约已经废除半个多世纪后的今天，有些人在讲到中国的人文传统时，所说的仍然几乎全是西洋的东西，就可见此影响有多么深远了。① 所以，当时的人反帝包括反"文化侵略"是顺理成章的。

胡适自己虽然曾公开不同意反对"文化侵略"，其实他至少在无意识中对此极为重视。他对西方"文化侵略"的急先锋传教士和传教事业（这是从功能看，绝大部分传教士本身确有"征服"的愿望而决无"侵略"的动机），除了留学时加入基督教那一段不长的时间，一生都坚持批判之。1915年还在美国时，胡适即指出在华传教士可做三方面的工作，一是发展教徒，二是传播基督教的理念，三是做实际的社会服务工作。他以为，越后面的越重要。胡适对传教士的要求有时已到不近情理的程度。他要传教士多做社会服务工作而基本放弃在中国发展基督徒，因为"这不是中国需要的"。其实传教士本非中国人所请去，他们当然也不会根据中国的需要来安排传教事业。但胡适在1925年仍对教会学校的教职员坚持这一观点，并指出："我也知道，劝教会学校抛弃传教的目的，比劝张作霖、吴佩孚裁兵还要难得多。"明知不受欢迎，他仍宁愿做这种专说反话的"魔鬼的辩护士"（Advocatus diaboli）。② 可见胡适内心深处对传教事业抵拒之深。

胡适对传教士提出这样的要求正与他要求中国人不反帝的做法相同，他首先考虑的是"应该"如何，然后才问实际上是否行得通。其实胡适并不是不了解中国人的民族主义情绪，也认识到这一民众情绪的力量。他在1921年6月曾作文批评英国人斯科特博士（Dr. Scott）提出的英国退还庚款计划，在结论部分提醒英国人说："特别在今日中国，吾人切勿低估民族

---

① 参见张汝伦等《人文精神寻思录》，《读书》1994年3月号，第3—13页；葛佳渊、罗厚立《谁的人文精神?》，《读书》1994年8月号，第58—64页。

② 胡适日记，1915年3月22日；《今日教会教育的难关》（1925年），《胡适文存》二集卷三，第1166—1170页。

主义敏感性这一不幸因素。"其用词虽不免带有负面的色彩，但对洋人这样提醒，是语含威慑之意的。胡适反对斯氏计划的根本考虑，就因为在英国人看来，这计划"或以为太见好于中国人，而中国人则以为太多英国的干涉"。① 这就是当时的现实情形。双方的认知和立场相去太远，胡适在两方面都做"魔鬼的辩护士"的苦心，也无非是尽他国士之责，希望多少能弥合或缩小双方的距离而已。

尽管胡适一直私下或公开地攻击在华传教事业，教会方面却知道胡适的影响力，仍尽力拉拢之。1922 年 4 月，北京的青年会请胡适去主持传教士穆德的演说。胡以为彼等明知其为无神论者而仍邀请之，感觉"有些基督教徒真可恶"，于是正式写信重申其立场，信中并明言反对基督教诱人入教之举，因为他自己就认为当年在美国一度入教是上了这种当。胡适平日结交西人，也很注重其对传教事业的态度。当时任溥仪家庭教师的英国人庄士敦是民初提倡保全中国固有文化最力的外国人之一，胡适本是最反对外国人这种做法的，但对庄士敦却例外。因为"他是一个很有学问的人，最恨传教士。他著的书之中，有两种是批评在中国的传教运动的"。②

而庄士敦也确曾帮助胡适等"反教"。1921 年 9 月，胡适等与英美考察在华教会教育者一起吃饭。在座的如庄士敦和曾经留美的颜任光、唐钺等"都是不赞成教会教育的，故讨论甚激烈"。胡适的主张是："1. 教会的传教运动中之最有用的部分并不是基督教，乃是近世文明，如医学、学校、贫民窟居留，等等。我们所希望的，乃是像罗克斐氏驻华医社 [即协和医学院] 的一种运动，专把近世教育的最高贡献给我们，不要含传教性质。2. 但我们也承认传教运动的放弃在今日是做不到的，故退一步设想，希望你们能把现在这种散漫的、平凡的运动改作一种有组织的、集中的、尽善尽美的教育运动。罗氏驻华医社的长处就在此。若今后犹继续派出无数中下的庸才，送出散漫薄弱的捐款，设几个半旧不新的小学堂，——这种运动不如没有。"下一年在与燕京大学教职员讨论"教会学校在中国教育制度上的位置"时，胡适又"希望教会内部自行改良以应时势的需求"，并具体提出四点：禁止

① 胡适日记，1921 年 6 月 25 日。
② 胡适日记，1922 年 4 月 7 日、1921 年 5 月 13 日。

小学中之宗教教育；废止一切学校之强迫的宗教仪节；与其教授神学，不如鼓励宗教史与比较宗教；传教的热心不当为用人之标准，当以才能学问为标准。[①]

胡适提出这样的要求，等于是要教会白帮忙为中国发展教育。这虽有些不近情理，但的确是胡适从 1915 年以来的一贯主张。他内心深处对传教事业的这种抵拒，正是晚清以来"学战"意识潜存的体现。也许因为胡适在意识的层面本要扮演"外国传教士"的社会角色，所以他对传教活动能"诱人"之处也最警惕。说到底，他不过是把他自己想当的那种"文化传教士"的标准拿来要求真正的宗教传教士。

在胡适看来，大概最理想的情形是外国一边逐步主动地放弃特权，而中国一边致力于自身的改造建设，当两方面的努力都有成效且渐渐靠拢时，中外之局面就可以有一个皆大欢喜的妥善解决。这看上去真有点像白日做梦，但的确是一向追求鱼与熊掌兼得的胡适的真实想法，最能体现他自谓的"不可药救的乐观"。由于两方面都不可能按胡适所希望的去做，首先是帝国主义一面决不会主动放弃其条约特权，何况即使他们不得不逐步放弃，其心目中的时间表也远跟不上中国激进化的程度，故胡适的设想当然不能实现；再加上胡适的确表现出激烈反传统的倾向，又常常公开反对民族主义，中国人自然更多地注意到他主张不反帝的一面。

实际上，前面说过，胡适不讲民族主义是因为中国国力弱，如果讲民族主义便为强国张目；他讲世界主义恰是要抑制欧西国家的弱肉强食主义。同样，孙中山专讲民族主义，不讲世界主义也是因为中国弱，以为如果讲世界主义便为强国所用。两人的出发点是一样的，关怀也是同样的。区别在于孙看见民族主义的聚合力，而胡看见民族主义的破坏力。从根本上，孙中山同样受中国传统的大同学说影响，他也不反对世界主义，只不过认为世界主义是下一阶段的事。而胡适主张世界主义，是想越过民族主义而直接达到独立自主和国与国平等，其要想"毕其功于一役"的心态又与孙中山同。

然而，如果从传播上言，胡适的信息就并未能完全传达到听众（包括孙中山）那里，不但绝大部分同时代人都不了解胡适不接受民族主义的真

---

① 胡适日记，1921 年 9 月 21 日、1922 年 5 月 23 日。

意，就是后来的研究者也很少注意及此。这在写文章专以明白浅显出之，希望读者"跟着他走"的胡适来说，不能不说是一个小小的悲哀。而且，由于长期在口头上坚持对民族主义保持距离，渐渐地有时也真的以为自己是站在民族主义的对立面，更要找出民族主义的不足来维持自己心态的平衡。"三人成虎"的功用并不见得只适用于听众，许多时候其实也适用于说话者自己。

但无论如何，胡适的民族主义情绪终其生并不稍减，只是隐与显的问题：早年很盛，专讲爱国；中岁"作圣"心重，以"外国传教士"自居，故此情绪颇压抑；晚年老还小，民族主义复盛。胡适某次发现"考古馆里的殷墟石刻的照片，许多外国人看了很欣赏"，不觉自得地说："他们原以为古代的文明只有罗马、希腊，看了这些三千年前的殷墟石刻，才知道他们那时还是小孩子似的。"1960 年又说，"食不厌精，脍不厌细"这两句话，"是〔孔〕圣人最近人情的话"。孔子有些思想近人情是他以前也有过的看法，但他接着说："全世界二千多年的哲人中，没有第二人说过这些话。"① 这样的话就不是以前会说的了。前面说过，胡适事事都在拿中国与西方比，但比而总见到中国高明之处，则是只有晚岁才有的情形，这才是其真情的显露。

后来胡适的确曾主张全盘西化。但他同时指出："文化自有一种'惰性'。全盘西化的结果自然会有一种折衷的倾向……此时没有别的路可走，只有努力全盘接受这个新世界的新文明。全盘接受了，旧文化的惰性，自然会使他成为一个折衷调和的中国本位新文化。"② 当然，胡适也不是就毫无"西化"中国之意。余英时师说，胡适思想的影响牵涉到许多复杂的层次，不是"西化"一词所能简单地概括得尽的，但是"取近代西方文化为模式以改造中国传统的确代表了胡适思想的一个基本方向"。

而且胡适以西方为模式有时也不太顾及中国与西方的不同。他提倡的文学革命，就是要不分"我们"与"他们"而要合成一个中国的"全国人民"，其思想资源正是欧洲文艺复兴以国语促民族国家的建立这一先例。他

---

① 《谈话录》，第 44、47 页。
② 胡适：《编辑后记》，《独立评论》第 142 号，1935 年 3 月 17 日。

在《建设的文学革命》一文中，更明确以"国语的文学，文学的国语"这一主题，借文艺复兴时欧洲国家的前例来说明中国问题。其实这都是有问题的，那时的欧洲与民初的中国根本不可同日而语。拉丁文与当时欧洲各族土语的关系，要与中国的文言和白话对看，最多意大利近之（也有很大不同），余则全不能比。简单地说，那些"国家"在那时都还不是正式的"民族"和"国家"，所以要"建立"民族国家；中国则既已久是一个民族也是一个国家，何须再建立呢，岂不又是在"制造"一个革命的对象？这又是胡适套西方模式呆板之处了。

简言之，胡适与不少他的同时代人一样，不过是一种游移于中西文化之间的边缘人。故有人看见他中国的一面，有人看见他西方的一面。不可否认，因为胡适有意要扮演"外国传教士"的社会角色，他的西方一面表现得要充分得多。实际上，正如傅斯年所说，胡适在安身立命之处，仍是传统的中国人。据唐德刚先生回忆，晚年在美国与胡适来往的青年后辈，多半还是稍微有点旧学修养的。完全西化的第二三代华裔，与"一辈子'西洋文明'不离口"的胡适，反而无话可谈。[1] 这是胡适那种中西之间边缘人的最佳体现。其本不够西，也无法真正接受什么全盘西化。而西方人内心并不承认这些专讲西方文明之人为平等（表面上的承认是不算数的），又是这类人最觉尴尬之处。

鲁迅在20年代所辑的旧派挖苦新派的言论中有一条说："你说中国不好。你是外国人么？为什么你不到外国去？可惜外国人看你不起。"这真是道出了中西之间边缘人的窘境。他们虽然在中国总是说西方好，俨然西方的代言人；但西人却并不将其视为同类。世界主义者的胡适其实进不了他的"世界"的中心。也是羁旅异邦的唐德刚先生即颇能领会这中间的微妙。50年代胡适有点落魄时，唐先生曾建议胡适读过书的哥伦比亚大学的"当道"聘用胡适教汉学研究，可是对方"微笑一下"反问道："胡适能教些什么呢？"那种对胡适敬而远之、其实也不十分看得起的消息在微笑中表露出来，真是别有一番滋味。故唐先生叹谓："胡适之的确把哥大看成北大；但

---

① 唐德刚：《胡适杂忆》，第219页。

是哥大并没有［像北大那样］把胡适看成胡适啊！"① 许多与胡适一样提倡世界主义的非欧美人，的确愿意把西方当作他们的"世界"，可是这个"世界"却没把他们看作"世界公民"！

50 年代的美国人尚且不能在内心里平等看待胡适这样的常春藤名校毕业生，在 20 年代中外谈判桌上的西方人有何种表现，就不难想见了。因此在那个时候，任何人谈政治谈到中外关系问题时，都不能避开或必须回到文化层面上去。胡适所看到的帝国主义对华侵略表面上的缓和，其实也由于列强中多数认为领土的掠夺已不太可能（日本仍例外），具体的权益既然已由条约所保证，于是双方的争斗在表面上集中在条约的修订及废除与否之上。进而言之，由于许多条约"利益"已是想象多于实际，仔细研究过 20 年代中外修约谈判的人都知道，这里的中外之争往往不是实际利益的得失之争，而更多是一种文化层面的斗争，即中外交往应奉行怎样一种"方式"之争。中外谈判常常因一些今日看来极细小的问题而搁置，就因为对谈判双方来说，这些细小问题都有着深远得多的文化含义。

在这种情形下，胡适在列强和反帝的中国人各自面前都做"魔鬼的辩护士"，实在也有多层次的苦衷。不过，胡适谈"问题与主义"和"国际的中国"，在一定程度上都还不全是谈政治，多少有理论和文化的成分。他真正谈而且差一点就干政治，还是在"好政府"的问题上。

四　好政府主义

胡适的"好政府主义"的核心是政府要管事，实行"有计划的政治"，而其基础则在于社会上的"好人"都应出头，或谈政治，或干政治、入政府。换言之，好政府首先必须是好人政府。其所针对的，第一是思想上的无政府主义（偏重于中文的字面意思，也包括但不一定是专指从西文译过来的那个"无政府主义"）；第二是实际上的由"不好的人"组成的不做事的北洋"恶政府"。其基本的取向是改良，但在理论的层面，也允许改良不成之后的革命。

---

① 鲁迅：《论辩的魂灵》，《鲁迅全集》第 3 卷，第 29 页；唐德刚：《胡适杂忆》，第 37 页。

胡适想到这方面的问题应渊源较早。还在 1919 年或最迟不过 1920 年，那时政治态度还颇温和的恽代英就写信向胡适提出好人应当出头的意思。恽代英说："我相信善人应该做事，这是救中国，亦是救世界的惟一方法。善人不能做事，或不肯做事，天下的事便都让不善人做了。"他认为"善人要做事，要先有能力，先养势力"。但当时"学生的势力不配说是善势力。他们的根性同缺点，正同一般武人政客不相上下。这其中有两种原因：（一）有能力的人没有品格；（二）有品格的人不完全有能力"。所以要先"磨练有品格人的能力"。①

到 1920 年 8 月 1 日，《晨报》刊出一篇以北大同人为主的《争自由的宣言》，胡适也列名其上。那篇宣言的精神与恽代英的观点也有相近之处。宣言指出："我们本不愿意谈实际的政治，但是实际的政治却没有一时一刻不来妨害我们……政治逼迫我们到这样无路可走的时候，我们不得不起一种觉悟：认定政治如果不由人民发动，断不会有真共和的实现。"这实现之法，就是先"养成国人自由思想、自由评判的真精神"。可知那时南北读书人有一种隐约的共识，就是当时从上到下实际干政治的和希望干预政治的在政治上的程度都不够高，都有一个提高的需要；故长远之计是培养国人或最有意干预政治的学生，当下之计则是"好人"或"善人"恐怕要站出来才行。

到 1921 年夏，胡适的思想逐渐系统形成。他在 6 月 18 日的日记中说："现在的少年人把无政府主义看作一种时髦东西，这是大错的。我们现在决不可乱谈无政府；我们应谈有政府主义，应谈好政府主义！"这是准备要谈了。那年 8 月初在安庆，他"第一次公开的谈政治"，讲的就是"好政府主义"：（1）好政府主义是有政府主义，是反对无政府主义的；（2）好政府主

---

① 《恽代英致胡适》（约 1919 年 8 月 21 日），《胡适遗稿及秘藏书信》第 36 册，第 531—532 页。（关于此信的日期，恽代英日记 1919 年 8 月 21 日记其"写致适之先生信"；次日记其"写致东苏先生信，与昨致适之先生信，皆我联络善势力，以得正当助力之企谋"；同年 9 月 8 日写给王光祈的信中，一个重点内容仍是好人应养成善势力以扑灭恶势力，与致胡适信内容甚接近，似可暂时将此信系于此日，参见《恽代英日记》，中共中央党校出版社，1981，第 609—610、621—625 页）类似的观点恽代英至少持续到 1923 年末。参见代英《怎样才是好人》，《中国青年》第 1 期，1923 年 10 月 20 日，人民出版社，1956 年影印本，第 3—6 页。

义的基本概念是一种政治的工具主义。并由第二点引申出"一个革命的原理"：工具可监督、修正、改造、更换之；若工具全部不良，可"拆开了，打倒了，重新改造一个！一切暗杀、反抗、革命，都根据于此"。这是前述胡适一贯的激进观念，不过这一点主要是为学生说法。他的真意是，"好政府主义"实行的主要条件就是"好人"结合起来为此目标积极奋斗。① 这比较温和的一面，就是后来胡适"好政府主义"的基本内容。

那段时间的北京政治，似乎正面临一个转变的临界点。不仅政治逼迫学者出头，许多方面也在主动试探机会的有无，而且各既存势力也在探索改组或重组。以顾维钧为代表的一批相对独立的技术型政治人物，是各方面争取的对象；以前不怎么介入政治的北大教授社群，俨然也是一股不可忽视的力量。1921 年，以梁启超为首的研究系就试图组织一个研究社会政治状况的团体，由林长民（宗孟）出面劝顾维钧发起，但许多人不够热情，事未成。而胡适、丁文江等英美留学生自己于 1921 年 5 月间（正式定的成立日是 6 月 1 日）却成立了一个小型而不公开的"努力会"，明确了"讲学复议政"的宗旨，即在发展各自职业的基础上"谋中国政治的改善与进步"。丁氏本是追随梁启超的，这次却显然没有将此事告诉研究系；同时胡适这边却请了蔡元培和王云五等少数非英美留学生参加，可见胡适在其中的主导作用。②

1922 年春，研究系又开始活动，这回他们先说动了罗文幹，并由罗去说蔡元培等北大人。罗先说服王宠惠，责备王"不宜太消极；宜发表对于现今各重大问题之意见；可先以一杂志发布之"。王同意后，罗再找蔡，蔡也同意。但蔡是老革命家，又是学兼新旧的北大校长，一旦出山，立刻就掌握了实际的主动权。当讨论合适的人选时，罗提与梁启超亲近的蒋百里，蔡勉强接受。罗再提胡适、蒋梦麟、顾孟馀等北大人，蔡均赞成。罗又提林宗孟，蔡即以其为研究系头领，不宜拉入。林氏同时自己也去找胡适，胡"不曾答应，亦不曾拒绝"，回来马上问蔡元培。蔡立刻发现此事"主动者

---

① 胡适日记，1921 年 6 月 18 日、8 月 5 日。按胡适的好政府主义更多是反对无政府主义，而不是针对"坏政府"，这一点非常重要。胡适主要针对的乃是在北大有重要影响的李石曾等无政府主义者，这是他们稍后反胡适的重要原因。

② 胡适日记，1922 年 4 月 22 日；《年谱》，第 95 页。

全是宗孟"，于是决定以后取不合作态度，再来说就拟谢绝之。①

　　可见这一次是蔡元培等人不容研究系，因研究系以前与各军阀关系较深，时人颇以为属于已"落伍"的一边，更不用说梁的进步党与蔡的国民党曾是对头。胡适就认为："此事终宜慎重。研究系近年做的事，着着失败，故要拉我们加入。结果有两条可能：或是我们被拖下水而于事无济，或是我们能使国事起一个变化。若做到第二条，非我们用全副精力去干不可。"但胡适觉得他们这些教授甚忙而林宗孟等极闲，则"谁占上风，已不言而喻了"。又可知蔡、胡等人还是先考虑派别利益。由于研究系不见容于人，这就成为胡适后来出头的引子了。林宗孟等又于4月26日直接去见蔡元培，蔡主张不组织团体，可发表意见，也可以有人出来主持裁兵。林等就拟请胡适起草宣言，胡适既然有上述的看法，没有接受。②

　　但是研究系的这些活动显然使各方都开始活跃起来。此时第一次直奉战争正在进行，胡适的朋友如李大钊、丁文江等都与直系的吴佩孚一派有相当多的接触和联系，胡适自己也参与一些接触。他们在直奉之间是明确倾向于直系的。而努力会的活动也开始具体起来，首先是决定出版主要议政的《努力周刊》。胡适为此刊写的《努力歌》中说，"你和我"这样的人如果不出来努力，中国的事就没有希望了。而"你和我"的定义即"自命为好人者"。歌中又说："不怕阻力！不怕武力！只怕不努力！努力！努力！阻力少了！武力倒了！中国再造了！"这个调子与胡适的《炸弹》诗没有多大区别，更有意思的是与他后来颇看不上眼的北伐时之标语口号也没有什么大的区别。③

　　《努力歌》虽然是喊口号，胡适却在考虑写一篇能代表同人意见的务实正论，拟名为《我们的主张》。他再三考虑后，决定以南北和会为下手的第一步，"自信这是最切实的主张"。这是胡适论政的"本文"了，所以甚为认真。由于是"第一次做政论，很觉得吃力"，一直写到半夜才完稿。文章本是想专为《努力》做的，写完后胡适意犹未尽，忽然想到"此文颇可用

---

①　胡适日记，1922年4月22日。
②　胡适日记，1922年4月27日。
③　胡适日记，1922年5月9、14、7日。

为一个公开的宣言，故半夜脱稿时，打电话与守常商议，定明日在蔡先生家会议，邀几个'好人'加入。知行首先赞成，并担保王伯秋亦可加入"。第二天也就是 5 月 12 日上午，集会蔡宅的皆胡适的熟人和北大人。事情议定后，下午王宠惠和罗文幹始来，反成后加入者。但王、罗二人都是曾经为官者，其积极又过于多数北大人，后来直接进入"好人政府"而成为主干的，也是他们。不久原参加的顾孟馀退出，因顾本国民党，此时搅在这些人中间，或觉不便。而胡适的朋友高一涵和张慰慈也加入。胡适已俨然成此小团体的中心了。①

《我们的主张》中许多观点或已为别人说过，或有人与胡适讨论过，但把这些观念结合起来表述得系统化，就是胡适的长处了。文章要求各政治派别"平心降格"地把"好政府"作为"改革中国政治的最低限度的要求"；同时提出"宪政的、公开的政府"和"有计划的政治"作为政治改革的原则。文章以为，现在中国政治败坏的一个重要原因就是"好人自命清高"，不加入政治运动，所以，好人必须起来"做奋斗的好人"并产生"决战的舆论"，然后就提出了以南北和会为核心的五条十六款具体主张。其中最值得注意的是胡适指出：我们要求"有计划的政治"是"因为我们深信中国的大病在于无计划的漂泊，因为我们深信计划是效率的源头，因为我们深信一个平庸的计划胜于无计划的瞎摸索"。② 强调计划和政府的干预作用，正是现代自由主义与社会主义相通之处，这个观念为胡适所长期坚持，这里已显露出胡适等中国自由主义分子向社会主义迈进的端倪。

《我们的主张》发表后，反响热烈。胡适"费了一天的工夫"整理收到的关于此文的讨论，就选出可发表之文十四篇。主要的反对意见是认为文章的精英意识（当时并不用此词）太重，忽视了民众。也有人觉得中国政治已无法改良，只有实行彻底的革命。赞成的人则觉得这些提法都切实具体，更应组织团体落实之。总的趋势对"清高的好人"肯关心政治都表示赞许，但也有少数人以为还是以坚持"清高"更好。③

---

① 胡适日记，1922 年 5 月 11、12 日。
② 《胡适文存》二集卷三，第 27—33 页。
③ 这些反应的文章收在《胡适文存》二集卷三，第 35—90 页；胡适日记，1922 年 5 月 25 日。

胡适看了这些文章之后，"颇有感触，做了一篇《后努力歌》"，其中说道：好社会与好政府、教育与政治、破坏与建设都是互为因果的连环，解开的唯一办法就是努力或干。其实这也就是杜威离开中国时的告别演说中的意思，胡适的感触，也就是想起了老师的话。但这样的连环问题是否是干就能解决的？正如胡适提出的有计划（不论优劣）就一定比无计划一样，在逻辑上都还大可研究。不过，至少在破坏与建设一点上，胡适具体指出改良和革命不妨各自"分工并进"，他这边先事改良，若"恶势力"不许改良，则仍有革命的必要。这个一贯思想，胡适仍在坚持。①

这一次北京各势力酝酿干预政治，本是研究系最积极主动，结果却基本被排之于事外，他们当然"大不高兴"，说北大派"有意排挤他们研究系的人"。林宗孟说："适之我们不怪他，他是个处女，不愿意同我们做过妓女的人往来。但蔡先生素来是兼收并蓄的，何以也排斥我们？"殊不知此事胡适早已成主谋，研究系其实吃了胡的大亏。后来林宗孟出面邀吃饭，所邀者多半是"他们研究系的人"，余则为北大派的人。胡适记述道："宗孟极力劝我们出来组织一个政党，他尤注意在我，他的谈锋尖利得很，正劝反激，句句逼人，不容易答复。但办党不是我们的事，更不是我的事。人各有自知之明，何必勉强，自取偾事。"这一次研究系特别注意胡适，不知是真醒悟胡适已暗成中心还是仍以为胡适为"处女"而好控制，若是后者，则必然更加吃亏。胡适的公开态度大约仍是"不曾答应，亦不曾拒绝"。②

不久王宠惠出面邀吃饭，所邀者有蔡元培、罗文干、梁启超、林宗孟、熊秉三、董康、颜惠庆、周自齐、张耀曾等，胡适所记各人，全是前官僚，是知这大约是他第一次与这些人会谈。此次会面的"本意是要把各党派的人聚会来谈谈，大家打破从前的成见，求一个可以共同进行的方向。今天结果虽少，但他们谈过去的政争，倒也颇能开诚认错"。以后罗文干又邀吃饭，所邀者除蔡元培、胡适外，基本为顾维钧、汤尔和等半独立的技术型官僚，后来不少进了内阁。研究系的影响已明显减弱。那次饭后蔡元培对胡适说，"教育总长已定林宗孟"，林想拉胡适去做次长，"蔡先生劝他不必开

① 胡适日记，1922 年 5 月 28 日；《胡适文存》二集卷三，第 39 页。
② 本段与下段，参见胡适日记，1922 年 5 月 14、21、27、30 日。

口，蔡先生也不赞成组政党事"。以胡适那段时间的热衷来看，如果不是蔡拒绝在前，他自己的态度正未可知。从这时起，胡适与这些人的过从就是经常性的了。

关于组党事，胡适的意见倒与蔡元培接近。对于胡适和其他一些转型中的现代知识人来说，迈出由不议政到议政这一步并不难，因为士对国是的关怀本为他们所传承，但从谈政治到干政治那一步就不那么容易了。在意识层面，他们有时又离传统更近些。针对那些要求"好人"组织团体的意见，胡适个人认为："我们在此时和最近的将来，都应处于中间人、公正人、评判员、监督者的地位。"但也不排除将来政治走上轨道之后，出来"造政党"直接干政治。这是胡适表现出的典型的中国士大夫观念。以西方的运动规则言，如果裁判可随时视情形的变化而决定自己是否下场改做运动员，实际上是无法执行其裁判职责的。只有中国士大夫才是一身而兼任裁判和运动员，而且不时变换身份，既出仕天子为臣，又不以天子之是非为是非，以决天下之是非为士之己任。对民初刚从传统的士蜕变而出的现代知识人来说，"好人"一旦不再"清高"，不知不觉中就更接近于"士"而疏离于"知识人"了。①

的确，整个这次"好政府"的主张及后来"好人政府"的组成，都是中国读书人的地位虽在边缘化，但士人那种"正义权威"的余荫尚在。那时日本的芥川龙之介就告诉胡适，他觉得"中国著作家享受的自由，比日本人得的自由大得多，他很羡慕"。胡适以为："其实中国官吏并不是愿意给我们自由，只是他们一来不懂得我们说的什么，二来没有胆子与能力可干涉我们。"这话颇能证明士人的余荫。②

但余荫毕竟只是余荫，1922 年 8 月王宠惠主阁的"好人政府"本因吴佩孚的支持而上台，不过三个月就因直系内部的矛盾而下台。对曾经非常努力地为王内阁提建议的胡适来说，打击最大的可能还不是王内阁的垮台，而是王等在台上时已并不真能实行胡适等人提出的建议。所以胡适后来又支持

① 《关于〈我们的政治主张〉的讨论》（1922 年 5 月），《胡适文存》二集卷三，第 68 页。关于士大夫一身兼二任，参见《胡适文存》二集卷三的《黄梨洲论学生运动》（1921 年 5 月）。
② 胡适日记，1921 年 6 月 27 日。

"联省自治"的主张，将议政的重心从中央转到地方。结果，除了增加新的对立面，也没有什么实际的效果。最后胡适不得不承认"此时谈政治已到'向壁'的地步。若攻击人，则至多不过于全国恶骂之中，加上一骂，有何趣味"。但谈具体的"问题"，"则势必引起外人的误解"；至于"为盗贼上条陈也不是我们爱干的事"（其实他有段时间几乎一直在干），所以"只有另谋换一方向努力的办法"。① 值得注意的是这里胡适明确说政治方面的"问题"已不可能谈，那就只好回头去谈"主义"了。

前面说过，民初的中国本有一种"打一枪换一个地方"的习气，胡适等人要出来谈政治，部分也是因为谈文化已经有些到头的意思。常乃德（燕生）说得很形象："已往的趋势是上山的，从工艺到法政，从法政到思想文艺；现在到了山顶以后便应当往下走"，再经政治走回"科学工艺的康庄大道"。所以他希望胡适在下山的路上也能"领着大家走"。《晨报》的孙伏园当时就反对胡适放弃文化而改谈政治，强调"胡适之"三个字的可贵，"全在先生的革新方法能在思想方面下手，与从前许多革新家不同"。胡适那时的反应是"没有不在政治史上发生影响的文化；如果把政治划出文化之外，那就又成了躲懒的、出世的、非人生的文化了"。也就是说，胡适虽然认为文化与政治仍是两事，但已倾向于一种广义的文化观。到谈政治谈不下去之时，胡适的观念又变回来了。他认定"我们今后的事业，在于扩充《努力》使他直接《新青年》三年前未竟的使命，再下二十年不绝的努力，在思想文艺上给中国政治建筑一个可靠的基础"。②

* * *

胡适在政治与思想文艺之间转了一圈，最后还是想回到思想一边来。他曾试图把文化的定义扩大，以达到一种鱼与熊掌兼得的结果，后来又有所退

① 关于胡适向王内阁提建议而很少被接受，参见胡适 1922 年 8—11 月的日记；胡适《联省自治与军阀割据》（1922 年 9 月），《与一涵等四位的信》（1923 年 10 月 9 日），《胡适文存》二集卷三，第 109—128、143 页。
② 胡适：《我的歧路》（1922 年 6 月）、《与一涵等四位的信》（1923 年 10 月 9 日），《胡适文存》二集卷三，第 92—94、100、143 页。

缩。但是胡适并没有把门关死，几年后他再次把政治包容进他的"文艺复兴"的范围之内（详后）。不过，这一次胡适的谈政治，是以扫兴而终的。作为一个刚从传统的士蜕变出来的现代知识人，胡适自己对此也不是没有疑虑，他的朋友的意见也颇分歧，要皆体现了一种社会转型时过渡人物的心态。有意思的是，胡适的英美留学生朋友大多支持或加入胡适谈政治，反倒是那一班上海的"老新党"朋友如高梦旦、张元济等人"都不赞成我办报"，并"很劝我不要办报"。这两类人那种知识人想当士而士想做知识人的不同态度，再次表明民初的新旧交错有多么复杂。①

这些上海商务印书馆的"老新党"都很担心胡适要做"梁任公之续"，都认为胡适"应该专心著书，那是上策；教书是中策；办报是下策"。陈叔通还说胡适"太和平了，不配办报"。不过，本来就想"讲学复议政"的胡适说了句老实话："我实在忍不住了。"他自称对议政本不热心，但终因国内没有人出来做这种事业，所以不能不出来办报议政。但胡适划了一条士与知识人之间参政与议政的界限：梁启超是放弃了言论事业去做财政总长，已直接参政；胡适对自己还是有信心的，即虽"不能放弃我的言论的冲动"，却还"可以打定主意不做官"。在士与知识人之间，他选择了议政的知识人这个认同。

正如《我们的政治主张》一文一出来就有人担忧的那样，胡适因谈"好政府主义"而日日与北洋高官周旋，在权力核心的边缘上游移，便很难再与一般人生出交涉了。钱玄同早就说胡适太与旧的方面周旋，但以一个十年前尚流落异乡焦虑吃饭问题的青年，突然就与前任、在任或候补的内阁总理、部长们同席酒饭，放言高论，那种吸引力也不是许多人能够轻易拒绝的。胡适在意识的层面民主观念已相当强，他的确想通过"好人"的议政参政改变中国的局面，从而进到为最大多数人谋最大幸福的目的。但胡适的冲动确实太多，涉及的面太广，不能完全照顾到当初最拥戴他的边缘知识青年。他自己也不能不感觉矛盾，所以有紧张（tension），有焦虑，也有困惑。何去何从？"率性"还是"作圣"？对胡适来说，或者需要一段时间的反思。

---

① 本段与下段参见胡适日记，1922 年 2 月 7 日。

第九章

落伍？暴得大名之后的反思

暴得大名不祥／我称他皇上／礼教与
少年心

胡适在 1920 年前后那段时间的议政，给了他一个深刻的教训。他发现："现在最时髦的是攻击人。凡是攻击，都是超然的。我们攻击人，从来没有受人'怀疑'过。我们偶然表示赞成某人，或替某人说一句公道话，就要引起旁人的'怀疑'了。"胡适这里的"偶然"用得很精确，新文化诸人那时对中国的各方面确实都是攻击多而赞成少。攻击人就始终受欢迎，只不过"偶然"不攻击，马上就不受欢迎，这最能体现中国的激进化。胡适"因此得一个教训：大凡政论者所应取之态度，只可骂人，切不可赞成人"。[①] 他这句虽然是说的反话，但有此认知，难保不在潜意识中形成一种"自我禁抑"（self‐censorship），不知不觉中说话就会小心许多，很可能仍会攻击更多而赞成更少。故即使有心不激进的人，也可能在激进大潮的冲击下无意中仍激进。反过来，在意识的层面，胡适一直向往特立独行的风貌，此时再坚持而说"赞成"的话或做"赞成"的事，恐怕就只有"落伍"。而胡适又是要不时"率性"的，所以他真可以说是不得不落伍了。

一　暴得大名不祥

胡适之所以能"暴得大名"，除了前面的论述，主要还有两方面的原因。用唐德刚先生的话说，胡适是个"一辈子赶着'写檄文'、'发宣言'、'贴标语'的忙人"。"赶着写"三个字着实写出了胡适趋时的形象。民初的中国，能趋时，就易得名；但也必须不断地趋下去，一停下来，就要落伍。唐先生又说，胡适是个"标准的传统士大夫"，而且是最合儒家原来面目之

---

① 胡适：《这一周》（1921 年 11 月 19 日），《胡适文存》二集卷三，第 217 页。

孔孟精义的士大夫。① 这也是有体会的确评。在新旧杂处的民国初年，孔家店表面上被打倒，但社会上一般人下意识中的行为准则大体还没有太大变化。胡适这种在有意识的一面叫喊打倒孔家店，下意识的一面又是个"标准的传统士大夫"的人，实际上最受社会欢迎。但要维持这一点也甚难。也就是说，如果胡适一旦不能趋时，或不能维持其新旧兼容于一身的形象时，他所"暴得"之名也就可能很快失去。

前面说过，从社会的层面看，在民初的社会要能得名并且维持之，边缘知识青年的追随与否是一个重要的因素。胡适起初的得意，很大程度便是因此辈的拥戴。由听众来决定立说者的兴衰，在某种程度上也是一种"市场规律"，本是民初中国要实行以多取胜的西方式民主的必然后果。对少数特立独行的精英，能够做到"保护"已是民主施行得最好的结果。胡适所直接了解的"西方"，恰是读书人地位最高的美国（详后），也是"大众文化"兴起之前的美国，而他接触的美国人，又基本是中上层人，所以他受的民主洗礼，对于听众来选择立说者这方面，体会并不深。他也不曾深究过，留美学生归国者那时已不少，何以那些高官名流独愿意与他往还？在他自己，或者以为全凭个人的本事。这当然也不错，没有本事，何能到那一步。但听众的拥戴，恐怕也是一个决定性的因素。他之所以被既存上流社会所接受，就是因为"国人"已经承认他为"导师"，正是这"国人导师"的地位，使他可以在饭桌上指斥现任内阁总理。

所以，边缘知识青年的拥戴与否，对胡适的名与位都是有直接影响的。这一点，他只是部分地认识到了。且任何人的精力都是个实数，多用于此，必少用于彼。胡适涉及的面太广，不能完全照顾边缘知识青年；他少年时养成的防守心态又使他不得不与各方面周旋；随着胡适自己年龄的增长和社会地位的提高，他以前流落异乡连吃饭也无保障的青少年经历渐淡，而与各种高官名流的应酬交往日多，更加没有多少时间专为知识青年说法，疏远是不可避免的。这也为胡适维持自己的名声增加了困难。

几十年来，胡适好名已成固定认知，论者比比皆是，这是不成问题的。不过胡适许多所为，也不仅仅是好名，有时还有为公众维持一个正面形象的

---

① 唐德刚：《胡适杂忆》，第98、87 页。

深意。他曾说过："一切在社会上有领袖地位的人都是西洋人所谓'公人'（Public man），都应该注意他们自己的行为，因为他们的私行为也许可以发生公众的影响。"① 胡适以少年而"暴得大名"，成为士林领袖，社会的压力极大，对此他深有体会。1923 年 6 月，胡适在杭州养病期间，撰有《一师毒案感言》，肯定"暴得大名，不祥"的古训很有道理。因为名誉就是社会的期望，"期望愈大，愈容易失望；失望愈大，责备也愈严重。所以享大名的人，跌倒下来，受的责备比常人更多更大。"颇叹"盛名之不易处"。② 这是胡适的甘苦之言，但也说明，他维护自己的名誉也有为社会考虑的一面。

胡适好名之心确实超过一般人，也最能体会少年得志者爱惜羽毛的心态。他曾对唐德刚先生说起梁启超成名太早，知道别人会收集他的字，所以连个小纸条也不乱写。唐先生以为这是胡的夫子自道，信然。胡适一生基本坚持记日记，他后二十年的日记曾示唐先生以助其写《胡适之传》。后来哥伦比亚大学有意要收藏此日记，胡适马上说："最好让我自己先 edit［此词唐先生译作'核阅'，是客气的译法，实际也可以有删削注改等意］一下。"后来便没有下文了。现在印出来的胡适前几十年的日记中，有些所缺的地方，可能就是胡适细心"核阅"之后将其抽去了。正如唐先生所说，胡适"没有梁任公那样憨直。对自己思想挑战的文章，在胡氏著作里是找不到的"。所以，要了解晚年的胡适，"只可在胡氏心到口到之际，于私人朋友谈笑之间求之"。③ 实际不仅晚年，得名之后的胡适都只能从仔细阅读分析中得之。

鲁迅曾说："假如将韬略比作一间仓库罢，独秀先生的外面竖一面大旗，大书道：'内皆武器，来者小心！'但那门却开着的，里面有几支枪，几把刀，一目了然，用不着提防。适之先生的是紧紧地关着门，门上粘一条小纸条道：'内无武器，请勿疑虑。'这自然可以是真的，但有些人——至少我是这样的人——有时总不免要侧着头想一想。"④ 这话是在《忆刘半农君》一文中说的，当然对于胡适不是很亲热，因为周氏兄弟都或明示或暗

① 《胡适致汤尔和》（1936 年 1 月 2 日），《书信选》中册，第 294 页。
② 印出的此文附胡适日记，1923 年的"山中杂记"中。
③ 唐德刚：《胡适杂忆》，第 141、108—109 页。
④ 鲁迅：《忆刘半农君》，《鲁迅全集》第 6 卷，第 72 页。

示说刘半农以中年而不得不到法国去读博士是为胡适等人所迫，此时半农已去，想起来不免仍有点抱不平。但胡适那种始终如一的自我保护的防卫心态，却被描绘得很传神。

正因为胡适好名，又颇具防卫心理，所以有些对其名声的树立有利的说法，他明知是错的，也佯作不知；有时还不得不略微说点谎以维护其名。如他对蔡元培、梁启超说他治学继承了古文家绩溪胡氏的方法及在北大先用博士称号等，多半都是早年养成的自我保护的习惯使然。50年代胡适曾在普林斯顿大学的东方图书馆任馆长，另外大约还有什么象征性的头衔，但他却对人说"我在普林斯顿教过两年书"，也可见其爱名之一斑。1952年胡适到台湾，当记者问到美国文坛情形时，胡适表示只好"缴白卷"，因他不过随时选读一两部上了排行榜的美国畅销小说而已。这在胡适或觉已十分谦虚，逢场作戏说点小谎话无伤大雅。但细心而又熟谙美国文坛情形的夏志清先生立刻看出胡适这次"提劲"却搞反了。一是美国畅销小说出得太多太快，胡适哪里能随时紧跟着看；二是那本是"下里巴人"看的，并不能代表所谓"文坛"，胡适是说了外行话了。①

不过这后一点或者还可商榷。因为胡适在中国本来就是鼓吹"引车卖浆者流"的文学的，反推到美国，当然正是那排行榜上的畅销小说。夏先生以为胡适的外行话有失"我国新文学开山祖师的身份"，殊不知对胡适来说，这不是"文坛"还能是什么？美国人本未把一向替他们大说好话的胡适十分看得起，当然也不曾接受胡适的文学革命观念。但胡适有时也能斗胆指出洋人的不足（比如他就曾以为社会主义代表世界新潮流而洋人竟然没有看出来，详后），何况他最讲究"前后一致"，此时是否恰以中国"新文学开山祖师"的眼光在看美国文坛，亦未可知。有可能反是夏先生误解了胡适呢。

不过，胡适虽好名但有分寸。他留学时在墙上挂有"汝果不敢高声言之，则不如闭口勿言也"的英文条幅。他以为这与孔子所说"知之为知之，不知为不知，是知也"同义。胡适自谓他演说论学，都以此为准。"虽有时或不能做到，然终未敢妄言无当，尤不敢大言不惭。"可知胡适即使在"有

---

① 《谈话录》，第48页；唐德刚：《胡适杂忆》，夏志清序，第24—25页。

时或不能做到"时，也还是有分寸的。大致如提前使用博士名衔，与实际也差不了太多。唐德刚先生在谈到胡适不能从政时，曾"坦白"地说："胡先生也并不就那样老实，不过他始终没有不老实到做政客的程度罢了。"的确，民初的中国，因为传统的道德节操等俱在批判之列，政界的风气每下愈况，在那样的情形下，议政还可以，直接干预政治实非胡适所能。若与许多时贤相比，胡适的风范，"也就是百年难一遇的了"。①

1961 年，胡颂平奉承胡适说真正够得上当他秘书的只有两个人，即丁文江和傅斯年。胡适说："这都是瞎说。他们两位的学问比我好，可以当我的老师。"② 就学问的深度言，这大致是实话，但他早年处于防守之时大约就不会说。就实际办事能力，二人也远过胡适。不过，胡适学问的广博和治学的大胆，都在二人之上。他更另有一的确超过两人之处，那就是他具备荀子所说的君子善假于物的特殊本领。丁、傅二人，都是长于组织能力的，特别对于中央研究院和其中最副盛名的历史语言研究所的创办治理，都有极大贡献。但两人（特别是傅）或者因为太能干，有时不免偏于专断，恰缺乏胡适那种亲和力及善于吸收他人意见观念的本领。

与晚年胡适有长期而且密切过从的唐德刚先生认为，胡适先天具有"一种西方人所说的'磁性人格'"。这或者就是后来读韦伯的人喜欢说的charisma，不过是属于亲和性的那一种，容易使人感到亲近。但胡适待人最主要的还是靠其从少年时即开始的"做人的训练"，用唐先生的话说，就是"常人莫及的修养功夫"。而胡适也的确善假于物。他在纪念蔡元培的文章中说，青年时如无蔡的提携，他的一生可能就在二三流报刊编辑的生涯中度过。应该说，陈独秀的《新青年》和蔡主持的北京大学都为胡适的兴起提供了根本条件。③ 这一点胡适自己很清楚，所以他虽对二人都有不满处，却能终生保持友好。而胡适又最善于挖人弟子，如把傅斯年从黄侃那里挖过来成新派健将，把丁文江从梁启超那里挖过来反攻进步党，都是显例。胡适一生所靠，为安徽人、留学生和北大人三大群体。这些人中许多人的才能学问

① 胡适日记，1914 年 1 月 28 日；唐德刚：《胡适杂忆》，第 47 页。
② 《谈话录》，第 194 页。
③ 参见唐德刚《胡适杂忆》，第 198—199、94 页。

都在特定的具体方面超过他，而仍肯为他所用，充分体现了胡适善假于物的过人之处，这显然是没有几个人能办得到的。

在民初人物皆"暴起一时，小成即堕"的常态下，胡适能得名并基本维持之，说明他确有一些过人之处；特别是他有意识地为个人也为社会维护自己"具社会领袖地位"的形象，其"作圣"的本领远过常人。但是，胡适爱与人周旋和不时要"率性"的两大习性，有时却与其名声的维持有直接的妨碍。特别是在激进的民初，与"旧势力"周旋太多，必然"落伍"。可是当胡适要"率性"时，他也不怕"落伍"。这又可见胡适虽然好名，但也并非事事为名。他那时去见早已为人冷落的清废帝宣统，就是其"率性"之一例。

二　我称他皇上

胡适是希望影响所有能影响的人的。恰好宣统的老师庄士敦又是他的朋友。胡适的日记说，某次"庄士敦说起宣统曾读我的《尝试集》，故我送庄士敦一部《文存》时，也送了宣统一部。"在胡适的意思，不过多影响一人。这是他与宣统先已有的联络，而主动者还是胡适。实际上，欣赏中国传统文化的庄士敦对胡适那种"匹克尼克来江边"的白话诗的尝试并不佩服（两人的真共识是反传教事业），不过胡在那时的中国已有相当地位，为宣统计，联络一下当无坏处。故庄士敦确向宣统说起"提倡白话文的胡适博士"，并劝宣统不妨读一下胡适的东西。可是庄士敦也曾将反胡适的《学衡》呈宣统"御览"，恐怕他内心还更喜欢后者。①

不过，十五岁的宣统到底"动了瞧一瞧这个新人物的念头"。当他安装了电话后，四处给人打电话玩，后来想起胡适，便拨通了胡的号码。恰好是胡自己接的电话。溥仪自己回忆的通话是这样的：

　　"你是胡博士呵？好极了，你猜我是谁？"

---

① 胡适日记，1922 年 5 月 24 日；爱新觉罗·溥仪：《我的前半生》，中华书局，1977，第 116 页；劳祖德整理《郑孝胥日记》第 4 册，中华书局，1993，第 1922 页。

"您是谁呵？怎么我听不出来呢？……"

"哈哈，甭猜啦，我说吧，我是宣统呵！"

"宣统？……是皇上？"

"对啦，我是皇上。你说话我听见了，我还不知道你是什么样儿。你有空到宫里来，叫我瞅瞅吧。"①

这段对话的后半截回忆不是很准确。因为据胡适1922年5月17日的日记，宣统帝来电话的当时就约次日谈话。胡以有课不空，因宫中逢二放假，就改约阴历五月初二（5月30日）。所以见面的时间是当时就约定了的。1924年"北京政变"，冯玉祥将宣统帝逐出皇宫后，由易培基等人组织了一个故宫博物院。胡适回忆说："他们一班人都是反对我的，要在故宫里找寻我的劣迹，说我私通宣统。他们搜查的结果，发现我给宣统的一张片子，上面写了'我今天上午有课，不能进宫，乞恕'几个字。他们配起一个镜框，挂在故宫里作为展览品。"那个片子，或者就是一向客气的胡适在这次写去的。后来胡适也"曾到故宫博物院去看过"，并"问可以照相吗？他们说不可以"。②

到5月24日，胡适在日记中说："我因为宣统要见我，故今天去看他的先生庄士敦，问他宫中情形。他说宣统近来颇能独立，自行其意，不受一般老太婆的牵制。前次他把辫子剪去，即是一例……这一次他要见我，完全不同人商量，庄士敦也不知道。"溥仪本是临时起意打电话玩，当然没有人事先知道。由此可见胡适用心之细。一则了解背景，恐为人所利用。二也要为自己的行动找点合理的依据。据溥仪的回忆，胡适此次见庄士敦也澄清了勿须磕头这一"进宫的规矩"。这大约也是访问的一个重要目的。③

5月30日，宣统帝派了一个太监用车到胡家接胡适。他其实仍有课，但"今日因与宣统帝约了去见他，故未上课"。可知颇重视。这个事件曾引起轩然大波，最好还是仔细看看胡适自己的记述："太监们掀起帘子，我进

---

① 溥仪：《我的前半生》，第140页。
② 《谈话录》，第255页。
③ 胡适日记，1922年5月24日；溥仪：《我的前半生》，第140—141页。

去。清帝已起立，我对他行鞠躬礼，他先在面前放了一张蓝缎垫子的大方凳子，请我坐，我就坐了。我称他皇上，他称我先生。他的样子很清秀，但单薄的很；他虽十七岁，但眼睛的近视比我还利害；穿蓝袍子，玄色背心。室中略有古玩陈设，靠窗摆着许多书，炕几上摆着今天的报十余种，大部分都是不好的报，中有《晨报》、英文《快报》。几上又摆着白情的《草儿》，亚东的《西游记》。他问起白情、平伯；还问及《诗》杂志，近来也试作新诗。他说他也赞成白话。他谈及他出洋留学的事，他说，'我们做错了许多事，到这个地位，还要靡费民国许多钱，我心里很不安。我本想谋独立生活，故曾要办皇室财产清理处。但许多老辈的人反对我，因为我一独立，他们就没有依靠了。'他说有许多新书找不着。我请他以后如有找不着的书，可以告诉我。我谈了二十分钟，就出来了。"①

这个记述，与溥仪后来的回忆大体一致。我们看这里的宣统帝，衣服已不穿黄色了，可证其已平民化，胡适的观察真是细心。特别是宣统帝说："我们做错了许多事，到这个地位，还要靡费民国许多钱，我心里很不安。"他本想谋独立生活而不得支持，都是很知道理而确实值得同情的。胡适在两个月后公开发表的那篇《宣统与胡适》的短文中也特别强调这是"那一天最要紧的谈话"。而宣统帝所读的东西又不够好，也正需有人指点。胡适以为："清宫里这一位十七岁的少年，处的境地是很寂寞的，很可怜的；他在寂寞之中，想寻一个比较也可算得是一个少年的人来谈谈，这也是人情上很平常的一件事"。胡适观察到的情形，是很能支持他这个看法的。②

但是新人物的代表胡适居然见旧传统的一个象征逊清皇帝，确曾引起很多人的非议。除了个别报纸外，大部分的舆论用胡适的话说都是"猜谜的记载，轻薄的言论"。约两个月后还有人在传播什么"胡适为帝者师"和"胡适请求免跪拜"的说法。其实在溥仪一边，情形也大致相似。他回忆说："王公大臣们，特别是师傅们，听说我和这个'新人物'私自见了

① 胡适日记，1922年5月30日。
② 溥仪：《我的前半生》，第141页；胡适的《宣统与胡适》曾刊《努力周报》第12期，胡适1922年7月23日日记中有剪报。

面，又像炸了油锅似地背地吵闹起来了。"可知这事还真有点两边不得人心，民初时新旧之间的成见，的确不浅。据溥仪的回忆，胡适见他后曾给庄士敦一信，称"我不得不承认，我很为这次召见所感动。我当时竟能在我国末一代皇帝——历代伟大的君主的最后一位代表面前，占一席地位"。① 从行文看，确很像胡适的手笔。后来许多人据此攻击胡适，不知他这不过是对洋人玩一下"洋规矩"，洋人才讲究初次见面后写些客套话寄去。其针对的是庄士敦而非宣统，而且那些客气的应酬话也是不算数的，因为英美人如果讲套话而又不是客气之意时，讲完后要特别申明我这不是当客套话讲的。

后来冯玉祥在 1924 年的"北京政变"后将清帝逐出故宫，对"孤儿寡母"的受气深有体会的胡适曾大打抱不平，并曾亲到溥仪的住处看他，当面重申冯玉祥的行为"在欧美国家看来，全是东方的野蛮"。这正是胡适最主要的考虑，即中国在洋人那里的面子问题。在那时，胡适的所作所为在政治上恐怕是很不能算"明智"的，连他一些相当"温和"的朋友如周作人、李书华和李宗侗等人都写信表示反对。但对于落难者来说，想必是温暖的。这也是胡适特立独行、讲义气的表现。溥仪后来的回忆，因为时代的关系，没有将此事说得很近情理，不过他还是婉转说出了胡适那时与一般人的单纯慰问不一样，还多了一层"关心"，即为他打算今后的出路，特别是鼓励"皇上自己下决心"出国去留学。②

罗尔纲先生近年回忆说，胡适在 1931 年"九一八"前夕，在景山看故宫，沉痛地说，"东北情况严重，如果当年冯玉祥不把溥仪驱逐出宫，今天北京不知怎样了"，然后就承认自己当年反对此事的做法是错误的。③ 这个回忆，恐怕有些误差。称宣统帝之名而在"逐"前加"驱"这样的字，不太合民国十几年时胡适的说话习惯，倒更像是经过了社会主义改造的知识分子的口吻，应非原话，可不必用引号。而且，溥仪的去东北，是在"九一八"后的事，并且那事是秘密进行的。即使报纸那时已先在谈论此事，到

①　溥仪：《我的前半生》，第 141、116 页。

②　《我的前半生》，第 179—180 页；胡适与其朋友们关于此事的辩论参见《书信选》中册，第 268—282 页。

③　罗尔纲：《关于胡适的点滴》，《胡适研究丛录》，第 16—17 页。

底溥仪是否会去东北，在"九一八"之前并不能肯定（那时连"九一八"是否会有都不知道）。以胡适讲究证据的习惯和不十分喜欢承认错误的性格，怎么会在事发之前就凭预感——假如真有的话——做出这样先知式的负面判断呢？

反之，如果胡适在对罗先生说完对东北的忧虑后，指出当年若冯玉祥不把溥仪驱逐出宫，今天北京的情形"当更可为"，恐怕还合乎逻辑一些，也更符合胡适对大部分人都主张尽量争取的一贯思想。罗先生希望为胡适留一个更"完美"形象的美意，甚可感；但在此心态之下的晚年回忆，恐未必准确。胡适这样的特立独行之士，正是不要事事都与人一致；这样的胡适，或不完美，却更完整。他那时的"率性"，也还不止此。

三　礼教与少年心

由于胡适平时"作圣"的功夫很深，一般人并不真知胡适其人。他曾自我描绘说："我受感情和想象的冲动大于受理论的影响。此是外人不易知道的。因为我行的事，做的文章，表现上都像是偏重理性知识方面的，其实我自己知道很不如此。我是一个富于感情和想象力的人，但我不屑表示我的感情，又颇使想象力略成系统。"而且，"我虽可以过规矩的生活……虽平时偏向庄重的生活，但我能放肆我自己"，有时也能过很快活与放浪的生活。这一层"外人很少知道的。我没有嗜好则已，若有嗜好，必沉溺很深。我自知可以大好色，可以大赌"。不过，也要不时"率性"的胡适认为，这些别人不知的真性格，"有时我自己觉得也是一点长处"。实际上，胡适"最恨的是平凡，是中庸"。[①] 只有认识到胡适的这一面，才能理解下面一段胡适的"率性"经历。

1923 年 10 月 11 日，正在杭州养病的胡适向来访的徐志摩出示其烟霞洞杂诗。徐似有所感，于是"问尚有匿而不宣者否？适之赧然曰有。然未敢宣，似有所顾忌"。两天后，二人再次长谈，"谈读书谈诗谈友情谈爱谈恋"，"无所不至"。这一回，匿而不宣的诗也出示了。徐氏读后下一断语：

---

① 胡适日记，1921 年 8 月 26 日。

"凡适之诗前有序后有跋者，皆可疑，皆将来本传索引资料。"① 胡适自称是讲究"诗的经验主义"的，主张"做梦尚且要经验作底子，何况作诗"。他的诗正像他的梦："都是平常经验，都是平常形象，偶然涌到梦中来，变幻出多少新奇花样！"（《梦与诗》）② 所以，胡诗的冰山下面，正隐藏着他生活的经历，可惜徐志摩那段重要的启示，并未受研究者的足够重视。

周策纵先生曾说，胡适个性"太冷静"，故他写诗多是在发宣言，有意见要发表，"而不是由情感冲激而成，也就不能以情移人"。这是不错的。胡适做诗既然以经验为底子，又主张以作文的方法做诗，故其诗多平淡无余味。唯有他的爱情诗，因为那经验的底子就是动感情的，故写出来也分外动人，与其他诗大不相同。换言之，当胡适的诗确由"情感冲激而成"时，也是相当能"以情移人"的。不过周先生终是胡适诗的一个真正解人。他看出胡适在其涉及爱情的诗中努力用理智道义来约束纯粹的情欲，所以"他诗中所写的爱情多已遭理性约束"。胡适的"情愿不自由，也就自由了"一诗"固然是他对自己约束自由恋爱的一种解说，我看他内心还有时难免有一些'烦恼竟难逃'的"。③ 胡适在自解之时，是在"作圣"，但这也未必就掩盖得了他内心的烦恼，所以总会有以"率性"为爆发之时。徐志摩目睹的情景，就是这样一次"率性"。

那位使胡适做诗而不敢宣者，就是曹珮声，小名娟，学名诚英，是胡适三嫂的同父异母妹妹。曹约小胡适十岁，胡适与江冬秀结婚时，曹是伴娘之一，胡适自己一向称为珮声表妹。珮声曾嫁上庄胡冠英，在其兄曹诚克支持下于 1920 年到杭州女子师范学校读书，其时参与编《安徽旅浙学会报》。1921 年 5 月 5 日胡适日记中有珮声为该报乞序，胡允之。同日记载当时戏曲名家吴梅著有白话《聊斋》，也向胡适乞序，却不允。亲疏可辨。1922 年冬，曹的夫家以其结婚三年无子，给胡冠英娶妾，结果次年春珮声即与胡冠英离婚。1923 年胡适到杭州养病，再见曹珮声，遂有一段挚热的爱情生活，

---

① 徐志摩日记，1923 年 10 月 11、13 日，收在其《爱眉小札》，人民文学出版社，1988，第 127、129 页，以下注为徐日记及年月日。

② 《胡适诗存》，第 230 页。本章所引胡适诗词，凡自此书并标出篇名者，一般不再注出。

③ 周策纵：《论胡适的诗》，收在唐德刚《胡适杂忆》，第 274—76 页。

近年才渐为人所知。①

胡适一生，尝试过与发妻江冬秀那"名分所造的爱情"；也尝试过与陈衡哲的"高洁之友谊"；与曹珮声这一段，则是他晚年为人书写条幅最爱写的"山风吹不散的心头人影"。那段"高洁之友谊"，学者多有争议，也有不少误解，本节不拟涉及。但后一段胡适爱情生活的高潮，则与他那"名分所造的爱情"不是十分成功有关，所以不得不简单论及。

诚如一般所见，胡适与江冬秀的婚事是相当勉强的。他自己说："吾之就此婚事，全为吾母起见……若不为此，吾决不就此婚。"② 1914 年，胡适得家中照片，冬秀也在其中。有诗记之。里面说到"图左立冬秀，朴素真吾妇"；然后一面对久未归娶致歉，也再次承诺"归来会有期，与君老畦亩"。在描绘了一幅"辟园可十丈，种菜亦种韭；我当授君读，君为我具酒"的田园诗后，胡适点明这一切的"真趣"都在于"可以寿吾母"。③ 这首被许多人引用来证明胡与江情意的诗中，有关冬秀部分的总纲就是这一句，正可为前面那句话做注脚。其实无非是一种"由分生情意"的心境写照；"分定"之后，只好以"宁愿不自由，也就自由了"处之。

胡适在留学时曾提出："西方婚姻之爱情是自造的（Self-made），中国婚姻之爱情是名分所造的（Duty-made）。"中国人订婚之后，双方对对方都能产生"特殊之柔情"，虑其所虑，喜其所喜。到结婚时，"夫妻皆知其有相爱之义务，故往往能互相体恤，互相体贴，以求相爱。向之基于想象，根于名分者，今为实际之需要，亦往往能长成为真实之爱情。"这里恐怕半是自解，半是希望。胡适起初也很想发展他与冬秀那"名分制造的爱情"，多次提出与冬秀通信，而竟然终不可得。一方面因为冬秀识字不多，写信困难，但主要还是因为以传统礼俗论之，这样的通信实是"越礼"，故江冬秀不得不"避嫌"。④

---

① 参见石原皋《闲话胡适》，第 56—57 页；沈卫威《胡适的婚外恋》，《名人传记》1988 年第 8 期，第 68—71 页；田柚《千年礼教锁不住的少年心》，《中国时报·人间副刊》1991 年 3 月 26 日。

② 《胡适致胡近仁》（1918 年 5 月 2 日），《胡适研究丛录》，第 210 页。

③ 胡适日记，1914 年 6 月 6 日

④ 胡适日记，1914 年 1 月 4、27 日；《胡适致母》（1911 年 6 月 22 日），引自《年谱》，第 27 页。

　　同样，胡适在结婚前一直想见冬秀一面而不可得。他在归国前的诗中自叹："从来没见他，梦也如何做？"晚年仍在说："我和我的太太订婚之后，我们从未见过面。到我民国六年回国，我走了一天的路去看她，还是看不到。"可见他终生不能忘记那次专程去看人而不达目的之事。这当然仍怪不得冬秀。唐德刚先生是极少看过江冬秀日记的人中的一个。她在日记中记述了胡适初回国时到江家要想看她，她颇"不好意思"，想见又不敢见，不得不躲在床上装病，自己又暗暗落泪。实际上，她也不可能"敢"，因为家里的人仍不准她"越礼"。①

　　而胡适于婚姻重"名分"和"实际需要"的倾向在前面那段话中也表现得很明白。胡适后来虽然提倡易卜生主义，但自己要"作圣"，便不能走极端。以他幼年的家境，孤儿寡母在大家庭中看脸色度日，后来能留学美国念博士，来之不易，他自己是十分珍惜的。母亲对他的深情，他更有充分的体会。所以即使不"暴得大名"，他也未必能进行彻底的家庭革命。1915 年胡适在致母亲的家书中说："儿若别娶，于法律上为罪人，于社会上为败类，儿将来之事业名誉，岂不扫地以尽乎？此虽下愚所不为。"彼时的胡适未必就能梦见两三年后即为士林之首的佳境，但将事业名誉放在婚姻之上的价值判断已经形成。所以胡适也一向反对留学生"回国后第一件事便是离婚"。②

　　胡适在留学将归国时有一首《朋友篇》的诗，其中说道："此身非吾有：一半属父母，一半属朋友。"以他受过西方民主洗礼的人，在美国时又很注意观风，而全不提名分上的未婚妻江冬秀，可知那名分造的爱情，本来不深。婚后，胡适才发现他过去还是太理想主义了。他的生活经验告诉他：他以前所说的"名分上发生的情意，自然是有的……但这种理想的情谊往往因实际上的反证，遂完全消灭"。考虑到他的"理想"是在结婚之前，而说"实际的反证"是在结婚之后，胡江之间的感情生活，想来就不会十分融洽了。③

---

①　《谈话录》，第 232 页；唐德刚：《胡适杂忆》，第 226 页。

②　《年谱》，第 45 页；胡适：《美国的妇人》（1918 年 9 月），《胡适文存》卷四，第 54 页。

③　胡适：《贞操问题》（1918 年 9 月），《胡适文存》卷四，第 73—74 页。

1918 年婚后不久，胡适译了一首"世界情诗之最哀者"的《老洛伯》，言一女子因洛伯照料其父母，心虽不爱而身终嫁之："我只得努力做一个好家婆，我家老洛伯也并不曾待差了我。"该诗有跋，说"全篇作村妇口气"，是知译诗时心中有"村妇"在。其实就是他的夫子自道。的确，胡适对此婚姻虽觉勉强，但江冬秀一等十三年，二十七岁始出嫁。在当时的农村，也不知受过多少白眼，他又怎能不努力做个好丈夫呢！实际上，他为了"博吾母欢心"，确曾"极力表示闺房之爱"。在胡母去世之前，胡适是做到"力求迁就"的。[1]

胡适的努力，似乎也有些效果，他在 1922 年 4 月做了一首《小诗》："我们现在从生活里，得着相互的同情了，也许人们不认得这就是爱哩。"这大约就是说他与冬秀了。但"人们"（实即自己）还不十分认得这是爱，到底还不是很肯定。胡适在两年前写了一首《我们的双生日——赠冬秀》的诗，把他们那种"宁愿不自由，也就自由了"的关系描绘得很清晰："他干涉我病里看书，常说：'你又不要命了！'我也恼她干涉我，常说：'你闹，我更要病了！'我们常常这样吵嘴——每回吵过也就好了。"十年后胡适写《自述》时，说他自十四岁起，"在这广漠的人海里独自混了二十多年，没有一个人管束过我"。虽是怀念母亲深情，也道出一丝深深的孤独感触。则婚后在冬秀那里，至少未能得知音之遇，大约是可以肯定的。[2]

但胡母去世后，胡适或有责任顿卸之感，身心为之一松。1919 年 2 月 26 日，胡适译了一首诗，名曰《关不住了》，专言爱情是关不住的。两日后，又有译诗，要和爱人一起"把糊涂世界一齐打破……好依着你我的安排，把世界重新造过"。可以见到胡适此时心情之一斑。看来他是在往"率性"的方向走。

1920 年 11 月，胡适有一首诗《一笑》，记以前有人对他一笑，"我不但忘不了他，还觉得他越久越可爱"。不仅如此，胡适"借他做了许多情诗"，记述不少欢喜伤心。西湖养病之后的 1924 年初，胡适又有一首诗："坐也坐

① 《胡适致胡近仁》（1918 年 5 月 2 日），《胡适研究丛录》，第 210 页。
② 《四十自述》，第 64 页。

不下，忘又忘不了。刚忘了昨儿的梦，又分明看见梦里那一笑。"诗后有
跋，正是徐志摩所谓可疑者，当系为曹珮声所做。则以前有人对他一笑，即
珮声也。这一笑的时间，是否即在做伴娘时，已不可考，但必在那时的前
后。那次胡适返乡后，曾写有《三溪路上大雪里一个红叶》：

> 我行山雪中，抬头忽见你！
> 我不知何故，心里很欢喜；
> 踏雪摘下来，夹在小书里；
> 还想做首诗，写我欢喜的道理。
> 不料此理很难写，抽出笔来还搁起。

初或无心，后终难忘，渐生朦胧的情意。此后胡适所做的"情诗"，恐
怕不止是"借"她作题材，而其实就是"为"她所做吧。

还在1919年做了《关不住了》后两月，胡适曾借亡友诗意，以
《应该》为题写出一种"很为难的爱情境地"，正是使君有妇不爱，却另
有情人。情人反劝他"应该把爱我的心爱他"。此时的心情尚在依违两
可之间。到是年6月，写下《爱情与痛苦》，又是有"后记"的，竟已
喊出"几次细思量，情愿相思苦"！不过此时仍在游移，到1920年8
月，译张籍的《节妇吟》，有跋，说张的妇人诗"用意都比别人深一
层"。在此诗中明说"你知道我有丈夫，你送我两颗明珠"；明珠者，两
眼中的笑意也。不过"低头一想"，"总觉得有点对他不起。我噙着眼泪
把明珠还了，——只恨我们相逢太晚了！"终于决定还是做个"节夫"。
但到1920年做《一笑》时，情意已更深，只是还未到坐不下忘不了的
境地罢了。

这段时间，胡适的心境大概一直是处在矛盾之中。1918年5月，可能
是陶孟和向他提起小说《苔丝》（Tess）的女主角苔丝的爱情遭遇很像《老
洛伯》中的锦妮，他回家读后颇有同感，但指出，锦妮是18世纪的人，所
以取妥协的态度。苔丝是19世纪下半叶的人，"受了新思潮的间接感化"，
所以取革命的态度，敢于杀了所嫁而不爱的人。此时胡适显然想到了自己，
他表态说："中国的我，可怜锦妮，原谅锦妮；而西洋廿世纪的我，可怜

Tess，原谅 Tess。"① 这是所见胡适唯一一次提到他身上有两个新旧中西不同的"我"。他在家庭爱情问题上究竟是取革命的还是妥协的态度呢？胡适大概又在想走一条鱼与熊掌兼得之路了。

1923 年 4 月底，胡适南下到杭州养病，见到了在那里念书的曹珮声。5 月初他到上海，住在美国记者索克思家治病养病。胡适说，"我是不惯寂寞和闲散的人"。有工作而寂寞，还可以过。"但寂寞和闲散同时来，那是很苦的"！养病期间除做完前已动手的《〈镜花缘〉的引论》外，只做了《孙行者与张君劢》一篇。自己以为"皆不费力。此外别无所作"。但是那段时间胡适与曹珮声时有书信往来，恐怕已经动情。当时"科学与玄学"的争论所战方酣，胡适心不及此，自称"只做了一篇很不庄重的《孙行者与张君劢》"。做文也不庄重，很能代表他当时的心态。丁文江就以为胡适在科学与玄学论争中是由庄严变滑稽，丁虽与胡在一边，仍觉得胡的文章"恐怕嫌刻薄一点"。②

6 月 8 日胡适再到杭州，不久在给友人汪孟邹的信中，说到"我决计在西湖的烟霞洞过夏，略需一些东西，叫思聪回来购买"。可知在烟霞洞过夏之事非预计在先，很可能这时已准备当一下"西洋廿世纪的我"了。胡适于 6 月下旬移住烟霞洞，那时与曹珮声过从甚密。8、9 月间，曹也搬至烟霞洞同住，开始了胡适后来所说的"一生最快活的日子"！③

那段时间胡适做诗较多，曾辑为《山月集》，专门记录他们那"三个月的烟霞山月的'神仙生活'"。今辑本似已不存，诗则有许多还在。胡适晚年未编完的《后尝试集》中就有不少，后来以手稿形式在台北影印出版。但因他有意掩饰，或故意将诗不依时间次序排，或根本不署时间，若不仔细辨认，就可能搞错。其中胡适在 8 月中旬做了一首《怨歌》，专述他和曹珮声的往事，承认确实是在 1917 年底一见就有意思。那首诗他当时并不避熟人，同乡汪静之往访，即曾出示。但那首诗他却没有收进《后尝试集》，大

---

① 《胡适致陶孟和》（1918 年 5 月 8 日），引自《年谱》，第 62—63 页。
② 胡适日记，1923 年 5 月 21 日；《丁文江致胡适信（残）》，附在胡适日记，1923 年 5 月 24 日。
③ 《胡适致汪孟邹》（1923 年夏），《胡适研究丛录》，第 234 页；胡适日记，1923 年 12 月 12 日。

陆胡明所编收诗最多的《胡适诗存》也未收，所以值得全文录在下面：

　　　　那一年我回到山中，
　　　　无意中寻着了一株梅花树；
　　　　可惜我不能久住山中，
　　　　匆匆见了，便匆匆地去。

　　　　这回我又回到山中，
　　　　那梅树已移到人家去了。
　　　　我好容易寻到了那人家，
　　　　可怜他已全不似当年的风度了。

　　　　他们把他移在墙边的大松树下，
　　　　他有好几年受不着雨露和日光了。
　　　　害虫布满了叶上，
　　　　他已憔悴的不成模样了。

　　　　他们嫌他总不开花；
　　　　他们说，"等的真心焦了。
　　　　他今年要还不开花，
　　　　我家要砍掉他当柴烧了。"

　　　　我是不轻易伤心的人，
　　　　也不禁为他滴几点眼泪。
　　　　一半是哀念梅花，
　　　　一半是怜悯人们的愚昧。——

　　　　拆掉那高墙，
　　　　砍倒那松树！
　　　　不爱花的莫栽花，

不爱树的莫种树！①

在烟霞洞期间，胡适已完全沉浸在恋爱之中，性情言动与平素截然有异，和一般人印象中温文尔雅的胡适不大一样。徐志摩记得很生动：某日见了汪精卫，为其貌所感，"适之说他若是女人，一定死心塌地的爱他。他是男子……他也爱他。"又一日，张君劢初见陈衡哲，"大倾倒……尊为有内心生活者。适之不禁狂笑"。陈氏与胡，本有一番旧情，此时既笑且狂，有深意焉。胡适自小斯文内向，素有"先生"的雅号。像这样活泼泼的胡适，实在不多见。而且这还是"暴得大名"之后的胡适，无怪乎徐志摩慨叹道："适之是转老还童了。"②

那年 7 月 29 日晨，胡适与任白涛、曹珮声一起在西湖南高峰看日出。两日后有长诗记之，毫不涉恋情，但写久待后日出时刹那间那种格式塔式的心理转变，颇传神。五个月后，胡适在翠微山的月光下再次"经验这样神秘的境界"，忆起的却是"南高峰上那夜"，而非那晨。可知日出时所感的那种普照一切的心情，原来是头一晚月光下已有的升华感觉的延续。约四年后，胡适写了一篇《情死强国论》，由那日同看日出的任白涛推荐在《近代恋爱名论》的卷首。任氏并写信给胡适，说既然胡赞成情死，"假若你能够实行一下子，那我也是当然赞同的。因为我看你同她……但……"从任的口气看，胡适并未向任宣示什么，但任氏却已看破；或者胡适本也无意隐瞒。徐志摩记与胡适、朱经农等同游西湖赏月，"曹女士唱了一个《秋香》歌，婉曼得很"。③

当时高梦旦父子曾到烟霞洞与胡适同住了一段时间，胡适有诗送梦旦并题在其子仲洽的扇上。诗里说到高氏父子像知心朋友，时对坐以福州话谈笑背诗，"全不管他们旁边还有两个从小没有父亲的人，望着他们……"④ 此时似乎并无别人同住，则旁边的两人之一，大约就是曹珮声了。高梦旦以前

---

① 胡适日记，1923 年所附《山中杂记》，8 月 17 日诗。
② 徐志摩日记，1923 年 10 月 1、11、13 日。
③ 《任白涛致胡适》（1927 年 5 月 23 日），《书信选》上册，第 432—433 页；徐志摩日记，1923 年 10 月 21 日。
④ 《胡适诗存》，第 277 页。

很佩服胡适不背旧婚约肯做大牺牲。此时高氏父子对讲福州话时，那边厢一定是对讲安徽绩溪话了。高氏作何感想不得而知，但此时曹胡间事对许多朋友大约都是不隐瞒的。以胡适一贯的慎微，竟能不避写在纸扇上送人，或者当时真有心下决断也未可知。至少曹珮声过后就公然对汪静之说她同胡适要好了。倘若胡适有心保持隐情，曹大约不会轻易将此事对人言。

胡适回到北京后，那年底到次年初一段时间，回味烟霞洞的情诗非常频繁。其中"山风吹乱了窗纸上的松痕，吹不散我心头的人影"两句，胡适自己常爱用来替人写条幅，已是为人传诵的名句了。但人影既只在心头，胡适的决断终没有下。原因很简单，江冬秀不同意。徐志摩后来有诗论此事："隐处西楼已半春，绸缪未许有情人，非关木石无恩意，为恐东厢泼醋瓶。"①

江氏属虎，颇有自己的决断，决不是一个软弱可欺的妇女。她的办法是以最直截了当的大吵大闹对付青年名教授胡适。住在胡家的石原皋即曾目睹一次。冬秀"拿起裁纸刀向胡适的脸上掷去，幸未掷中"而为石氏劝解开。历来做名人的代价之一就是少了隐私，什么事情都在"公众兴趣"的监控之下。胡适的恋爱，本来"只有至亲好友知道，流传不广"，但一闹开则全国皆知。胡适当然深知冬秀不简单，大闹之下，他就不是对手了。石原皋以为，在名与爱不可兼得时，胡适选择了名。信然。②

1924 年初胡适有一首《烦闷》诗，记述坐不住玩也无心，提笔一天只能写头二百个字，"从来不曾这样懒过，也从来不曾这样没兴致。"两个星期后填的《江城子》中，胡适已在"几度半山回首望，天那角，一孤星"。曹珮声已只能做孤星了。到这年下半年，胡适仍然"梦里总相忆。人道应该忘了，我如何能忘"！但这诗的题目是《多谢》，起首便言"多谢你能来，慰我山中寂寞，伴我看山看月，过神仙生活"。忘当然忘不了，一声多谢，也有些结束语的意思了。

后来胡适有一首《猜谜》诗，说有人"三次寄书来，这谜依然难解：

---

① 按此诗原稿收《后尝试集》，出版时编辑仅疑为徐作，经请方家辨认笔迹，确为徐的字。有学者以为是胡适做，不仅字不像，意思更不妥。以民初的世风和学者的素养，此类话若出自事主，太陋。

② 石原皋：《闲话胡适》，第 38—39 页。

几个铅丝细字，道一声'多谢'！"这谜一样的"多谢"很可能就是曹珮声对他那"多谢"的委婉抗议。所以胡适"遥想寄书人"，自己也觉"应有几分不忍"。曹珮声于1925年师范毕业，后入中央大学农学院，1931年毕业后留校任助教；1934年到美国留学，入胡适念过的康乃尔大学农学院深造；1936年回国，先后执教于安徽大学、四川大学、复旦大学及沈阳农学院。其后也曾与人恋爱，未成功。她一度往峨眉山欲遁入空门，为其兄曹诚克敦劝下山。后一生独处。①

此后两人间尚偶有诗书往来。1943年，曹托人带一首《虞美人》给在美国的胡适，词云："鱼沉雁断经时久，未悉平安否？万千心事寄无门，此去若能相遇说他听：朱颜青鬓都消改，惟剩痴情在。念年辛苦月华知，一似霞栖楼外数星时！"可知曹对"痴情"的坚持。1948年底，胡适到上海，友人汪孟邹请在亚东书店吃徽州饼，胡即请汪约也在上海的曹珮声来一起吃饼。这或者即是两人最后一次见面吧。1949年后，曹留大陆，1973年病逝。其晚年有诗曰："徒夸生平多友好，算来终日痴迷。"怨是有的，然而不怒。②

据云曹珮声将有关此事的书信等材料全部保存，但除个别知情好友外不曾示人。今黄鹤已去，材料不知是否尚存。恋情确应属个人隐私，但胡适对近代中国太重要，而这一段"率性"之事，又与胡适在那段时期对自身今昔的反思有直接关联，不可不述。若二人在天之灵闻而能谅，则作者心安。

有情人未成眷属，实人生之恨事。但中国的传统，向来反对离婚，尤反对喜新厌旧。名教的力量，虽无形而甚巨。读书的士人，被视为社会行为的典范，道德要求又更高。胡适以少年而"暴得大名"，成为士林领袖，社会的压力是极大的。前引胡适在杭州养病期间对"暴得大名不祥"之古训的肯定，是他的甘苦之言；名誉伴随着社会的期望，"期望愈大，愈容易失望；失望愈大，责备也愈严重"。这样的"盛名"，的确很"不易处"。

1925年，胡适做了一首诗《一个人的话》："忍了好几天的眼泪，总没

---

① 石原皋：《闲话胡适》，第56—57页。

② 分别转引自颜非《胡适与徽州文化》，收在耿云志、闻黎明编《现代学术史上的胡适》，三联书店，1993，第92页；石原皋《闲话胡适》，第57—59页。

有哭的机会。今天好容易没有人了，我要哭他一个痛快。"哭完之后，才一切轻松。当年胡适的母亲解决家庭纠纷的办法就首先是忍；实在忍不住时，就哭，也并不骂一个人；哭到把年龄相仿的媳妇们折服为止。① 这大约就是胡适这首关于哭的诗的出处。旁人只见胡适少年得志，不知他一向与旧势力周旋，在社会压力下赔笑脸，也有许多的苦处。

1922 年 6 月，胡适有一首诗《有感》，结语是"千年的礼教，锁不住一个少年的心"。那天的日记中称"忽然想做诗纪一件事"。三十多年后，又自己加注说是纪清宣统帝。这是徐志摩所说应该注意的那一类诗了。的确，在胡家住过几年的乡亲石原皋即直指此诗是为曹珮声所做。无论为谁所做，少年要冲破的，是千年的礼教。1936 年胡适做有一首《无心肝的月亮》，自述是取明人小说中"我本将心托明月，谁知明月照沟渠"的意思。周策纵先生说，"我本将心托明月，谁知明月照沟渠"两句诗，本是《初刻拍案惊奇》卷三十六写女子企图私奔的故事。周先生确是胡适诗的真正解人，他虽不知胡适那段时间颇涉一些情缘，仍看出胡适《无心肝的月亮》所写的主角"对感情压抑得很厉害"。② 胡适在诗中自白道："孩子，你要可怜他，可怜他跳不出他的轨道。"那年曹珮声恰从美国归国，此诗大约不是为珮声而作，却表述着某种持续的无奈——礼教虽然锁不住少年的心，少年也终于跳不出他的轨道！在一定程度上，胡、江、曹三人，其实不也都是殉道的牺牲吗！

*　　*　　*

在日新月异的中国激进趋新进程中，胡适自"暴得大名"后不过数年，即因其"好邀众誉"，且"对于千年积腐的旧社会，未免太同他周旋"而被许多人视为落伍，后来更因参加善后会议而被认为是认同于北洋政府。重要的是，说胡适落伍不只是激进派的看法，曾任北洋政府部长、比胡适还更"落伍"的汤尔和，也认为胡适那几年"论人老朽，非复当年"。③ 而且，

① 《四十自述》，第 62 页。
② 周策纵：《论胡适的诗》，收在唐德刚《胡适杂忆》，第 276 页。
③ 《张奚若致某人（残信）》（约 1920 年），《书信选》下册，第 516—517 页；《钱玄同致胡适》（1919 年 2 月）、《汤尔和致胡适》（1929 年 9 月 29 日），《书信选》上册，第 25、545 页。

因为哲学史有点写不下去，谈政治又谈到"向壁"的地步，胡适在一定程度上也真是不知何去何从。一向不习惯寂寞和闲散的胡适，在那段时间里确有点像他 1923 年在索克思家养病时所说，是"寂寞和闲散同时来"，对他来说，那的确"是很苦的"！

有时胡适的落伍其实是吃了朋友的亏。1926 年三一八事件的第二天，石原皋本人在胡适家听到王世杰大骂国民党和共产党是"有意叫学生去送死"，而学生则真是受骗送死。胡适听了一言不发。① 可知当日"英美派"心中的确有此认知。但此话在家骂是可以的，一公开发表，客观上就是为杀人的军阀政府开脱，所以鲁迅等就不能不出来说话了。而《现代评论》派在进步青年心目中的地位当然也就要大降。胡适既然一言不发，对此也许还有点保留，但一般的认知，他当然是《现代评论》派的，所以他也只能跟着"落伍"了。

到北伐时，胡适明确被视为新文化运动的"老少年"，已"中止其努力"了。少年而老，其"落伍"的象征是明显的。新文化运动的追随者责备胡适一辈说："这些老少年们还没有做完他们前驱的工作，还没有把一班人带上了新时代的坦途上，他们便撒手不管了。"这与胡适当年责备梁启超未尽带路之责如出一辙。而新一代人也像胡适一代一样，没有人带仍要走自己的路。既然带路者已不再前进，新一代便明确宣布："新时代……这个责任便担承在我们青年人的两个肩膀上边。"其认带路者已落伍而要疏离于他们的倾向是显而易见的。② 本来新文化运动之所以能不胫而走、风行全国城镇区域，其思想以外的最主要的社会原因就在有大批知识青年的追随。今追随者既离异，从社会的角度看，胡适的确有些落伍了。

民初士人在激进的大潮流下，许多人的思想可以说是数年一变，速者一年数变。因为"潮流"本身变得太快，不如此即赶不上"潮流"。而由于思想的追随者有意无意间渐据主动地位，立说者要跟上"潮流"，实际上就必须跟着听众变。胡适曾以龚自珍的"但开风气不为师"与章士钊共勉，因为他们"同是曾开风气人"。但是，这些"曾开风气人"都在开风气之后不

---

① 石原皋：《闲话胡适》，第 73 页。
② 梁叔莹：《思想上的新时代》，《晨报副刊》1927 年 2 月 14 日，第 13—14 页。

久就"落伍"，因而必须"跟着少年人跑"。胡适就认为，梁启超和章士钊都曾不甘心，梁"这几年颇能努力跟着一班少年人向前跑。他的脚力也许有时差跌，但他的兴致是可爱的"。章则不然，他是甘心落伍而不甘心落魄，所以不得不站到反对的一边去做首领。[①]

但是民初世风的转变太快，梁启超个人的转变可谓快而频，仍跟不上，在壮年即不得不"功成身退"，不再占据时代思想言说的中心。跟了而没跟上，那不跟着少年跑的章士钊就攻击梁说："梁任公献媚小生，从风而靡，天下病之。"其实，钱基博认为，梁启超虽乐于引胡适之说以自张，但他"出其所学，亦时有不'跟着少年跑'而思调节其横流者"。[②] 这就提示了一个极具诡论意味的现象：在"跟着少年跑"已成时代风尚的语境下，要想"调节其横流"，也必须先"跟着少年跑"；如果不"跟着少年跑"，也根本就无法"调节其横流"；但既然先有了要想"调节其横流"之心，往往也就只能得一个跟而跟不上的结局。

钱基博后来在他的《现代中国文学史》的"四版增订识语"中说，胡适与梁启超一样，对时代也是"惟恐落伍，兢兢焉日新又新以为追逐"。前面说过，胡适的"暴得大名"，本来部分是因适应了新兴的边缘知识"少年"的需要。后来胡适也曾自觉不自觉地"跟着少年跑"，但他与梁启超一样，又不时"思调节其横流"。唯一存"调节"之意，就不仅"调节"未必能成功，自己也可能因跟不上而"落伍"。

其实胡适自己也清楚这一点。1936 年周作人给胡适的信中说，"我们平常以为青年是在我们这一边"。胡适立即"抗议"说："我从来不作此想。我在这十年中，明白承认青年人多数不站在我这一边。因为我不肯学时髦，不能说假话，又不能供给他们'低级趣味'。当然不能抓住他们。但我始终不肯放弃他们，我仍要对他们说我的话。"[③] 胡适之所以不能抓住青年，其实也就是因为他在跟着跑时总思有所调节。虽然抓不住，却不肯放弃，还是要抓，这是胡适的老实话。因为他深知五四运动后，学生已成为中国社会生

---

① 胡适：《老章又反叛了》，《胡适学术文集·新文学运动》，第 164—168 页。
② 钱基博：《现代中国文学史》，香港龙门书店，1965 年重印本，第 354 页。
③ 《胡适致周作人》（1936 年 1 月 9 日），《书信选》中册，第 297 页。

活中一个"有力量有用处的新成分"，各派力量都在努力争取。胡适自己当然不能轻易放弃。

唐德刚先生曾说，"胡适思想四十年来无大的变动"。因为他"享有盛名"，要他"不知老之将至，而向后辈不断跟进，是做不到的"。这个说法恐怕只看到钱币的一面。晚年的胡适有时确有"返老还童"之状，如民族主义情绪较强，略近于他留学之前的心态。这或者给人以长期不变的印象。其实胡适的老朋友任鸿隽就认为胡适"最能意外出奇，使人惊喜"。[①]"最能"者，其转变自非一两次也。

与其同辈人一样，胡适也不断在变，以调整自己与时代思想言说的位置。同样，他也的确是一直努力向学生辈不断跟进，只是不愿挂在口头上。可以看出，在这一般认为他"落伍"的时间里，胡适对他"暴得大名"之后的去从，是有所反思，有所斟酌，也有所计划，有所调整的。我们很快就会看到胡适向学生辈跟进的调整幅度有多么大。

---

① 《口述自传》，第80页注22、第130—33页注2；《任鸿隽致胡适》（1926年12月8日），《书信选》上册，第411—12页。

第十章

转折：新俄与社会主义

从威尔逊到列宁／英美自由主义与社会主义／社会主义对中国士人的吸引力／体验新俄／苏俄走的是美国路？／社会主义是西洋近代精神文明

按照胡适自己在 1933 年对中国现代思想的分期，约以 1923 年为界分成两段：前一段是"维多利亚思想时代，从梁任公到《新青年》，多是侧重个人的解放"；后一段则是"集团主义时代，一九二三年以后，无论为民族主义运动，或共产革命运动，皆属于这个反个人主义的倾向"。① 此一分期全以英美思想为依据，而其中区分的要点，就是曾对西方自由主义造成困扰的个人主义和集体主义，很能反映立说者当时之所思所虑。有意思的是，胡适自己同一时段的思想发展，似乎也有着类似的轨迹。

　　1923 年及前后的一两年，确实是中国思想的转变时期。胡适那时也正在调整自己与时代思想言说的位置。五四运动后学生辈中多数人显然是向着集团主义在走，胡适有意无意间也在不断跟进。他开始赞扬王莽的社会主义，就是在 1922 年，还略早于其自划的分界线。此后胡适的思想在这一路向上走得越来越疾，开始了长达二十多年对新俄和社会主义的向往。对一个不久前还在出席善后会议的人来说，这个步子迈得好像很大，也显得太突然，其实这应该是他经过反思和斟酌的谋定而后动。

　　基本上，胡适的步子也是随着中国形势的演变一步步逐渐迈出的。但正像他当年"暴得大名"是因其填补了中国思想界典范危机的空白一样，胡适这次谋定而后动的整体转变幅度虽大，每一步迈得却不算大，而他变化的速度又未必赶得上中国激进化的速度。更重要的是，往激进方向去的领导空间已被新文化诸人中的"急进派"捷足先占了，则胡适所能做的只是认同于既存的集团主义势力。在胡适个人，步子或已迈到最大，而在许多激进的青年看来，则或许还不够"时髦"吧！

---

① 胡适日记，1933 年 12 月 22 日。

或正因此，在当时及以后，胡适的调整和转变都没有引起许多人的注意。然而像胡适这样一个已确立社会地位的知识精英能往这个方向努力，固然受到激进世风的影响，同时也更进一步推动了这一激进化的进程。在此进展中，深受外在大趋势影响的胡适也是历史的参与者和制造者。要了解胡适赞颂新俄与社会主义的个人心路，还要回头看看中国当时的思想环境。

一　从威尔逊到列宁

中国自主动"面向西方"以来，最初提出来要学习的就是日本与俄国。因为这两国的情形究竟比欧美更接近中国。中日有所谓"同文同种"之说，情形相近是无需说的。中俄相近，也是时人的认知。胡适在 1911 年"观演俄剧 'Inspector – General' ［果戈里的《钦差大臣》?］"，就大有中俄如"鲁、卫之政兄弟也"之感。可知在胡适心目中，中俄政治情形至少在负面是相近的。周作人也认为"中国的特别国情与西欧稍异，与俄国却多相同的地方"。① 日本在"二十一条"之后已无人主张再学，俄国却并未排除在可学之外。

特别是俄国 1917 年的两次革命，给中国人印象颇深（中国人当时并不一定将俄国两次革命区别看待，后来才渐有区分）。俄国的二月革命一起，立刻引起胡适的注意。他推测，"俄国或终成民主耳。此近来第一大快心事，不可不记"。到十月革命起，也是留美的张奚若即认为，如果德国与俄国的和议成功，"俄新政府或有机会将其社会革命政策从容实施"，这将是法国大革命以来"人类历史上第一大事。如能成功，其影响何可限量。即不幸而失败，亦是政治学社会学上一大'尝试'，向前看者不必稍挫其气也"。如果说这些年轻人还算是激进派，则温和稳健之老一辈如黄炎培也主张中国人应将"俄国精神、德国科学、美国资本这三样集中起来"。②

---

① 胡适日记，1911 年 4 月 21 日；周作人：《文学上的俄国与中国》，《东方杂志》第 17 卷第 23 号，1920 年 12 月，第 107 页。

② 胡适日记，1917 年 3 月 8 日；《张奚若致胡适》（1917 年 12 月 28 日），《书信选》上册，第 8 页；黄炎培语转自陈独秀《俄国精神》，《新青年》第 8 卷第 1 号，1920 年 9 月 1 日，第 1 页（栏页）。

不过，由于激进趋新的中国士人要学"最新最好"的西方，革命前和革命初的俄国，似乎还未达到"最新最好"的程度，所以有前述陈独秀喊出的"拿英美作榜样"。那时陈独秀与胡适思想接近，他所说的英美，本是因杜威在华演讲而发，故实指的是美国。这正是中日"二十一条"交涉后美国在华影响上升的巅峰。特别是威尔逊在大约同时提出的主张各民族自主的"十四点计划"，在中国甚得人心。

但列宁也在基本同时提出了民族自决的思想。一次大战时威、列二人皆提出了国际秩序新观念，在不同程度上都反对既存的帝国主义国际秩序，所以两者对被压迫被侵略国家之人皆有很大的吸引力。如果我们学民初人将世界也划分新旧，则至少在国际秩序方面，威、列二氏同属新的一边。张奚若就提醒胡适说，《新青年》等"看事太不 critical。德、奥之败，谓败于 Bolsheviki 之公理或威尔逊之公理则可，谓败于英、法、日、意之公理则不可，以英、法、日、意之公理与德、奥之公理无大别也"。[①] 但在新派范围之内，双方也存在对追随者的争夺问题，其关键就在于谁能真正实行民族自决的思想，或至少推动其实行。

如果说新文化运动的老师辈比较倾向于美国的取向，俄国的十月革命对中国青年学生发生的影响则显然更强烈。傅斯年在 1919 年初已认为"俄之兼并世界，将不在土地国权，而在思想也"。而威尔逊在凡尔赛和会上对中国的"背叛"，恰摧毁了几年间美国在中国的影响。以前颇吹捧威尔逊的陈独秀也不得不认为他"好发理想的大议论"，其实又"不可实行"，决定送他一个诨名，"叫作威大炮"。此时正值新俄（新字要紧）发布放弃条约权利的《加拉罕宣言》，立即在中国各界引起极大的好感。进步党的《时事新报》在社论中说此宣言正是建立在威尔逊的和平原则之上，"只是威尔逊自己却不能把他实现"。这很能表现中国士人学西方由美往俄的转移进程。[②]

陈独秀在 1918 年底所做的《每周评论》的《发刊词》中，还曾称威尔逊为"世界上第一个好人"。到 1923 年 12 月，北大进行民意测量，投票选

---

① 《张奚若致胡适》（1919 年 3 月 16 日），《书信选》上册，第 31—32 页。

② 傅斯年语在《新潮》第 1 卷第 1 期，1919 年 1 月，第 129 页；陈独秀语载《每周评论》第 8 号之《随感录》；《时事新报》社论转自《新青年》第 7 卷第 6 期，1920 年 5 月 1 日，第 11 页。

举世界第一伟人，497 票中列宁独得 227 票居第一，威尔逊则得 51 票居第二。威尔逊从"第一好人"变为"第二伟人"，正是由美到俄这个榜样的典范转移趋于完成的象征。故吴宓慨叹道，几千年来孔夫子在中国人心中的神圣地位，"已让位于马克思和列宁"。若仅言新文化运动那几年，则把孔夫子换为威尔逊倒更贴切。① 重要的是率先转过去的是五四的学生一辈。余英时师说，马克思主义一类思想在中国社会上的广泛传播，"最先是大学生受到感染，然后再一步一步地影响到教授阶层"。② 新文化运动的老师辈由威尔逊向列宁的转移，恰证明这样一个学生影响教授的过程。

五四人，包括共产主义者，对中国现社会或主张改良再生，或主张从根推翻而再生，其着眼点都在再造的一面，根本目的是相通的。这一点胡适讲得很清楚。他在 1921 年初给陈独秀的信中明确地将《新青年》同人划为"我们"，把梁启超及《改造》同人划为"他们"，界限甚清。③

一年后，他将中共《对于时局的主张》所提出的十一条原则全部转载于《努力》，并评论说："这十一条并无和我们的政治主张绝对不相容的地方。他们和我们的区别只在步骤先后的问题"。换言之，胡适认为中共的主张与他们自由主义者的主张可以相通，所以他对中共《主张》的唯一答案是："我们并不非薄你们的理想和主张，你们也不必非薄我们的最低限度的主张。如果我们的最低限度做不到时，你们的理想主张也决不能实现。"这里的"我们"和"你们"，显然都属于前面的"我们"之中。④

共产党人对胡的说法显然有正面的回应。中国共产党二大发出的宣言中就表示"愿意和资产阶级的民主主义革命运动联合起来，做一个'民主主义的联合战线'"，胡适在《国际的中国》一文中首先肯定"这件事不可不算是一件可喜的事"。⑤ 他在那篇文章中也对中共的国际形势观进行了攻击，

① 北大民意测量转引自陈福霖（F. Gilbert Chan），*Nationalism in East Asia*（New York，1981），pp. 21 - 22；吴宓语见其 1927 年 1 月在清华的演讲 *Confucianism, China and the World Today*，p. 2.

② 余英时：《激进与保守》，这段话在本书所用版本中漏排，见《历史月刊》第 29 期，第 145 页。

③ 《胡适致陈独秀（稿）》，《书信选》上册，第 119—120 页。

④ 胡适：《这一周》（1922 年 7 月），《胡适文存》二集卷三，第 167—169 页。

⑤ 《胡适文存》二集卷三，第 128 页。

但前提是愿意联合，因为他是把中共划在"我们"一边的。我们不要忘记胡适与陈独秀的特殊关系，他说中共在某种程度上是说陈独秀，关系不同，故可以直接而不客气。

陈独秀本人到 1923 年夏还认为在扫荡封建宗法思想方面，唯物史观派和实验主义派应结成联合战线。如果说陈或因老朋友的关系，不免有些划不清界限。邓中夏在几乎同时对中国思想界的划分，竟然与胡适完全相同。邓把梁启超等《改造》同人加上梁漱溟、章士钊等新文化运动的对立派划为"东方文化派"，把胡适等人划为"科学方法派"，再把共产党人划为"唯物史观派"，然后指出，后两派都是科学的；故在思想斗争中，应是后两派"结成联合战线，一致向前一派进攻"。邓中夏与胡适所用词语标签虽不一样，其所想的和所说的其实是一回事。①

胡适后来在 1930 年说："从前陈独秀先生曾说实验主义和辩证法的唯物史观是近代两个最重要的思想方法，他希望这两种方法能合作一条联合战线。"则他是记得共产党人的表态的。那时他已认为陈的"这个希望是错误的"。② 但他或者忘记了陈独秀之所以有这样的希望，其实很可能正是受了胡适划分的"我们"与"他们"那条线的启发。胡适 1930 年这段话，常为人所引用，其实最多只能算后见之明，并不代表他 20 年代的想法。

胡适曾说，1925 年时，"许多朋友"要他加入"反赤化"的讨论，他终未加入。接下来他表明自己的态度："许多少年人［对苏俄］的'盲从'固然不好，然而许多学者们［对苏俄］的'武断'也是不好的。"言下之意颇亲近"少年人"。③ 特别是胡适自己到下一年就大赞苏俄（详后），以行动表明他倾向和认同于"少年人"而不是"学者们"。这显然不是无源的突变。在别人或觉意外出奇，在胡适自己，可说更多是谋定而后的有意转变。因为他一向自称不肯学时髦，恰证明这次他是谋定而动，也就是老师向学生靠拢。其实不仅对新俄的向往，胡适关于西洋文明的分段及各期"宗教信条"的论述，与一般西方自由主义著作多少有些"隔"的感觉，但是与

---

① 关于邓中夏，参见朱文华《胡适评传》，第 204—205 页。
② 胡适：《介绍我自己的思想》，即 1930 年出版的《胡适文选》的"自序"。
③ 胡适：《欧游道中寄书》（1926 年），《胡适文存》三集卷一，第 76—77 页。

罗家伦在《新潮》第一期的《今日世界之新潮》却有不少相似之处。深知胡适的张慰慈说过，"适之又是最喜欢采纳别人的意见"的。说胡适受学生影响而向左转，大约可以不错。[①] 而他那时的激进，也包括对社会主义的向往和高度推崇。

一般的看法，胡适是个自由主义者。而自由主义与社会主义，因前者是以对人和社会之个人主义（individualism）的解释为理论基础的，后者则是以集体主义（collectivism）的解释为基础的，故一般认为两者从根本上是相冲突的。可是在 20 世纪初的中国思想界，情形却有些两样。在相当长的时间里，社会主义并非只是左倾激进分子的信仰。包括胡适在内的许多自由主义知识人，也都曾确信社会主义是新时代的世界发展趋势。有的人不仅确信，且长期力图实现之。对此，晚年的胡适曾有清楚的自我供证。

胡适 1954 年在台北《自由中国》社的茶话会上，引用了他的一位仍在政府任"公务员"的朋友两年前来信中的一段话。这段话很有意思，值得引证在这里：

> 现在最大的问题：大家以为左倾是当今世界的潮流，社会主义是现代的趋向。这两句话害了我们许多人……中国士大夫阶级中，很有人认为社会主义是今日世界大势所趋；其中许多人受了费边社会主义的影响，还有一部分人是拉斯基的学生。但是最重要的还是在政府任职的许多官吏，他们认为中国经济的发展只有依赖政府，靠政府直接经营的工业、矿业以及其他的企业。从前持这种主张最力的，莫过于翁文灏和钱昌照；他们所办的资源委员会，在过去二十年中，把持了中国的工业、矿业，对于私有企业（大都是在民国初年所创办的私有企业）蚕食鲸吞，或则被其窒息而死。

引了这段话后，胡适自己忏悔说：对社会主义的看法，"在二十七年前，我所说的话也是这样的。那时候我与这位朋友所讲的那些人有同样的

---

① 张慰慈为《一个态度，一个按语》写的编者按语，《晨报副刊》1926 年 9 月 11 日，第 17 页。

错误"。①

像这样的自由主义者胡适，与我们熟知的胡适形象有相当的出入。这一方面因为胡适素来主张多研究问题、少谈论主义的温和渐进取向，晚年更在国共之争中旗帜鲜明地站在国民党一边。同时胡适对社会主义的推赞，有些是以英文在国外发表。即使在胡适用中文发表的言论中，或者也因其论说星散各处，未能引起足够的注意。要了解自由主义者胡适对社会主义的推爱，最有提示性的就是从他本人的中外思想资源去考察分析，下面就胡适所亲近的英美自由主义的渊源流变及其与社会主义的思想关联，做一大致的勾勒。

二　英美自由主义与社会主义

自 20 世纪以来，我们中国人常喜欢将英美二字联在一起，从政治到文学艺术，似乎都有英美派。英美之间有许多共同之处是无疑的，但两国间亦有许多不同。同样，英美的自由主义虽是同源，也有相当的区别。尤其重要的是，在 20 年代的中国，美国的杜威和英国的罗素曾被中国思想界对立的两派分别请来助阵。故说到自由主义在中国的影响时，将英美并提要格外小心。

就其本身来说，则不仅美国自由主义源于英国自由主义，而且这一流派的自由主义所有的基础理论，可说尽出于英国。所以要检讨英美自由主义，必须从英国入手。

英国自由主义也是多源头的，而且甚难清楚地界定。1848 年时英国的《爱丁堡评论》曾试图将其界定，结果发现其含义"非常之不精确"。② 不过，英国经典自由主义的主要渊源有两支，即 17 世纪洛克（John Locke）和弥尔顿（John Milton）等人的政治思想和 18 世纪斯密（Adam Smith）为代表的自由放任的经济学说。从历史角度看，自由主义与对宗教和既存政治

---

① 胡适：《从〈到奴役之路〉说起》，《胡适演讲集》第 3 册，台北：远流出版公司，1986，第 47—48 页。

② Harold J. Schults, ed., *English Liberalism and the State: Individualism or Collectivism?* Lexington, Mass., 1972, p. viii. 本节关于英国自由主义的讨论，多借鉴此书的材料。另外，以下对我们较熟悉的自由主义经典著作，因版本甚多，除直接引用外，一般不注明版本。

权威的抗议是一致的。由于其观念在很大程度上适应了工业革命后的中产阶级对抗前工业社会的特权阶级的需要，到 19 世纪时自由主义在英国成为显学，并在政治上亦居主导地位。而自由主义的理论也在此期间有很大的发展和变化。

自由主义的核心观念是个人自由。但是怎样达到个人自由的目的，自由主义的思想家和政治家却常常不能达成共识。这里面最大的一个问题就是如何处理国家与个人的关系，其根源即集体主义与个人主义之间的冲突和紧张。经典自由主义的基本概念是自由、理性、个人主义和人类进步的必然性。且特别强调法律愈少个人自由愈多，故主张国家对个人的干涉越少越好；经济发展是个人自由之一部分，国家对此也不应干预，让其按工资铁律的"自然法则"自身发展。这种理论在 19 世纪的最明确表述者即李嘉图（David Ricardo）。① 经典自由主义者反对任何计划性的社会改革，认为最好的改革就是去掉对个人和经济运行的法律束缚。这一点有其特殊的时代意义。因为当时的法律多为前工业社会所制定，受惠于工业革命的中产阶级自然要反对。

这种反对整体社会改革的主张很明显地体现出受到边沁（Jeremy Bentham）的功利主义影响。边沁实际上主张改革英国所有的制度习俗，但要一样一样地改。边氏以功利为检验各种制度习俗的唯一标准。他对每一项制度习俗都提出两个问题：在哪方面具备功利，对谁具备功利？换言之，对所有制度习俗均应随时考察其是否为人提供快乐，及是为多数人还是为少数人提供快乐；最终要达到为最大多数人谋最大快乐的目的。边沁以为个人与社区（community）的利益是一致的，因为后者的利益不过是前者利益的总和，故此政府不应干预经济。②

但是边沁既以功利为检验一切的标准，就为集体主义一方的政府或社会干预的观念提供了同样的思想武器。如果为最大多数人的最大快乐实行干预，也完全理直气壮。且边沁（以及李嘉图）关于个人利益与公众利益一

---

① David Ricardo, *On the Principles of Political Economy and Taxation* (1821).

② Cf. Jeremy Bentham, *A Fragment on Government* (1776) and *A Manual of Political Economy* (1798).

致的观点暗示着经典自由主义理论自身内部的一大隐忧，即自由与平等的关系。而社会的平等公正本来也是自由主义的一个大原则。

随着工业发展到社会化生产的程度，劳资关系成为英国的社会问题。19世纪七八十年代经济危机更凸显了这些社会问题。实际上，英国的工业发展首先是以牺牲农业利益为基础的，则社会这一部分与另一部分的利益显然已不一致了。同样，工厂主的个人利益是要从工人身上获取最大利润，这与工人利益必然冲突，则个人利益自不能说与公众利益是一致的。经济放任主义的基础是自由和平等的竞争。但是每个竞争者如果一开始就不是自由和平等的，则竞争必有利于原处优势者，结果只能是更不平等和不自由。① 不能提供均等机会的自由制度是真正的自由吗？这些道义问题困扰着许多自由主义者。

所以，19世纪后半叶是英国自由主义的困扰和转变时期。这段时间的代表人物是穆勒（John S. Mill）、斯宾塞（Herbert Spencer）以及在中国名气稍逊的格林（Thomas H. Green）。穆勒基本上站在经典自由主义的立场上，但他对自由主义的诠释渐侧重于思想和道义方面。同时按边沁的以功利为检验标准的思路，穆勒虽仍坚持政府应尽量不干涉私人，却也接受可为大多数人谋幸福的政府改革措施。② 严复将穆勒的《论自由》译为《群己权界论》，就很能道出穆勒立场妥协的消息。

斯宾塞本是社会学的鼻祖，研究的是社会系统的结构和功能变化，可他同时又坚守自由放任主义的思想，并且以新出的达尔文进化学说为支援，为一种可说是极端个人主义的自由主义概念论证辩护。既然是"优胜劣败，适者生存"，则欲以国家方面的蓄意行动来达到社会目标不仅不必要，而且是自毁性质的。③

站在斯宾塞对立面的是格林。格林将一种道德理想主义引入自由主义。他颇受柏拉图的《理想国》和黑格尔哲学的影响，认为个人的自我实现恰在与他人的关系之中。故每一个人都应与他人一起造成一种包括自身和他人

---

① 此观点参见 E. H. Carr, *The New Society*, New York, 1960, pp. 20–26.

② John S. Mill, *Considerations on Representative Government* (1861) and *On Liberty* (1859).

③ Cf. J. D. Y. Peel, *Herbert Spencer: The Evolution of a Sociologist*, London, 1971.

利益的"共善"（common good），而政府就应代表这种共同的道德意志。但是格林也坚决反对任何强制性和剥夺性的政府手段，仍坚守自由主义的基点。①

由此我们可以略见彼时英国自由主义的分歧和路数。穆勒居中，两边是维持传统的斯宾塞和向福利国家路径迈进的格林。但是斯氏之必须用新学说来维系旧传统已很能说明经济放任自由主义的危机。与此同时，社会主义作为一种政治理论在 19 世纪后期的英国也渐成显学；作为一种政治运动更有取代自由主义之势。

社会主义亦是词义纷繁概念极难界定，其流派之多恐怕更在自由主义之上。但 19 世纪英文中社会主义的政治涵义大致有颇不相同的两大类：一是将社会作为一种日常生活体系的简单表述，一是着重区分于个人的，特别是个人主义的社会理论。前者主张社会改革、社会秩序、确立和扩展政治自由、强调社会正义（即平等），要终止过去的不平等和特权等等。这些都与自由主义的价值观念相通，故有人亦认为这就是自由主义的继续。为行文简便，且称其为社会主义甲。后者则与个人主义形式的社会理论对立竞争，主张真正的自由和社会主义（主要指社会秩序而非平等）在生产方式私有制之下均不可能达到，只有在社会公有和社会控制取代私有制之后才可能实现。为行文简便，暂称其为社会主义乙。

在英国，从 19 世纪 60 年代起，各种称为社会主义运动者多为甲的不同侧面，所以许多人认为社会主义不仅不是与自由主义相对立的社会理论，反而是达成自由主义目标所必须的。如费边主义者即认为"社会主义是民主理想的经济侧面"（萧伯纳语）。因为从历史角度看，社会主义也含有抗议既存政治权威的成分，可说是更早的自由主义的必然延续。只是到了 20 世纪初，甲乙两派才最后截然分离，乙派通常被称为共产主义，而两派均相互指责对方不是真社会主义。乙派认为甲派不过是自由主义的新阶段，故径呼其为自由派；甲派则重视自由主义价值与其社会主义的自然关联，他们认为，乙派既然反对自由主义，就不是真社会主义。在关于甲派与自由主义相

---

① Cf. Thomas H. Green, *Prolegomena to Ethics* (1883).

关联的认知上，大家其实是相同的。①

也就是说，在自由主义自身出现危机时，又遇到社会主义从外部的挑战。结果到 19、20 世纪之际，从穆勒－格林的趋向渐渐发展成一种新自由主义或现代自由主义，其理论的集大成者即是霍布豪斯（Leonard T. Hobhouse）。现代自由主义与经典自由主义的一个重大分歧在于是否承认个人利益与社会利益是天然和谐的。经典派认为是，故主张只有去掉权威才有个人自由；现代派认为不一定，则为了社会自由也必须有社会约束——即国家和法律的作用。

现代自由主义特别强调对某一个人自由的约束是其他人自由的条件。同时，现代自由主义援用边沁以功利为检验标准的取径，允许并主张运用社会集体力量对经济等问题进行人为的调节和干预，以应付因生产社会化造成的社会问题。这种运用公领域干预私领域的主张正是现代自由主义与社会主义相通之处。到 1911 年，霍布豪斯在其名著《自由主义》之中更进而提出并论证了"自由社会主义"。霍氏针对"适者生存"的社会观，进一步将人道主义的价值观引入政治领域，提出一种和缓的集体主义制度，即在保全基本的个人自由的同时实行社会主义的经济，或者说是在福利社会中实现个人自由的目的。②

霍布豪斯要在英国做的，正是胡适的老师杜威要在美国做的。与霍氏一样，杜威受格林一派自由主义影响甚深，也提倡公领域的干预和控制。③ 不过美国自由主义有与英国很不一样的发展进程。

首先，虽然美国的《独立宣言》和斯密的《原富》同在 1776 年发表，但《原富》在美国出版已是在十三年之后了。特别是刚独立的美国缺乏资金，不得不一开始就利用政府力量推动经济发展，故美国人受经济放任自由主义影响较晚。结果美国自由主义的特色是以《人权宣言》为代表的政治

---

① Williams, *Keywords*, pp. 239 – 241.

② L. T. Hobhouse, *Liberalism* (1911). Stefan Collini, *Liberalism and Sociology*: *L. T. Hobhouse and Political Argument in England*, Cambridge, England, 1979，特别是前四章。

③ Schults, *English Liberalism and the State*, p. 97；亦参见杜威长期任教的哥伦比亚大学人文教授合编的教材 *Introduction to Contemporary Civilization in the West*: *A Source Book*, 2nd ed., 1954, vol. 2, pp. 1012 – 1013.

自由主义为主，与经济组织方式联系较少。这一点与英国的经典自由主义有较大的区别。只是到了 19 世纪初，斯密的《原富》在美国读者渐多，经济放任主义才渐在自由主义理论中占主导地位。但这种后来者的地位使经济放任主义在美国处于一种后来居上的争正统的地位，而不像在英国其本身就是正统。①

其次，由于美国基本没有前工业社会的特权阶级，也缺乏一种保守主义的政治理论，所以自由主义在美国一开始就不仅不具有抗议的性质，而且一直是美国的主流政治思想。关于美国保守主义与自由主义之间的微妙关系，霍夫斯塔特（Richard Hofstadter）有非常精当的分析。他说，美国思想传统的主流一直是自由主义的，是因为美国政治传统常是保守的。故美国的"道统"对"政统"始终持一种批判的态度，道统的自由主义也就是对政统之保守的一种反作用。②

二战后美国兴起的新保守主义，其实不过是老自由主义（经典派）换了包装。保守主义之前加的新字固然是迎合美国人典型的喜新厌旧气质，实际也透露出保守主义本身没有多少市场的消息。反过来，正因为保守主义在美国始终未能形成具有批判力的理论体系，自由主义乃不得不在思想上进行自我批评。结果造成美国思想界之激进与保守通常不过是以自由主义为中轴的左右摆动。而且到二战后一度出现一种"形左实右"的现象，即新保守主义是求变的（从现状往老自由主义方向变），自称自由主义的反而是保守的（要保持罗斯福新政以来现代自由主义占上风的现状）。③

美国自由主义不得不自我批判这个因素进而造成一种对自由主义的美国式认知，即被称作自由主义者的通常是比现状更偏激进一面。霍夫斯塔特以为"自由主义的"（liberal）在美国的含义即是"大众的、民主的、进步的"。这也揭示了美国自由主义与美国 19 世纪以来的大众主义（Populism）

① 参见 Frank Bourgin, *The Great Challenge: The Myth of Laissez - Faire in the Early Republic*, New York, 1989; Arthur M. Schlesinger, Jr., *The Cycles of American History*, Boston, 1986, chapter 9.

② Richard Hofstandter, *The Age of Reform*, New York, 1955, pp. 12 - 14.

③ Peter Steinfels, *The Neo - Conservatives: The Men Who Are Changing America's Politics*, New York, 1979, pp. 2 - 4, 16 - 17；余英时师在其《激进与保守》中对美国以自由主义居中的激进与保守有扼要中肯的分析，参见 191—193 页。

和进步主义（Progressivism）的血缘关系。故美国自由主义虽然不具先天的抗议性质，其中更"自由化"的一支却在自我批判的过程中渐与所有具有抗议性的思潮和运动认同，以至于有人认为美国的自由主义不过是一种近朱者赤的粉红色思想。①

美国的大众主义是一种渊源于清教的自耕农理想的"重农"思想，依据新教的平等和互助（博爱）的教义向往一种前工业社会的自给自足和社区协作的理想社会。② 近年的研究表明，同样的新教理想和前工业社会的社区观念正是英国社会主义的思想渊源。③ 这样一种兼含个人主义与集体主义的理念乃是自由主义与社会主义甲的又一先天相通之处。特别是在美国，平均地权派（Agrarianism）和经典自由主义均可溯源到杰弗逊（Thomas Jefferson）。因为杰氏本为平均地权派的鼻祖，后来又接受斯密的放任主义经济学说并大力鼓吹之。1848 年美国的《韦氏大字典》就把社会主义定义为平均地权派使用的新术语，两者间的关联可见一斑。

19 世纪美国思想界对英国情形所知最悉且追随亦紧，当社会主义在英国渐成显学时，其在美国的影响也日大。我们今日讲 19 世纪的社会主义思想，多侧重其对资本主义的批判一面。殊不知其本身也有甚强的正面道义诉求，而这正是它在当时吸引人之处。在进步主义初期的 1880 年前后，社会主义在美国知识界非常风靡。而且美国知识人对社会主义的欣赏，不仅因其对工业社会弊病的反应似乎比经典自由主义更切近，更主要的还是社会主义对新教平等博爱道义精神的承接。美国社会主义的重要一支后来变成基督教社会主义，即是明证。

只是因为种种社会历史和文化原因，当英国知识人从自由主义迈向费边社会主义时，美国士人反从社会主义回归自由主义，而形成一种与霍布豪斯十分相似的现代自由主义。美国自由主义者在 19 世纪 80 年代对社会主义的一度向往实大大超出我们通常的认知，后来的总统威尔逊在此时即认为：

---

① Hofstandter, *The Age of Reform*, pp. 13, 60 – 61, 260 – 261；Williams, *Keywords*, pp. 150, 205, 210.

② Hofstandter, *The Age of Reform*, pp. 22 – 59, 62 – 64.

③ Willard Wolfe, *From Radicalism to Socialism*, New Haven, 1975；Stanley Pierson, *Marxism and the Origins of British Socialism*, Ithaca, 1973.

"就基本理论而言，社会主义与民主如果不是完全一致的，也是基本相同的。"①

胡适的老师杜威即是在这种思想环境中形成并发展了他的注重社会作用的自由主义思想。他在霍普金斯大学读书期间曾服膺当时流行于美国的理想主义，并深受斯宾塞的社会进化论的影响，不过杜威在社会有机论方面比斯氏走得更远。同时杜威更身受 1880 年前后美国的"返向人民"（Back to the People）运动的直接影响。这实际是个国际性的运动，其主要表现是知识人开始关注下层人民特别是工人农民的生活。霍布豪斯在英国也参与这一运动并曾到民间去组织农业工人。此运动在美国风行时杜威正在密西根大学任教（1884—1894），那时影响杜威最大的是名记者福特（Franklin Ford）。福特特别强调关注具体的社会问题。在福特的感召下，杜威在 1892 年时曾计划出版一份报纸，专论哲学可运用于社会，并可提供"科学地研究社会问题"的方法。此举在当地曾引起轰动，后来报纸未能出版，但杜威本人以后终成为自由派刊物《新共和》的重要撰稿人。而从哲学角度关注社会问题乃成为杜威实用主义哲学的一大特色。②

19 世纪末的美国在理想主义的流风所被之下，实用主义在詹姆士手里并不盛行。更因美国理想主义与清教的联系，讲究理论框框和词句的紧密结构到 19、20 世纪之交已成学人思想上的重负，颇类中国理学在王阳明之前的状况，这是实用主义得以成为显学的大背景。但由于詹姆士较重个人主义，又不喜欢任何系统的概念，更特别强调自由意志，这些均对实用主义的通行有所妨碍。只是到了杜威手里，实用主义的社会含义和工具性才凸显出来。盖实用主义一旦进入社会政治领域，即将理论研讨转向具体的问题。

实用主义从个人主义向社会问题移动，恰与边沁的功利主义在美国进步运动中"复苏"同时。③ 一方面，实用主义的工具性和从纯理论探讨中的解

---

① 关于 19 世纪 80 年代社会主义与美国自由主义的关系，特别是美国知识分子何以回归自由主义，参见 Dorothy Ross, "Socialism and American Liberalism: Academic Social Thought in the 1880s," *Perspectives in America History*, XI (1977 - 78), pp. 5 - 79, 威尔逊的话引在该文 71 页。

② 参见 Lewis Feuer, "John Dewey and the Back to People Movement in American Thought," *Journal of the History of Ideas*, 20 (1959), pp. 545 - 568.

③ Rodgers, *Contested Truths*, pp. 187 - 193.

放使美国自由主义者可在讨论解决社会问题时不拘泥于"主义"。另一方面，以功利为检验标准亦可以给国家或公领域的正面干预提供依据。再加上社会主义传承的新教道义感召力，美国自由主义到杜威手里已完成了向主张国家干预的现代自由主义的转变。

事实上杜威等人确实主张一种计划性和社会福利化的制度，因为这既便于管理，也更能加速国家的进步（即对大多数人更具功利）。这种主张有时已超过霍布豪斯的观念而更近于费边社会主义，所以有人也认为美国现代自由主义是费边式自由主义。所不同的是从霍布豪斯到费边派都主张一种自下而上的大众制度，而杜威等人则主张将一些主要的决策由私领域或党派政治的战场转移到某些可以代表人民利益的精英国家计划者手中，以设计一套靠税收支持的社会计划来打破贫穷、无知和疾病的锁链。

由于美国本无贵族，自由主义一开始就是正统，美国自由主义知识人均得以在名大学任教、往来于上流社会之中。所以在看上去较平等的美国，自由主义知识人虽然关注大众，却不能认同于大众。反观英国，费边社诸人多是记者文人一类，很难被既存上流社会接纳，于是不得不往权势圈外寻求影响，路数又大不一样。①

明白了英美自由主义从经典到现代的发展，特别是其在转型期与社会主义的思想关联，我们对自由主义者胡适的向往社会主义，就较易理解了。胡适所服膺的自由主义，正是杜威所代表的美国式现代自由主义。② 其与社会主义的容易相通，可从以上讨论略见端倪。但容易相通不必一定相通，胡适本人对社会主义的赞颂和向往，主要还是受中国当时的文化思想环境及个人的心路取向所左右。

三 社会主义对中国士人的吸引力

社会主义在中国的传播和成为显学，中外已有众多的研究，本文不能一

① Ross, "Socialism and American Liberalism," pp. 45 – 61；Ralph H. Gabriel, with Robert H. Walker, *The Course of American Democratic Thought*, 3rd ed., New York, 1986, pp. 347 – 350；Stow Persons, *American Mind: A History of Ideas*, New York, 1958, pp. 394 – 407.

② 关于胡适与杜威哲学的关系，余英时师有清晰而持平的分析，见其《中国近代思想史上的胡适》，第37—45页。

一申述。前面已提到，社会主义与自由主义在反传统或反既存权势方面，在英国和中国都是相通的。社会主义在19、20世纪之交时对英美自由主义者的吸引力，主要是其正面的道德诉求。其对中国士人的吸引力，也不例外。社会主义从新教平等理想发展出来的经济平等思想，最合于中国传统的均富观念。同时，社会主义强调公领域对私领域的干预作用以期达到国家的最快发展这种观念，也极易为贫弱中国的知识人所接受。

但是社会主义对中国士人的吸引力同时还在于其对资本主义的批判。资本主义自民初以来在中国知识人中长期不得人心的状况其实也超出我们一般认知的程度。明清以降，士农工商的分等或早已渐变为士商工农，大量关于商的专书的出现早已不知多少倍于农书。但士对商的轻视仍长期存在。资本主义和资本家均是外来新名词，其与中国传统概念最相近的是商与商人。所以，在士人潜意识那安身立命之处，资本主义可说是先天的不逗人爱。这在前述"问题与主义"的争论中表现得特别明显。即使在后来各方的观点都极明确，分歧也凸显出来之后，梁启超在1927年还特别声明："你们别以为我反对共产，便是赞成资本主义。我反对资本主义比共产党还利害。我所论断现代的经济病态和共产同一的'脉论'，但我确信这个病非共产那剂药所能医。"① 梁氏这段话，最能反映彼时各派思想的异同。②

资本主义的不得人心，从反面增加了其批判者社会主义的吸引力。而且中国思想界的激进化有增无减，也是社会主义能风行的土壤。萧纯锦描述当时的情景是"愈激烈愈足以耸观听。而愈不近人情，则愈见其为独到者。今日国内之谈社会主义者，即大率类此"。③ 萧氏的观察若去掉其情绪化的部分，大体是可靠的。实际上，如前所述，在当时的中国，不仅社会主义，除资本主义外的其他各种"主义"，也都甚有活力和吸引力。

而中国社会和思想界的激进化已达一个新的高度。1924年秋江浙战争

---

① 《梁启超给孩子们书》（1927年5月5日），《梁启超年谱长编》，第1130—1131页。

② 要到20世纪50年代，在台湾的自由主义者才开始给资本主义正名，并逐渐放弃"经济平等"和"政治民主"可以鱼与熊掌兼得的理想，得出"政治民主重于经济平等"（殷海光语）的结论。本章开始所引胡适的讲话，就是这一"思想转弯"的一部分。可参看张忠栋《胡适与殷海光》，《台大文史哲学报》第37期，1989年12月，第130—138页。

③ 萧纯锦：《中国提倡社会主义之商榷》，《学衡》第1卷第1期，1922年1月，第1页（文页）。

时，浙江卢永祥在其辖区征收"军需善后米捐"，买卖米均须纳捐。上海市县两商会曾呈请减免，卢氏复电称，军需和民生都应照顾，较次的籼米可以免捐。较好的粳米，则"均为有产阶级所购，区区饷捐，摊之于各人，为数极微"，必须照纳。① 阶级意识既已见端倪于操生杀大权的军阀，则此时世风之激进，可见一斑。

过去总认为只有马克思主义者才讲究阶级和阶级斗争，其实试查旧文，则一向冲淡吃苦茶的周作人就认为"阶级争斗已是千真万确的事实，并不是马克思捏造出来的"。周作人认为"现在稍有知识的人（非所谓知识阶级）当无不赞成共产主义"。这当然也包括周氏自己。实际上，周作人根本认为只有"军阀、官僚、资本家（政客学者附）"才不赞成共产主义。② 周氏这里说的共产主义，涵盖甚宽，约近于本文所讨论的社会主义。这个观察大体是不错的。

罗素描述他在中国的见闻时，即说中国的青年及其优秀教师中的大多数是社会主义者。③ 罗素接触的人当然有限，其所谓优秀教师者，大约应为多少说点英语之人。他们对社会主义，或者不过是向往而已。但这样的人中若已多数向往社会主义，其余自可想见。实际上中国士人对社会主义的向往，罗素自己也有贡献。周策纵先生注意到罗素在华演讲的中文译稿中对社会主义的赞许与其在别处的英文叙述有些不甚相合，④ 但大多数中国人认知的罗素正是来自那中文的部分。因罗素是梁启超"他们"请来助阵，且常讲中国传统有许多不错的地方，胡适对罗素是不满意的。但罗素对社会主义或更切近中国国情的论述，或者也影响了胡适。

由于其所服膺的现代自由主义的缘故，胡适对社会主义的向往起源相当早。还在 1914 年 7 月，他就在美国大选中威尔逊和罗斯福的演说中看到了"言自由政治者之大枢纽"。威尔逊在那时主张"小政府"，让国民自己自由生活（今日已是共和党的主张了）。而罗斯福则要想"以政府为国民之监

① 卢永祥事见《银行周报》第 11 卷第 39 号，1924 年 10 月 7 日，第 33 页。
② 周作人：《谈虎集·外行的按语》，《周作人全集》第 1 册，台北：蓝灯文化公司，1992，第 284—286 页。
③ Bertrand Russell, *The Problem of China*, New York：Century, 1922, p. 235.
④ Chow, *The May Fourth Movement*, chapter 9.

督，维持左右之，如保赤子"（正类今日民主党的主张）。胡适说，在二者之中，"吾从威氏"。^① 这也是他在那年夏天思想动荡后特别偏向西方而疏离于中国观念的一个表现，因为罗氏的主张显然更接近中国固有的政治观念。而且，按前引他的自我供证，胡适后来至少有二十年是倾向于一种社会主义式的有计划的政治，也就是政府多管事的"大政府"政治。所以胡适在此时大约是在意识的一面从威尔逊，无意识的一面恐怕还是更倾向于罗斯福的。

两个月后，有哈佛留学生对胡适说，救中国之金丹，是自由平等，而国人不知。胡适以为，中国之病"不在无自由平等之说，乃在不知此诸字之真谛"。他说："今人所持平等自由之说，已非复十八世纪学者所持之平等自由。"胡适不同意人生而自由平等，他认为："今之所谓自由者，一人之自由，以他人之自由为界；但不侵越此界，则个人得随所欲为。"胡适进而指出："今日西方政治学说之趋向，乃由放任主义（Laissez faire）而趣干涉主义，由个人主义而趣社会主义。"因为"西方今日已渐见十八世纪学者所持任天而治（放任）主义之弊，今方力求补救，奈何吾人犹拾人唾余，而不深思明辨之也"？^② 这里的表达虽然尚不十分系统化，已是清楚的现代自由主义观念。而其不想拾人唾余走西方老路之意，则已直指社会主义了。

到1917年，胡适曾摘录他致朋友郑莱的信，里面说到要对人的思想进行控制，因为欧战就是人类未能控制民族主义所致。因是摘录，不能很清楚地了解胡的确切意思，但大致是较机械地运用所谓实验主义，要在实验室里出思想，并在实验室里检验思想。^③ 无论对思想进行何种控制，这样的实验主义观念与社会主义相通的地方显然还多于其与自由主义相通者。当然，这主要是体现了胡适要用"科学"方法来改造社会的杜威式取向。

综观胡适一生，他不但在哲学方法上把握了杜威思想的基本精神，其主张用"科学方法来研究社会改造社会"，即是杜威思路的最亲切体会和运用，而且有时甚至不免用得拘泥。我们试比较前引杜威反空洞理论研究的一

① 胡适日记，1914年7月12日。
② 胡适日记，1914年9月13日。
③ 胡适日记，1917年2月21日。

段话和大家熟知的胡适论"问题与主义"时极相似的一段话，其渊源甚明。同样，胡适在他那篇引起争议的《我们走哪条路》中提出的贫穷疾病等中国"五大仇敌"与上述杜威要在美国革除者，又何其相似。但杜威所在的美国社会与胡适所在的中国社会不啻霄壤之别。胡适所说的五敌当然都是中国问题的一部分，可是这背后尚有更大更紧迫的问题需要解决。[①]

反过来，贾祖麟批评胡适对中国人的社会愿望和实际生活条件没有什么真正的认识，有违杜威的师教，也未必正确。[②] 其实胡适不完全是对中国的国情没有认识，而正是跟杜威太紧，用杜威用到拘泥的程度，才在不知不觉中把他对中国的愿望表达为中国人的愿望，而又据此提出类似杜威的解决方案。搞有计划的政治和自上而下的逐步改革，都是杜威解决美国问题的重要"方案"，胡适一学，自然发现与社会主义非常接近。

胡适在1922年4月28日的日记中说，那天他上课讲的就是王莽的社会主义政策。他以为"我们向来太冤枉王莽了，我近来仔细研究……才知道王莽一班人确是社会主义者"。不久，胡适就写成并发表了《王莽——一千九百年前的一个社会主义者》一文。他确认王莽"均众庶，抑兼并"的各项政策都是"国家社会主义"的政策。王莽将许多"公共用具""收归社会（或国家）办理"，表明他"的确能了解'国家社会主义'的精义"。因为那个时代"国家组织还不完备，这种大计划的干涉政策"一时不会收效，但王莽"确是一个大政治家"。[③]

这篇意在"伸冤"的文章对王莽的研究并无什么贡献，但对认识胡适的思想，特别是他心目中的"社会主义"，却是好材料。王莽既然因实行"社会主义"而当得起大政治家，足见此时"集团主义"的思想在胡适心中已占有相当高的地位。而"大计划的干涉政策"一语尤其是现代自由主义与社会主义相通的点睛之笔。胡适后来在1930年自己选编了一本面向少年读者的《胡适文选》，自认是代表那时他思想的全貌，其中就包括他1926年那篇著名的《我们对于西洋近代文明的态度》。

---

① 参见余英时《中国近代思想史上的胡适》，第53—59页。
② 贾祖麟：《胡适》，第295页。
③ 《胡适文存》二集卷一，第31—42页。

在那篇文章里，胡适正式宣布："十八世纪的新宗教信条是自由、平等、博爱。十九世纪中叶以后的新宗教信条是社会主义。这是西洋近代的精神文明。"胡适并论述这二者间的过渡说："十九世纪以来，个人主义的趋势的流弊渐渐暴白于世了。资本主义之下的痛苦也渐渐明了了。远识的人知道自由竞争的经济制度不能达到真正'自由、平等、博爱'的目的。"这正是典型的英美现代自由主义的推理。但胡适是在崇尚"最新最好"的中国，故他比英美自由主义者又迈进了一步，直接诉诸社会主义："于是各种社会主义的理论与运动不断地发生。"其结果是财产私有为神圣人权的观念已动摇；被轻视的劳动阶级组织起来"成了社会上最有势力的分子。十年以来，工党领袖可以执掌世界强国的政权，同盟总罢工可以屈伏最有势力的政府，俄国的劳农阶级竟做了全国的专政阶级。这个社会主义的大运动现在还在进行的时期。但他的成绩已很可观了。"①

1926 年，在写此文三个月后，胡适途经苏俄到英国参加庚款会议。那时他曾准备以这篇文章为引论再做九篇文章成一本叫作《西洋文明》的书，并已列出子目，其中科学、自由和社会主义各占三章（详后）。此时胡适心目中的西洋近代文明，既延续了他此前对社会主义的青睐，也有他本人访问莫斯科而感受到的新俄之刺激，以及这一刺激引发的"兴奋"。考察他访问的几项记录，可以帮助我们进一步了解胡适当时的心态和他的思考。

四　体验新俄

胡适 1926 年夏途经苏联时，曾访问莫斯科中山大学，② 与当时在那里的左派中国学生长谈，校长拉狄克也参与。这次谈话是反映当年胡适与中共关系的重要史事，可惜在场的中大学生和苏联方面的记录现在尚未发现。③

①　本段与下段，《胡适文选》，1953 年台北年重印本，第 115—116 页。

②　关于莫斯科中山大学，参见 Min‐ling Yu, "Sun Yat‐sen University in Moscow, 1925 - 1930," Ph. D. Dissertation, New York University, 1995.

③　我曾就此问题请教过专门研究莫斯科中山大学的余敏玲教授，她说未见关于此事的俄文记录。胡适日记中提到积极参与谈话的学生如蔡和森、刘伯坚等皆中共党员，以中共和苏联方面对此事的重视（详后），我猜想当年应有某种形式的记录或报告，可能还需要进一步的搜寻。

近年发掘出的胡适日记留下了他自己对此事的记录，① 目前我还见到两份关于此事的他人叙述，将此同一"故事"的三种不同叙述对看，虽未必能得其"真相"之全貌，却可以有稍更深入的体会。

两份他人叙述都是出自那段时间在苏联的中国人，然均非亲历，而是听中山大学学生讲述，且都是较晚的回忆，不能要求其特别准确，对其所述内容要有所斟酌。然而正如"知人"需要"论世"一样，任何事件的"真相"本蕴涵在其前后左右的时空脉络之中。这些从当时传闻得来的二手叙述，为我们提供了当时当地当事人认知中的"胡适访问莫斯科中山大学"大致是怎样一回事，与第一手"实录"性文献相比，别有其史料价值，值得将其稍详细地摘录在下面。曾就读北大的毛以亨 1926 年追随冯玉祥到苏联，他记载说：

> 胡适之过俄时，曾参观孙逸仙大学。拉［狄克］氏问他对苏联的观感如何？胡氏答得亦极幽默，说："有一群人，很努力的依据自己的理想在那里干。"问他干得好否，他说这是将来的事，他非预言家。此乃孙逸仙大学当时的学生对我说的，而且大骂胡氏，谓为资产阶级训练出来的东西，难道苏联会干不好么？似乎胡适之的幽默战胜了拉狄克，倘不认为吃了胡适之的亏的话，大家不会气愤历久而不已。共产党与其同路人，后来就以骂胡适为原则，好像要谈革命就非先革胡适的命不可似的，其以前对胡氏的态度并不如此。以后中国学者如非革命党人要去参观就不许了，张君劢先生过俄时即想去孙逸仙大学，终于未得其门而入。②

另一份记录出自汪菊农，他本人是留俄的学生，但胡适到中山大学时他因病在克里米亚疗养，所以他的记录也是听同学转述的：

---

① 胡适当年游俄时的日记不知为何没有收入台北远流出版公司 1991 年出版的《胡适的日记（手稿本）》，后由耿云志先生设法找到并整理刊发在他主编的《胡适研究丛刊》第 2 辑（中国青年出版社，1996）上，现已纳入曹伯言整理的《胡适日记全编》，安徽教育出版社，2001（以下径引书名）。

② 毛以亨：《俄蒙回忆录》，台北：水芙蓉出版社，1983，第 166 页。

一九二六年夏，胡适出席在英国伦敦召开的中英庚款全体委员会议，取道西伯利亚铁路抵达莫斯科。那时在中山大学、东方劳动大学的中国留学生，以及中国驻苏联大使馆的工作人员，齐集莫斯科车站迎接他，人山人海，盛况空前。胡适下车伊始，我们中山大学的同学，又复邀请他来校作一次演讲，校长拉狄克主持其事。胡适登台之后，首先盛赞苏联一九一七年革命的成功并表示佩服。不料他说到国际形势时，立论却突变了，竟说美国对华政策是亲善的，首先退还庚款，为中国培养科学与文化的人才，改变旧中国为新中国云云。其时有一同学，写一纸条递上讲台，质问胡博士看过《中美望厦条约》没有？胡适随即作答："那是美国过去的历史，现在美国对华的政策的确是亲善的。"弄得同学们啼笑皆非，大家都很不愉快。校长拉狄克作结论时，高举手杖，大声疾呼："我要教导我的学生，学成归国，奋斗！革命！"①

胡适自己的日记为了解此事提供了第一手的依据，他于 7 月 29 日下午 2 时到莫斯科，到旅馆洗浴后即出门前往中山大学：②

旅馆中有浪人名 Dobbin 的，能说英国话，愿替我作翻译。我带了他出门，先访 Radek［拉狄克］。到中山大学时，他已走了，学生皆在乡间歇夏。我想把 Karakham［加拉罕］的介绍信留下，恰有中国学生一人出来，我问他，他对我一望，说："是胡先生吗？"此人名周达文，曾在北京听我演说，故认得我。我把信交给他，就走了。到中国大使馆，见着代办郑子俊先生、参赞夏君。晚上我出来走了一会。回来见于右任先生留下一张条，不知他怎样知道我来了。

（7 月 31 日）：下午往访右任先生，他不在寓，寓中有一人，乃是蔡和森。相别甚久，彼此竟不认得了。我们纵谈甚快，陆续来者甚多，

① 汪菊农：《胡适二三事》，《胡适研究丛录》，第 20 页。
② 本段与以下数段，《胡适日记全编》第 4 册，1926 年 7 月 29、31 日，8 月 1 日，第 235—238 页。

有刘伯坚，任××，王人达，马文彦等。后来越来越多，至十余人之多。右任也回来了。我与和森仍继续辩论，余人参加者甚少。从三点直到九点，Radek 来了，才把我们的舌战打断。Radek 谈了一会，先走了。我们出去到"大莫斯科饭店"吃饭。散时已十一点多钟了。作一书与慰慈。

（8月1日）：早起，料理行装。和森与刘伯坚来谈。他们都盼我在俄国久住一些时，不幸我此时不能留了。

可以看出，胡适自己的记录也有其选择性，且不够详尽，尤其是省略了他与蔡和森"舌战"的具体内容这一要素，故此事的"全貌"仍待中共和苏联方面的记录佐证。但胡适至少澄清了一些基本事实，主要是中山大学等中国学生齐集车站迎接胡适以及他到中山大学演讲都只是传说而非事实。整体而言，汪菊农所记虽更多具体的细节描述，而毛以亨所记相对更符合于胡适日记中的记述。至于胡适与中国学生和拉狄克等的讨论内容，毛、汪二氏虽各有明显的倾向性，[1] 然根据胡适其他的文字表述看，两人所记大致都非常接近，似可以互补。

譬如，毛以亨所记胡适陈述其对苏联的观感是"有一群人，很努力的依据自己的理想在那里干"。这在胡适一面，完全是实话实说，并非毛氏所说的"幽默"。胡适在 1922 年做的《后努力歌》里已提出：好社会与好政府、教育与政治、破坏与建设都是互为因果的连环，解开的唯一办法就是"努力"或"干"。在其稍来公开发表的赞颂苏俄文字中，胡适明确提出"我们要干政治"的主张，而且是干"什么制度都可以"。[2] 可知"一群人很努力的依据自己的理想在那里干"乃胡适那几年素所向往，用之于表述对苏联的观感，在他个人已是相当高的赞誉。

---

[1] 两位叙述者各自的立场值得注意，毛时在海外，基本倾向于胡适一边；仍在大陆的汪则大致站在中山大学学生一边，惟其与胡适有个人关系，也颇注意不把胡适"讲坏"。（朱熹曾说："屈原之赋，不甚怨君，却被后人讲坏"。转引自章学诚《史考摘录》，收入仓修良编《文史通义新编》，上海古籍出版社，1993，第 339 页）

[2] 关于胡适对苏俄的赞颂，参其《欧游道中寄书》（1926 年），《胡适文存》三集卷一，第 73—90 页。

又如汪菊农所记胡适区别美国"过去的历史"和"现在对华政策亲善"一语，也是他向有的主张。胡适在 1922 年 10 月所写的《国际的中国》一文就说，列强在清末还想征服统治中国，但日本势力在远东的一再扩充和中国民族的一步步自觉使远东局面大变，故民国以来列强对中国的态度有明显的改变，"外国投资者的希望中国和平与统一，实在不下于中国人民"。中国人如果"同心协力的把自己的国家弄上政治的轨道上去"，使工商业可自由发展，外国投资者有了保障，也就没有理由再在中国实施帝国主义政策了。①

而汪菊农的回忆明确了中山大学"同学们"和拉狄克对胡适不满之所自，即他表彰苏联不够，又公然为美国说好话。此虽为传言，也相当能说明问题。胡适实在有点不通人情，苏联也曾退还庚款，当年北大发工资即曾靠此款。今在苏联而不先表扬苏联所为，却强调美国的"首先"，当然容易使人不快。赞扬美国的确是中共对胡适最不满之处，曾与胡适"好人政府"主张相当接近的恽代英到 1926 年也说：就美国在"巴黎和会、华盛顿会议两次为自己利益牺牲中国利益以迁就日本与近年事事与英朋比压制中国观之，可知美帝国主义与其他帝国主义无异致，乃亦以有教大［按似指教会大学］与留美学生如胡适之博士，与其他教育界、学术界名人为之说辞，至今尚有人认为中国唯一之友邦"。②

可以说，胡适与中共当年在政治主张上的一大歧异，就在反帝方面。但这一分歧并未从根本上改变中共对胡适这样有着"反封建"佳绩的知识精英所取的联合态度，胡适访苏期间中共（以及苏俄）便对他实施了"争取"的努力。这与当时中国思想界的倾向大体吻合。自苏俄宣布废除不平等条约之后（实际上并未完全实行），北京的学界思想界左倾亲俄风气本盛，到五卅后更有增无减。张彭春曾说，当时知识精英自己也处于一种矛盾心态之中，然而却对推动世风走向激进负有不可推卸的责任：这些"年岁稍高的人"一方面"劝青年冷静好好读书"，一方面又不免教猱升木，"主张共产，与苏俄合作"。③

---

① 胡适：《国际的中国》（1922 年 10 月），《胡适文存》二集卷三，第 128 页 a－i。
② 恽代英：《反对帝国主义的文化侵略》，原载《广东青年》第 4 期，1926 年 6 月 30 日，收入《恽代英文集》下卷，人民出版社，1984，第 826 页。
③ 张彭春：《日程草案》（即日记），1925 年 6 月 29 日。原件藏美国哈佛燕京图书馆，我所用的是台北中研院近代史所的微缩胶卷。

胡适对苏俄的态度与思想界上述倾向非常接近，他虽不曾"主张共产"，大体也属于张氏所说的"年岁稍高的人"中的一个。从其日记可知，胡适甫抵莫斯科即径往中山大学访拉狄克，很能体现其心情的迫切。他在当面称赞苏俄时仍保持着一定的分寸（然如前所述，这在他个人而言赞美已不算低），只不过是秉其一贯的立场；观其在寄往国内的书信及稍后的文章中大赞新俄，甚至引起许多政治倾向接近的老朋友公开或私下的质疑，便最可见其心中的真实感受（详后）。

在苏俄与中共方面，毛以亨注意到中共以前对胡并不取"骂"的态度是个敏锐的观察，时人传言中的学生"齐集车站欢迎"虽非事实，仍揭示出某种心态；那时正与中共青年一起在莫斯科中山大学的于右任当晚即往访胡适（后来胡适正在于之住处见到蔡和森等），颇能印证中共和苏俄确实对胡适的访问期望甚高。这里很可能有胡适的老朋友李大钊所起的作用，而加拉罕为胡适写介绍信给拉狄克，更说明中共和苏俄的确非常想"争取"胡适；蔡和森与刘伯坚在"舌战"后仍希望胡适能"在俄国久住一些时日"，提示着他们并未放弃"争取"胡适的努力。

实际上苏俄已尽量努力影响胡适，且其努力还相当成功。胡适到莫斯科的第二天和第三天，被连续安排去参观革命博物馆和第一监狱，让他从不同侧面认识新俄。从那两天的日记看，他的观感和反应完全是正面的。第一监狱是关押重罪犯的，胡适看到"每二人一室。不穿囚犯制服，允许穿其家送来之衣服。每日工作八时，所得工资，除必需之费用及作工原料外，皆寄与其家人。作工之外，各依其性情与教育，组为各种文化的与教育的活动，如补充教育，音乐会，文学讨论会，政治讨论之类"。狱中"每室有自来水，有一桌二凳"；有一室因一犯人为音乐家，"平日须作谱"，特增一桌。监狱有常驻狱医，专门医生如花柳专家、心理病专家和牙医也不时会来。他并试吃了犯人自做的面包，觉得比他所住旅馆的还好。①

而中共方面给胡适的实际影响或更直接，使他产生了组织政党从事政治活动的念头，胡适8月3日的日记说：

① 《胡适日记全编》第4册，1926年7月30、31日，第235—236页。

今日回想前日与和森的谈话，及自己的观察，颇有作政党组织的意思。我想，我应该出来作政治活动，以改革内政为主旨。可组一政党，名为"自由党"。充分的承认社会主义的主张，但不以阶级斗争为手段。共产党谓自由主义为资本主义之政治哲学，这是错的。历史上自由主义的倾向是渐渐扩充的：先有贵族阶级的争自由，次有资产阶级的争自由，今则为无产阶级的争自由，略如下图（图略）。不以历史的"必然论"为哲学，而以"进化论"为哲学。资本主义之流弊，可以人力的制裁管理之。党纲应包括下列各事：1. 有计划的政治。2. 文官考试法的实行。3. 用有限制的外国投资来充分发展中国的交通与实业。4. 社会主义的社会政策。①

胡适早在《国际的中国》一文中就说，内部"政治的改造是抵抗帝国侵略主义的先决问题"。② 这次有心出来组党做政治活动，仍"以改革内政为主旨"，是其一贯思想的具体化。此时的思考也有其学理的基础，即现代自由主义和社会主义的共性。不过，胡适显然认为，若用以"社会主义的社会政策"为基础的"有计划的政治"来制裁管理"资本主义之流弊"，至少比强调阶级斗争和"一阶级专制"的苏联方式更合适于中国的国情。恰因不甚赞同正在仿效苏俄方式的国民党和中共路径，他才产生出自己"应该出来作政治活动"并组织政党的想法，希望走出一条包容美国政治方式和苏俄社会政策的实干之路。

尽管胡适组党"干政治"的冲动后来未能付诸实践，但日记中那一段以"进化论"哲学为基础的自由主义扩充史非常值得注意，既然"无产阶级争自由"是自由主义的最新发展阶段，则胡适眼中自由主义的开放性和包容性已相当宽广，不仅可以容纳当时英国工党的政治主张，甚至可以向苏俄政治和社会政策的很多面相开放。他在正式发表的文章中将此缩略为"十七八世纪，只是贵族争得自由；二十世纪应该是全民族争得自由的时期"。但他明确针对"共产党的朋友"问道："这个观念与自由主义有何冲

---

① 《胡适日记全编》第 4 册，1926 年 8 月 3 日，第 238—239 页。
② 胡适：《国际的中国》（1922 年 10 月），《胡适文存》二集卷三，第 128 页 a－i。

突？为什么一定要把自由主义硬送给资本主义？"①

这样，一般人眼中对立冲突的政治和社会取向，胡适却能看到其共性；许多人视为对立的苏俄和美国的发展方向，在胡适眼中就呈现出一致性。

五 苏俄走的是美国路？

在胡适离开莫斯科的火车上，邻室恰有一位苏俄外交委员 Theodore Rothstein，在胡适表明了自己的政治见解（即亲美而不那么反帝且怀疑苏俄的专政）后，Rothstein 指出："英美等国名为尊崇自由，实是戴假面具，到了微嗅得一点危险时即将假面具撕去了。"其实"他们也是一种 Dictatorship，只是不肯老实承认。苏俄却是言行一致，自认为无产阶级专政"。胡适以为，"此言却甚有理。我看苏俄之《刑事律》及《苏俄指南》，皆十分老实，毫无假装面孔"。②

当然，胡适也不止听信苏俄的"一面之辞"，他与那时恰在莫斯科的芝加哥大学政治学教授 C. E. Merriam 两次交谈，第二次更"谈甚久"。胡适提出了一系列的问题："（Merriam）以政治学说史家的眼光看苏俄，感想如何？以一党专政，而不容反对党的存在，于自由的关系如何？所谓 Dictatorship 的时期究竟何时可终了？既不许反对党的存在，则此训政时期岂不是无期的延长吗？"Merriam 答复说："此间作此绝大的、空前的政治试验，自不容没有保障，故摧残一切所谓'反革命的行为'是可以原谅的。向来作 Dictator 的，总想愚民以自固其权力。此间一切设施，尤其是教育的设施，都注意在实地造成一辈新国民，——所谓'Socialistic generation'，此一辈新国民造成之日，即是 Dictatorship 可以终止之时。"胡适基本接受这一解释，以为"此论甚公允"。③

他立刻将这位教授的观念引用到寄回国发表的书信之中，指出专制必愚

① 胡适：《欧游道中寄书》（1926 年），《胡适文存》三集卷一，第 85—86 页。这个自由主义的阶段扩充史还要与前引胡适所说"十八世纪的新宗教信条是自由、平等、博爱。十九世纪中叶以后的新宗教信条是社会主义"一语对看。
② 《胡适日记全编》第 4 册，1926 年 8 月 2 日，第 238 页。
③ 《胡适日记全编》第 4 册，1926 年 7 月 31 日，第 235—236 页。

民，而苏俄则"真是用力办新教育，努力想造成一个社会主义的新时代。依此趋势认真做去，将来可由狄克推多过渡到社会主义民治制度"。① 这一看法并非完全无因。在斯大林 1927 年完全掌握苏俄权力中心并推行依靠自己力量集中发展重工业之前，苏俄确曾努力想获得西方的经济援助，其教育也颇受美国影响。只是到了 1927 年后因注重专门技术人才的训练，才开始逐步放弃以前的教育方式。②

胡适到苏俄是 1926 年，苏俄教育尚未改变，他自己的印象也非常深刻。他在莫斯科期间特意阅读了苏联"教育部所作《公家教育》，不能不感觉八年来的教育成绩可惊。其教育方针实根据于新的教育学说"。③ 两年后胡适的老师杜威访问苏俄，仍然"大夸许苏俄教育"。④ 或许就是在此基础上，一向反对专制的胡适能够赞许实行无产阶级专政的苏俄，这让他的许多朋友不解。

在访问莫斯科的同时或稍后，胡适写了一系列文章，高度推崇新俄的"空前伟大的政治新试验"。他甚至认为中国应当学墨索里尼的意大利，应当学德国学日本，"以养成一点整齐严肃的气象"。倒是英国不足学，因其"名为 evolution［渐进］，实则得过且过，直到雨临头时方才做补漏的工夫"。这一切，用胡适自己的话说，就是他的"新的兴奋"。⑤ 与几年前陈独秀提出的"拿英美作榜样"相比，自由主义者胡适为了国家的快速发展，

---

① 胡适：《欧游道中寄书》（1926 年），《胡适文存》三集卷一，第 75 页。

② 参见 Robert C. Tucker, *Stalin in Power: The Revolution from Above*, 1928 – 1941, New York, 1990, pp. 40 – 43, 74 – 76.

③ 《胡适日记全编》第 4 册，1926 年 7 月 31 日，第 236 页。按胡适对苏俄教育的观察或也有求仁得仁的意味，他几年前即有"思想知识言论教育也可以变动社会、解释历史、支配人生观"的期许。而有唯物史观为思想武器的陈独秀对苏俄办教育的认识则远更"现实"，他说："欧美资本社会教育进步，完全是工业发达的结果"；苏俄虽然极力推重教育，"但以物质条件的限制，无论列宁如何热诚，所谓教育普及，眼前还只是一句空话"。胡适：《答陈独秀先生》、陈独秀：《答适之》，均收入《科学与人生观》，山东人民出版社，1997，第 27—28、31 页。

④ 胡适日记，1934 年 5 月 31 日。参见 John Dewey, "What Are the Russian Schools Doing;" "New Schools for a New Era," in idem, *The Later Works*, 1925 – 1953, vol. 3 (1927 – 28), ed. by Jo Ann Boydston, Carbondale & Edwardsville: Southern Illinois University Press, 1984, pp. 224 – 241.

⑤ 胡适：《欧游道中寄书》（1926 年），《胡适文存》三集卷一，第 78—79 页。

竟主张以当时几个最著名的集权国家为榜样！这是胡适性格中感情一面暗藏激进的又一次表露，其观念的变化是相当巨大的，也可见胡适那时在往他说的集团主义方向走得有多远。①

这样一种观念的巨变，显然与胡适对苏联现象的现场观察直接相关。正如徐志摩所说："你一出国游历去，不论你走到哪一个方向——日本、美国、英国、俄国，全是一样——你总觉得耳目一新，精神焕发……除非是白痴或是麻痹，谁去俄国都不免感到极大的震惊，赞成或反对他们的政治或别的什么另是一件事，在那边人类的活力几乎超到了炙手可热的度数，恰好反照我们这边一切活动低落到不可信的地位。"②

近代中国士人个个都盼望中国强盛，而苏俄正提供了一个由弱变强的新模式，故俄国的兴起对任何中国知识人都具打动人心的作用。且"新俄"对中国人的吸引力是多重的：国民党人和共产党人或者看到的是革命夺权的成功，自由主义者看到的恐怕更多是夺权后的建设和"改造社会"的措施，苏俄的"新教育"和莫斯科第一监狱的现象对胡适而言正可谓"求仁得仁"（若后者的安排不是出自胡适本人的要求，说明俄方对胡适还确有几分"了解之同情"）。

如果苏俄和中共对胡适前次未接受蔡和森等多住一些时候的邀请可能有些失望，他们随后即从胡适公开发表的文字中看到了苏俄新气象的真正影响力。胡适到美国后得知，李大钊曾提出："我们应该写信给适之，劝他仍旧从俄国回来，不要让他往西去打美国回来"。③ 看来中共对"新俄"的魅力颇具信心，故希望能进一步向胡适展示。

其实胡适自己也想多看看新俄，他当时给张慰慈写信说："我这回不能久住俄国，不能细细观察调查，甚是恨事。但我所见已足使我心悦诚服地承认这是一个有理想、有计划、有方法的大政治试验。"他也确曾把经苏俄回国作为一种选择，并说："我这回如不能回到俄国，将来回国之后，很想组

---

① 按晚年的胡适已甚温和，他在 1961 年说，德国是"狂妄的民族"，而"英、美就好得多了。我们的民族有点像英、美，不会狂妄到了极点"。（《谈话录》，第 165 页）这可以说与早年所见截然相反，更能反证他当年追随世风时的确激进。

② 徐志摩：《一个态度及按语》，《晨报副刊》1926 年 9 月 11 日，第 17 页。

③ 胡适：《漫游的感想》（1927 年），《胡适文存》三集卷一，第 61—62 页。

织一个俄国考察团，邀一班政治经济学者及教育家同来，作一较长期的考察。"① 可知其想要深入了解新俄的愿望是存在的。当然，对中共而言，两次试图增强印象的努力都未成功，或成为后来其不欣赏胡适的伏笔。

从胡适与前引芝加哥大学教授的谈话中可知，怎样认识苏俄所实行的"无产阶级专政"是他那时特别关注并一直在考虑的问题，也是他的许多老朋友不能接受"新俄"的关键。任鸿隽虽然同意胡适所说中国人的毛病"一个是迷信'底克推多'，一个是把责任推在外国人身上"，但他也提出了一个带根本性的问题："迷信'底克推多'是由不信'德谟克拉西'来的，而现时俄国式的劳农专制，正与美国式'德谟克拉西'决胜于世界的政治舞台。我们若要排除'底克推多'的迷信，恐怕还要从提倡'德谟克拉西'入手，你说对吗？国内的朋友对于你赞成苏俄的论调发生疑问，也就在这一点。"②

对胡适而言，任鸿隽提出的关键问题已由那位芝加哥大学教授帮他解决了。非常有意思的是胡适用孙中山的"训政时期"来指谓苏俄的"一党专政"，这既提示出他对国民党政治的某种看法，也暗示了他在提问时已将苏俄的"一党专政"预设为一个可以有下限的历史时段，故其得到的仍是"求仁得仁"的答案（这里也隐伏了胡适稍后对国民党的正面肯定：既然苏俄的"训政时期"可以最终"过渡到社会主义民治制度"，正接受苏俄援助并仿效苏俄政治行为的国民党之"训政时期"自然也可能发生类似的转化）。

胡适的另一朋友徐新六也对胡适那"新的兴奋"有所疑问，他说："兄西游后，政治思想颇多变更，在各处通讯中所见兄之议论，弟赞成者甚多。例如对俄国革命态度之修正，认为对于全世界之大 challenge［挑战］，调和稳健即是因循苟且，以及我辈政治活动能力之薄弱，均是无可驳击。"但他也指出："俄国革命对旧式社会虽有震撼摧拉之力，我辈亦不能见其力大而即以为是。"徐氏认为："俄国革命之特色，一为政治上党治之试验，一为经济上共产之试验"。他显然注意到胡适急于要"干政治"的兴奋，特地提

① 胡适：《欧游道中寄书》（1926 年），《胡适文存》三集卷一，第 76—77 页。
② 《任鸿隽致胡适》（1926 年 12 月 8 日），《书信选》上册，第 411—412 页。

出："我辈当平心静气研究此二点之是否，以及对于我国此时是否为对症之良药。如其不然，当研究出一方案来。"在胡适"对于政治如未用过上述几层工夫以前，不必急提方案，而却不可不苦用一番工夫，或可终于提出一个方案"。[1]

徐新六的观察甚敏锐，"力大"（因而效果明显）正是新俄对胡适（及其他许多人）的魅力所在。他的问题实际是：对苏俄的"共产"和"党治"，中国究竟学不学？如果不学，又学苏俄的什么？胡适那时主张向俄国人学习的，首先是"努力肯干"的认真精神。当时《晨报副刊》上一篇署名伯山的作者就看出胡适"明显地流露出不据学理不择方法去干"的倾向，他发现，胡适"近来的精神"就体现在"他那'肯干''能干'的豪气"上。[2]

可以说，重在行动是胡适当时政治主张的一个重要的特征。他那段时间特别强调努力肯干，虽然给人以"不据学理不择方法去干"的倾向，主要还是针对他所认知的国人"政治活动能力薄弱"这一缺失。而立足于行动的基础也使一些在常人看来矛盾、冲突或对立的政治趋向可以被胡适"兼容并包"而熔于一炉。不了解这一点，就较难对胡适那段时间所表述的政治理念及其表现出的政治态度产生"了解之同情"。

然而任鸿隽关注的"俄国式的劳农专制"与"美国式'德谟克拉西'"的对立和竞争关系本实际存在，胡适自己对此也并非没有疑虑。在这方面，他进一步得到了罗素的帮助。胡适从苏俄到英国后，罗素即告诉他，像中国这样的农业国家，最适于苏俄那种专政制度。若采用民治，必闹得很糟。胡适反对说，"我们爱自由的人却有点受不了"。罗素告诉他，"那只好要我们

---

[1]　《徐新六致胡适》（1927 年 1 月 12 日），《书信选》上册，第 419—420 页。不过，任、徐二氏的质疑都只是私下的交流，而胡适对新俄的赞颂和提倡"干"的主张却是公开发表的，这当然会有不同的影响。身在国民政府治下的顾颉刚稍后就告诉胡适：先生最近"主张我们没有反对俄化的资格，这句话也常称道于人口"。《顾颉刚致胡适》（1927 年 2 月 2 日），《书信选》上册，第 426 页。

[2]　伯山：《与适之先生论"干"并及新自由主义》，《晨报副刊》1927 年 1 月 6 日，第 3 页。按伯山还挖苦说："近来青年作文，动辄是手枪炸弹，后面再写上几短行大字，甚至一句话下用三个希望的符号。"这是影射胡适的《四烈士冢上的没字碑歌》，但的确把握到了胡适那时精神上新的兴奋。

自己牺牲一点了"。胡适觉得"此言也有道理"。①

以前罗素说中国应走社会主义之路时，胡适曾做有《一个哲学家》的诗，说罗素自己不要国家，却要中国人爱国；自己不信政府，却要中国行国家社会主义；这都因为罗素认为中国人还不配走自由主义之路。胡适曾"敬告他：这种迷梦，我们早已做够了"！如今他自己对自由主义的认识转变了，罗素再教他为了国家好而牺牲个人信仰，他也就基本接受了。

罗素在 1922 年著的《中国的问题》一书中，曾提出苏联布尔什维克的目标就是要"使俄国美国化"。② 胡适当年想必是不同意的，因为他本认为"真正的美国主义"并不主张平地推翻一切，而是坚信"进步是一步一步得来的"。③ 但在思想转变之后，再加上芝加哥大学那位教授的推理，则社会主义专政的将来总还会到民治；正是基于专制可经教育变民主这一判断，胡适在 1930 年断言：苏俄与美国"这两种理想原来是一条路，苏俄走的正是美国的路"。④ 他又一次接受了他不太喜欢的罗素的观点。不过，罗素一向是将"美国主义"作为挖苦对象的，他说俄国走美国路本略带贬义。而在胡适这里，已是明显的褒义了。

苏俄真正打动胡适的，大约还是一个法国人告诉他的："俄国最大的成绩是在短时期中居然改变了一国的趋向，的确成了一个新民族。"这或者让他回想起 Merriam 当初类似的观察，即苏俄"一切设施，尤其是教育的设施，都注意在实地造成一辈新国民"。而这正是胡适毕生想在中国实现的最高目标，他不禁感叹道："这样子才算是真革命。"⑤ 后来的历史表明苏俄有那样的改变实在只是个神话，但当时有胡适那样看法的不在少数。

二三十年代的西方对苏俄的社会主义和意大利的法西斯主义虽然是反对多而赞成少，但都承认这是对西方政治学说和政治制度的新挑战。胡适是乐观的实验主义者，故倾向于从积极的方面去诠释这些新试验。而且，他把新

---

① 胡适日记，1926 年 10 月 17 日。
② Russell, *The Problem of China*, p. 11.
③ 胡适日记，1921 年 6 月 14 日。
④ 胡适日记，1930 年 3 月 5 日。
⑤ 胡适日记，1930 年 3 月 5 日。

俄的社会主义制度这一"空前伟大的政治新试验"纳入了他所推崇的社会主义新宗教信条之中，在这一点上他比张君劢等进步党人的基尔特社会主义走得更远。

张忠栋先生曾提出，胡适在 1927 年初从欧洲到美国后，即扫除了他对苏俄的兴奋，再度认定美国的价值。① 此说颇为其他一些学者采纳，其实恐怕误解了胡适。胡适当然更加认同美国，不过他到 1930 年仍说苏俄与美国"这两种理想原来是一条路"的断言表明，胡适认同美国方式并不以放弃对苏俄的"兴奋"为代价。另一方面，胡适在苏联时就公开表述了其倾向美国的态度，且因此引起招致拉狄克和中共学生的不满，他完全无需到欧美考察后再"重新"认识到美国方式的价值或"回归"到美国方式。

对胡适来说，既然他认为"苏俄走的正是美国的路"，显然更强调两国"取径"的"共同"而非其"不同"。胡适对西方有着自己的亲身认识，他并不像一般人那样笼统看待广义的"欧美"或"西方"政治。观其当时公开说英国不足学，可知他在英国的观察较多负面印象，这与他对苏联的颇多正面印象非常不同，值得特别注意。而且，胡适那段时间一直把苏俄看作"西方"的一部分；从 1919 年开始，他长期以来与马克思主义者的争论是关于输入什么样的学理、怎样输入，以及某些学理是否适合中国等问题，但从未质疑这些学理属于"西方"。

其实胡适对苏联的好感和他对苏俄政治方式的保留都是持续的，他承认和接受苏联所进行的"绝大的、空前的政治试验"并不意味着他已认可苏俄的政治方式。同样，胡适对美国政治方式的赞赏也是有分寸的。尽管他长期以来有意无意间试图将美国方式运用于中国，但因"议政"而较仔细地考察过中国国情并实地体验了新俄的社会主义制度后，胡适对什么样的体制更适合中国似乎有了新的认识，与蔡和森等人的"舌战"给了他思想上的刺激，使他产生了一些突破性的想法。

简言之，若用之于中国，胡适并不完全认同美国当时的政治和社会政策，而是强调一种更加社会主义化的美国式政治。他主张"充分的承认社

---

① 张忠栋：《胡适五论》，台北：允晨文化公司，1987，第 37 页。

会主义的主张"，并把人为制裁管理"资本主义之流弊"列为其主要施政目标之一。其设计的自由党"党纲"凡四条，其中"有计划的政治"和"社会主义的社会政策"两条就非美国当时所实行（此可与徐新六所说苏俄的"政治上党治"和"经济上共产"两大"试验"对看）。而"用有限制的外国投资来充分发展中国的交通与实业"一点也明显是在因应国内反帝一方的思考。

胡适是西方式的进化论者，在他看来，中国尚处在西方的文艺复兴阶段，或最多不过刚迈过这一阶段，后面经济上还有工业革命，思想上还有启蒙时代，离工业革命后的社会主义尚远。他后来说，只有基础坚实的国家，才有精力去讨论社会问题。而中国的"国家还不是一个国家，政府还不是一个政府"，甚至缺乏"保证这个民族本身的生存方式"，则"我们如何配讨论生产和分配制度的改革问题呢"？中国不仅与欧美不能比，与苏俄不能比，甚至与土耳其也不能比。所以，"现时中国所需要的政治哲学决不是十九世纪以来的积极有为［按指公领域的干预作用］的政治哲学。"[1] 不过，尽管中国离社会主义时代尚远，西方却已经差不多了。

六　社会主义是西洋近代精神文明

前面说过，胡适在 1926 年 9 月曾准备以他那篇《我们对于西洋近代文明的态度》一文为引论，再做九篇文章合成一本叫作《西洋文明》的书。他在日记中自述说："此书的动机固然很早，这几年我常常想着这个文化问题。"从已发表的东西看，所谓"这几年"至少可从 1922 年讲王莽时算起，正是胡适自己划分的集团主义时期即将开始之时。值得注意的是胡适讲自由主义的一章拟从穆勒而不是洛克和斯密讲起，颇类似他在北大讲中国哲学史时"截断众流"的取径。这也表明胡适服膺的是英美一支的现代自由主义。穆勒正是英国自由主义从经典到现代、从完全个人主义到兼容集体主义的转

---

[1] 《独立评论》第 77 号，1933 年 11 月 19 日，第 2—7 页；第 49 号，1933 年 5 月 7 日，第 6 页。

型人物。由此方向走下去，到达社会主义是自然的发展。这本书他后来没有写成，但已列出子目，其中科学、自由和社会主义各占三章。这大概就是彼时胡适心目中西洋近代文明的全貌了。[①]

在此后的几年间，胡适多次向欧美听众谈及《我们对于西洋近代文明的态度》一文的基本思想。其中也有些细致化的小修补，但大体没有变动，唯一显著的发展是对社会主义的推崇越来越高。

胡适以为，一次世界大战后流行的关于西方文明是物质文明、东方文明才是精神文明的说法已使西方人不能正确认识自己文明的优点，即不能认识社会主义的价值。所以他给西人鼓劲说，西方文明正迅速成为世界文明。而中国能对今后的世界新文明做出的贡献，就在帮助西人认识他们未看到的社会主义的价值。胡适反复对英美人强调说，社会主义不仅是西方早期更重个人的民主观念的补充，是西方民主运动的历史组成部分，而且是"西方文明最伟大的精神遗产"。他教导英国人说："我们或许可以不喜欢社会主义。但它显然是人类所发明的关于社会秩序的最高理念之一。"实际上，"世界正在不知不觉中变成社会主义的世界"。[②]

像这样对社会主义的高度推崇，在中国思想史上是不多见的，在中国自由主义知识人中，恐怕更是绝无仅有的。在那几年间，胡适对他所谓"十九世纪中叶以后的新宗教信条"曾试图改称为"新自由主义"或"自由的社会主义"或"民主宗教信条"，但意思大致不变。其倾向是徘徊于现代自由主义和社会主义之间。不过胡适对社会主义虽推崇备至，主要还是从西方文明正变为世界文明的角度出发，是要帮助西方人认识到他们认识不到的价值。一旦回到中国时，他的立场还是踏在自由主义之上。

尽管胡适这许多话是在为英美人说法，他常常还是从中国的视角在看问

---

① 胡适日记，1926 年 9 月 23 日。可对比陈独秀概括的西洋近代文化：人权论、生物进化论、社会主义。《法兰西人与近世文明》，《陈独秀著作选》第 1 卷，第 136 页。

② 参见胡适 1926 年 11 月 25 日在利物浦大学的演讲、1926 年 11 月 26 日在曼彻斯特大学的演讲，均为当地报纸报道，收在胡适同日的日记中。更详细的论述见前引胡适在英国皇家国际事务研究院的演讲及胡适的英文论文 "Civilization of east and West," in Charles A. Beard, ed., *Wither Mankind*, New York, 1929, pp. 37 – 41.

题。一战后东西方精神物质文明之争在中国的思想言说中确是热点，而西人对此本不甚注意，哪里谈得上蒙蔽西人耳目的功用呢！但是在中国，那场争论倒确实改变了一些人一味崇洋的心态。其实还不仅是梁启超"他们"在一次大战后看到西方也有不足，就是《新青年》的同人陶孟和在此时到欧洲，对西方政制也有失望的感觉。① 正是在这样的背景下，胡适等人感到有必要进一步强调西洋文明的长处。

但胡适看到的竟是西人认识不到的社会主义，恰又揭示了社会主义是当时中国的思想言说中的一个主流倾向。胡适对社会主义的赞颂，虽然不少是英文，中文那篇也很够味道，并没有引起时人多少反应。但差不多同时胡适对新俄也颇多美言，却立刻引起轩然大波。可见当时抽象广义的社会主义已是士林之大势所趋，故胡适谈社会主义既未遇到知音，也未见什么人反对。但具体到苏俄，则不仅与当时中国的政治军事发展有密切的关系，而且苏俄的社会主义是实实在在摆在那里，故不容不做出反应。

1933 年胡适到芝加哥大学讲学时，重申了他对苏俄的赞赏，并进而表彰了苏俄领导提倡科学技术的进步。这一次他明确把共产主义与社会主义一起赞颂，强调都是西方文明不可分的一部分。② 到 1934 年底，胡适为《东方杂志》做了一篇《一年来关于民主与独裁的讨论》的长文，在文中他再次重申了他在"对西洋文明态度"一文里提出的民治和社会主义阶段说，同时仍将苏俄归入往民治发展的一路。③ 胡适是反对中国独裁的，但又向往社会主义和苏俄，所以干脆把苏俄诠释为不是独裁的。这是胡适中西不同说的典型表现。

胡适晚年说，他到 1941 年就已看破社会主义而不再向往。这个时间略可商讨。那时他的确已讲到集权和民主的斗争，不过仍把苏俄划在民主一边。至少他对"新俄"的梦想还持续了几年。但胡适对社会主义和苏俄的推许是从现代自由主义立场出发，大约是没有问题的。而且这一立脚点他基本未曾移动。同时，胡适也从未放弃对美国民主模式的坚信，他说苏美走的

① 陶履恭：《欧游的感想》，《新青年》第 7 卷第 1 号，1919 年 12 月，第 49—55 页。
② Hu Shih, *The Chinese Renaissance*, Chicago, 1934, pp. 42 - 43.
③ 《东方杂志》第 32 卷第 1 号，1935 年 1 月 1 日。

是一条路，是因为他认为苏俄是曲线在走美国路。且美国在三四十年代罗斯福当政时期的许多"新政"举措恰好也能印证和支持胡适对西方文明向社会主义方向发展的趋势性预测。

正因为自由主义立场坚定，胡适在 40 年代中期已渐渐认识到他多年"对苏俄那样热心的期望"不过是场梦。前面说过，胡适一开始接受现代自由主义就有民族主义的因素在起作用（把"对某一个人的自由的约束是其他人自由的条件"这一现代自由主义原则推广到国际关系上，就是一国不能干预他国之事）。最终使胡适放弃"二十多年对新俄的梦想"的，是《雅尔塔协定》和战后苏联对东北的清洗。崇尚西方的自由主义者胡适毕竟还是站在民族主义的基点上。[①]

在此之后，胡适在 1947 年 8 月 1 日发表广播演讲《眼前世界文化的趋向》，最后修正了他关于西方走向社会主义的"三百年来'社会化'（socializing）的倾向"的说法，提出"三百年的民主大潮流"和"三十年反自由、反民主……的逆流"的说法。但即使在这篇讲话中，胡适仍坚持要用社会化的经济制度来提高人类的生活程度。[②] 大约同时，胡适仍撰文指出，百年来自由主义运动的最大成绩，是英国工党靠非暴力的议会选举改革社会。[③] 他对英国工党式的社会主义仍然向往，其立场仍在霍布豪斯和杜威的现代自由主义之上。

＊　＊　＊

胡适历来主张一种"实验的精神"，他给"中国文艺复兴"下的定义即是"一种自觉的尝试"。其对新俄的向往及与社会主义的合离，大致都是这类尝试的一部分。但就像他的《尝试篇》所说："有时试到千百回，始知前功尽抛弃。"

以今日的后见之明看，胡适那"二十多年对新俄的梦想"，后来不得

---

① 胡适：《从〈到奴役之路〉说起》，第 49 页；《胡适致周鲠生》（1948 年 1 月 21 日），《书信选》下册，第 316—320 页。
② 参见《年谱长编》第 6 册，第 1981—1987 页。
③ 胡适：《自由主义是什么》，转自《年谱长编》第 6 册，第 2044—2047 页。

不放弃；于社会主义，则以合始而以离终。这些尝试，可以说都是偏向"失败"的。不过，"即使如此已无愧"，他毕竟已经实行了"实验的精神"。

如果说这是胡适在理论层面向集团主义趋近的尝试，与此同时，在实践的层面，他也曾对北伐时的国民革命寄予厚望。

第十一章

诤友：走近国民革命

走向政治解决的文艺复兴／主动呼应国民革命／"白色恐怖"的刺激／与"党化教育"的合离／"诤臣"与"诤友"之间

在胡适的思想向集团主义趋近的同时，他在实践一面也曾对北伐时的国民革命寄予厚望，从哪里看到了从根本上解决中国问题的可能。这与他对新俄的高度推崇相关，而联俄正是那时国民党的一个鲜明特征。南方的联俄实践对北方的思想冲击极大，1925年时苏俄问题曾在北方引起一场大争论，也就是前引胡适说他拒绝参与的那次关于"赤化"的辩论。那次辩论实际是以亲国民党的知识人为一方，以所有其他各种"温和"派别的为另一方，以《晨报》和《京报》的副刊为主要阵地，基本是在高层次的知识人中间进行；与当时北洋军人的"反赤"虽然同时，思想上也有关联，却不是一回事。①

那时苏俄问题已成中国士林思想言说的热点，胡适虽然没有参加这次争论，但他随后对新俄的赞颂甫出，北方即有人认为胡适"表同情于共产"，而在南方胡适的主张则"常称道于人口"。②重要的是胡适曾把"反赤"讨论的两造区分为"少年人"和"学者们"，他后来的大赞苏俄以行动确认了他倾向和认同于"少年人"一边，因为这些少年多少也代表着加入国民革命（含国共两党）的五四青年。方向确定之后，一般视为自由主义知识人代表的胡适，在1926—1927年间对国民革命主动呼应、多有表彰，然而他在1928—1929年间又曾与新执政的国民党有过一段尖锐的冲突。

两者之间显然有直接的关联，对前一段的"表彰"认识不足，对后一段的"批判"就不易充分理解；而前后迥然不同的两种态度怎样转换过渡

---

① 此事学术界尚乏研究，原始材料都收在章进编《联俄与仇俄问题讨论集》（上），由北新书局于1927年在北京和上海同时出版。

② 《钱端升致胡适》（1926年11月4日）、《顾颉刚致胡适》（1927年2月2日），《书信选》上册，第406、426页。

这一进程本身，也非常值得考察分析。由主动呼应国民革命到尖锐批判国民党的"党化政治"这一前恭后倨的变化，充分反映出既希望超越政治，又不能超越政治的民初知识精英在面临实际政治运动时的两难局面。对一向最能自圆其说的胡适而言，这背后还有着某种一以贯之的理论体系，也就是他一生中多次论及的中国文艺复兴。

一 走向政治解决的文艺复兴

关于中国的文艺复兴，胡适曾著有英文的专书《中国的文艺复兴时代》，[①] 中文也曾以各种文字和讲演进行阐述，可以说这是胡适一生思想和事业的主题。但他关于这一主题的论述，也是有变化的，有时变化还较大，这方面尚未引起学者足够的注意。

总的来说，中国的文艺复兴有广义和狭义之分，广义的"中国文艺复兴时期"，"当自宋起。宋人大胆的疑古，小心的考证，实在是一种新的精神。印书术之发达，学校之广设，皆前此所无有"。而宋儒提倡的格物致知和怀疑，也"皆前古所不敢道"。朱熹既是这种精神的集大成者，后来也因朱学的定于一尊，以前"从疑古而求光明的学者，后来皆被推崇到一个无人敢疑的高位！一线生机，几乎因此断绝"。明代王学之兴，是第二期。戏曲小说，"山人""才子"，"皆可代表一种新精神与新趋势。肉体的生活之尊严，是这个时期的一点特别色彩"。清学之兴是第三期。"中间太平天国之乱，几乎又把这条线完全割断。黑暗之气，至清末而极盛，竟至弥漫全国"。而一般所谓的新文化运动，就是第四期，也就是狭义的"中国文艺复兴"。[②]

上面的论述是胡适在1923年的看法，那时他主要是看有无"新精神"，对于他早年和晚年都强调的"再生"一层意义，不是十分强调。胡适在留学结束归国的船上，曾再读西人的《文艺复兴史》。关于英文的 Renaissance 一字的字义，他那时以为"文艺复兴不足以尽之，不如直译原意"，即所谓

---

① Hu Shih, *The Chinese Renaissance*.

② 胡适日记，1923 年 4 月 3 日。

"再生时代"。1958 年 5 月 4 日，胡适曾有题为《中国文艺复兴运动》的演讲，他自称说的是"四十多年来的运动"，其实具体只侧重在五四前后那一段。胡适在演说里面明确说到，所有关于五四新文化运动的名称中，他觉得还是"中国文艺复兴运动"最合适。胡适并再次解释说，英文 Renaissance 这个字的意思就是"再生"，就是"一个人害病死了再重新更生"。可知胡适到老强调"再生"一点不变，但后来已从众将那个字译为"文艺复兴"，而不再坚持译为"再生时代"了。[①]

但是胡适在 1958 年那次演讲中说，他讲的"中国文艺复兴运动"是"四十多年来的运动"。这就提示着那前述的第四期"中国文艺复兴"，也并不止于新文化运动，还包括以后的国民革命直至国民党到台湾后的活动，或者可说是一种介乎于广狭二义之间的"中国文艺复兴"。这是一般人较少注意到的，其中最不含混的部分就是胡适对文化与政治关系的认知。

对文化与政治的关系，具体地说也就是新文化运动和五四运动以及此后的政治运动之关系，胡适的认知有一个很有意思的转变。他晚年颇爱说五四运动是对新文化运动的"政治干扰"，后者因前者的干扰而"夭折"。当年为胡适做《口述自传》的唐德刚先生颇不以为然，曾就此面质胡适。唐先生认为："一个新文化运动的后果，必然是一个新的政治运动，而所谓'新文化运动'，则是近百年来中国整个的'现代化运动'中的一个'阶段'。"他还专门写了一篇文章来论述此事。[②] 其实如果把"中国现代化运动"改为"中国文艺复兴运动"，再去掉"必然"那类字眼，则唐先生所说，正是胡适自己的见解，而且他早年还有清楚的界说。据说唐先生每次录音之前，都要先做准备的"功课"。这一次要么是他的功课做得不够好，要么就是胡适又和他开了个不大不小的玩笑，怪不得唐先生曾深有体会地说胡适"并不就那样老实"。

按照前引胡适 1933 年对中国现代思想的分期，1923 年以前"多是侧重个人的解放"，以后则是"集团主义时期"。胡适将新文化运动开始的那几年列入第一期意味甚长，两段间的关系若从字面看，正好是第二段反第一

---

① 　胡适日记，1917 年 6—7 月之"归国记"；《胡适学术文集·新文学运动》，第 285 页。

② 　参见《口述自传》，第 198 页。

段，胡适岂不是自认他参与发起的新文化运动已经结束或过时，则胡适又将认同于何处呢？

其实，至少按胡适二三十年代的观点，这两阶段都同属更大的"中国文艺复兴"运动。在此大运动中，第二段恰是第一段的继续。而中国文艺复兴又是自鸦片战争以来中国现代化进程的最新阶段（唐先生看了恐要吐血）。总的来说，胡适也认为中国现代化进程历经鸦片战争之后的技术引进阶段，甲午战争之后的政治改革阶段，和以文学革命为开端的文艺复兴阶段。在胡适更系统的论述中，从重视维多利亚时代个人主义倾向的自由主义向集团主义的过渡，正伴随着新文化运动向重视民主特别是科学的转变。

所以，在中国文艺复兴的这个阶段里，新文化运动实已开始向第二阶段转，而完成其转变的则是国民党 1923 年的联俄容共。胡适将新俄视作西方的一部分，故联俄就是向西方学习的最新发展。"容共"则使国民党吸收了大量的受新文化运动影响的青年，从而使国民党承接了五四新文化运动的精神。从联俄容共到北伐的国民革命，正是中国文艺复兴的第二阶段。[①] 不难想象，后来的政治运动也可依同理逐步纳入胡适这套思想体系。

而且，胡适对"中国文艺复兴"的定义也发生了相当大的改变，渐倾向于他所谓的集团主义之一的民族主义运动。1925 年他在武昌大学讲"新文学运动的意义"时说，中国的语言，"今日在世界上，为近代之最高者"。这在一向认为中国事事不如人的胡适已很难得，接下去他更进一步说："新文学运动，并不是由外国来的，也不是几个人几年来提倡出来的……新文学运动是中国民族的运动。"一年多后在美国，胡适更系统地把他所谓的"中国文艺复兴"定义为"按照我们自己的需要、根据我们的历史传统去制订方案以解决我们自身问题的一种自觉尝试"。[②] 这样一种民族主义的定义，与一般人心目中面向西方的新文化运动相去何止天远。

---

① 胡适这一整套关于中国文艺复兴的阶段性系统论述，主要见于其 1926—1927 年间在英国和美国的演讲。最重要也最详细的是 1926 年 11 月 9 日在英国皇家国际事务研究院和 1927 年 2 月 26 日在纽约对外政策协会的演讲。前者刊在 *Journal of the Royal Institute of International Affairs*, VI：6（1926），pp. 265 – 279；后者由 Peking Leader 社刊在该社 1927 年出版的 *Forward or backward in China?* 一书中，pp. 5 – 12.

② 胡适讲、孟侯记《新文学运动之意义》，《晨报副刊》1925 年 10 月 10 日，第 2—4 页；胡适在纽约对外政策协会的演讲。

从这些观点可以看出，1926—1927 年时的胡适思想已相当激进。他对新俄的赞颂表明了他站在"少年人"一边的政治选择，在一般人心目中因参加善后会议而认同于北洋政府的胡适，此时实际已倾向于国民党一边。认同于国民革命不过是往这个方向再进一步，大致也是自然的发展。

二　主动呼应国民革命

除了曾参与《竞业旬报》的编辑而与国民党的前身同盟会的革命活动有所关联外，胡适与国民党的早期关系远不如他与共产党人那样亲密。从这个角度看，他于 1919 年到上海迎接杜威有附带的重要意义。那次胡适在蒋梦麟介绍下见了孙中山，从此与国民党人有文字往来，如撰文欢迎《星期评论》，评介《孙文学说》，及与国民党人论学等皆由此始。但在 1922 年 6 月 3 日，胡适与蔡元培联电孙中山，劝其结束护法之役，以国民身份为国尽力。此举遭国民党人痛诋之，友好时期就暂停了。胡适此时正与"好政府"诸人往还密切，多少有保全中央政府以维系全国统一之意，所以在同月《努力》的时评"这一周"里说陈炯明推翻孙中山在广东的势力是"一种革命"，斥孙为"倒行逆施"，更受国民党人攻讦。但胡适次年到杭州养病期间，汪精卫又通过任鸿隽主动与胡适联系，双方的关系又有所缓和。[①]

在《我们的政治主张》中，胡适曾说"我们不承认南北的统一是可以用武力做到的"。这大体代表了当时大部分人（包括北洋军阀）的认知，是"好人政治"的主张得以流行一时的一个重要基础。但 1923 年底开始的国共合作，使中国整个政治运作状况发生了根本的改变，而且提示了武力解决的可能性。从苏俄借鉴的紧密组织起来的政治团体的功能一发挥，中国的政治运作就发生了一个革命性变化。

胡适对国民党的好感，大约产生于 1925 年他南下武汉时。在那里他碰到了刚从广州回来的刘文岛，据胡适的日记，刘氏"很夸许蒋介石等的设施，说他们不是共产派，只是一班新军人想做点整顿的事。他们很能保护商人工人，想做到安居乐业的地位。俄国人只有军事上顾问的事，并不干预政

---

① 《年谱》，第 112—13、123 页。

治。广州近来很有起色，学生军纪律极好，很有希望"。这些正是胡适愿意听到的话（也可能他只记下了他想听的话）。他知道刘文岛"本是反对共产派的人"，所以觉得刘的话"是很可注意的"。但他不知道刘是代表唐生智去与广东谈联合，此时当然要说广东方面的好话。从这时起，胡适在南北之间开始明显倾向于南方。到次年他离开中国时已预计"吴佩孚三个月倒，张作霖六个月倒"。①

对胡适影响最大的，大概是他的几位美国朋友。1926 年 3 月，胡适在上海见到了他的老朋友、美国《国民》杂志的记者根内特。那时根内特刚访问了广州将回美国，胡适与他"谈得很多"，想必从那里得到很多"亲国民党"的叙述。另外，胡适在上海期间也会到他很熟的朋友索克思。索克思曾任孙中山的秘书，对国民党内情甚悉；他与鲍罗廷极不相得，但在南北之间显然支持国民党。胡适与这两人的谈话因无日记可征，不得其详。他在 1926 年 10 月 14 日在英国见到武汉圣公会主教吴德施（Logan H. Roots）的儿子小吴（John McCook Roots），畅谈广州情形。小吴于是年夏天也曾访问广州，会见了不少国民党要人，胡适认为他的观察与根内特和索克思所述"大致相同"。故从小吴所说，大略可知前两位的观感。而根内特和小吴又都曾将其所见撰写系列文章在美国发表，其中前者尤多，不久即结集成书由《国民》杂志出版。他们的意见，也可从这方面检核。②

那时胡适最关心的是鲍罗廷和蒋介石的情况，这不仅因为这两人恰是广州最有实权者，而且因为"广州的领袖人才，我略知其大概。只有介石与Borodin 我没有见过"。小吴告诉他：鲍罗廷"极有见地，极有勇气；广州人士谈及他，无不竖起大拇指称赞他"。广州人的态度也可从鲍府"终日有人来请教"一点看出。小吴只见到蒋几分钟，但转述鲍罗廷的话说，蒋是一个好革命家。这些内容与根内特和小吴公开发表的言论是相符的。胡适同意鲍罗廷是"奇才"，并"很盼望〔宋〕子文诸君在他的训练之下能有大长

① 胡适日记，1925 年"南行杂记"10 月 5 日条、1926 年 9 月 3 日。

② 胡适日记，1926 年 8 月 23 日—10 月 14 日；并参见 Lewis S. Gannett, *Young China*, rev. ed., New York: The Nation Inc., 1927; John McCook Roots, "Chinese Head and Chinese Heart," *Asia* (Feb. 1927), pp. 91 – 97, 157 – 160, "The Canton Idea," *Asia* (Apr. 1927), pp. 285 – 288, 346 – 352, "Sun Yat - senism," *Asia* (May 1927), pp. 361 – 365, 436 – 441.

进。只怕广州诸人之中，无一人能继 Borodin 之后"。对于蒋介石，胡适最关心的是他"可算得政治家吗"？这一点，可惜小吴"不能答"。胡适以为："介石之能在军事上建功，是无疑的。但他有眼光识力做政治上的大事业吗？此事我很关心。我深盼他能有政治上的手腕与见解。"①

可以看到，胡适此时的态度和倾向已很明显。从 1926 年 11 月起，胡适开始在英美两国"谈政治"。在一系列的谈话演说中，胡适强调中国当时的根本问题是新旧两个中国之争。他以为，辛亥革命后十五年的民国完全是个失败，但那只是"旧中国"的失败，因为"新中国"在此期间并无权势，当然也不对失败负责。在某种程度上，胡适暗示，这与西方倒不无关系；因为西方又要中国现代化，又要中国保持传统中的优秀成分。这是胡适跑到罗素的老家去反击罗素在中国的言论。他继而挖苦说，西方人又何尝懂得他们想要保存的中国传统这些优秀成分呢！②

在南北政府之间，胡适明确站在南方一边。他一开始就告诉英国人，南北之争的结果必定是南方取胜，因为南方军队有理想，而南方政府则是中国最好也最有效率的政府。更重要的是，南方的事业得到中国人民的同情。南方也并未"赤化"。实际上，中外报纸关于"赤化"和"讨赤"的标签都不符合历史事实。目前的战争不过是吴佩孚和孙传芳以"讨奉"为口号的战争的继续。

胡适特别注意在中外关系上为国民革命正名。他劝西方人不要太在意中国人的排外，特别是非基督教举动；因为中国人同时也在进行反孔教和道教的行动，这一切只不过是新旧之争这一大冲突的组成部分，是正常的现象。与他在国内常常强调中国的问题不应都归咎于帝国主义相反，胡适在英国明

① 胡适日记，1926 年 10 月 14 日。根内特对鲍罗廷和"清党"以前的蒋介石的看法都与此相同，特别是对蒋，连提的问题都相同。他认为蒋有理想，有军事能力，但怀疑蒋能否与人很好地合作，尤其是担心他能否接受文人领导而不是谋求建立个人权威。这些顾虑，与宋子文颇相同，也很可能是受了宋的影响。只是在"清党"之后，根内特才写过攻击蒋的文章。不论他和胡适是谁影响谁，他们显然是讨论过这些问题。参见 Gannett, *Young China*, pp. 27 – 31.

② 本段及下多段均参见胡适 1926—1927 年在英国和美国的演讲，最详细的是 1926 年 11 月 9 日在英国皇家国际事务研究院的演讲，刊在 *Journal of the Royal Institute of International Affairs*, VI：6 (1926), pp. 265 – 279, 和前引在纽约对外政策协会的演讲，并参见胡适日记，1926 年 10 月 8、14，11 月 2、4、26 日。以下凡有关胡适在英美演讲的内容不再注出。

确谴责不平等条约。他同时告诉英国人说：中国青年跟着俄国跑不是因为俄国人会宣传，其根本原因乃是不平等条约，而列强在中国维护条约的行为恰起到替俄国宣传做证明的功效。胡适强调，中国的"赤化"是民族主义，而不是"俄国主义"。那时中国的三个主要政党——国民党、共产党和国家主义派（青年党）——在要求中国的民族自决权一点上是一致的。

胡适对英国人提出一个对付他们老对手俄国的办法，即釜底抽薪，主动与中国修订不平等条约。1927 年到美国后，他又劝告美国人说，正确的事情还必须在正确的时候做；美国当年归还庚款即是好事做在好时候，如今中国人切盼美国能带头支持修订不平等条约，美国人应抓住这一心理时机。胡适对英美感情大不相同，他的确期盼他寄予厚望的美国能在修约一事上采取主动。

但胡适的呼吁并不能在"实际政治"层面打动西方人。确切地说，胡适在西方人心目中，主要仍是中国思想文化界的一个象征，他的影响大约也多在这一范围之内；对"实际政治"层面的西方人来说，胡适大概也没有多高的地位。这既增加了胡适这类中西边缘人在中国的尴尬，也使他们对西方暗中失望。1928 年 3 月有个传教士对胡适说："此时中国需要一个英美式的鲍洛庭"，胡适略带挖苦但又不无怨望地告诉他："可惜英美国家就产不出一个鲍洛庭。"① 鲍罗廷象征着主动宣布废约的新俄，这一点英美却做不到，这大概是最使他失望的吧。

但是鲍罗廷的象征不止于此，他还给中国人带来了苏俄政党那种善于组织的功夫，这是胡适最为推崇的。胡适告诉英美听众：西方虽然给中国带来了现代科学和文明，但迄今为止中国人仅得其皮毛，并未真正学到什么东西。只是通过苏俄对国民党的援助，中国人才第一次学到了一些实质性的内容。胡适是把苏俄视为西方的一部分的（西人自己对此有歧议）。他称赞俄国人帮助国民党人把一个老旧的政党在新的基础上组织起来，而国民党人学到的俄式西方组织功夫，是中国人向西方学习以来学到手的第一项真本事，具有里程碑的重大意义。

胡适高度赞扬国民党的军党一体化制度，他认为，各级部队设党代表和

---

① 胡适日记，1928 年 3 月 24 日。

"全党也多少在军事纪律约束之下"，使国民党的军队和政党"实际上已成一体，至少也是连锁式地结合起来了"。这一点，胡适认为是"极为卓著而且重要的"。其结果，"这样组织起来的军队当然要打败［北方］没有组织的军队"。近代以来，士人多对中国人不善于组织而常为"一盘散沙"所痛心疾首。正是因为所痛极切，自由主义者胡适才可能这样称赞一种显然与自由主义精神很不相合的集权"组织方式"。在此心态下，胡适理直气壮地告诉英美听众：俄国在中国的影响"完全是健康的"，鲍罗廷也是受中国老百姓欢迎的。

有意义的是胡适特意把孙中山的《建国大纲》《三民主义》和《五权宪法》等内容择要正面介绍给美国听众，他强调孙的这些思想不但不受俄国的布尔什维主义影响，反倒是在盎格鲁撒克逊种族的民主自由传统影响之下（这里面的许多内容，正是两年后胡适将进行大肆抨击，指斥其不民主不自由者，详后）。从表面看，胡适的言论多少有些矛盾：一方面，他强调苏俄在中国的影响是健康的；另一方面，他又尽力辩称国民党孙中山并不怎么受苏俄的影响。但只要将这个矛盾纳入胡适所说的"苏俄走的是美国路"这一思路中，就可自然得到化解。

在此基础上，特别也由于国民党因"容共"而吸收了大量趋新青年，胡适把国民革命视为新文化运动的一个新阶段，正式纳入他认同的"中国文艺复兴运动"之中，也就是他此时所说的"新中国"的一部分。这样，作为中国文艺复兴代表人物的胡适与联俄容共的国民党就已成为一体。

但这显然与胡适过去认知的新文化运动有所不同，对此胡适也有解释。他于 1926 年 11 月 25 日给丁文江的信很能表明他那时的态度。胡适分析当时中国的大局说："今日之事只有三条路：一是猛烈的向前；二是反动的局面；三是学术思想上的大路（缓进）。我们即［便］不能加入急进派，也决不可自己拉入反动的政治里去。"① 这是在规劝丁氏，但胡适自己有意"加入急进派"的倾向是明显的。

如果说此时胡适似乎还留恋缓进的大路，不久他更进一步分析说，曾以思想文化为中心的新文化运动因同人开始谈政治而分裂为急进和缓进两派。

① 信的摘要见胡适日记，1926 年 11 月 25 日。

缓进者仍主张继续从非政治的文化思想教育着手；急进者则认为政治运动和非政治运动应双管齐下。几年的内忧外患使新文化诸人认识到不仅谈政治不可避免，甚至积极从事政治也不可避免。特别值得注意的是，胡适此时公开承认："我们过去试图避开政治恐怕是错误的。归根结底，新的政治运动恐怕并非像我们过去设想的那样不成熟。"胡适进而指出，国民革命运动是中国唯一有希望外抗强权内除军阀的运动。他预计国民革命如果不给中国带来一个根本的解决，至少也是一个转折性的解决，但他认为更可能是一个根本的解决。

毫无疑问，这里胡适所说的中国文艺复兴，就是一个最终走向政治解决的文化思想运动。从不久前还在出席善后会议到认同于联俄容共的国民党，从坚信从思想文化入手再造文明到承认自己避开政治的错误并欢迎国民革命的政治解决，胡适迈出的步子已经够大了。其实他的步子也是随着他所说的中国思想界由个人主义阶段向集体主义阶段转移这一过程一步步逐渐迈出的。然而，胡适的这些表态都还有些"犹抱琵琶半遮面"的味道，一般人并不能充分理解。更何况北伐初期胡适的朋友丁文江正在上海为军阀孙传芳效力。结果，正当胡适在英法等国大说国民党和北伐的好话时，在巴黎的国民党支部却散发传单要旅欧同胞"监视这孙传芳的走狗胡适之来欧的一切行动"。①

这里还有一个根本的认知差距问题：胡适把国民革命纳入他认同的"中国文艺复兴"，在他看来可能已尽了最大的宽容努力，真有点大恩大德之意；但在国民党一方，却未必感恩。因为国民党人自有其同盟会以来的渊源和传统，他们可以借思想革命的东风（即孙中山所说"吾党欲收革命之成功，必有赖于思想之变化"），但根本不屑也不会认同于这半路杀出来的什么新文化运动。双方在这一点上并不投契。

就在胡适在英美为国民革命大做宣传后返国的同时，革命运动本身却发生了很大的变化。1927年4月的"清党"运动标志着国共两党的正式分手。有意思的是，那时在不同的地方及政治主张不同的人对同样的现象有几乎完

---

① 胡适1926年9月的日记中收藏有一份以《警告旅欧华侨同胞》为题的传单，落款是"中国旅欧巴黎国民党支部"。

全对立的看法。在上海的高梦旦认为："时局混乱已极，国共与北方鼎足而三，兵祸党狱，几成恐怖世界，言论尤不能自由"。而在南方的前北大学生、那时与国民党比较接近的顾颉刚则说："广州气象极好，各机关中的职员认真办事，非常可爱。"①

高、顾二人写信的时间相差只有两天，见仁见智，相去何止天远。但彼时国民党已开始"清党"杀人，一般知识人对此极少有不反对的（许多人不公开反对，心下也极痛恶）。而身在国民党统治区域的顾氏竟视而不见，以为"气象极好"，可知他那时的政治倾向性非常明显。几年前曾与胡适同游杭州的旧识任白涛在约一个月后告诉胡适："西湖目下的空气，着实没有从前清新了。"② 所见虽不似高梦旦那样差，与顾氏所见，终大不同。

顾颉刚曾向胡适建议说："先生归国以后似以不作政治活动为宜。如其要作，最好加入国民党。"他一面警告老师："如果北伐军节节胜利，而先生归国之后继续发表政治主张，恐必有以'反革命'一名加罪于先生者。"同时又婉转进言说，胡适最近"主张我们没有反对俄化的资格，这句话也常称道于人口"。③

可见由于胡适对国民党的赞颂主要是在海外以英文发表，在国中当权的国民党人并不十分领情，他们所知道的，仍是胡适上一年发表的赞颂苏俄的文字。问题是，国民党各实力派此时正先后与苏俄断绝关系，胡适这个称赞的分量不但大大减轻，恐怕还有适得其反的可能。故国民党内虽有郭泰祺等少数人曾提出委胡适以重任，后均无下文。倒是胡的老朋友高梦旦也警告胡适说，在此无言论自由的时代，"吾兄性好发表意见，处此时势，甚易招忌"。不如暂居日本。④

但胡适仍决定回国。美国左派记者斯特朗与胡适同船从日本到上海，她记录下来的胡适谈话从一个侧面提示了胡适自己在那时的看法：胡适显然为两湖地区的工农运动所困扰，而且他对时局的发展也还有些疑虑。不过，胡

① 《高梦旦致胡适》（1927 年 4 月 26 日）、《顾颉刚致胡适》（1927 年 4 月 28 日），《书信选》上册，第 427、430 页。
② 《任白涛致胡适》（1927 年 5 月 23 日），《书信选》上册，第 433 页。
③ 《顾颉刚致胡适》（1927 年 2 月 2 日），《书信选》上册，第 426 页。
④ 《高梦旦致胡适》（1927 年 4 月 26 日），《书信选》上册，第 427 页。

适也指出，他的朋友多数是站在南京方面的，虽然这些人充满怀疑，对前途很不乐观，但南京看上去会赢得这场斗争（这大约既指宁汉之争，也指南北之争）。胡适本人则对三位信奉无政府主义的老知识分子（按指蔡元培、吴稚晖和张静江）参加南京政府寄予厚望，因为他们具有得到公众信任的道义影响。胡适也相信，那时还在宁汉之间徘徊的宋子文很快会加入南京一边。有宋的理财能力、蒋介石的军事才干和三老的道义影响，就可能形成中国有权威的重心；而这一重心的确立即是全国稳定的基础，否则中国至少还要乱十年。① 这些观念与胡适散见于其他地方的论述是基本吻合的。

胡适回国初抵上海，即在他住的沧洲饭店与吴稚晖"大谈"。恰值老友胡明复等来探望，知吴在内，坚不肯入。他们对胡适说是不想打断吴的谈话，但也很可能是避而不见那时正支持"清党"杀人的吴氏。那次的谈话，胡适在后来责备吴"以理杀人"时仍"至今不忘"。而所谈的内容包括吴氏自己真能不要钱，故"最痛恨一般少年人因金钱而不惜作杀人放火的事"，大约总与解释吴何以会支持"清党"有关。后来胡适也曾出席蒋介石的婚礼（可能是因为与宋子文的关系，但仍是一种姿态），并见到吴稚晖，聆听了吴对蒋的吹捧。②

胡适回国约一个月后，负责国民党宣传工作的胡汉民即邀他去南京面谈，胡适以私事未及安顿婉辞。③ 在那年 7 月与蔡元培的一次谈话中，胡适正式向新朝进言，提出开"约法会议"的主张。他建议"根据中山的《革命方略》所谓训政时期的约法，请三四十个人（学者之外，加党、政、军事有经验声望的人）起草，为国家大政立一根本计画，以代替近年来七拼八凑的方法与组织"。④ 这大约是胡适最郑重地向国民党提出的带根本性的

---

① 斯特朗：《千千万万的中国人》（*China's Millions, the Revolutionary Struggle from 1927 to 1935*），《斯特朗文集》第 2 卷，新华出版社，1988，第 30—31 页。

② 胡适：《追想胡明复》（1928 年 3 月），《胡适文存》三集卷九，第 1221 页；《胡适致吴稚晖》（1928 年 3 月 6 日），《书信选》上册，第 469 页；胡适日记，1928 年 5 月 18 日。

③ 《胡汉民与胡适往来信》（1927 年 6 月），《书信选》上册，第 436—438 页。任白涛 1927 年 5 月 23 日致胡适函说到胡适回国之初曾到南京演讲（《书信选》上册，第 432 页），但任氏或笔误，盖胡适在 1928 年 5 月 17 日的日记说他"一年不到南京，早已招人疑怪"。

④ 胡适在 1928 年对正在拉拢他的桂系代表重提此议，但他们"仍很不了解此意"。胡适日记，1928 年 4 月 28 日。

建议，虽然理想意味十足，但颇能体现胡适愿为新朝出力的心愿。不过，对"党国"实际政治更具"了解之同情"的蔡元培，很可能根本未将此提议转达实际当权者。

在与另一个前北大学生罗家伦（字志希）的谈话和书信中，胡适认为"国民党今日尚没有公认的中心思想"（实际有没有是另一回事，至少没有胡适所希望的那种中心思想）。但他仍对新当政的国民党寄予厚望，他希望罗家伦"趁此大改革的机会"，提议由政府规定公文都用国语。胡适说："此事我等了十年，至今始有实行的希望。若今日的革命政府尚不能行此事，若罗志希尚不能提议此事，我就真要失望了。稚晖、子民、介石、展堂诸公当能赞助此事。此亦是新国规模之大者，千万勿以为迂远而不为。"①从"大改革的机会""新国规模"等用语及将蒋介石、胡汉民与蔡、吴并列为"当能赞助"新文化运动的目标之一的国语这些思路看，胡适此时对国民党所望甚殷，态度是正面的，且非常积极。

然而，高梦旦所说的"兵祸党狱，几成恐怖世界"，并非无稽之谈。北方固然在其管辖境内以捕杀教授学生的方式"讨赤"，但主要发生在北京，规模其实不算太大。在南方，先是出现了两湖地区工农运动的"过火"，被当时一些中外人士认为是"赤色恐怖"；而随后出现的"清党"运动，大量的青年学生在此运动中丧生，被中外人士认为是更可怕的"白色恐怖"。主张反共的美国记者索克思就公开说南京等地"清党"造成的"白色恐怖"更甚于两湖的"赤色恐怖"。②周作人当时即指出，"清党"的实质就是"以思想杀人"，这是他"所觉得最可恐怖的"。③"恐怖"二字的频繁出现，的确揭示了那时许多人对"清党"的当下观感。

胡适除晚年提到他当年曾对"清党"的南京政府表"同情"外，几乎从未对"清党"发表过公开的正式评论，他当时的真正想法只能从其既存的日记和书信中钩索。不过，当时许多趋新的知识精英，特别是在对其他事件的态度上长期与胡适相近的一些人（如《现代评论》的作者、周作人等

---

① 《胡适致罗家伦》，《书信选》上册，第 503 页。此信选辑的编者以为在 1928 年某时，但以内容看，恐怕在 1927 年，因为胡适到 1928 年时对国民党的观感已不甚佳（详后）。

② George E. Sokolsky, *Tinder Box of Asia*, Garden City, N. Y.：Doubleday, 1932, p. 341.

③ 周作人：《谈虎集·后记》，《周作人全集》第 1 册，第 433 页。

通常持"温和"态度者以及像吴稚晖这样的当事人）对"清党"的观感，或者对认识和了解胡适看法的形成与转变有所帮助。

这些人的观感与胡适未必会相同，但他们的观念向为胡适所重视，他们的书信和公开发表的言论必然引起胡适的关注，因而也就会造成某种程度的"反应"（可以是正面的也可能是负面的）。因此，下文在讨论胡适对"清党"的反应时适当增加一些其他知识精英的观感，希望通过部分重建当时的语境来增进对胡适这一文本的理解。

三 "白色恐怖"的刺激

对不少趋新知识人来说，更使他们痛苦的毋宁是在新旧之争中的南方新派杀起人来不仅不比旧派的北洋军阀差，而且更有过之。周作人说，过去"普通总觉得南京与北京有点不同"，但许多"青年朋友的横死"，而且大都不是死于战场，却是"从国民党里被清出而枪毙或斩决"，即"死在所谓最正大的清党运动里"，显然提示着南京不仅与北京没有多大不同，在杀人上恐怕还胜过北京。《现代评论》一位署名"英子"的作者说：湘鄂因土豪劣绅之名杀人，北方以三民主义之名杀人，南京以共产党之名杀人，实际上都是"为了政见不同的杀人而杀人"，结果是"湘鄂愈杀反共产人，苏粤也愈杀共产党人"。[①]

周作人认为，那时"统一思想的棒喝主义"正弥漫中国，这比"守旧复古"更加"反动"。北方的"讨赤"固然属于"棒喝主义"，南方的"清党"亦然，"因为它所问的不是行为罪而是思想罪"。对周氏这样的新文化人而言，"新派"在负面行为即"以思想杀人"方面超过旧派，隐喻着中国的没有希望（即"新的"中国实际也将是"旧"的，而且更"旧"），这是最令他们痛苦的。略带讽刺意味的是，当在总体上属于新派的国民党也大肆杀人之时，许多反传统的新派人竟不约而同想起了孔孟之道。周作人和《现代评论》那位署名"英子"的作者，都想起了孟子的名言：要使天下

---

① 周作人：《谈虎集·偶感四则》，《周作人全集》第 1 册，第 292 页；英子：《不要杀了》，《现代评论》第 55 卷第 128 期，1927 年 5 月 21 日，第 463—464 页。

"定于一"，则只有"不嗜杀人者能一之"。周作人说："这句老生常谈，到现在还同样地有用。"英子则说："这是一句好象极迂阔的话，可是我们希望革命首领们不要忘记了它。"①

两人对引用这句"孔家店"的话显然仍略带抱歉之意，但都指出其在当时的"有用"和不能忘。传统在这一特殊情形下不那么理直气壮地"复兴"，其意义真有无数层次。进而言之，对许多知识精英来说，本来不太讲规矩的武人嗜杀或"暴民"不珍惜人命，他们虽不舒服，还多少可以"谅解"；但南京治下杀人的厉害，却更令他们难以接受，因为"南京政府的主持者不少思想清楚、眼光远大的人"。如果"与军阀说话是'对牛弹琴'，同暴民说话是'与虎谋皮'"的话，对"思想清楚、眼光远大的人"，就应该有所忠告了。故前引《现代评论》那篇文章对南京提出："我们希望不再见胡乱的杀人、不经正式法律手续的杀人，为了政见不同的杀人而杀人。"

的确，南京方面有着具正义象征的著名知识人蔡元培和吴稚晖，且两人都在"清党"中扮演重要角色。其中蔡元培或主要是起名义上的作用，吴稚晖则显然比较积极地实际参与其事。《现代评论》另一篇署名文章说，中国这几十年的扰乱，都是政党之争和武人之争。就宁汉的对立言，"武汉派固然不即是共产派，然而却是以共产派为中心的；南京派中虽不无武人专政之嫌，而却是专为三民主义而反共的"。文章特别指出："南京派中之蒋，我们不敢保他不是新军阀；而蔡子民、吴稚晖等，我们可相信不是纯为军阀作走狗的人。"② 这里的口气虽已不那么肯定，但对蔡、吴仍存基本的信任。

周作人在1927年7月的一篇文章里挖苦说："尤奇者，去年一月中吴稚晖先生因为孙传芳以赤化罪名斩决江阴教员周刚直，大动公愤，写了《恐不赤，染血成之欤？》一文，登在北京报上；这回，吴先生却沉默了。我想他老先生或者未必全然赞成这种杀法罢？大约因为调解劳资的公事太忙，没有工夫来管这些闲事罢？——然而奇矣。"到发现吴氏不再"沉默"，反而发表赞成言论后，周氏再也忍不住，遂摘去绅士面具，以"十字街头"的

①　周作人：《谈虎集·后记》；英子：《不要杀了》。
②　无名：《从南北到东西》，《现代评论》第6卷第131期，1927年6月11日，第524—526页。

方式骂道："千年老尾既已显露，吾人何必更加指斥，直趋而过之可矣！"周作人所说的是吴氏在 8 月的《大公报》上发表一封致汪精卫的信，说江浙"清党"被杀的人"毫无杀身成仁的模样，都是叩头乞命，毕瑟可怜云云"。周氏在举出也有死得安详从容的例子后，进而谴责说："吴君在南方不但鼓吹杀人，还要摇鼓他的毒舌，侮辱死者，此种残忍行为盖与漆髑髅为饮器无甚差异。有文化的民族，即有仇杀，亦至死而止。若戮辱尸骨，加以身后之恶名，则非极堕落野蛮之人不愿为也。"①

与吴稚晖有忘年之交的曹聚仁在"清党"时连写三信给吴，要他提醒蒋介石："这是亲者所痛，仇者所快的悲剧"；希望能影响蒋的吴氏不要因缄默坐视而成为社会革命的阻力。"哪知稚老不独不劝阻蒋氏悬崖勒马，反而助纣为虐，帮着上演那出革命大悲剧"。最后，年轻气盛的曹不能不说吴"言行相违，成为社会革命的叛徒，太使我们失望了"！据曹回忆，以往他给吴写信，吴都"一定诚诚恳恳地回答"，独有这一次却只字不答。老来气平的曹氏为吴设想，"相信他心里也是十分矛盾的"。② 这是有所见的。吴稚晖又何尝没有苦衷，观其后来给胡适的信（详后），也知道杀人不妥。他赞助"以思想杀人"，其实大约也就是出自胡适常说的"正义的火气"，与新文化人为救亡而不惜反传统的取向正复相类。故吴虽尚有良知，却能行为依旧。

今日能看到档案的人当然知道吴稚晖根本就是"清党"的始作俑者（不过开始时并未主张杀人），但在当时不了解国民党政治运作内情的一般读书人（特别是身在北方者）的认知中，吴对"清党"的态度有一个从缄默到支持的过程，而这些人对吴由信任、疑虑到失望，更因此而指斥的过程在时间上与前一过程略成正比。正如高君珊在 1928 年 8 月时所说："吴先生我是素来所拜服的。但最近一年来的行径与前大不相同，如关于陈延年被杀后的所云，如蒋结婚时之捧场演说等等，都大大的损其人格。"③

素有名望的知识精英的这类行为在一定程度上也进一步损毁了民初知识

① 周作人：《谈虎集·人力车与斩决、偶感四则》，《周作人全集》第 1 册，第 295、292—293 页。
② 曹聚仁：《我与我的世界》，第 308、315 页。
③ 《高君珊致胡适》（1928 年 8 月 23 日），《书信选》上册，第 491 页。

人所凭借的士的余荫。胡适当年出席善后会议已使趋新知识精英在激进青年中的名声受损，他在五卅事件后曾劝学生专心读书，不必管这些事。结果汉口《晨报》在 1925 年 10 月 1 日发表社论说，"世所公认为新文化运动之先进"的胡适如此，说明中国的"学者不可信，学术不可凭"。[①] 这或许只代表激进一派人的想法，但其所表达的知识精英与一般人的疏离无疑是存在的。吴、蔡在"清党"中的表现加剧了知识精英退出社会领导位置的过程；边缘知识青年能逐步走上政治运动的领导地位，与知识精英某些自损形象的行为不无关联。

周作人就说，杀人固然是中国的遗传病，但他"最奇怪的是智识阶级的吴稚晖忽然会大发其杀人狂，而也是智识阶级的蔡、胡诸君身在上海，却又视若无睹"。他同时指责胡适以"当世明哲"的身份，却没有起到知识人应起的"社会的良心"的作用。当胡适在上海演说讲到中国还在容忍人力车，所以不能算是文明国时，周作人立即指出：江浙党狱，"清法着实不少，枪毙之外还有斩首，不知胡先生以为文明否"？周氏委婉而明确地谴责说，胡适"只见不文明的人力车而不见也似乎不很文明的斩首，此吾辈不能不甚以为遗恨者也"。[②]

其实胡适对吴稚晖的观感也有一个由信任、疑虑到失望的过程。他在归国途经日本时，遇到刚从上海来的哈佛大学教授赫贞（M. O. Hudson）。赫氏以为国民党的"清党"是一个大反动，因为宋子文曾亲口告诉他："国民革命的主旨是以党治军，就是以文人制裁武人。现在都完了！文人制裁武人的局面全被推翻了。"不久前还对宋子文的"长进"寄予厚望但其实一向不十分看得起宋的胡适立即反驳说，"清党"反共的举动能得到吴稚晖、蔡元培的支持，这个新政府"是站得住的"。他在日本的其他谈话，也强调蔡、吴"不是反动派，他们是倾向于无政府主义的自由论者，我向来敬重这几个人，他们的道义力量支持的政府，是可以得着我们的同情的"。[③] 这些话虽是晚年的回忆，大致是可信的。前述美国记者斯特朗记录下来的胡适观念

---

① 胡适日记，1925 年到武汉之"南行杂记"。

② 周作人：《谈虎集·怎么说才好、人力车与斩决》，《周作人全集》第 1 册，第 297、294—295 页。

③ 胡适：《追念吴稚晖先生》，《自由中国》第 10 卷第 1 号，1954 年 1 月 1 日，第 5—6 页。

与此基本相符。

但这只是带有强烈希望色彩的遥远观测，所根据的基本是胡适在日本读到的报纸，到他回国之后，渐明真相，对国民党的看法也就逐渐改变。胡适号称支持国民党的"清党"，其出发点主要是基于"蔡、吴是对的"这样一种认知。从根本上言，胡适对北伐的呼应及其对国民党的赞许，很大程度上是因为国民党通过联俄学西方有成效；但与"清党"直接关联的，就是国民党的绝俄，这一举动至少在下意识的层面会影响胡适对国民党的态度。当事实证明蔡、吴这样因"受到公众信任"而具"道义影响"的人也可能因做错事而失去公众的信任故减少其道义影响时，"清党"本身就不可能是正确的了。

实际上，胡适了解到吴稚晖积极参与"清党"后，对他早就不满。1927 年 7 月，吴稚晖在与杨虎论陈延年案的书信中捧杨说"将军真天人"。胡适读了此语，为之"大生气"，认为是吴"盛德之累，中心耿耿，不能释然"达几个月之久。其实吹捧只是生气的一个表面原因，吴在此信中说陈延年"在中国之势力地位，恐与其父相埒"而"尤属恶中之恶"，故"必当宣布罪状，明正典刑"。① 以当时情形，吴不写此信，陈亦不能免死，但吴写信终有怂恿之心。

延年父陈独秀与吴在民初新旧之争中，都属新派，虽各为其党服务，究竟也算有旧交，而吴竟必杀其子以为功，这恐怕才是胡适"大生气"的真正原因。对此胡适显然是不原谅的。他在 8 月 31 日为《现代评论》上一篇评美国的"萨各、樊才弟的案件"的文章（发表在 9 月）所写的"附记"里说："我们生在这个号称'民国'的国家里，两条生命算得什么东西！杀人多的便是豪杰，便是圣贤，便是'真天人'。我们记叙萨、樊的案子，真忍不住要低头流愧汗了。"这当然是在挖苦吴稚晖。

1928 年春，胡适做了一次题为《几个反理学的思想家》的演讲，里面颇赞扬了吴。他并写信给吴说，这篇文章其实早就想写，一则因当初吴"身当政争之冲"，这文章虽然是述学，却"不免被人认作有意拍马屁"；二

---

① 《胡适致吴稚晖》（1928 年 2 月 28 日），《书信选》上册，第 465 页；胡适日记，1929 年 3 月 13 日，日记并附有吴稚晖致杨虎书。

就因为对上述吴氏吹捧杨虎之事不能释然。胡适说，"今日重提此事，不过表白一个敬爱先生的人对先生的一种责望"，希望吴不要见怪。以胡适的细心，当然知道以这样的方式来表白其"责望"，吴不能不见怪，但他终觉此事不吐不快，所以还是要"重提此事"。①

吴稚晖的回信颇有深意，他说："到了二十世纪，还得仗杀人放火，烧杀出一个人类世界来，那世界到底是什么世界呢？……所以我是狂易了，也破产了，怂恿杀朋友，开口骂朋友，也同那班畜类是一丘之貉罢了，还敢在先生面前忏悔么？"②胡适只说他吹捧杨虎，但吴氏显然知道胡不能释然的是吴"怂恿杀朋友"，故干脆自己点破。

胡适立刻抓住这一机会进一步详陈他"几个月来的疑虑"，说自己曾在"七月间细想先生所以不出来反对杀人政策的缘故"，并"以私意揣测先生所以痛恨共产党，似犹未免有一分以律己之道律人的意味"。因为吴对"苏俄花大钱制造共产党，不觉大生其气"；自己真能不要钱的吴氏，"最痛恨一般少年人因金钱而不惜作杀人放火的事"。在主动为吴开脱之后，胡适仍指出，即此一分以己之道律人的态度"便可以养成'以理杀人'的冷酷风气而有余"，故吴虽仅"差以毫厘"，仍如他自己所说，已"失之千里"。③

在信的最后，胡适再申"此言并非责备先生，不过心有所不安，曾日夜思之"，所以还是要说出来。实则他之所以一再不吐不快，至少半是自解。盖吴赞助杀人之论言犹在耳，而他竟将其捧得甚高，尽管动机如他自述是"借刀杀人"，心里终有几分不安，表态之后，感觉或好受些。一年多后，胡适又读到吴稚晖吹捧冯玉祥一身"为国家世界社会所托赖"，终觉吴那段时间一再吹捧"武装同志"非出偶然。他说，"恭维人也应有个分寸"，吴的吹捧"未免叫我们读了替他难为情"。把吴看穿后，胡适反觉前年为吴捧杨虎而"大生气，其实似可不必也"。④ 这里的后悔恐怕是多重的，因为他不久前正将这使人难为情的吴氏提到近世中国反理学运动这一大思想倾向之最后代表的极高地位，如今吴的"不争气"，未免使胡适替自己也多少有

---

① 《胡适致吴稚晖》（1928 年 2 月 28 日），《书信选》上册，第 467 页。
② 《吴稚晖致胡适》（1928 年 3 月 4 日），《书信选》上册，第 467 页。
③ 《胡适致吴稚晖》（1928 年 3 月 6 日），《书信选》上册，第 469 页。
④ 胡适日记，1929 年 3 月 13 日。

些"难为情"。

胡适对"清党"的实际观感不佳也可从 1927 年夏天他与其他朋友的联络中看到。那时他给在大连的丁文江一长函，谈南方局势，情绪甚差。从上海回到北方的董显光也说胡适"十分的悲观"。丁氏写信给胡适劝解说，对南方的情形，他也了解，但他自己"仍旧不悲观"，并劝胡适"大可不必'忧国忧民'，徒然害自己身体"。丁氏认为："国民党虽能令我们失望，但是我们万万不可悲观，尤其不可堕落"。颇有传统士人之风的丁文江相信："只要我们努力，不要堕落，总不要紧。"① 而胡适虽然内心失望，表面仍与有许多朋友在内服务的南京政府周旋，也不时有所努力。这特别体现在他与新政权试图"党化"教育的倾向所做的抗争方面。

四　与"党化教育"的合离

1927 年 10 月，南京政府的大学院长蔡元培请胡适任大学委员会委员之职，胡适给蔡元培写信推辞，说明彼此意趣相左，无法追随。他说："所谓'党化教育'，我自问决不能附和。若我身在大学院而不争这种根本问题，岂非'枉寻'而求'直尺'？"除这种带根本性的冲突外，"清党"显然仍在影响胡适的态度。他对吴稚晖等所办劳动大学大加挖苦，因为吴氏曾"明对我说这个劳动大学的宗旨在于'无政府化'中国的劳工"。问题是，"以政府而提倡无政府，用政府的经费来造无政府党，天下事的矛盾与滑稽，还有更甚于此的吗？何况以'党内无派，党外无党'的党政府的名义来办此事呢"？接下来胡适说出了他攻击的实质："一面倡清党，一面却造党外之党，岂非为将来造成第二次清党的祸端吗？无政府党倡的也是共产主义，也是用蒲鲁东的共产主义来解释孙中山的民生主义，将来岂不贻人口

---

① 《丁文江致胡适》（1927 年 8 月 16、26 日及一无日期信），《书信选》上册，第 440、441、454 页。曾服务于北洋派的丁文江对南方的内乱并不幸灾乐祸，颇有政治家风度。他觉得北方许多人对沪宁分立的局面"大高其兴，至为可笑"。相反，丁氏观察到"日本方面，又借此大活动。东三省大约至少又须送一条铁路给他"。照丁文江看，"真正可怕"的，是"日本在东三省及内蒙的野心"。至于国内局势，不过才"大乱方始，岂是一时可了。"

实，说公等身在魏阙，而心存江湖，假借党国的政权为无政府党造势力吗？"① 将胡适此时的观点与他对斯特朗所说的中国社会政治重心的建立就靠蔡、吴等无政府主义者与蒋、宋的军事、财政能力结合对看，"清党"对胡适观念造成的影响之大，可见一斑。

但胡适在蔡元培的再次敦请下，仍就此职。控制新政权教育大权正是那几个无政府主义者，有上述思想的胡适，当然就不太受他们的欢迎了。蔡或尚能取其一贯的"兼容"态度，但吴氏及与胡适特别不能相得的李石曾，恐怕就不那么能容忍。1928 年 5 月中，北伐军将进北京，中国的局势已基本定局。已回国一年的胡适对自己这一年究竟"做了一些什么事"，感觉"惭愧之至"！已露出欲有所动的心态。那时南京方面正动员他去参加新政权的全国教育会议，胡适也曾推托，但已在南京的不少朋友均来信劝驾。钱端升认为"太坚辞了也好像生气似的"，劝胡至少来南京演讲。本已欲有所动的胡适也知道"一年不到南京，早已招人疑怪"，决定去走一趟。到南京一看，他才发现"会场上大半是熟人"，而大学院中也还有"一班熟人"，可知所谓英美派多半早已为国民党所用。②

胡适也见到吴稚晖，这是他们自蒋介石婚礼后的第一次见面，两人关系显然已较疏远。虽然北伐军已进北京，吴氏对时局却"很悲观"，其所虑者一是张发奎的第四军要回广东去报仇，二是"愁共产党要大得志一番，中国还免不了杀人放火之劫"。胡适"却不这样想"，说明他此时还比较乐观。到 5 月 19 日国民政府的晚宴上，胡适讲了话，要求政府"给我们钱、给我们和平、给我们一点点自由"。但各报纸刊发的消息中，则都将"一点点"三字删除，胡适认为已"失了我的原意了"。这说明胡适此来颇有点修好的愿望，但基础是要有"一点点自由"。当天他也曾与蔡元培"细谈"，蔡有意委胡为中山大学副校长，实际负责校事。胡拒绝，主要的考虑是任校长的戴季陶"思想近来颇有反动的倾向，恐怕不能长久合作"。③ 此时国民党如

---

① 《胡适致蔡元培》（1927 年 10 月 24 日），《书信选》上册，第 447 页。

② 胡适日记，1928 年 5 月 17、18 日。

③ 胡适日记，1928 年 5 月 18、19 日。到晚年时胡适承认自己对共产党的估计错了，觉得吴的"远虑是很可以佩服的"，但那时的语境和心态都已大不相同了。参见《年谱长编》第 3 册，第 732 页。

果以校长许，即无所谓正副校长"合作"的问题，则胡适与国民党的关系可能会有大的转机，但蔡大约也不具备要戴让贤的能力。

5月20日，在游紫霞洞时，胡适也凑趣求签，结果得一"下平"签，为"安贫守正之象"。签诗云："恶食粗衣且认真，逢桥下马莫辞频，流行坎坷寻常事，何必区区诣鬼神。"一向不"迷信"的胡适显然读出了其中消息，自己说别人的签都无特别处，"独有我的一签的签诗奇怪之至"。看来胡适暂不可能在新政权之下有所为，则又"何必区区诣鬼神"，故他决定"还是早走为是"。本来胡适当晚就拟回家，"竟走不成"，第二天还是走了。①

从南京回到上海，胡适遇到老熟人王伯秋，说起过去也曾反对"党化教育"的陶知行（行知）现在"早已迎头赶上去了"！胡适以为，"这句话说着无数熟人，使我生不少感慨。有许多人确是'迎头赶上去'，难免招人轻视"。他觉得陶知行"似乎也感觉得一点"，所以在会上并不张扬。有的人则不但迎头赶上去，"还要在额角上大登广告，故更为人轻视"。② 可知国民党新政权当时还是受到相当一部分知识精英的拥戴，惟胡适则宁愿仍保持一段距离。

但国民党似乎尚未从"马上打天下"的心态中疏离出来，仍保持着"不革命就是反革命"的不容忍精神。果然不出顾颉刚所料，1928年6月15日在南京的大学委员会上，胡适反对将北大改名为中华大学，更反对任命李石曾为校长，即被吴稚晖直指为"反革命"。胡适日记上记述的情景是：吴"直跳起来，离开座次，大声说：'你末就是反革命!'"三十多年后，胡适又复述当时的情景说，"吴稚晖坐在我的旁边，站起来，把椅向后一移"，并学吴氏用无锡话说："你吗，就是反革命!"可见印象之深刻。③

这里的前科，就是1925—1926年间北京学界从女师大事件到三一八惨案的那场持续斗争，即吴稚晖所说的蜀洛党争。胡适虽自称无党派，也因南下而未参与后半段的斗争，却一向被人视为东吉祥派（他的倾向性确实也

---

① 胡适日记，1928年5月20、21日；《年谱长编》第3册，第734页记有胡适晚年的回忆，略有小误差，但受签诗影响急于要走的心态是明确的。

② 胡适日记，1928年5月22日。

③ 胡适日记，1928年6月15日；《谈话录》，第143页。

颇明显），这正是吴氏口出恶言的出发点。关键在于，吴稚晖说出了胡适等"英美派"在国民党新政权里的实际地位："东吉祥胡同这班人简直有什么面孔到国民政府底下来做事！不过我们不计较他们罢了。"东吉祥派本有反国民党的前科，如今投靠国民党而能为其所容，当然应自己知足知趣。这话无疑是指向胡适本人。

胡适在会场上虽然"十分忍耐"而"不与计较"，实则至为不快，回来即写一信致吴，自称"不很明白今日所谓'革命'是怎样一回事，所以也就不很明白'反革命'是怎样一回事"；要吴氏"顾念一点旧交情"，指示他犯了《反革命治罪条例》的第几条。此信语气不太平和，终未寄发。但胡对吴的观感已甚不好。不久，南京的《民生报》（成舍我办）发表"北平市民大会"主张通缉"反革命罪魁"的电报，除段祺瑞等北洋当局者外，"附逆党徒"基本为"东吉祥系"人，而第一名就是胡适。胡适得知此事即请在南京做官的老友朱经农调查，并怀疑是吴稚晖在"背后玩把戏"。① 可见那时吴稚晖在胡适心里信誉已差到什么程度。

同时，胡适在6月15日会后当即给蔡元培连信辞职，宣布"此意十分坚决，绝无可挽回"。蔡也连函挽留，说对胡的辞职"并未默许，仍请继续担任"。胡适的第三封辞职信说，不管蔡批准与否，日后他"决不会再列席这种会"。他在此信中指责"吴先生口口声声说最大的危险是蜀洛党争，然而他说的话无一句不是党派的话"。胡适自称："我虽没有党派，却不能不分个是非。我看不惯这种只认朋友，不问是非的行为，故决计避去了。"由于胡适辞意甚坚，为此先后共致蔡五信，此事终以准辞了结。②

不过，胡适一向主张君子绝交不出恶声，所以虽然辞去了大学院的职务，且对许多知识人"迎头赶上去"的行为甚觉不齿，也还没有立即公开发表反对国民党的文字。但是，胡适的自由主义立场不久终使他与其一度试图认同的国民革命发生了尖锐的冲突。国民党要"党化"一切的政策使他

---

① 《胡适致吴稚晖（稿）》（1928年6月16日）、《朱经农致胡适》（1928年7月，无准确日期），均收入胡适日记，并参见胡适日记，1928年7月5、8日。

② 《胡适致蔡元培（稿）》（1928年6月16日）、《蔡元培致胡适》（1928年6月24日、8月13日），均收入胡适日记，并参见1928年7月8日日记；《胡适致蔡元培》（1928年6月27日），《书信选》上册，第483页。

越来越不能忍受，他很快就因此而打破了沉默，出面做新政权的"诤友"。

实际上，"性好发表意见"的胡适以"当世明哲"的身份，对当下进行中的"党化政治"不出恶声也不太可能。前面说过，当胡适在上海演说人力车不文明时，在北京的朋友周作人立即撰文质问胡适为什么看不到同样发生在上海的斩首也不很文明？胡适当然明白斩首更不"文明"，这个问题的答复其实只能指向一个方向。他既然以辞职的方式与国民党"绝交"，其"恶声"也呼之欲出了。

而担任"呼"这一角色的也不乏人。当时攻击国民党甚力的国家主义派就力促胡适站出来说话。《醒狮周报》第195期的一篇文章对胡适使用激将法，该刊从安徽大学校长刘文典因对蒋介石不敬而受辱一事，"联想"到刘的朋友和同乡胡适，并"听说胡先生近来实在忍不住，一定要办一种什么刊物来批评党国"。《醒狮》表面上还在劝胡适不必说话，因为"说得太软，有失胡先生的身份，只足以丧失自己的信用；说得太硬，又适足以取辱"。在国民党的党治之下，已成"不聋不哑，不做名流学者"的局面；该刊并暗讽专讲西方文明的胡适实行的仍是"东方文化的所谓'明哲保身'"。这样处处紧逼，实是非要胡适出头不可。在上海的李璜也当面指责胡适"太胆小"。胡适不承认，自称"只是害羞，只是懒散"。但后来胡适不再"害羞"而开口"批评党国"时，旁观者即有人认为颇类《醒狮》的言论，可见国家主义派对胡适确有影响。①

从胡适的日记可以看出，他在1928年春已在搜集有关资料。3月间马伯援对他描绘的南京情景是"上焉者日日开会，下焉者分赃吃饭"，几天后更获悉国民党新政权中宋子文、孔祥熙等结伙卖缺，所得印象都不佳。4月初胡适到九江，试图在街上寻找"革命影响"，结果"除了几处青天白日旗之外"，只在"路上见两个剪了发的女子，这是两年前没有的"。新政的形象显然不能副其所望。同月高梦旦辞商务印书馆职，说该馆"只配摆小摊头，不配开大公司"。胡适认为"此语真说尽一切中国大组织的历史"，因为中国人历来善于人自为战，却"不能组织大规模的事业"。而

① 胡适日记，1929年2月28日所附剪报，6月16日；《史济行致胡适》（1929年8月30日），《书信选》上册，第540页。

"政党是大规模的组织，需要服从与纪律，故旧式的政党（如复社）与新式的政党（如国民党）都不能维持下去"。① 可知他此时已认为国民党不能维持下去了。

有意思的是，一年前他正是以国民党学会了俄式组织方法、既能服从又有纪律而称赞国民革命。不过一年的时间，是国民党有本质的大变呢，还是胡适自己的观念变了？比较接近实际的大概是双方都已有些"非复当年"了。这在胡适，恐怕是个带质变性质的转折：国民党既然从学西方的典范变为与复社相类的传统中国式组织，则其已不可能为胡适所推崇。北伐尚未统一，胡适对国民党的观感已急转直下，到北伐获得名义上的统一后，胡适与国民党的关系，就更多是一个知识精英与当国之政党或中央政府的关系；胡适要维护国家的统一（因为只有那样"国际"的观感才比较好），其立场不能不朝着"进谏"的方向发展，在"诤臣"与"诤友"间徘徊。②

五 "诤臣"与"诤友"之间

1928 年 5 月，胡适在光华大学的五四纪念会上演说，讲到五四运动的影响时，也提到对国民党的影响，他举例说孙中山的著作"多半是五四运动以后方有的"。这在胡适，还是承续以前将五四和国民党连接起来的取向，基本是出于好意。但在国民党人看来，恐怕就是对孙颇不敬了。当时国民党四中全会宣言说，学生体力不强、知识不广、经验不丰，不应当干涉政治。胡适有针对性地提出一个"历史上的公式"，即"在变态的社会国家里，政府腐败，没有代表民意的机关，干涉政治的责任一定落在少年的身上"。而且"这是在变态的国家里必然的趋势，禁止是不可能的"。他接着提出两个可以免除学生干涉政治的"希望"：一是希望政治早日走上轨道；二是希望知识高深、体力强健、经验丰富的中年出来把政治干好。这样，学

---

① 胡适日记，1928 年 3 月 24、26 日、4 月 7、4 日。
② 胡适在 1933 年谢绝汪精卫请他出任教育部长时说，他希望留在政府之外，"为国家做一个诤臣，为政府做一个诤友"。《胡适致汪精卫》（1933 年 4 月 8 日），《书信选》中册，第 208 页。

生就可安心读书，当然不会干涉政治。① 这次讲话语调尚温和，但已明确说国民党的政治尚未"走上轨道"。

到 5 月中旬，胡适认定"上海的报纸都死了，被革命政府压死了。只有几个小报，偶然还说说老实话"。5 月 21 日，他在中央大学宴请大学委员会委员时致词，自己认为是"说了几句不很客气的话"。在回忆了九年前北大与南京高师的对峙后，胡适说："今者北大同人，死者死、杀者杀、逃者逃，北大久不为北大；而南高经过东大时期而成中央大学，经费较昔日北大多三倍有余，人才更为济济。我希望中央大学同人担北大所负之责，激烈的谋文化革新，为全国文化重心。"② 这其实不过略有怨言，已算相当客气。不过在当时对新朝的一片颂歌声中，胡适的话虽不无捧的成分，到底也有几分不入耳的弦外之音。

1928 年 6 月，胡汉民在给胡适的信中说他现在负责宣传，"还是治标之标，快要到治标之本了，却离治本两字相差甚远"。他自解说："一个人太忙，就变了只有临时的冲动。比方当着整万人的演说场，除却不断不续的喊出许多口号之外，想讲几句有条理较为子细的话，恐怕也没有人要听罢？"胡汉民此话基本是写实，但胡适显然不满意。因为他不仅主张治本，就是政治，也主张有计划的政治，最不欣赏政治上"临时的冲动"。到 7 月，胡适即写成《名教》一文，说"中国已成了口号标语的世界"，而且这并非从苏俄学来，却是祖传的"道地的国货"，民间的任何"王阿毛"都能娴熟运用。他特别指出，虽然"党国领袖"视标语口号为"政治的武器"，但对一般的实际操作者，这也"不过是一种出气泄愤的法子"。③ 这正是针对着"临时的冲动"而言，但此文还比较客气，基本是着眼于思想

---

① 胡适日记，1928 年 5 月 4 日剪贴有此演说内容的报纸。
② 胡适日记，1928 年 5 月 16、21 日及所附剪报。
③ 《胡汉民致胡适》（1928 年 6 月 29 日），《书信选》上册，第 437—38 页；胡适日记中有《名教》的原稿，该文收入《胡适文存》三集。有意思的是，胡适在《名教》一文中对国民党的标语口号大加挖苦，其实他当年写的《努力歌》中，也不乏"不怕阻力！不怕武力！只怕不努力！努力！努力！阻力少了！武力倒了！中国再造了！"这样的句子。其调子及格式都与胡适另一首以"《炸弹》诗"而知名的《四烈士冢上的没字碑歌》没有多大区别，在那诗中他也反复说："他们的武器：炸弹！炸弹！他们的精神：干！干！干！"这与他此时颇看不上眼的国民党之标语口号并无什么大的区别。

文化。

9月初，在国民党名义上的统一全国已数月后，他仍认为当时中国实无一个中央政府，所以在那时谈分治合作正如他以前谈联省自治，都缺少这个基本条件。不过此时胡适与国民党还在若即若离的状态，他也希望各新兴的地方势力能"合力造成一个稳固而有威信的中央"。正在中山大学服务的傅斯年在那年8月13日给胡适的信对他当有些影响，傅认为："改朝换代的时候，有些事实只可以改朝换代观之。不然，废约之论亦非'君子相'也"。这个观念当然可以引申到对其他"非君子相"的事务的谅解。到年底，胡适"在南京观察政局"后，得出一时不会有大变动的结论。他认为"现政府虽不高明，但此外没有一个有力的反对派，故可幸存。若有一年苟安，中下的人才也许可以做出点事业"。这个观察的基础之一就是"外交上的成就"（指中美关税新约的签订）使地方实力派不敢破坏统一。同往常一样，胡适非常重视西方特别是美国的态度和反应。①

尽管这个观察（特别是有关地方实力派的部分）颇具一厢情愿的理想，却较能体现胡适此时的心境。这样，他在息笔多年后，又重新开始"做政论"文章。其中一篇是《新年的好梦》，对"统一后的第一年"可望出现的"好现象"做些想象，他希望能有和平，更进而能裁兵，并因关税新约而取消一切苛捐杂税、实现铁路及收益国有（而非各地军人占有）、禁绝鸦片等，最后则梦想有"一点点言论出版的自由，偶然插一两句嘴，偶尔指点出一两处错误，偶尔诉一两桩痛苦"而已。② 这个"一点点"确是胡适一贯的意思，但是到底多少算"一点点"或"偶尔"，恐怕双方的认知相当不一样。

胡适还有个关键的伏笔：虽然孙中山说政府是诸葛亮而国民是阿斗，"但在这以党治国的时候，我们老百姓却不配自命阿斗"，而是要做可以"赛过诸葛亮"的"臭皮匠"。其实胡适真正想要做的是有发言权而不干"实际政治"的新型诸葛亮，他根本就视南京诸公为阿斗，在他

① 胡适日记，1928年9月3日、12月4日，傅斯年信收入1928年8月胡适日记。
② 本段与下段均见胡适日记，1928年12月14日。

所做《名教》一文的手稿中，"现在的治国者"一语最初正是写作"许多'阿斗'"，最足反映胡适的真意。但新当权的政府当然不能容忍被不论什么名义的人"赛过"，胡适的希望的确只能如他所说是"白昼做梦"罢了。

1929 年春，胡适及一些在上海的留学英美学人结成一个松散而小型的组织平社，半论学半论政，定期讨论，并拟出《平报》以表述他们的观点。① 但促使胡适公开表态的导火线则是 1929 年 3 月国民党上海市代表陈德徵在三全大会上提案，主张处置反革命分子不必经司法机关，只要党部定案即可交法院处置之。胡适"实在忍不住了"，即给司法院长王宠惠写信说，"近来国中怪象百出"，而陈之提案为"最可怪者"。他问身为"研究法律的专门学者"的王氏，"在世界法制史上，不知哪一世纪哪一个文明民族曾经有这样一种办法，笔之于书，立为制度"？后来王宠惠复信说此案"并未提出，实已无形打销"，语尚平静。但胡适三十多年后的回忆则说"过去我和亮畴先生闹翻了"，可知此事在胡适心里并不那么平和。他以为，从前清到民初都能维持司法独立，"到了亮畴先生，他手下的两个人在上海的胡闹，把这个制度搞坏了，我很生气"。②

那时胡适已决定站出来说话，故将他的信交国闻通讯社送各报，却不能刊出，但陈的反攻文字倒先在报上出现了。陈不加掩饰地指出：在以"国民党治中国的今日，老实说，一切国家底最高根本法，都是根据于总理主要的遗教"。违反者"便是违反法律"，"便要处以国法。这是一定的道理，不容胡说博士来胡说"。这样的逼迫，恰使胡适更觉不能忍。于是他针对陈德徵的观点写出了第一篇正面攻击国民党的文章《人权与约法》。③

不过，胡适的文章也不仅仅是与陈德徵对着干，而是有备而发。1926年他还在英国的时候即已准备回国时"带点'外国脾气'回来耍耍"；1927 年 6 月他正式向蔡元培提出了制定约法的建议；而"平社"的活动

---

① 参见胡适日记，1929 年 3—7 月。
② 《胡适与王宠惠往来信函》（1929 年 3 月 26 日、5 月 21 日），《书信选》上册，第 508—509、513 页；《谈话录》，第 139 页。
③ 胡适日记，1929 年 4 月 1 日及所附剪报。

也渐集中于准备发表言论。1929 年 4 月，国民政府命令保障人权，胡适发现"此令但禁止'个人或团体'侵害人权，并不曾说政府或党部也应尊重人权"。他开始注意人权问题，而重心则在"政府或党部"实际是否超越于法律之上这个关键。几天后，胡适的老师、老同盟会员马君武提出："此时应有一个大运动起来，明白否认一党专政，取消现有的党的组织，以宪法为号召，恢复民国初年的局面"。此时马氏开始后悔当年反对国会的举动，因为"解决于国会会场，总比解决于战场好的〔得〕多多"，故"无论国会怎样腐败，总比没有国会好"。马君武的主张成为后来几个月胡适论政的核心观念，他补充说，民初贿选，尚看重和承认议员"那一票所代表的权力，这便是民治的起点。现在的政治才是无法无天的政治了"。①

《人权与约法》就是这些因素的综合结果，所论也基本不出上述范围。到陈德徵再强调"违反总理遗教者，即为反革命，即为反法……均当治罪"后，胡适的攻击目标进而直指"遗教"的作者孙中山。从 5 月起，胡适在较短时间内接连写出几篇文章，一篇比一篇厉害。这些文章俱在，可以复按，且已为多人述及，这里不详述其内容。但有一点尚未引起足够的注意：胡适这次攻击国民党孙中山的许多内容，恰是他两三年前在英美正面鼓吹过的。同样的内容何以昨是而今非，颇值玩味，但这种细致的分析只能另以专文探讨了。②

胡适当时的心态在其日记中表露甚明，在写完《人权与约法》后，胡适想起他的朋友丁西林的话，"今日我们应该相信少一事不如多一事"，特别指出"此文之作也是多一事也"，可知他是有意为之。几天后他写完《知难，行亦不易》，更说："人生固然不过一梦，但一生只有这一场做梦的机会，岂可不努力做一个轰轰烈烈像个样子的梦！"③

---

① 胡适日记，1929 年 4 月 21、26 日。
② 胡适的《知难，行亦不易》就是在旧稿的基础上改写的，从胡适日记中可看到一些关于孙中山"知难行易"的读书笔记，从稿纸和所用的笔看，大概是在美国介绍孙氏学说所写，那时并无批判的意思，则对孙的批评部分很可能是 1929 年后加的，故胡适批孙其实也不过像他论吴稚晖一样是"借刀杀人"。
③ 胡适日记，1929 年 5 月 6、13 日。

　　想要"努力做一个轰轰烈烈像个样子的梦"是胡适主动的一面，他的攻击同时也还有因国民党逼迫而造成反弹的被动一面。前面说过，靠个人奋斗从社会基层跃升到上层的胡适，自我保护的防卫心态特别强，他一生中每遇压力，必有反弹，压力越大，反弹越强。正如他这时对周作人所说：倘不会有什么，"我也可以卷旗息鼓，重做故纸生涯"。但"若到逼人太甚的时候，我也许会被'逼上梁山'的"。①

　　在 1929 年 6—7 月间，胡适与国民党的关系也有一度的缓和。先是王宠惠于 6 月中旬告诉他："只要避免'约法'二字，其余都可以办到。"胡适也在国民党全会的决议中看到一些似乎回应他在《人权与约法》中所提要求的内容。接着宋子文在 6 月末出来调停，要胡适"代他们想想国家的重要问题"，这很符合胡适要做"思想上的诸葛亮"的自定位。宋指出："现在的局面又稍有转机，又是大可有为的时期了，若不谋一点根本的改革，必定不久又要打起来。"这不知是指蒋桂双方还是指东北因中东路事件而将起的中苏军事冲突，或者是两者都指。胡适自己大约也有类似的感觉，故有详细的进言。其基本主张仍是制定约法，但进而提出许多约法制定前的临时性具体建议，包括以各级党部暂行议会的职权（但须与行政权分立）、实行专家政治、容纳异己人才（如用无党或左派人才于监察院）等。②

　　1929 年 7 月 1 日，胡适在致李璜等信中，指责国家主义派在争论中对凡有利而未必是事实者皆用作材料，有时且捏造材料；他认为这是"懒惰下流不思想的心理习惯"，并强调"在这种劣根性之上，决不会有好政治出来，决不会有高文明起来"。而胡适毕生所努力想要实现，也期望国民党或任何中国政治力量能参与的，正是造成"好政治"和"高文明"。在这封信中他说道："宁可宽恕几个政治上的敌人，万不可纵容这个思想上的敌人"。③可知在此缓和时期，胡适对国民党已有宽恕的念头。

　　这里的"政治敌人"与"思想敌人"很能启发人，胡适一生虽然讲究

---

① 《胡适致周作人》（1929 年 9 月 4 日），《书信选》上册，第 542 页。
② 胡适日记，1929 年 6 月 19 日、7 月 2 日。
③ 《书信选》中册，第 516 页。

容忍，但一般而言，对"政治敌人"往往还比较宽恕，对"思想敌人"如梁启超、梁漱溟等却常常不放过（当然只是在"思想"上不放过）。这一方面因为他的社会角色自定位主要在思想文化一边，而把"实际的政治"留给别人去干；同时也因为这些"思想敌人"实际上与他的思想更接近，最能影响他的潜在追随者。

如果国民党肯接受意见，胡适当然可以对之宽恕。他的真意，是"希望当局诸公作点点釜底抽薪之思考"，而不要用"以暴易暴"的方式来对付农民的"杀人放火"。他认为，农民平常所受的痛苦"实为共产党今日煽动的资本"，所以只有建设，改善农民生活，才能使共产党没有"煽动的资本"。[①] 二十多年后，胡适在美国读到斯大林所说的"农民对新政权、对国民党、对一般中国革命的态度，是决定于革命军队底行为，决定于它对农民和地主的态度，决定于它帮助农民的决心"一语时，即在旁边批上"有见识"三字。[②]

胡适早在 1927 年的公开演讲中就提出，解决中国"赤化"问题的唯一方法，就是赶快促进物质进步。因为物质上的满意可使人生观改变一新，人生中如果物质方面宽裕满意，则"赤化"之说不攻自破。[③] 这是胡适的基本思想。他正是希望以社会民生问题的解决来达到对内釜底抽薪，绝共产党动员民众的基础，以实行半自由主义半社会主义的新型计划政治；复因内政的改良而使列强能同意修订不平等条约，进而解决对外的问题，最后通过"物质上的满意使人生观改变一新"（演讲记录虽未必是胡适的原话，大体与其观念相符），实现其为中国再造文明、变中国为一个面目一新的现代民族国家的大目标。

以解决社会民生问题来防止"赤化"，是当时所谓"英美派"的共识。银行家陈光甫那时也认为，"赤化"产生于 20 世纪社会的特殊状况，"非以兵力所可遏止之者。中国今日欲求补救，其道不在打仗，而在务本。若徒恃强权，必至全国促成赤化之局。因果相随，无可逃也"。《现代评论》也针

---

①　《胡适致吴稚晖》（1928 年 3 月 6 日），《书信选》上册，第 468—469 页。

②　斯大林语引自其《论中国革命底前途》（1926 年 11 月 30 日），《列宁斯大林论中国》，上海解放社，1950，第 148 页，胡适的批语见普林斯顿大学葛斯德东方图书馆所藏该书该页。

③　《胡适归国后之言论》，《晨报》1927 年 6 月 30 日。

对"清党"指出："共产党里面虽然有许多极无聊赖的人，可是大部分是青年，而且是有向上的精神、实行的毅力的青年。""我们希望不要为了杀几个人而失去一般青年的同情，我们更希望不要杀几个共产党而驱人表同情于共产党。"①

后来的时势，恰是朝着"英美派"所担心的方向发展。这是否就因为当政的国民党未能解决社会民生问题，尚需更深层次的研究；但在边缘知识青年对政治运动起着举足轻重作用的近代中国，国民党因"以思想杀人"而"失去一般青年的同情"，恐怕不能不说是其由兴盛走向衰落的一个重要转折点。

正因为有这种釜底抽薪的主张，当知识青年进一步左倾而像《现代评论》撰稿人预计的那样转向"表同情于共产党"时，胡适即使有意追随也难以跨过这一步。结果，胡适先前主动认同于国民革命并未能得到大量时人"了解的同情"，而他对国民党的攻击也引起各种相当不同的反应。

曾入仕北洋政府的汤尔和原以为胡适近年已"论入老朽，非复当年。今乃知贤者之未易测度也"。胡适学生一辈的江绍原认为胡适所发议论，"实在比教功课更有意义和价值"。但亲国民党者则指责"胡适忽变了曾琦一流人物，思想太落伍了"。②那些亲国民党者尚且认为他落伍，"表同情于共产党"的激进边缘知识青年，当然更不会欣赏主张釜底抽薪的胡适。早年对胡适的《中国哲学史大纲》"很感兴趣"的张岱年先生，就是在看出胡适写文章"针对马克思主义"后，视其为"时代的落伍者"，而放弃了对胡适的追随。③

胡适对宋子文那些"补偏救弊"的谏言，与那时国民党的"党治"精神也相去实在太远，决不可能为当政的国民党所接受。胡适虽然对宋

---

① 《陈光甫致梁士诒》（约1927年3月），《档案与史料》1987年1期，第66页；英子：《不要杀了》。
② 《汤尔和致胡适》（1929年9月29日）、《江绍原致胡适》（1929年10月13日）、《史济行致胡适》（1929年8月30日），《书信选》上册，第545、547、540页。
③ 张岱年：《论胡适》，耿云志主编《胡适研究丛刊》第1辑，北京大学出版社，1995，第211页。

子文说过，他与《新月》同人持的是"修正"的态度："我们不问谁在台上，只希望做点补偏救弊的工作。补得一分是一分，救得一弊是一利"。[1] 但这里仍有个胡适与国民党双方认知的差距问题：在国民党看来，胡适所要"补救"的，已是触动其统治的根本合法性的问题。这样，国民党势不能不做出强烈的反应。从5月起，国民党对胡适发起名副其实的文字"围剿"，并伴以各地党部对法办"反革命分子"胡适的纷纷要求。到1929年11月，光明书局出版了《评胡适反党义近著》第一集，并附有第二集的广告。[2] 胡适想要做的"思想诸葛亮"实非国民党这个"阿斗"所能接受。

在观察了相当一段时间后，颇为失望的胡适在1929年11月又写出《新文化运动与国民党》一文，专门讨论"在近年的新文化运动史上国民党占什么地位"的问题。他的结论是："从新文化运动的立场看来，国民党是反动的。"这样，几年前他在欧美强调的新文化运动与国民党之间的关联如今已被基本划断。胡适指出，国民党已"大失人心"，其原因"一半固然是因为政治上的设施不能满足人民的期望，一半却是因为思想的僵化不能吸引前进的思想界的同情"。他警告说，这一同情"完全失掉之日，便是国民党油干灯草尽之时"。[3]

这里所谓"前进的思想界"，其实多半是胡适自己。因为其他许多知识精英以前"同情"国民党远不如他，后来追随国民党实超过他。作为新文化运动之父（不是唯一的）的胡适，在这篇文章里毋宁是学梁启超与"过去之我"战，将他此前纳入新文化运动的国民党革除出门（后来到50年代又曾再次纳入）。不过两三年的时间，胡适已从认同于国民革命转到站出来公开批评"党化政治"。这看起来像是个突变，其实这一转变自有其发展衍化的内在理路。

当初胡适将国民党纳入中国文艺复兴运动，是基于新旧两个中国之争这一大分野。早在1915年，他已肯定地指出："少年中国一直为在中国建立真

---

[1] 胡适日记，1929年7月2日。

[2] 张振之等：《评胡适反党义近著》第1集，上海光明书局，我所见的是1930年的再版，承邹重华先生代觅，谨致谢忱。

[3] 胡适日记存《新文化运动与国民党》，收入新月书店1930年版的《人权论集》。

正的民主而努力奋斗；少年中国信奉民主，它相信获得民主的唯一途径就是实行民主。"① 根据这一"建立真正的民主"的"新中国"思路，胡适的转变是合乎逻辑的结果。这里的关键，即是胡适的朋友任鸿隽和徐新六在与他讨论"新俄"问题时提出的"党治"之下是否能实行民主的问题。胡适认为苏俄走的是美国路，其基础是苏俄在专心办教育，可以通过教育从专制走向民主。如果联俄的国民党也走同样的路，则一个由国民党主政的"新中国"应该可以同样走向民主。

但胡适虽然一度主动认同于国民党，国民党却未必认同于他那新文化运动。从北伐一开始，胡适就担心能打仗的蒋介石能否成为"政治家"，他一直关心的也是能"革命"的国民党是否有眼光和能力实行他希望的"有计划的政治"。"党治"初期的经历已表明，国民党政府不仅不曾专心办教育，而且还要"党化"教育，这样当然无法朝着胡适希望的民主方向发展。后来的发展说明，国民党实际是想要"党化"一切，这个政策与胡适的自由主义立场相距越来越远，他终于不得不与其一度试图认同的国民革命发生了尖锐的冲突，站出来做"诤友"，专门讲人权问题。

发生在大学院会议上的一件事，颇能体现胡适与国民党认知的根本差别。在讨论学生军训法案时，胡适提出增加"有正当主张不愿加入者"可不军训的内容（所根据的是美国有些反战的和平教派可不服兵役），因为，"爱国固重要，但个人自由亦不宜太抹杀"。代表军方出席会议的何应钦则对于"良心上的自由，全不承认"；他根本以为"中国人自由太多了，须加严格训练"。② 中国人自由太多本是孙中山的见解，何的话尤其能体现那些"马上打天下"的国民党军人对孙氏建国理论中"训政时期"的理解。

而蒋介石更认为，"今日党员与政府军队及社会组织之唯一要素"是军队要党化，而党、行政机关、社会以至全民都要"军队化"。③ 这一观念连宋子文和国民党内许多"英美派"都不能接受，且最能证明蒋介石并不会

① 胡适：《中国与民主》，收在胡适日记，1915 年 8 月 18 日。
② 胡适日记，1928 年 6 月 15 日。
③ 蒋介石 1928 年 8 月 7 日的讲话，《盛京时报》1928 年 8 月 18 日。

向胡适所希望的"政治家"方向发展。新当政的国民党显然仍欲维持其
"革命党"的认同，尚看不出其是否有眼光和能力实行胡适向往的"有计划
的政治"。

所以，胡适在 1932 年总结说，在北伐时曾得多数人心拥戴的国民党
"这个新重心，因为缺乏活的领袖，缺乏远大的政治眼光与计划，能唱高调
而不能做实事，能破坏而不能建设，能钳制人民而不能收拾人心，这四五年
来，又渐渐失去做社会重心的资格了"。① 这开始失去资格的日子，大约即
在 1928—1929 年间，其实就是胡适自己态度转变之时。

不过，促使胡适站出来批评"党治"的最主要因素，还是他要"澄
清天下"或做"社会的良心"的那种新旧读书人都有的责任心。也就是
他后来所说的"尝侨居是山，不忍见耳"：中国"今日正是大火的时候，
我们骨头烧成灰终究是中国人，实在不忍袖手旁观"。故虽然知道未必就
能救火，仍希望"尽我们的一点微弱的力量，减少良心上的一点谴
责"。②

胡适一生，实际是能谈政治时就谈政治，到政治谈不下去之时，才又转
回来"在思想文艺上给中国政治建筑一个可靠的基础"。在上海的那几年，
恰是胡适在"暴得大名"后声誉渐落，左右不甚逢源的时候。当时他想去
北京去不成，留上海又不自在，只好到光华大学一类尚未充分树立其名声地
位的民办大学去教课和演讲，实甚感寂寞。用胡适自己的话说，那三年半
"是我一生最闲暇的时候"。这里所谓的"闲暇"，是特有所指。因为胡适接
着就说那也是他"最努力写作的时期"，总共"写了约莫有一百万字的稿
子"。③ 可知这里的"闲暇"，正是指学术以外的寂寞。

后来国民党上海市党部总结胡适在上海的一段经历说，他出任中国公学
的校长，"更主编《新月》杂志，放言怪论，诋毁总理，狂评主义，诬蔑中
央；凡煽惑人心之言，危害党国之论，无所不用其极"。④ 如果去除其情绪
化的偏见成分，国民党的总结倒还把胡适这段时间非学术的所作所为概括得

① 胡适：《惨痛的回忆与反省》，《独立评论》第 18 号，1932 年 9 月 18 日，第 9 页。
② 胡适：《人权论集·小序》，第 1—2 页。
③ 胡适：《〈淮南王书〉手稿影印本序》，见台湾商务印书馆 1962 年版的《淮南王书》。
④ 《申报》1930 年 11 月 15 日，转引自易竹贤《胡适传》，第 332 页。

大致不差。特别是该党部指出这一切的发生都是"自胡适潦倒海上"而"野心之未逞"的结果，亦不无所见。

向有"觊国"习惯的胡适，即使不身与治国平天下的实际政治，也有"为国人之导师"以澄清天下的素志，其实从来就不曾仅以学术为他的志业。从前引他给丁文江的信中提出的三条路看，胡适早已决意不参与"反动的政治"，而最初两三年的"党治"经历使他认识到，他实在也"不能加入急进派"；这样，胡适就只能回到学术思想上的缓进之路，从"人权"这一半政治半思想的长远和广义层面向新政权进"诤言"。在这样的行为也不能为国民党所容忍后，胡适干脆以《新文化运动与国民党》一文将国民党革出新文化运动的教门。

问题在于，这样的划断干系虽然能在一定程度上使自己心安，却并不能从根本上解决问题。胡适在一年多前就领悟到，虽然中华民族不能组织大规模的事业，而运会和时势却使中国这样一个 20 世纪的大国不得不组织大规模的事业。新当政的国民党所面临的，其实也就是这样一种"不能却又不得不"的窘境。① 胡适可以不做国民党"政府的诤友"，但他不能不做"国家的诤臣"。且正如胡适在《新文化运动与国民党》这篇文章中所说："一个当国的政党的主张便成了一国政策的依据，便是一国的公器。"除非放弃士人澄清天下之志，真的像国家主义派讽刺的那样做一个"聋哑"的学者，否则与"一国之公器"又怎么可能划清界限呢？从这个角度言，"诤友"与"诤臣"实难以区分，胡适仍不得不在此间徘徊。

进而言之，不论从中国的传统原则还是西方的近代理论看，一国的中央政府显然是"国家"的主要象征之一。在实际政治层面，要将"政府"和"国家"区分开来更非易事，尤其是在遇到外患的时候。结果，到 1931 年，九一八事变后外患造成的危急时局又把胡适逐步推向当政的国民党，他又不得不在国难的压迫下逐渐维护他所不欣赏的中央政府，逐步缓和了他对国民党当局的对立，先从讲"人权"退到讲"民权"，后来连"民权"也不讲了。

到抗战爆发，在真正的国难面前，胡适完全放弃了他年轻时所说的可以

---

① 胡适日记，1928 年 4 月 4 日。

让国亡了再来救的观念，他的爱国观已从理想转到现实层面。此后他更打破不做官的誓言，出任驻美大使。用他受命出使美国时的话说："国家是青山，青山倒了，我们的子子孙孙都得做奴隶了。"①

*　*　*

胡适在 1934 年曾慨叹说：辛亥时的革命者就"梦想一个自由、平等、繁荣强盛的国家。二十三年过去了，我们还只是一个抬不起头来的三等国家"。但第二次世界大战至少从名义上改变了这一状况，部分出于牵制英国和法国的考虑，美国在处理战时和战后事宜中，把中国拉入了世界四强的行列。久处边缘的中国忽然成了世界"四大国"的一员，胡适对此十分珍视，他曾致电中共领袖毛泽东，希望中共能放下武装，学美国革命时的杰弗逊与国民党一起搞两党政治。这个建议未被接受。胡适也就一步步地站到国民党政府一边。

到 1947 年，胡适已可以强调，贫弱的中国已跻身世界四强，政府当然要维持这难得的"国际威望"。对始终着眼于"世界"的胡适来说，从"抬不起头来的三等国家"到"世界四强"，这无疑是几代中国人期盼已久的质的转变。岂止国民党政府希望维持，胡适更希望其能够维持，他不能不支持"国际"承认的中央政府。只有一个相对稳定的中央政府存在，中国的"四大国"地位才不致为其他三大国所否认。所以，胡适公开宣布拥护国民党政府的"戡乱动员令"，认为政府镇压共产党的"叛乱"既是自卫也有此义务。②

正因极为珍重中国来之不易的四大国成员这一地位，过去批判国民党的胡适就正式认同于国民党政府，在国共之争中旗帜鲜明地站在国民党一边，后来更追随国民政府到了台湾。从他不久就支持创办《自由中国》杂志看，胡适又何尝不知道国民政府仍是一党专政的政府。但为了中国来之

① 《胡适致江冬秀》（1939 年 9 月 21 日），《安徽史学》1990 年第 1 期，第 77 页。
② 胡适：《双十节的感想》，《独立评论》第 122 号，1934 年 10 月 14 日，第 2—4 页；胡适对"戡乱动员令"的评论见南京《和平日报》1947 年 7 月 7 日，转引自贾祖麟《胡适》，第 261 页。

不易的"国际威望"，胡适不得不取一种"宁愿不自由，也就自由了"的
态度，终其生维持他对国民政府的认同。然而，胡适晚年最具诡论意义的
现象，就是他为反共而创办的《自由中国》杂志却不为同样反共的国民党
所接受。这样，《自由中国》杂志的兴衰，也就揭示了中国自由主义本身
的命运。

第十二章

余论：《自由中国》与中国自由主义

如前所述，胡适其实一直不那么欣赏国民党的统治，在努力维护中央政府的同时，仍尽量争取有限的自由和民主。国民党退居台湾之初，胡适滞留美国，尚存观望之心。但由于美国真心接纳胡适之人不甚多，而他又要保持中国士人的脸面，故即使饿饭，也不愿"到洋衙门去看人脸色"。① 不过，胡适要维持这一点，也就不得不于1958年到台湾就任中研院院长之职了。

　　但是台湾也有许多人不欢迎胡适。从政治上言，胡适和一些有自由主义倾向的国民党朋友于1949年办了一份《自由中国》的刊物；其初衷本是为反共，因为在那时已没有什么中间道路可走。但自由主义的宗旨却与国民党的思想也相抵触，特别是初到台湾的国民党政府处处都想加强控制，包括思想的控制，而一份见解独立的自由主义刊物的存在本身，就是那个地方的一个"异军"；即使其不反国民党，也未必就能被容忍。何况这些人还总想让国民党从思想到行为都有较大的改变，结果不能不成为一份反国民党的刊物，终为国民党所镇压，实非创办人始料所及。

　　到胡适抵台湾定居的1958年，《自由中国》与国民党当局特别是其总政治部已十分不相容，所以，总政治部方面对一直扮演该刊物"教父"角色的胡适，暗中是很不欢迎的。另外，就是在读书人中间，也不是没有不欣赏胡适的人。在当地的思想文化界，许多人已在艰苦的条件下靠奋斗闯出一点名位，现在突然一位大菩萨从天而降，又要来做士林领袖，他们当然不见得欢迎。同时，也真有那么一部分民族主义倾向甚强的人，他们根本认为胡适太西化，未必爱国，而西化又是中国这么多年的艰难遭遇的一个重要原因。

---

　　① 唐德刚：《胡适杂忆》，第109、211页。

这种种因素结合在一起，胡适到台湾时就发现，一本专门攻击他、名为《胡适与国运》的书已出版。而且这书显然不是没有影响。胡适初回台湾时，许多人确实认其为不爱国之半洋人。如后来胡适颇欣赏的记者李青来，也是在经常采访胡适之后，"才明白了真正爱国家民族的是先生"，逐渐对胡尊敬起来。①

那时胡适与国民党当局，相互的不信任都很深，而胡适一向甚强的防卫心态到老也并未稍减。胡适到中研院后，以前中国公学的学生、长期在朱家骅手下工作的胡颂平被安排给他做秘书。胡颂平一直暗中记录胡适的言行，后来"觉得应该设法让他知道才是"，于是故意在办公室记日记，等细心的胡适来"发现"。果然，胡适看见颂平记东西，即问记什么。当颂平说是记胡适的言行时，他"立刻诧异起来，紧跟着问：'你为什么要记我的事？'"胡颂平解释说是要把胡适这个"国之瑰宝"的言行传世，并说整理出来要请胡适过目。修养极深的胡适"诧异神情很快消失了"，但仍脱口说出："这样，我以后说话倒要留意些"。胡适"再想了一想"，又对胡颂平说，以后记的东西也不必给他过目了。②

这段记载相当传神，显然胡适对派给他的秘书是有点戒心的。而且他也清楚，对他的秘书要么信任，要么就自己留心。因为，假如这秘书真的是为什么人记录的话，则"整理"过的东西也确实不必过目了。

胡适一向是"不知老之将至"的，他在台湾期间，一直在想完成他的《中国哲学史》和《白话文学史》，同时也还想对增进中国的自由做出贡献。可是不论台北的当局还是胡适的朋友和追随者，都希望胡适仅做一个偶像。政府中欢迎他的那部分人实际上也只要胡适这块招牌，并不要他真做事。不仅不十分喜欢胡适的人希望他只做偶像，就是他的朋友和追随者，许多也只希望借胡适的大名一用。如蒋廷黻曾想组党，就只要借胡适的名头一用，余事他可以不管。可是胡适是服膺孔子"唯名与器不可以假人"之道的，其一生最重的恰是一个名，哪里能随便借给别人用呢！

别人拿他当偶像，他却想干实事，这也正是胡适晚年几乎事事不顺的一

① 《谈话录》，第179页。
② 《谈话录》，第302—303页。

个重要因素。胡适到台湾之初，徐复观给他的一封信就很有象征意味。徐氏在 1958 年 4 月写信给胡适，说他看见胡适"风采不减当年，真国家之福"！又奉承胡适"个人之学养，与日俱深"。但该信主要的部分，是徐或者代表一部分人表达了对胡适的"期望"。他说："先生在学术上所以领导群伦者，不仅为个人在学术上之成就，而尤为知识人精神上之象征。凡偶有文化之争，先生不必居于两造之一方，而实为两造所共同期待之评判者。五四时代之文化斗士，必须化为今日流亡时代之文化保姆。"①

这段话颇能道出关键。观其从"不必"到"必须"的口气，实在不像是一个"后学"在给"先生"写信。徐氏显然代表着什么人在为胡适"定位"。胡适若坐任偶像，"垂拱而不治"，则必受各方欢迎。若不肯做"保姆"，犹思为"斗士"，特别是要介入而居"两造"之一方，就免不了要像其他斗士一样受点"皮肉"之苦，此时而再想"领导群伦"，就不那么容易了。

在这样的情形下，尽管胡适与各方面都肯周旋，仍是哪一边都不能十分讨好。他晚年的境遇，也只有以"宁愿不自由"的心境，过"也就自由了"的生活。1961 年 10 月底，胡适在中研院欢迎胡夫人的茶话会上重申自己的两句诗："宁愿不自由，也就自由了。"② 那时他说的，恐怕不全是他与江冬秀之事，大约更多是对当时台湾情形的一种态度。以七十之年说出此话，颇有孔子所说"七十而从心所欲"的意思。倘能宁愿不自由，又有何事不是从心所欲呢，自然也就不会逾越什么规矩了。

但这只是心向往之的"作圣"，也很有点知其不可而为之的意味；而且这仍是胡适自少年以来就存在的以"超我"抑制"本我"，内心的紧张并未完全消除，终不得不以"率性"的大声疾呼而告别尘世。

就在他发表了"宁愿不自由"的讲话后一个星期，胡适于 1961 年 11 月 6 日对外国人演讲《科学发展需要的社会改革》，他自己在日记中说："我的话是三十五年前的老话，但在今天似乎还是没有人肯说的话。"在讲话中，他再次自任"魔鬼的辩护士"，说容忍缠足达千年之久的东方（中

---

① 转引自《谈话录》，第 269 页。
② 《谈话录》，第 232 页。

国）文明没有"什么精神价值可说"，而西方以科学和技术为表征的新文明是"人类真正伟大的精神的成就"，是中国人"心里轻视而又不能不勉强容忍的"。胡适指出，这次演讲就是他那篇《我们对于西洋近代文明的态度》和 1926—1927 年在英美的几次演说的重申，如果不对东西方文明进行这样的价值重估，"我怕我们东方的人在这个新世界里也不会觉得心安理得"。胡适讲话时显然比较激动，因为第二天就检查出他的心脏病发作了。①

从演讲的内容看，胡适显然不能满足于做偶像。这似乎是他第一次这么强调中国人对西学"心里轻视而又不能不勉强容忍"那种复杂心态。而且，这仍然是一次知其不可而为之的努力。以胡适自己的经历，他非常清楚，即使像他那样早已进行了"价值重估"的人，在这个以西方为中心的新世界里仍不能觉得"心安理得"。那么，他是在自责他所做的"价值重估"还不够彻底吗？这个问题已因胡适不久就匆匆撒手仙去而得不到解答了。

不过，过去是外国，外国也是过去。胡适说西方，正与历代士人讲"三代的辉煌"相类，其所针对的和要表达的，多少都含有对时政的不满。他讲话后，有人便说是投下一颗炸弹，不少人撰文正面攻击他。胡适反在这些攻击中发现了他讲话的价值："这里糊涂的人还是那么多，我三十年前的老话，还是值得重说一遍的。"② 但三十多年前的老话还值得重说，不也正是三十多年来胡适的大部分努力都已落空的象征吗？

在攻击胡适的文章中，有一位研究近代史者写的长两万七千字文章，颇能道出一些关键。那人说："胡适先生不是单纯个人，他是一大学派之老领袖，又是中央研究院院长，门生、故吏、新吏极多。如是成为偶像，而此种偶像极盛，乃以前大陆上胡先生所不曾享有的。因地盘狭小得到了台湾了，如是便成一种有形的或无形的压力，曰：非胡先生之道不为道，非胡先生之学不为学，非胡先生之方法不为方法。"可见攻击者中相当一部分人重的正是"地盘"。此人并攻击胡把持庚款基金，胡适自辩说，他并未"吞没"这些中基会的经费。但胡适自己未吞没，并不意味着他没有将其分给朋友。可知这也是学术界的旧怨再提，正与 50 年代大陆有些批判胡适的作者同。这

---

① 《年谱长编》第 10 册，第 3801—3806 页。
② 《谈话录》，第 232—233、272—274 页。

一攻击也从侧面证明胡颂平所说的胡适转变台湾风气的作用——胡适到了台湾后，"此地的学术界才有一个最高的中心领导人物，此地的风气也转变了"。①

而攻击胡适最厉害的还是徐复观。胡适讲话后，徐在《民主评论》上撰文攻击胡"以一切下流的辞句，来诬蔑中国文化"。他"宣布"：胡适做中研院院长，"是中国人的耻辱"。徐并指出，他这样说，不是因为胡"不懂文学，不懂史学，不懂哲学，不懂中国的，更不懂西方的；不懂过去的，更不懂现代的。而是因为他过了七十之年，感到对人类任何学问都沾不到边，于是由过分的自卑心理，发而为狂悖的言论，想用诬蔑中国文化、诬蔑东方文化的方法，以掩饰自己的无知，向西方人卖俏，因为得点残羹冷汁，来维持早经摔到厕所里去了的招牌"。②

原来徐氏当年给胡适写信的一个目的，是请他到东海大学演讲。但胡适在东海大讲孔夫子原本是近人情的，后来人走错了路，就缠小脚写律诗了。徐即席反驳说，缠足不是中国文化。胡再反问，如果缠了一千年的小脚还不算中国文化，那借鉴了大量佛教内容的宋元理学又算不算中国文化呢？徐既然奉承错了人，请来其思想的对立面，大约从那时起就对胡十分不满。蓄积既久，怨毒转深，骂起人来不觉就忘了自己那时已是一个学者的身份了。但以学者而出此村妇骂街的词语，就真有欲效小说中诸葛亮骂王朗之意，要置胡适于死地而后快了。后来有人说反胡派想乘胡适心脏病突发住院之际猛攻，手法狠毒，看来也不全是无的放矢。

胡适住院时，秘书等本想将此事瞒着，但到攻胡已发展到"立法委员"的质询而成报纸新闻时，就瞒不住了。胡适自己也开始收集有关文章，自称"我就是看了也不会生气的"。但他马上想起了当年杨杏佛骂他，他曾报以唐僧可舍肉以助其超生的故事，显然是已很生气，于是书写前人咏弥勒佛的对子以自解：

　　　　大腹能容，容天下难容之事；

---

① 《谈话录》，第264—265、54、272页。
② 本段及下段参阅《谈话录》，第268、276页。

　　　　此公常笑，笑世间可笑之人。

　　可知他已觉此事"难容"了。到看了徐复观的骂人文章，气已甚大，自己也说徐的文章"真的看不下去了"。①

　　一个多月后，1962年2月14日，胡适在中研院欢迎海外院士的酒会上发表了他最后一次讲话。他说："我去年说了二十五分钟的话，引起了围剿，不要去管它，那是小事体，小事体。我挨了四十年的骂，从来不生气，并且欢迎之至，因为这是代表了中国的言论自由和思想自由。"讲到此已动了感情，声调开始激动，即请海外回来的各位去看"立法院""监察院"等处批评政府的"充分""非常"的言论自由；又请大家看台湾的二百多种杂志，也"表示了我们的言论自由"。说到此突然煞住，显然是心脏病发作，但仍挣扎着含笑与人握手，努力不要让人和他一起不愉快。终因心脏不支，仰身晕倒，从此再未醒来。②

　　胡适的这些话蕴涵着多重意思。人人当然都知道这里有反说之意。他所列举的言论自由的处所，正是当时"质询"他的地方；代表言论自由的杂志，也正是围剿他的机构。以胡适的谨慎，竟然在有许多海外来客的公众场合说出"围剿"这样的字眼，可知其生气的程度已非一般。但胡适也不全是说反话。因为政府里和杂志上也都有人在为他说话。而且，胡适不能说——甚至自己也不能想——他所认同的地方是个不讲言论自由的地方。胡适是要给中国和世界留下一个"完整一致"的形象的，这是他许多时候虽已很勉强也不肯认错的一个下意识的自我保护行为。如果胡适所认同的竟然与他此时所说的全然相反，那中国有一个胡适与没有胡适不是就没什么区别了吗？胡适的一生岂不成了一场大梦！胡适不肯信，也决不会信。

　　更重要的是，胡适这个"不可药救的乐观主义者"也确实还有深一层的希望。在内心的深处，他始终希望他的祖国、他的民族在他所构想的现代世界里在任何方面都不落人后，当然也包括在言论自由方面。别人只见他常说中国处处不如人，不知这正是处处在与人比，处处不欲落人后，其实也是

---

　　① 《谈话录》，第272—274页。
　　② 《谈话录》，第300页。

一句"反话"！言下深藏的，恐怕是处处都要在人之上的长远抱负；与孙中山想要凌驾于欧美之上，可谓两心相通。这是他毕生的梦想、终极的追求。故胡适说这些告别之言时——虽然他不是要告别——很可能衷心希望他所说的全都是事实。他大概也希望他这一次的反话会使他的同胞，包括质询和围剿他的人，听了这些话后能往言论自由的方向多走一步，这样他的话终会更接近事实。

胡适早在1916年的白话诗《孔丘》中就说过，"知其不可而为之"乃是"真孔丘"的主要精神。[①] 这是真解悟，大约也有夫子自道的意味。他自己就有孔子知其不可为而为之的宗教性使命感，且终生实行之。同时胡适又一向"宁可失之忠厚"，此次虽然确实生气，仍委婉出之，对国人寄予厚望。有望才有怨，怨是为了望。一代哲人正是在这怨和望交织之中与世长辞。后人若只看见那开头的生气，忘掉了临去的微笑，实在是看轻了胡适之！

* * *

拙书初版一年后的1996年9月，承台北中研院历史语言研究所邀请，到那里做了关于胡适的专题演讲。其间也曾前往毗邻的胡适公园墓前凭吊，思绪万千之中，仿佛仍看见胡适那临去的微笑。也许，后人最好的纪念，便是同样报之以微笑。傅斯年曾论耶稣说：

> 他们想念你，你还是你；
> 他们不想念你，你还是你；
> 就是他们永世的忘了你，或者永世的骂你，你还是你。[②]

就影响的广狭来说，以胡适比耶稣，或有些"拟人不伦"（傅先生是把耶稣看作人类之一的）。若不以功业论，则胡适秉承的那种"知其不可而为

---

① 《致胡近仁信》（1916年9月4日），《胡适研究丛录》，第209—210页。
② 傅斯年：《前倨后恭》，《新潮》第1卷第5号，1919年5月，第784—785页。

之"的孔子真精神，正如傅先生所说，"终是人类向着'人性'上走的无尽长阶上一个石级"。我们能不向此长阶上的石级报以微微一笑，在

这微微一笑之中，想象他的普遍而又不灭的价值！①

---

① 按傅诗原句为"证明你的普遍而又不灭的价值"，冒昧易数字。

图书在版编目（CIP）数据

再造文明之梦：胡适传/罗志田著. —修订本. —北京：社会
科学文献出版社，2015.2（2024.2 重印）
（近世中国）
ISBN 978 - 7 - 5097 - 7072 - 6

Ⅰ.①再…　Ⅱ.①罗…　Ⅲ.①胡适（1891～1962）- 传记
Ⅳ.①K825.4

中国版本图书馆 CIP 数据核字（2015）第 019374 号

·近世中国·

再造文明之梦：胡适传（修订本）

著　　者／罗志田

出 版 人／冀祥德
项目统筹／宋荣欣
责任编辑／赵　薇　马　爱
责任印制／王京美

出　　版／社会科学文献出版社·历史学分社（010）59367256
　　　　　地址：北京市北三环中路甲 29 号院华龙大厦　邮编：100029
　　　　　网址：www. ssap. com. cn
发　　行／社会科学文献出版社（010）59367028
印　　装／三河市龙林印务有限公司

规　　格／开　本：787mm×1092mm　1/16
　　　　　印　张：23.75　字　数：370 千字
版　　次／2015 年 2 月第 1 版　2024 年 2 月第 10 次印刷
书　　号／ISBN 978 - 7 - 5097 - 7072 - 6
定　　价／89.00 元

读者服务电话：4008918866